Sozialreportage als Lernkonzept

Karl-Heinz Braun • Matthias Elze
Konstanze Wetzel

Sozialreportage als Lernkonzept

Grundlagen – Arbeitsleitfäden – Fallstudien

 Springer VS

Karl-Heinz Braun
Hochschule Magdeburg-Stendal
Magdeburg, Deutschland

Konstanze Wetzel
Fachhochschule Kärnten
Feldkirchen, Österreich

Matthias Elze
Hochschule Magdeburg-Stendal
Magdeburg, Deutschland

ISBN 978-3-658-10519-8   ISBN 978-3-658-10520-4 (eBook)
DOI 10.1007/978-3-658-10520-4

Die Deutsche Nationalbibliothek verzeichnet diese Publikation in der Deutschen Nationalbibliografie; detaillierte bibliografische Daten sind im Internet über http://dnb.d-nb.de abrufbar.

Springer VS

Lektorat: Stefanie Laux, Stefanie Loyal

Gedruckt auf säurefreiem und chlorfrei gebleichtem Papier

Springer Fachmedien Wiesbaden ist Teil der Fachverlagsgruppe Springer Science+Business Media
(www.springer.com)

Inhalt

Zweiter Teil: Arbeitshilfen zur Erarbeitung von Sozialreportagen

Einleitung: Sozialreportage als kulturwissenschaftliche Rekonstruktion der Sozialen Frage

Die Sozialreportage ist ein besonderes Verfahren der Text-Foto-Montage (Triangulation) zur Analyse und Rekonstruktion sozialer Probleme und ihrer interaktiven, institutionellen und sozialpolitischen Bearbeitung und perspektivischen Lösung. Sie will zu einer Gleichwertigkeit *diskursiver* und *visueller* Argumentationsweisen beitragen und damit die Dominanz der gesprochenen und geschriebenen Sprache auch in der Profession und Disziplin der Sozialen Arbeit schrittweise abbauen. Dies ist kein leichtes Unterfangen, weil es den dominanten hegemonialen Tendenzen in der europäischen Philosophie- und Wissenschaftsgeschichte und deren kulturellen und politisch-sozialen Voraussetzungen und Folgen widerspricht, die sich bis in die griechische Antike zurückverfolgen lassen. Hier ist sofort an Platon (428/427–348/347 v. Chr.) zu denken, der sowohl dem *geschriebenen Wort* wie auch dem *Bild* mit großer Skepsis begegnet ist und gerade den Bildern nur untergeordnete Erkenntnis- und Darstellungsmöglichkeiten zuerkannt hatte (vgl. Brumlik 2007, S. 297 f u. 301; Schulz 2009, S. 81 ff). Das korrespondiert – und darin ist ihm bei allen sonstige Differenzen Aristoteles (384–323 v. Chr.) gefolgt – mit der Dominanz des *Denkens* gegenüber den *Gefühlen* (eine verallgemeinerte Emotionalität im Sinne der motivierten Anstrengungsbereitschaft konnten beide sich nicht vorstellen). Die christliche Theologie ist Platon auch in dieser Hinsicht gefolgt. Dabei wurde im frühen Mittelalter die spontane Begegnung und Bewertung der Bilder ins Zentrum gestellt, während das späte Mittelalter bereits eine komplexe Bildsymbolik kannte, die nur ästhetisch qualifizierten, zumeist aristokratischen BetrachterInnen verständlich war (vgl. Rimmele/Stiegler 2012, S. 39). Beides diente der visuellen »Unterfütterung« der Predigt als Hauptform der Belehrung (erst mit Martin Luther [1483–1546] wird die Bibel als das *geschriebene* Wort dominant – und bleibt es auch gegenüber den Bildern).

Während die bisherigen, christlich dominierten Traditionen von Platons Ideenlehre (als einer speziellen Ausprägungsform des objektiven Idealismus) wesentlich, wenn auch nicht ausschließlich bestimmt wurden, vollzieht sich mit dem Übergang in die *kulturelle* und *philosophische Moderne* eine radikale Wendung aufs Subjekt, gerade in der Erkenntnistheorie. Dafür steht an deren Beginn das Werk von Immanuel Kant (1724–1804). Er veränderte das Verhältnis von Objekt und Subjekt des Erkenntnisprozesses insofern radikal, als das Erkenntnisobjekt nun nicht mehr die Voraussetzung, sondern das Ergebnis des Erkenntnisprozesses darstellt. Damit gewann auch das Verhältnis von *Sinnlichkeit* und *Reflexivität* neue Dimensionen. Diesbezüglich heißt in der vielzitierten Passage aus der 2. Fassung der »Kritik der reinen Vernunft« von 1787 (die 1. war 1781 erschienen):

> »Anschauung und Begriffe machen ... die Elemente aller unsrer Erkenntnis aus, so daß weder Begriffe, ohne ihnen auf einige Art korrespondierende Anschauung, noch Anschauung ohne Begriffe, ein Erkenntnis abgeben *können*. (...) Wollen wir die *Rezeptivität* unseres Gemüts, Vorstellungen zu empfangen, so fern es auf irgend eine Weise affiziert wird, *Sinnlichkeit* nennen: so ist dagegen das Vermögen, Vorstellungen selbst hervorzubringen, oder die *Spontaneität* des Erkenntnisses, der *Verstand*. (...) Keine dieser Eigenschaften ist der andern vorzuziehen. Ohne Sinnlichkeit würde uns kein Gegenstand gegeben, und ohne Verstand keiner gedacht werden. Gedanken ohne Inhalt sind leer, Anschauungen ohne Begriffe sind blind. Daher ist es eben so notwendig, seine Begriffe sinnlich zu machen (d. i. ihnen den Gegenstand in der Anschauung beizufügen), als, seine Anschauungen sich verständlich zu machen (d. i. sie unter Begriffe zu bringen). Beide Vermögen, oder Fähigkeiten, können auch ihre Funktionen nicht vertauschen. Der Verstand vermag nichts anzuschauen, und die Sinne nichts zu denken. Nur daraus, daß sie sich vereinigen, kann Erkenntnis entspringen. Deswegen darf man aber doch nicht ihren Anteil vermischen, sondern man hat große Ursache, jedes von dem andern sorgfältig abzusondern, und zu unterscheiden. Daher unterscheiden wir die Wissenschaft der Regeln der Sinnlichkeit überhaupt, d. i. Ästhetik, von der Wissenschaft der Verstandesregeln überhaupt, d. i. der Logik.« (Kr.V B 74–76; Kant 1974, S. 97 f). Dabei wird der innere Zusammenhang der verschiedenen Verstandesleistungen durch die Vernunft hergestellt: »Alle unsere Erkenntnis hebt von den Sinnen an, geht von da zum Verstande, und endigt bei der Vernunft, über welche nichts Höheres in uns angetroffen wird, den Stoff der Anschauung zu bearbeiten und unter die höchste Einheit des Denkens zu bringen.« (KrV B 355; ebd., S. 311 f).[1]

---

1   Bereits in seiner kürzlich erstmals veröffentlichen 2. Staatsexamensarbeit hatte Klafki (2014, S. 72 ff) diesen Gedankengang von Kant kritisch aufgenommen und konstruktiv weitergeführt und für die – damals noch »geisteswissenschaftlich« fundierte – Didaktik fruchtbar gemacht; auch für die sozialwissenschaftlich fundierte, kritisch-konstruktive Didaktik ist diese Überlegung zentral, nicht zuletzt hinsichtlich der Begründung des *exemplarischen* Lernens und Lehrens (als solche sind auch unsere Fallstudien im dritten Teil dieses Buches zu verstehen; vgl. die dortige Vorbemerkung).

In diesem Sinn kann die Sozialreportage als das Bemühen verstanden werden, *Sinnlichkeit* und individuelle sowie soziale *Reflexivität* (Verstand und Vernünftigkeit) im professionellen und disziplinären Kontext der Sozialen Arbeit in ein spannungsreiches und produktives Wechselverhältnis zu bringen. Um dieses zu begründen, greifen wir in Kap. 1 auf das von Aristoteles begründete Konzept der *Aisthetik* zurück, weil es ebenfalls die Sinnlichkeit zum Ausgangspunkt nimmt und von daher auch die Erkenntnis- und Darstellungsmöglichkeiten der Ästhetik auszuweiten bzw. neu zu begründen vermag. Damit ist schon angedeutet, dass Sinnlichkeit und Reflexivität kulturell-medialer Vermittlungen bedürfen, die bei Kants Auslotung der menschlichen Erkenntnis-*Möglichkeiten* (das meint bei ihm »Kritik«) so noch keine Rolle gespielt haben. Dabei ist zunächst einmal an die *Sprache* zu denken. Es ist das Verdienst von Ludwig Wittgenstein (1889–1951), die Kantsche *Erkenntniskritik als Sprachkritik* weitergeführt zu haben, also die Grenzen der menschlichen Erkenntnismöglichkeiten aus den Grenzen der sprachlichen Analyse- und Darstellungsweisen zu begründen[2]. Damit kam es zu einer Neuausrichtung der (europäischen und amerikanischen) Philosophie, die Richard M. Rorty (1931–2007) erstmalig als *linguistic turn* bezeichnet hatte (vgl. Rorty 1992), womit die bis dahin dominante *hermeneutische* Tradition und ihre Ausrichtung an der phänomenalen Wirklichkeit durch die gleichberechtigte Auseinandersetzung mit der objektiven Realität in Frage gestellt wurde (vgl. auch Rorty 2000, S. 26 ff u. 122 ff; ders., 2008, Kap. 5, 8 u. 9)[3]. Der linguistic turn ist so etwas wie ein Mega-Turn gewesen, der eine ganze Reihe andere Wenden, also Neubegründungen der Forschungsgegenstände, -konzepte und -methoden nach sich gezogen bzw. in ihnen seine Verwirklichung und Ausgestaltung gefunden hat. Für die Begründung der Sozialreportage sowie die Bestimmung der *Kompetenzen,* die zu ihrer Produktion und Deutung notwendig sind, also erlernt werden müssen, sind die verschiedenen *cultural turns*[4] von besonderem Interesse. Hier ist zunächst auf diejenigen hinzuweisen, die die Aufmerksamkeit

---

2 Vgl. zur Bedeutung von Wittgensteins früher und später Sprachphilosophie und die von ihm begründeten Traditionen der analytischen Philosophie für die Sozialreportage Braun/Elze 2015, Kap. 2.1/2.2).

3 Wir folgen jetzt im Wesentlichen der Argumentation von Bachmann-Medick (2014), die auch darauf hingewiesen hat, dass »turns« weder aktualistische Moden noch grundlegende Paradigmenwechsel (im Sinne von Kuhn 1976, Kap. V u. IX–XIII) sind, sondern es sich hierbei eher um Neufokussierungen, spezifische Forschungseinstellungen, methodische Pluralisierungen, Wiederbelebungen und Neukontextualisierungen älterer Forschungsorientierungen sowie inter- und transdisziplinäre Grenzüberschreitungen handelt, bei der die pragmatische Ausrichtung dominiert, wodurch auch der Anschluss an eine handlungstheoretisch fundierte Soziale Arbeit nahe gelegt ist, die für die Sozialreportage konstitutiv ist.

4 Eine Übersicht zu den verschiedenen Traditionslinien und Gegenstandsbereichen bieten Hepp u. a. (2009) und Kittsteiner (2004).

auf die Bedeutung der Symbolisierungen und Repräsentationsformen und damit die vieldimensionalen Weisen der Versprachlichung des gesellschaftlichen und alltäglichen Lebens sowie die sprachbezogene Sozialität der Subjekte gelenkt haben[5]. Zu erwähnen sind hier:

- Der *interpretive turn,* wie er gerade von Clifford Geertz (1926–2006) in den 1970er Jahren als Alternative zum (soziologischen) Funktionalismus eingeleitet und forcierte worden ist (vgl. Geertz 1987, S. 7 ff u. 289 ff; ders., 1997, Kap. 5), geht von einem zeichentheoretischen (semiotischen) Kulturverständnis aus und betrachtet Handlungen und in gewisser Weise auch die Welt als Text, den es gilt zu interpretieren, wobei hier besonders Kulturen und deren Ausdrucksformen verstanden werden sollen, denen man selber als Forscher nicht angehört und deren Untersuchung dann in eine *symbolische Anthropologie* mündet (vgl. Fröhlich/Mörth 1998). – Daran hat besonders der *postcolonial turn* angeschlossen, der als kulturelle Dekolonialisierungsbewegung gerade die selbstverständliche Dominanz westlicher Kulturen, ihrer Normen, Werte und Ausdruckformen in Frage gestellt, sich dem Eigenen, dem Anderen, dem Unbekannten, dem Fremden zugewendet und für eine Anerkennung kultureller Differenzen und die Etablierung eines egalitären kulturellen Pluralismus in der sich globalisierenden Welt plädiert und sich für eine universell ausgerichtete *soziale Gerechtigkeit* als Voraussetzung für die gleichwertigen Formen des *guten Lebens* engagiert hat (vgl. z.B. Geertz 2014). Angesichts der weltweiten Migrationsbewegungen, Kommunikationsströme und sich globalisierenden Massenmedien bedeutet das auch eine erhebliche Herausforderung für die Sozialreportage als Beitrag zur interkulturellen Verständigung und Bildung, die sich von dem Grundgedanken leiten lässt, dass die *Einheit* der sozialen, politischen und kulturellen Vernunft sich nur durch die *Vielfalt* ihrer verstandesfundierten Anstrengungen und Ergebnisse begründen und entfalten kann (vgl. dazu exemplarisch Berg/Fuchs 1993).
- Der auf Austin (1979, 11. Vorl.) und Searle (1983, Kap. 2.4 u. 3.4) zurückgehende *performative turn* nimmt den o. a. Textbezug auf und geht zugleich qualitativ über ihn hinaus durch die Untersuchung der realen Handlungsvollzüge, deren Materialität, Körperlichkeit/Leiblichkeit, deren offene und verdeckte kulturelle Dynamiken (z.B. bei den Ritualen), den Situationsbedingungen und dialogischen Verständigungsweisen der verschiedenen Formen des Ausdruckshandelns und den in solchen sozialen Inszenierungskulturen (z.B.

---

5   Vgl. dazu die theoriegeschichtliche Rekonstruktion und systematische Bilanz von Krämer (2001).

Festen) und kulturellen Symbolisierungen (z. B. in den Bekleidungsmoden)
notwendigerweise, wenn auch häufig unausgesprochenen anerkannten Gel-
tungsansprüchen (was z. B. als gerecht, als schön, als authentisch angesehen
wird). Der Sozialreportgage stellt sich hier die Aufgabe, diese Tiefenstrukturen des kulturellen Alltagslebens bzw. der kulturellen Seiten des Alltagslebens
zu analysieren und verstehend zu rekonstruieren (vgl. dazu auch Wirth 2002
und Wulf/Zirfas 2007).

- Vor welchen Schwierigkeiten professionelle Sozialreportagen stehen, macht der
  reflexive turn deutlich, der besonders die wissenschaftlichen Schreib- und Re-
  deweisen in den Blick nimmt und die verschiedenen Repräsentationsformen
  befragt hinsichtlich ihrer inhaltlichen Aussagequalitäten bezogen auf die intersubjektiven Wirklichkeiten und objektiven gesellschaftlichen Realitäten in
  den unterschiedlichsten regionalen, nationalen, internationalen und globalen Kontexten (vgl. Brandom 2000, Kap. 8; Putnam 1991, Kap. 7; Sandkühler
  1991, S. 13 ff u. 370 ff; ders., 2009, Kap. 5–9). Hier gibt es dann fließende Übergänge zum *translational turn,* der den Begriff der Übersetzung zwischen den
  Sprachen mal enger (z. B. Büttemeyer/Sandkühler 2000; Quine 1980, Kap. II),
  häufiger aber sehr weit fasst und gerade entsprechende »Zwischenräume« erkunden will (man denke hier nur an die sehr unterschiedlichen Deutungen
  von Körperhaltungen und Gesichtsausdrücken, aber auch Symboliken in den
  verschiedenen Kulturen, wie sie sich in den literarischen und wissenschaftlichen Texten aller Arten, aber auch in Bildern und »Fotos aus aller Welt« wiederfinden und ggf. in Sozialreportagen aufgenommen werden). – Angesichts
  der nachhaltigen Tendenz zur Globalisierung der Massenmedien wird hier die
  kulturelle Vermitteltheit von Sinnlichkeit und Reflexivität alltäglich erleb- und
  erfahrbar und stellt auch für die Soziale Arbeit eine zentrale Lernherausforde-
  rung dar (vgl. Baltes/Höltsch 2011, Belting/Haustein 1998, Flusser [2000; 2009]
  und Pias u. a. 1999).

Die bisher erwähnten wissenschaftlichen – und z. T. auch soziokulturellen –
Trends können als eine innere Ausdifferenzierung des linguistic turns verstanden
werden und verweisen die Sozialreportage auf die sehr vielschichtigen sprachlichen Repräsentationsformen und den durch sie ermöglichten Erkenntnis- und
Darstellungsmöglichkeiten der sozialen Probleme im Spannungsfeld von Sinnlichkeit und Reflexivität. Für sie ist aber auch und besonders von Bedeutung, dass
in den letzten 20–25 Jahren diese sprachtheoretische Enge überwunden worden
ist – und zwar einmal durch den *spatial turn,* womit der Gegensatz von Raum
und Zeit und die geschichtswissenschaftliche Dominanz der Zeit in Frage gestellt
und deren innerer Zusammenhang in den Vordergrund gestellt worden ist – im
Sinne des treffenden Buchtitels von Karl Schlögel (2011) »Im Raume lesen wir die

Zeit«[6]. Von konstitutiver Bedeutung für die Absicht der Sozialreportage, eine Balance zwischen diskursiver und visueller Weltaneignung und Selbstentwicklung der lernenden Subjekte zu erreichen, ist zum anderen der *iconic turn,* der sich entfaltet hat in dem produktiven Spanungsverhältnis zwischen den Bildwissenschaften und den Theorien der visuellen Kultur (vgl. Maar/Burda 2004; Mitchell 2008a, Kap. 4).

Was die *Bildwissenschaften* angeht, so ist hier auf folgende Ansätze und Konzepte und ihre kompetenzorientierten Implikationen hinzuweisen[7]:

- Die *Kunstgeschichte* und die *historische Bildwissenschaft* verbindet die Betonung der *ikonischen Differenz* (vgl. z. B. Boehm [2006; 2007]), also die Betonung der Eigenlogik der visuellen Denk- und Darstellungsweisen gegenüber den sprachlichen. Sie sind damit an der Sichtbarkeit ausgerichtet, wenden sich ihr in phänomenologischer Ansicht zu und haben dazu ausdifferenzierte hermeneutische Deutungsverfahren entwickelt, von denen die von Erwin Panofsky (1892–1968) begründete Ikonografie/Ikonologie das wichtigste Konzept ist (vgl. programmatisch Panofsky 1978, Kap. 1). Seine besondere Qualität besteht darin, dass es sich nicht nur zur Interpretation von Kunstwerken, sondern generell zur Analyse von Bildern aller Arten eignet (das Konzept »Kunstgeschichte als Sozialgeschichte« bildet dazu eine wichtige Brücke; vgl. z. z. B. Hauser 1990), ja sogar zur Analyse performativer symbolischer Handlungen (wie z. B. von Begrüßungsritualen). Aus diesem Grunde haben wir darauf auch bei der Konzipierung der Fotogestaltung und -interpretation (in Kap. 3.2) zurückgegriffen.
- Ebenfalls in phänomenologischer Tradition steht die *Bild-Anthropologie* (vgl. z. B. Belting 2001, Belting/Kamper 2000; Wulf 2014), in der der Mensch in seiner Körperlichkeit bzw. Leiblichkeit im Zentrum steht und der Frage nachgegangen wird, wie Körperwahrnehmungen in Bildwahrnehmungen transformiert werden und damit – durchaus im Sinne des obigen Kant-Zitats – äußere und innere Bilder in eine herausfordernde Wechselbeziehung treten (vgl auch Kap. 1.4). Zu letzteren gehören wahrgenommene Bilder, Erinnerungen, Vorstellungen, Traumbilder, Wunschbilder, Angstbilder usw., also die Vielfalt der Anschauungen, die häufig mit Bezug auf Jacque Lacans (1901–1981) Aufsatz über »Das Spiegelstadium als Bildner der Ichfunktion« (psychoana-

---

6 Auf diesen Aspekt gehen wir nicht näher ein, weil er einerseits im Kontext der »Sozialraumorientierung« in der Sozialen Arbeit ausführlich diskutiert und hinreichend präsent ist; und weil der dritte Teil dieses Buches eine ganze Reihe von Fallstudien enthält (vgl. bes. Kap. 5–7 u. 10).

7 Eine Übersicht bieten Belting (2007), Probst/Klenner (2009), Sach-Hombach (2004) und Schulz (2009).

lytisch) gedeutet werden (vgl. Lacan 1975, bes. S. 66 ff). An dieser Stelle gibt
es offensichtliche Überschneidungen mit den erwähnten verschiedenen inter-
pretativen Verfahren der symbolischen Anthropologie und besonders mit der
»Theorie des Bildaktes« von Bredekamp (2010).

- Die von Klaus Sach-Hombach begründete *inter-* bzw. *transdisziplinäre allgemeine Bildwissenschaft* (vgl. Sachs-Hombach 2005; Sach-Hombach/Totzke
2011) setzt insofern zu den bisherigen einen klaren Gegenakzent, also sie an
die *semiotischen* Traditionen anschließt und auf dieser Grundlage kausale und
empirische Voraussetzungen und Folgen der Verbildlichung gesellschaftlicher,
sozialer und psychodynamischer Prozesse untersucht. Kontrovers ist, ob die
damit verbundene Gleichsetzung von Bildern mit Zeichen und die weitgehende Ausrichtung an dem linguistischen Methodenkonzept haltbar ist, ob
insbesondere der Leiblichkeitsbezug in der zeichentheoretischen Deutung
aufgeht oder ob er diesbezüglich überschüssig ist. Für die Sozialreportage ist
diese semiotische Forschungsrichtung ebenfalls von Bedeutung, weshalb wir
(in Kap. 1.7, S. 49) nicht nur auf ihren Begründer Charles Sanders Pierce
(1839–1914), sondern auch (in Kap. 1.1, S. 22) auf die sehr einflussreiche
Fototheorie von Roland Barthes (1915–1980) näher eingehen; letzterer hatte
allerdings deutlich gemacht, dass auch die semiotische Bildinterpretation zu
einem unverkürzten Leiblichkeitsbezug in der Lage ist und auf einer – allerdings immer noch zu entwickelnden – Meta-»Sprache« besteht, die weder auf
die diskursiven noch die ikonischen Verständigungsweisen einzuschränken ist,
sondern diese zu übergreifen hat.

Was nun die Forschungs-, Lern- und Handlungskonzepte zur *Visuellen Kultur* angeht, so ist zunächst auf ein grundsätzliches Problem hinzuweisen[8]: Die Betonung
der ikonischen Differenz ist einerseits berechtigt, um die relative Eigenständigkeit
des Visuellen deutlich zu machen. Sie führt aber in die Irre, wenn damit die Un-
terstellung verbunden wird, dass Bildverstehen ohne Sprache möglich sei. Demgegenüber hat W. J. T. Mitchel, auf den der Begriff des »iconic turn« zurückgeht,
in seinem programmatischen Aufsatz »Das Sehen zeigen: Eine Kritik der Visuellen Kultur« (Mitchell 2008a, Kap. 10) darauf hingewiesen, dass (fast) alle kulturellen Symbolisierungsformen *gemischter* Art sind, also sowohl Bilder als auch
Texte verwenden (woraus allein schon das Interesse der phänomenologischen Phi-
losophien an Reflexionen über die besondere Logik von Bildern resultiert). Dabei
ist auch in Erinnerung zu rufen, dass es eine logische »Kette« zwischen Begriff-
Vorstellungsbild-Lautbild-Schriftbild gibt, dass die Schrift selber auch Bildcha-

---

8 Vgl. dazu den instruktiven, kontroversen Briefwechsel zwischen Boehm (2007) und Mitchell
(2007).

rakter hat, wie die Bilder Schriftcharakter haben (weshalb von verbalen und visuellen *Rhetoriken* gesprochen werden kann), und dass es eine ausdifferenzierte
Beschreibungs-»Kunst« mit hochentwickelten ekphrastischen und pikturalisti-
schen Textsorten gibt (auch in den Wissenschaften – wofür die Stadtporträts von
Schlögel [2009a,b] ein besonders eindrucksvolles Beispiel sind)[9]. Alles dies ist für
das Konzept der Sozialreportage als ein Handlungs-, Lern- und Forschungskonzept relevant und insofern folgen wir auch dem Vorschlag von Schade/Wenk (2011,
Kap. III.2/3), die *Ikonologie* und *Semiotik* nicht als alternative, sondern sich wechselseitig bereichernde Konzepte zu verstehen und anzuwenden (in die gleiche
Richtung argumentiert Habermas 2004). Dies ist angesichts der Vielfältigkeit der
visuellen Kulturen bzw. generell der kulturelle Vielfalt der Medien und ihre theoretischen Reflexionen (vgl. Mersch 2006, Kap. 3 u. 4) zwingend geboten, wie die
zentralen Themenfelder zeigen (die wiederum auch kompetenzorientierte Lernprozesse erforderlich machen):

- Ausgangspunkt vieler Überlegungen ist – wieder gut kantisch – der Bezug auf
  das *Sehen* als einer spezifischen Form der Wahrnehmung; manchmal werden
  auch andere Modalitäten wie das Hören, Riechen, Fühlen einbezogen(auf diese
  Synästhesien wird in Kap. 1.3 näher eingegangen). Dabei wird dieses Sehen
  als ein kulturell vermittelter Prozess, als kulturell eingeübte Praxis verstanden, also nicht naiv als physiologischer (man denke an die Wahrnehmung der
  Perspektive als einer spezifisch westlichen Form der Raumwahrnehmung und
  Bildgestaltung). Die Rede von einem »Habitus des Sehens« (Rimmele/Stiegler
  2012, S. 33) ist allerdings missverständlich, denn sie klammert meist aus, dass
  sich die Menschen als intentionalitätsfähige Subjekte zu diesen kulturellen Bedingungen des Sehens immer wieder in ein mehr oder weniger bewusstes Verhältnis setzen, sich von ihm auch absetzen und andere Sehweisen entwickeln
  können (so auch Mitchell 2008a, S. 324 f) – und genau dazu will die Sozialreportage auch beitragen (vgl. Rimmele/Stiegler 2012, Kap. 1 u. 2).
- Den Praktiken des Blickens stehen die Formen und Medien des *Zu-Sehen-Ge-
  bens,* des *Zeigens* gegenüber, auf sie beziehen sie sich (mehr oder weniger affirmativ). Dabei unterstellt die Visualität eine unmittelbare Verständlichkeit,
  weil sie scheinbar *evident* macht, was geschehen ist (z. B. das Elbehochwasser
  2012; vgl. Kap. 6) und dass in dieser Evidenz schon die ganze Wahrheit liegt,
  obwohl die Bilder immer nur in einer bestimmten Form bestimmte Realitäts-

---

9   Zu erinnern ist hier aber auch an die vierbändigen »Bilder aus der deutschen Vergangen-
    heit«, die der Künstler und Kulturwissenschaftler Gustav Freytag (1816–1895) zwischen 1859
    und 1867 verfasste und veröffentlichte und die bis 1909 zwischen 27 und 32 Auflagen erreich-
    ten (vgl. Freytag 2014).

und Wirklichkeitssauschnitte zeigen können und wollen. Deshalb beinhaltet Kritik der visuellen Kulturen immer auch, diese Bildgewissheiten in Frage zu stellen und die Entstehung und Verbreitung von optischen Pseudo-Indizien durch die Suspendierung des Zweifels zu untersuchen (vgl. Schade/Wenk 2011, S. 98 ff)[10]. Bei der Erstellung von Sozialreportagen zeigt sich dabei häufig ein hilfloser Umgang mit Fotos – und zwar zwischen naiver Realitätsgläubigkeit und radikalem Skeptizismus – und es ist eine der zentralen Lernaufgaben, ihren Realitäts- und Wirklichkeitsgehalt zu erschließen bzw. auszudrücken und eine methodische Einstellung zu erlernen, die objektive Realität und phänomenale Wirklichkeit *durch* Bilder (speziell Fotos) zu analysieren und zu verstehen, also durch eine sich erweiternde und vertiefende Bildersensibilität und Bildkompetenz deren Wissensgehalte für die Sozialreportage fruchtbar zu machen (dazu Kap. 2 u. 3). Dabei ist aber auch zu beachten, dass *Sichtbarkeit* bzw. *Sichtbar-Machen* eine normativ kritische Kategorie und Handlungsorientierung darstellt, die ihre innere Ambivalenz reflektiert (im Sinne von Honneth 2003, S. 10 ff u. 71 ff): Dass es sich dabei nämlich einerseits um das Offenlegen gesellschaftlicher, sozialer und kultureller Missstände handelt (z. B. der Lebenslagen und Interaktionsmustern in Asylbewerberheimen) und das Öffentlichmachen von berechtigten Interessen (z. B. für die Inklusion von Menschen mit Behinderung bzw. besonderen Bedürfnissen), aber auch um sich ausweitende Kontrollverfahren (z. B. durch extensive Videoüberwachung) und voyeuristische Ausbeutungspraxen (z. B. von menschlichem Leiden, aber auch durch alltäglichem Sexismus), bei der die Würde der Menschen grundlegend verletzt wird.

- Für die Sozialreportagen werden Fotos (oder andere Bilder) nicht nur produziert, sondern es werden auch vorhandene rezipiert. Mehr noch: auch wenn man selber Fotos macht, stehen diese – gewusst oder nicht, bewusst, vorbewusst oder unbewusst – in bestimmten visuellen Traditionen, auf die bei der Produktion und Rezeption zurückgegriffen wird[11]. Die Auseinandersetzung mit den – häufig auch institutionalisierten – *Bildarchiven* (sie können auch als das »Auge einer bzw. von verschiedenen Epochen« verstanden werden; vgl. Rimmele/Stiegler 2012, Kap. 2) und die *Relationen* (also Wechselbeziehungen und Verweisungszusammenhänge) zwischen den verschiedenen Sujets, Stilen, Techniken, Apparaten, Materialien und Verbreitungsmedien der verschiedensten Traditionen und visuellen Rhetoriken ist ein wesentlicher Teil der visu-

---

10 Vgl. zur Kritik an den evidenzbasierten Ansätzen in der Pädagogik, Erziehungswissenschaft (auch der Sozialen Arbeit) und Bildungspolitik Forster (2014).
11 Vgl. zu den Fototraditionen z. B. Geimer (2002; 2009), Kemp (2014) und Stiegler/Thürelmann (2011).

ellen Kulturforschung. Sie beschränkt sich dabei nicht auf die Hochkulturen (z. B. Körperdarstellungen in der griechischen Antike und der Moderne), auch nicht auf die meist westlich verstandene »Zivilisation« (in kolonialistischer Abgrenzung zu den »primitiven« Gesellschaften; vgl. Rimmele/Stiegler 2012, Kap. 3), sondern bezieht – wie in Kap. 1.6 näher ausgeführt – extensiv die Prozesse der gesellschaftlichen und sozialen Bedeutungs- und Sinnkonstitution in den verschiedensten alltäglichen Lebensformen, konsumvermittelte Trends der Warenästhetik, Subkulturen und Popart ein und untersucht dabei gerade die Heterogenität der kulturellen Ausdruckformen und Rezeptionsweisen auch an einem Ort (z. B. in einem Jugendzentrum oder Altenheim, in der sozialräumlichen Präsenz der verschiedenen Zeichensysteme in einer Kleinstadt, in der Presse, aber auch im Fernsehen und im Film). Hier verschränken sich die Bemühungen und Konzepte der *symbolischen* mit denen der *sozialen* (feld- bzw. milieubezogenen) Anthropologie und fördern die Fähigkeit und Bereitschaft zu einer »synthetische Intuition« (Panofsky) bei der Bildanalyse und dem Bildverstehen im Kontext der Sozialen Arbeit.

▪ Eben weil die Menschen nicht reflexartig auf die massenmedial präsentierten Bilderwelten reagieren – wie der Iconoclash unterstellt (dazu kritisch Latour 2002, S. 46 ff), sondern sich zu ihnen in ein intentionales Verhältnis setzen, entstehen unterschiedliche Sehverhältnisse und *Blickregime* als kulturelle Formationen und Formatierungen, die festlegen, was (nicht) gesehen werden kann (Hall 2004): Entweder in der eher passiven, präreflexiven Übereinstimmung mit der herrschenden Kultur im Sinne einer Vorzugsleseart (z. B. bezüglich der Darstellung von Armut) oder aber der begrenzten Kritik daran im Sinne einer ausgehandelten Lesart (z. B. bezüglich der Darstellung des Krieges in der Ukraine) oder aber in der oppositionellen Lesart (z. B. hinsichtlich der Darstellung bestimmter Seiten der muslimischen Kultur). Die Sozialreportage beteiligt sich an den dafür notwendigen ideologiekritischen Prozessen der Encodierung (Synthese) und Dekodierung (Analyse).

▪ Die massenmedial präsenten Bilderwelten (auch die der Fotografie) sind nicht aus sich selbst heraus hinreichend verständlich, sie sind in übergreifende ökonomische und politische Prozesse einbezogen, in ihnen kommen die Wechselbeziehungen zwischen materiellen und symbolischen Ungleichheiten und damit visuelle Machtstrukturen zum Tragen und zum Ausdruck, also das Ringen der verschiedenen sozialen Klassen und Bewegungen um eine Durchsetzung ihrer Kulturauffassung und -praxis als hegemonialer. Die damit verbundenen *Bildpolitiken* (etwa der vermachteten und verbürokratisierten Öffentlichkeiten sowie der Tagespresse oder Illustrierten) lassen sich mit Rückgriff auf die politikwissenschaftlichen Arbeiten von Louis Althusser (1918–1990) als Praktiken der *ideologischen Staatsapparate* (im Unterschied zu den repressiven sowie den sozial- und wirtschaftspolitischen) verstehen und analysieren (vgl. Althusser 1973, S. 127 ff – rezipiert bei Mitchell 2008a, S. 128 ff bzw. Rimmele/Stiegler 2012, S. 35 ff).

Wir haben damit schon ein breites Aufgabenspektrum und damit auch ein weites Lernfeld für die Sozialreportage umrissen, welches bereits in Kap. 1 und 2 weiter ausdifferenziert wird. Dem folgen im zweiten Teil wichtige Arbeitshilfen, um diesen komplexen Aufgaben schrittweise gerecht zu werden. Im dritten Teil wird dann *exemplarisch* gezeigt, worin der Wissenszuwachs durch Sozialreportagen für die theoretischen und konzeptionellen Grundlagen und die empirischen Befunde der Sozialen Arbeit (speziell ihrer Sozialraum- und Lebensweltanalysen) bestehen kann. Dabei greifen sie einerseits Wissen innerhalb und außerhalb der Sozialen Arbeit auf und wollen anderseits zu dessen Erweiterung und Vertiefung beitragen. Begreift man *Wissen als Kultur im Horizont des Sozialen* (vgl. Sandkühler 2009, S. 74) und als in *wissenskulturellen Kontexten gerechtfertigte wahre Überzeugung* (ebd., S. 76), dann umfassen diese Wissensordnungen und -konstellationen komplexe Relationen:

> »Wissenskulturen sind aufgrund ihrer Besonderheiten unterscheidbare, systemisch verfasste, holistisch (ganzheitlich) zu rekonstruierende Ensembles epistemischer und praktischer Kontexte, die bei der Entstehung und in der Dynamik von Wissen wirksam sind und Geltungsansprüche und Standards der Rechtfertigung von Wissen bestimmen. In sie eingeschlossen sind ein bestimmter epistemischer Habitus, bestimmte Evidenzen, Perspektiven und weltbildabhängige Präsuppositionen, bestimmte Überzeugungen, eigensinnige sprachliche, semiotische und semantische Üblichkeiten, besondere Auffassungen zu möglichen epistemischen Zielsetzungen, Fragen und Problemlösungen, kulturspezifische Praktiken und Techniken und in diesem Kontext anerkannte Werte, Normen und Regeln.« (ebd., S. 76)

Dieses Buch gliedert sich in drei Teile: Im ersten werden die theoretischen und konzeptionellen Grundlagen erläutert; hierzu werden die entsprechenden Überlegungen in Braun/Wetzel (2010, Kap. 1 u. 3) dadurch ausgeweitet und vertieft, dass andere Theorietraditionen und neuere Ansätze zur Begründung der Sozialreportage einbezogen werden (diese werden jeweils in eigenständigen thesenartigen Zitat-Montagen dokumentiert, die als eigenständige Lerneinheiten verwendet werden können). Im zweiten Teil werden quasi als Brücke zu den Fallstudien konkrete Arbeitsweisen vorgeschlagen, mit deren Hilfe in den verschiedensten Lerngruppen Sozialreportagen erarbeitet werden können. Und der dritte Teil enthält eine ganze Reihe solcher Sozialreportagen zu recht unterschiedlichen Bereichen/ Aspekten, um auch das ganze *thematische* Spektrum möglicher Projekte deutlich zu machen. Dabei handelt es sich ganz bewusst um *in sich geschlossene Texte*, um auch die recht unterschiedlichen *Formen* deutlich hervortreten zu lassen. Deshalb wurde auch auf explizite Bezüge zu den beiden ersten Teilen verzichtet (implizite sind selbstverständlich vorhanden), so dass diese Fallstudien jeweils auch für sich gelesen werden können. Aus Platz- und Kostengründen haben wir nur in diesen Teil Fotos aufnehmen können; dafür sind es allerdings ausschließlich Farbfotos.

Das Buch entstand im Arbeitskontext des 2009 gegründeten »Magdeburger Archivs für Sozialfotografie« (www.masof.de) am Fachbereich Sozial- und Gesundheitswesen der Hochschule Magdeburg-Stendal und des 2013 gegründeten »Fuldaer Archivs für Sozialfotografie« (www.fasof.de) am Fachbereich Sozialwesen der Hochschule Fulda[12] sowie entsprechenden Veranstaltungen im Studiengang Soziales der Fachhochschule Kärntens. Für die Unterstützung bei den sehr unterschiedlichen Projekten danken wir allen Kooperationspartnern, speziell den erwähnten Fachbereichen bzw. dem Studiengang; ferner Frank Dölker (Fulda) und der »Arbeitsgemeinschaft Schule und Sozialarbeit/Sozialpädagogik in Sachsen-Anhalt e. V.« Eine ganze Reihe der Vorüberlegungen und der Fallstudien des dritten Teils sind in anderen Fassungen seit 2007 in der Zeitschrift »Sozial Extra« erschienen; wir danken an dieser Stelle ihrem Redakteur Detlef Ullenboom dafür sehr herzlich! Nicht zuletzt gilt unser aufrichtiger Dank Diana Heinzelmann (Donzdorf), die die umfangreichen und vielschichtigen Korrekturaufgaben bravourös bewältigt hat.

Magdeburg und Feldkirchen (Kärnten), im Mai 2015
Karl-Heinz Braun, Matthias Elze und Konstanze Wetzel

---

12 Vgl. zu den Aufgaben solcher regionaler Foto- und Bildarchive Braun/Elze (2010).

Erster Teil:
Theoretisch-konzeptionelle Grundlagen

Soziale Atmosphäre und dokumentarische Foto-Aisthetik

1

Die Theoriearchitektonik der Sozialen Arbeit hat sich in den letzten 20–25 Jahren merklich verschoben: Neben das Konzept der *Lebenswelt* (verstanden als einfache und komplexe Intersubjektivitätsbeziehungen; vgl. Füssenhäuser 2005, Kap. B.2; Grunwald/Thiersch 2004; Thiersch/Böhnisch 2014) ist zunehmend das des *Sozialraums* (verstanden als unmittelbare objektive Seite des Alltagslebens) getreten (vgl. z. B. Alisch/May 2008, Kessl u. a. 2005; Kessl/Reutlinger 2013; May/ Alisch 2008; Reutlinger u. a. 2010). Das hat zwingend die Frage nach den praktischen (»realen«) und theoretischen Beziehungen zwischen beiden Aspekten gestellt. Diese könnten verstanden werden als äußerliches *Nebeneinander* oder aber als ein Prozess der *Vermittlung,* der dann allerdings auch eines *Mediums* eben dieser Vermittlung bedarf, welches sowohl die intersubjektive wie auch die objektive Seite dieser Vermittlungsprozesse erfasst, ohne in eine der beiden Seiten aufzugehen. Dies leisten u. a. die Konzepte der *rechtlichen Anerkennungsverhältnisse* (vgl. Honneth 1992, Kap. II.5/6), das der *Aneignung* (vgl. Deinet/Reutlinger [2004; 2014]) sowie das der *sozialen Milieus* (vgl. Vester u. a. 2001)[1]. Für die *Sozialreportage* als einer auf die fotografisch-verbale Rekonstruktion sozialer Probleme akzentuierte Handlungs-, Lern- und Forschungsmethode, die der Erweiterung der Verständigungsmöglichkeiten darüber dient, ist ein weiterer Ansatz der Sozialraum-Lebenswelt-Vermittlung von Interesse, nämlich der der *Atmosphäre,* wie er von Böhme (1998; 2001, 2004; Kap. V/VI; 2013a, b) begründet und in eine allgemeine Anthropologie integriert worden ist (vgl. Böhme 2010. 8. u. 13. Vorlesung), die auch der vertieften kulturkritischen und postmodernen Auseinander-

---

1 Ergänzend wäre auch auf das schon in der Einleitung erwähnte Konzept der *Performanz* zu verweisen, welches ebenfalls die Vermittlung von Objektivität und Intersubjektivität in den gesellschaftlich eingebundenen Handlungsprozessen ins Zentrum stellt (vgl. Fischer-Lichte [2004, 4. Kap.; 2013, S. 53 ff u. Teil III]).

setzung mit der klassischen Moderne diente (vgl. Böhme/Böhme 1985, Kap. II, IV u. V)[2]. Dieser Ansatz ist für den einen Aspekt der Sozialreportage, nämlich die Sozialfotografie, deshalb von großer Bedeutung, weil es sich um eine systematische Vermittlung handelt zwischen der Art und Weise, wie Menschen und damit auch FotografInnen die Welt erleben, wie sie ihr begegnen, wie sie in sie einbezogen sind einerseits und der »harten« Faktizität der sozialräumlichen und systemischen (ökonomischen und politisch-staatlichen) Lebensbedingungen andererseits. Dieses Spannungsverhältnis kommt auch in der Überschrift zum Ausdruck: Der Ansatz geht quasi »hinter« die Ästhetik (als hermeneutische und/oder semiotische Theorie des künstlerischen Schaffens, der Kunstwerke und der darauf bezogen Geschmacksbildung bzw. Urteilskraft) zurück und schließt an die ursprüngliche Intention von Aristoteles (384–323 v. Chr.) an, der unter *Aisthetik* genau diese unmittelbaren Erlebnisse mit der objektiven Wirklichkeit (der Natur wie der Gesellschaft) verstand (vgl. Aristoteles: Nikomachische Ethik 1139b 15–18), wo also noch nicht zwischen der kognitiven und emotionalen Seite des personalen Weltbezuges, also Sinnlichkeit und Reflexion, unterschieden werden kann, sondern eine vorreflexive Ganzheitlichkeit herrscht. Außer Böhme haben (fast) zeitgleich auch andere (z.B. Barck u.a. 1990; Mollenhauer/Wulf 1996; Welsch 1990, S. 9 ff u. 219 ff und mit kritischer Distanz Seel 1996b, Kap. 2) auf die Aisthetik als Ansatz zur Neubegründung der Ästhetik bzw. der ästhetischen Bildung zurückgegriffen[3]. Dabei ist es zwischen den verschiedenen Positionen durchaus kontrovers, ob die Aisthetik die Ästhetik ersetzen oder erweitern soll (wir plädieren für letzteres). Für die *dokumentarische* Fotografie ist dieser Ansatz deshalb von besonderem Interesse, weil er weder die harten Realitäten der sozialen und systemischen Räume leugnet, noch die fotografische Rekonstruktion der atmosphärischen Vermittlungen ins Belieben der FotografInnen stellt, sondern deren ästhetische Arbeit als Rekonstruktion begreift: Als *Re*-Konstruktion von etwas, was sich außerhalb des fotografischen Prozesses vollzieht; und als *Konstruktion,* weil durch die Fotografien auch relativ eigenständig Atmosphären hervorgebracht werden[4]. Insofern gibt es diesbezüglich wichtige Übereinstimmungen zwischen der phänomenologischen Ästhetik von Böhme und der ebenfalls phänomenologisch begründeten/ausgerichteten Fototheorie von Barthes (1989). Darüber hinaus stellt dies ein fruchtbares Rahmenkonzept dar, um die »Knipser«-Fotografie, die ambitionierte Amateurfotografie und die professionelle Fotografie mit ihren spezifischen

---

2 Vgl. zur Diskussion und Weiterführung dieses Ansatzes u.a. Blum (2010), Goetz/Graupner (2007) und Lehnert (2011); eine wichtige Brücke zur Sozialraum- und Lebenswelterkundung baut das Konzept der ästhetischen Feldforschung von Rauh (2012, Kap. 6).

3 In gewisser Weise kann man dazu auch das Bemühen von Corboz (2001, Teil II) rechnen, die *unsichtbare* Stadt wieder *sichtbar* zu machen.

4 Das ist zumindest implizit auch der Ansatz von Schroeder/König (2008).

Zugängen, Dokumentationsweisen und Ausdrucksformen von einem gemeinsamen Aufgabenverständnis her interpretieren und verorten zu können. Darüber hinaus ermöglicht es eine Verortung der Fotografie im Gesamtraum der ästhetischen Arbeit, denn:

»In der Phase der ästhetischen Ökonomie kann man gesamtgesellschaftlich einen besonderen Sektor ausmachen, in dem Inszenierungswerte hergestellt werden, bzw. einen wachsenden Teil der gesamtgesellschaftlichen Arbeit, der auf die Inszenierung verwandt wird. Es handelt sich hier um die Berufssparten des Design, der Kosmetik, der Werbung, auch Teile der Architektur, Stadtplanung, Landschaftsplanung sind hierher zu rechnen, ferner natürlich große Teile des Fernsehens und der anderen Massenkommunikationsmittel. Wenn man auf diesen Sektor blickt, ist man veranlaßt, den Begriff des ästhetischen Arbeiters zu bilden. Unter ästhetischer Arbeit soll die Arbeit verstanden werden, die in die *Erscheinung* von Dingen, Menschen, Ideen gesteckt wird. Der Begriff der ästhetischen Arbeit ist also weiter als der Begriff der Inszenierungsarbeit und umfasst den ganzen Bereich künstlerischer Produktion mit. Die fortschreitende Ästhetisierung des Realen stellt eine Herausforderung an die Ästhetik dar. Die Ästhetik kann nicht länger sich auf den abgeschirmten Bereich der Kunst beziehen, sondern sie muß sich mit den Produkten ästhetischer Arbeit im allgemeinen auseinandersetzen und auch die Kunst, die Künstler und die Kunstrezeption in diesem weiteren Rahmen sehen. Die Herausforderung besteht darin, Begriffe bereitzustellen und Kompetenzen dafür zu entwickeln, mit der Ästhetisierung des Realen konkret umgehen zu können, und ein Kritikpotenzial zu entwickeln, um ihrer Macht und Verführung nicht zu erliegen.« (Böhme 2001, S. 22)

Es werden nun die zentralen Kategorien zur (fotografischen) Rekonstruktion von Atmosphären dargestellt und dabei jeweils einige epochaltypische Atmosphären benannt, um die Relevanz dieser Verfahrensweise zumindest plausibel zu machen. Dies erfolgt einerseits im direkten Anschluss an die o. a. Arbeiten von Böhme; andererseits ergeben sich andere bzw. neue Akzentsetzungen dadurch, dass hier die dokumentarische Sozialfotografie im Vordergrund steht. Wichtiger ist allerdings der Hinweis, dass es auch begriffliche Verschiebungen gegenüber einigen Argumentationsfiguren von Böhme gibt: Zum einen wird das Verhältnis der Wahrnehmung bzw. der Erlebnisse zur kognitiven Selbst- und Weltdeutung enger gefasst als bei ihm (vgl. dazu die Einleitung); und der Spaltung zwischen notwendigen Bedürfnissen und nicht notwendigen, somit überflüssigem Begehren (vgl. Böhme z. B. 2001, S. 21 f u. 182 ff) wird nicht gefolgt: Das *gute* Leben war noch nie auf das *nackte* Leben zu reduzieren (wie schon die Höhlen- und Felsmalereien zeigen) und die Vervollkommnung des Lebensweise erfordert gerade eine gemeinschaftlich-solidarische Verfügung über die systemischen (ökonomischen und politisch-staatlichen) Bedingungen und damit die Quellen der Bedürfnisbefriedigung und die Befriedigung eben dieses *genuin menschlichen* Bedürfnisses ist ein *unabschließbarer* Prozess (was Böhme 2013a, S. 64 f in gewisser Weise auch zugesteht)[5]. Beide Aspekte hat Seel (2003, S. 153) miteinander verschränkt, wenn er vorschlägt, den Begriff der ästhetischen Wahrnehmung enger zu fassen als es Böhme tut, um den inneren Differenzierungen und Zensuren zwischen Alltagsleben und Kunst, zwischen Aisthetik und Ästhetik sowie innerhalb der ästhetischen Praxis gerechter zu werden.

Für dieses Verständnis der ästhetischen Wahrnehmung ist es dann maßgeblich, »dass etwas in seinem Erscheinen *auffällig* wird. Das atmosphärische Erscheinen … ist also nicht mit der generellen Spürbarkeit von Atmosphären gleichzusetzen; es ist vielmehr als ein sinnlich-emotionales *Gewahrsein* existentieller Korrespondenzen zu verstehen.« Oder anders ausgedrückt (ebd., S. 152): »Etwas zeigt sich in einem atmosphärischen Erscheinen, wenn es für die Wahrnehmenden in einer existentiellen Bedeutsamkeit anschaulich wird. So erinnert der Ball an das Lärmen der Kinder, die längst abwesend sind; so inszeniert eine Wohnungseinrichtung einen Wohlstand, dem man ansehen kann, daß er trügerisch ist. Atmosphäre ist ein sinnlich und affektiv spürbares und darin existentiell bedeutsames Artikuliertsein von realisierten oder nicht realisierten Lebensmöglichkeiten. In der Gestalt, die sie *haben, geben* die Objekte dieses Erscheinens der jeweiligen Situation eine charakteristische Gestalt – und zwar so, daß dieser von ihnen (mit)geschaffene Charakter der Situation an ihnen anschaulich wird. Man denke nur daran, wie eine bestimmte Musik die Atmosphäre in einem Raum, wie eine bestimmte Kleidung den Eindruck einer Person, eine bestimmte Architektur den Gestus einer Stadt verändern kann. Lebensumgebungen und Lebensverhältnisse nehmen durch diese Objekte und Stile einen Charakter an, der an ihnen nicht allein zur Erscheinung *kommt,* sondern den sie allein in dieser Fülle ihres Erscheinens *haben.* Das *bloße* Erscheinen verwandelt sich hierbei in ein atmosphärisch *artikuliertes* Erscheinen.«

---

5   Vgl. zum hier verwendeten Konzept der menschlichen Subjektivität Braun (2012), Holzkamp (1973, Kap. 2 u. 5) sowie Holzkamp-Osterkamp (1976, Kap. 4).

1.1 Die Atmosphäre als Vermittlungsmedium zwischen Lebenswelt und Sozialraum und als Sujet der Sozialfotografie

Das Wort »Atmosphäre« wird auch in der Alltagskommunikation nicht nur im naturwissenschaftlichen Sinn verwendet (wenn z. b. von der Zerstörung der Ozonschicht und ihre Folgen für das Klima die Rede ist), sondern auch in sozialen Zusammenhängen (wenn man z. b. von einer frostigen Atmosphäre bei politischen Verhandlungen, von einer freundschaftlichen bei einer unerwarteten Begegnung spricht, oder von der zunehmenden sozialen Kälte in unserer Gesellschaft). Wir erleben sie ganz unmittelbar, wenn wir einen Raum betreten und es entsteht ein Verhältnis zwischen der *dort vorhandenen* und *meiner eigenen* Stimmung. Auch wenn es sich hier um das Erlebnis eines Unterschiedes handelt, so muss daraus noch kein Widerspruch resultieren, d. h. ich kann mich in diesem so gestimmtem Raum wohlfühlen, er kann meinen Erwartungen oder nicht ausgesprochenen Wünschen entsprechen (z. B. mich zu erholen, mich zu entspannen, mich anregen zu lassen). Es kann aber auch eine Diskrepanz erlebt werden – so wenn z. B. meine heitere Stimmung nicht zu der bedrückten passt oder meine Traurigkeit nicht zu einer ausgelassenen. Übereinstimmung oder Diskrepanz lassen mich dabei nicht unberührt; so kann ich auch versuchen, die vorhandene Atmosphäre zu verändern (sie z. B. zu beleben, andere und mich selbst zu erheitern oder einige der anwesenden Personen in ernste Gespräche zu verwickeln und damit die des oberflächlichen »wir-wollen-nur-Spaß-haben« zu durchbrechen). Dabei ist dieses primäre Erlebnis von Atmosphäre noch ein ganzheitliches und hat auch einen starken Raumbezug, weil zunächst die Gesamtsituation (z. B. in einer Schulklasse) erlebt wird und erst im nächsten Schritt Einzelaspekte (z. B. die Ausstattung des Klassenraums mit Lernmaterialien, aber auch mit den Kuscheltieren der Kinder, einzelne Schülergruppen, die personale Präsenz der Lehrerin im Raum). Das gilt nun allerdings nicht nur für soziale Räume, sondern auch für Naturräume (z. B. eine wild belassene Flussaue, eine ungewöhnliche Wolkenbildung, einen Landschaftsgarten) – auch sie haben eine spezifische Atmosphäre, die nicht in dem aufgeht, wie die Menschen sie aufnehmen (wie sie z. B. ein »Naturschauspiel« wie die Mondfinsternis empfinden).

Für die Fotografie resultiert daraus zunächst die *dokumentarische* Aufgabe, diese jeweilige Natur- oder soziale Atmosphäre bildlich zu erfassen. Wenn z. B. Naturzerstörungen dargestellt werden sollen, dann geht es nicht nur darum, die destruktiven Folgen bestimmter verantwortungsloser menschlicher Natureingriffe zu belegen (z. B. abgestorbene Bäume und verelendete Tiere, unfruchtbare, weil verseuchte Landschaften), sondern immer auch die Art und Weise, was Menschen empfinden, wenn sie das erleben (z. B. die Scham über das, was die Menschen den

Lebewesen bei der Massentierhaltungen antun, oder den Zorn darüber, wie wenig die Naturschutzdebatten der letzten Jahrzehnte global zum Schutz der Regenwälder beigetragen haben). In vergleichbarer Weise geht es bei der fotografischen Rekonstruktion sozialer Probleme nicht nur darum, sie im rein objektiven Sinne zu erfassen (z. B. die architektonischen Mängel vieler sozialer Wohnungsbauten, die selektive Versorgung der Bevölkerung mit hochwertigen Konsumgütern, die Entfernungen zwischen Wohnort und Bildungsort bzw. Arbeitsplatz), sondern auch die daraus resultierenden Lebensgefühle und darüber vermittelten Veränderungen im sozialen Klima (z. B. die sublime öffentliche Ausgrenzung von Menschen unterer Milieus durch die Angebotspräsentation in den TOP-Geschäften, die unsichtbare, aber fühlbare soziale Grenze zwischen der Eigenheimsiedlung der relativ Wohlhabenden und der angrenzenden Hochhauswohnsiedlung, die soziale Spaltung der Jugendgruppen auf dem Schulhof). Zugleich besteht die *kritische* Aufgabe der Sozialfotografie darin, diese das Lebensniveau und Lebensgefühl einschränkenden Atmosphären zu entdecken, hervorzuheben und in auch formalästhetisch anspruchsvollen Bildern zu dokumentieren, um so die Sensibilität für diese Prozesse und das Interesse an der Analyse der ökologischen, ökonomischen, sozialen und kulturellen Hintergründe und Ursachen zu fördern, indem sie in die öffentlichen, halböffentlichen und manchmal auch nur privaten Kommunikationsströme integriert werden.

Es dürfte schon deutlich geworden sein, dass Atmosphären weder nur intersubjektiv noch nur objektiv sind, sondern eben gerade eine Zwitterstellung zwischen beiden haben, einen gemeinsamen Zustand von Subjekt und Objekt beinhalten, also ein *Zwischenphänomen* sind – und dass dies die besondere Herausforderung für die Sozialfotografie ausmacht: nämlich die unmittelbare *Betroffenheit* der Menschen von bestimmten *Bedingungen* und die dabei entstehenden (emotionalen) *Befindlichkeiten* ikonisch zu erfassen. Oder um es paradox und mit Böhme (2001, S. 48) zu sagen: es geht um »Atmosphären als quasi objektive Gefühle«. Dass solche Atmosphären eine objektive« Seite haben wird allein schon daran deutlich, dass Fotografien (wie alle andere Formen ästhetischer Arbeit, also Theater, Musik, Architektur, Design usw.) *bestimmte* Atmosphären *bewusst erzeugen* können, sie können durch den jeweiligen Realitätsausschnitt, die Art der Linienführung, der Flächenverwendung, der Positionierung von Dingen und Personen auf ihr, die Lichtverhältnisse und Farben usw. gewünschte Stimmungen (mit) hervorbringen (dann sieht z. B. ein sozialer Brennpunkt besonders düster aus, eine Solidaritätsveranstaltung besonders voll, heiter und kämpferisch, eine Shoppingmall besonders dekadent). Daraus resultiert auch eine Gefahr: Nämlich die einer Ästhetisierung der sozialen Wirklichkeit im Sinne ihrer medialen Ablösung von der ökonomischen, politischen, sozialen und kulturellen Realität (worauf in Kap. 1.6 noch einzugehen ist).

Für die Fotografie sind die Lichtverhältnisse von besonderer Bedeutung. Dabei ist hier das Licht nicht als physikalisches Phänomen (Welle und Korpuskel) von Interesse, welches man als solches auch gar nicht sehen kann, sondern das Licht, wie es uns in der Wahrnehmung quasi begegnet, nämlich als *Helligkeit*. Auch wenn das Licht erst die Fotografie physikalisch bzw. chemisch möglich macht, so können wir es nur über andere Medien wahrnehmen (den Film, das Fotopapier, das Display und den Bildschirm). Aber das gilt generell: Das Licht muss immer irgendwie reflektiert werden, wir erfahren es in der Erscheinung der Dinge, also wie sie uns begegnen (z. B. die Lichtstrahlen in einer Kirche durch die Staubpartikel in der Luft, die Düsternis eines Gefängnisses durch die Lichtreflexe an den Wänden) und deren (ungleiche) Verteilungen im Raum erzeugen eine bestimmte Stimmung (z. B. gedämpftes Licht die der Heimeligkeit/Vertrautheit, gleichmäßig dunkles Licht die der Todesruhe, grelles Licht die der Bedrohung). Helligkeit ist somit eine besondere Raumqualität und Fotografie erfordert den besonderen Umgang mit dem Licht. Das unterscheidet sie von der Alltagswahrnehmung, die zumeist auf einem nicht-intentionalen Sehen beruht: wir können gar nicht nicht sehen, wir können höchstens nichts sehen, weil alles dunkel ist – und in solchen Fällen bedürfen wir technischer Hilfsmittel (z. B. einer als Lichtquelle wahrgenommener Lampe o. ä. oder des Infrarots) um einen Raum sichtbar zu machen. Diesen Raumatmosphären zu begegnen ist unausweichlich, denn wir können nicht außerhalb von irgendwelchen Sozial- und Naturräume leben und insofern sind die Grade der Dunkelheit und Helligkeit in wechselnden Räume unseres Alltagslebens und die Art der uns dort begegnenden Stimmungen für unsere eigene Befindlichkeit von Bedeutung. Diese Wahrnehmungen sind insofern primär, als wir erst das Helle oder Dunkle eines Raumes erleben, bevor wir dessen dingliche Beschaffenheit und die in ihnen verweilenden oder erwarteten Personen wahrnehmen. Insofern verknüpfen sich in den jeweiligen Raumatmosphären Lebenswelt und Natur- bzw. Sozialraum am intensivsten.

Böhme (2001, Kap. XI.1) verdichtet das hier skizzierte Verhältnis von intersubjektiven Lebenswelten und sozialen und systemischen Räumen (ähnlich wie Sandkühler 2009, S. 18) begrifflich zum Spannungsverhältnis von *phänomenaler Wirklichkeit* und *objektiver Realität* und versteht die nachfolgend dargestellten Konzepte des Atmosphärischen, der Synästhesien, der Physiognomie, der Szenen, der Ekstasen, der Zeichen und Symbole als logische Entwicklungsschritte von der Wirklichkeit zur Realität – und in diesem Sinne werden sie nachfolgend auch gebraucht[6].

---

6   Ansätze zu einem solchen gesellschaftliche und soziale Objektivität und Intersubjektivität vermittelnden Raumverständnis hat es in der Gesichte der Raumtheorien immer gegeben, wie der instruktive dokumentarische Sammelband von Dünne/Günzel (2006) deutlich macht.

Die Fototheorien von Roland Barthes und ihre kritisch-konstruktive Kommentierung durch Martin Seel

Martin Seel (1954)*   *Roland Barthes (1915–1980)*

Die Fototheorie von Roland Barthes ist bis in die Gegenwart eine der einflussreichsten und sie enthält eine Reihe von Aspekten, die mit dem Anliegen von Böhme übereinstimmen (obwohl er diesen Ansatz an keiner Stelle erwähnt). Zugleich schlägt sie eine wichtige Brücke zwischen dem von uns favorisierten hermeneutischen zum semiotischen Bild- und Fotoverständnis (worauf in Kap. 1.7 näher eingegangen wird). Deshalb sollen hier die zentralen Denkfiguren seiner frühen Fototheorie (von Anfang der 1960er Jahre) und seiner letzten Arbeiten dazu dokumentiert werden.

1. Die drei Sinn-Ebenen in der frühen Fototheorie von Roland Barthes

Barthes hat sein frühes Bildverständnis an Fotogrammen aus Filmen von S. M. Eisensteins (S. M. E.) entwickelt; danach lassen sich drei Sinnebenen unterscheiden:

a) Die informative Sinnebene
»Eine informative Ebene, auf der die gesamte Kenntnis zusammentritt, die mir das Dekor liefert, die Kostüme, die Figuren, ihre Beziehungen und ihre Eingliederung in eine Geschichte, die ich (wenn auch vage) kenne. Diese Ebene ist die der *Kommunikation*. Müßte man für sie einen Analysemodus finden, so würde ich mich der ersten Semiotik (der der ›Botschaft‹) zuwenden (aber mit dieser Ebene und dieser Semiotik wird man sich hier nicht mehr befassen).« (Barthes 1990, S. 47 f)

b) Die symbolische Sinnebene

»Eine symbolische Ebene: das ausgeschüttete Gold. Diese Ebene ist selbst wieder ge-
schichtet. (…) Diese zweite Ebene ist in ihrer Gesamtheit die der *Bedeutung.* Ihr Analysemodus wäre eine elaboriertere Semiotik als die erste, eine zweite oder Neosemantik,
in die nicht mehr die Wissenschaft der Botschaft einflösse, sondern die Wissenschaften
des Symbols (Psychoanalyse, Ökonomie, Dramaturgie). (ebd., S. 48) (…) Der symbolische Sinn (das vergossene Gold, die Macht, der Reichtum, der kaiserliche Ritus) drängt
sich mir durch eine doppelte Determination auf: Er ist intentional (das wollte der Autor
sagen) und wurde einer Art allgemeinem, gemeinsamen Wortschatz der Symbole entnommen; es ist ein Sinn, der mich, den Adressaten der Botschaft, das Subjekt der Lektüre, sucht, ein Sinn, der von S. M. E. aus- und *auf mich zugeht:* Er ist zwar evident (der
andere ist es auch), doch diese Evidenz ist *geschlossen* und entspringt einem vollstän-
digen Sender-Empfänger-System. Ich schlage vor, dieses Zeichen den *entgegenkom-
menden Sinn* … zu nennen.« (ebd., S. 49 f)

c) Die signifikante Sinnebene

»Ich lese, ich rezipiere (wahrscheinlich sogar als erstes) evident, erratisch und hartnäckig, einen dritten Sinn. Ich weiß nicht, welches sein Signifikat ist, zumindest kann ich
es nicht benennen, aber ich sehe deutlich seine Züge, die signifikanten Beiläufigkeiten,
aus denen dieses bisher unvollständige Zeichen besteht … (ebd., S. 48) (…) Im Gegensatz zu den zwei ersten Ebenen, der der Kommunikation und der der Bedeutung, ist
diese dritte Ebene – selbst wenn ihre Lektüre noch gewagt ist – die der *Signifikanz;* dieses Wort hat den Vorteil, daß es auf den Bereich des Signifikanten (und nicht der Bedeutung) Bezug nimmt und über den von Julia Kristeva eröffneten Weg, die diesen Termi-
nus eingeführt hat, an eine Semiotik des Textes anschließt. (ebd., S. 49) (…) Was den
anderen Sinn betrifft, den dritten, der ›überzählig‹ ist, wie ein Zusatz, den meine intel-
lektuelle Erkenntnis nicht aufzufassen vermag, zugleich hartnäckig und flüchtig, glatt
und entwichen, so schlage ich vor, ihn den *stumpfen Sinn* zu nennen. (…) Er bewirkt …
eine totale, das heißt endlose Öffnung des Sinnfeldes; für diesen stumpfen Sinn akzep-
tiere ich sogar die abwertende Konnotation: Der stumpfe Sinn erstreckt sich anschei-
nend über die Kultur, das Wissen und die Information hinaus; analytisch gesehen, haf-
tet ihm etwas Lächerliches an; weil er diese Unendlichkeit der Sprache erschließt, mag
er gegenüber der analytischen Vernunft borniert erscheinen; er gehört zur Familie der
Wortspiele, der Possen, der nutzlosen Verausgabungen; von moralischen oder ästhetischen Kategorien (dem Trivialen, dem Belanglosen, dem Unechten und dem Pastiche)
unberührt, steht er auf der Seite des Karnevals. *Stumpf* paßt also gut.« (ebd., S. 50). Dieser in mancherlei Hinsicht mißverständliche Sachverhalt und Gedankengang wird
dann nochmals erläutert: »…; der stumpfe Sinn ist ein Signifikant ohne Signifikat; da-

her die Schwierigkeit, ihn zu benennen: Meine Lektüre bleibt zwischen dem Bild und seiner Beschreibung, zwischen Definition und Annäherung in der Schwebe. (…) Das heißt, daß der stumpfe Sinn außerhalb der (gegliederten) Sprache, aber dafür innerhalb der Gesprächssituation liegt. (…) Wir können uns beiläufig oder ›auf dem Rücken‹ der gegliederten Sprache über ihn verständigen: dank des Bildes …, weit mehr: dank dessen, was im Bild nichts als Bild (und im Grunde sehr wenig) ist, kommen wir ohne das Wort aus, ohne daß unsere Verständigung aussetzt. (ebd., S. 60) (…) Es liegt auf der Hand, daß der stumpfe Sinn die Gegenerzählung schlechthin ist; verstreut, umkehrbar, an seiner eigenen Dauer haftend, kann er (wenn man ihm folgt) nur einen ganz anderen Aufbau als den der Einstellungen, Sequenzen und Syntagmen (ob technisch oder narrativ) begründen: einen beispiellosen, widerlogischen und dennoch ›wahren‹ Aufbau. (…) Diese Gestaltung der Erzählung ist notwendig, um bei einer Gesellschaft *Gehör zu finden,* die die Widersprüche der Geschichte nicht ohne einen langen politischen Weg lösen kann und sich (vorläufig?) mit mythischen (narrativen) Lösungen behilft; das *derzeitige* Problem besteht nicht darin, die Erzählung zu zerstören, sondern zu subvertieren: die Subversion von der Zerstörung trennen, so würde heute die Aufgabe lauten.« (ebd., S. 61 f)

2. Die späte Fototheorie der »hellen Kammer« von Roland Barthes

Das gerade in der Sozialfotografie enthaltene Spannungsverhältnis zwischen dokumentarischem und ästhetischem Anspruch lässt sich mit dem späten Barthes auch als das von Studium und Punctum charakterisieren:

a) »Studium«

»Das erste Element ist offensichtlich ein Bereich, ein ausgedehntes Feld, das ich im Zusammenhang mit meinem Wissen, meiner Kultur recht ungezwungen wahrnehme; dieses Feld kann sich, der Kunst des Photographen entsprechend oder der Gunst des Augenblicks, mehr oder minder stilisiert, mehr oder minder gelungen manifestieren, doch es verweist stets auf eine konventionelle Information … (…) Was ich für diese Photographien empfinde, unterliegt einem *durchschnittlichen* Affekt … (…) … es ist das *studium,* was nicht, jedenfalls nicht in erster Linie, ›Studium‹ bedeutet, sondern die Hingabe an eine Sache, das Gefallen an jemandem, eine Art allgemeiner Beteiligung, beflissen zwar, doch ohne besondere Heftigkeit. Aus *studium* interessiere ich mich für viele Photographien, sei es, indem ich sie als Zeugnisse politischen Geschehens aufnehme, sei es, indem ich sie als anschauliche Historienbilder schätze: denn als Angehöriger einer Kultur (diese Konnotation ist im Wort *studium* enthalten) habe ich teil an den Figuren, an den Mienen, an den Gesten, an den äußeren Formen, an den Handlungen«. (Barthes 1989, S. 33)

b) »Punctum«

»Das zweite Element durchbricht (oder skandiert) das *studium*. Diesmal bin nicht ich es, der es aufsucht (wohingegen ich das Feld des *studium* mit meinem souveränen Bewußtsein ausstatte), sondern das Element selbst schießt wie ein Pfeil aus seinem Zusammenhang hervor, um mich zu durchbohren. (…) Dies zweite Element, welches das *studium* aus dem Gleichgewicht bringt, möchte ich daher *punctum* nennen; denn *punctum*, das meint auch: Stich, kleines Loch, kleiner Fleck, kleiner Schnitt – und: Wurf der Würfel. Das *punctum* einer Photographie, das ist jenes Zufällige an ihr, das *mich besticht* (mich aber auch verwundet, trifft).« (ebd., S. 35 f)*

c) Die »helle Kammer«

Es ist kein Zufall, dass Barthes (ebd., S. 117 f) den Fotoapparat als helle Kammer bezeichnet und damit auch weitere Aspekte des Verhältnisses von Dokumentarischem und Ästhetischem entschlüsselt hat:

»Zu Unrecht bringt man sie (die Photographie; d. Verf.), aufgrund ihres technischen Ursprungs, mit der Vorstellung eines dunklen Durchgangs in Zusammenhang *(camera obscura)*. Man müsste *camera lucida* sagen (so wurde ein Apparat genannt, ein Vorläufer der Kamera, mit dessen Hilfe man einen Gegenstand durch ein Prisma hindurch

---

*   In vergleichbarer Weise charakterisiert Böhme (2013a, S. 211) *Anmutungen:* »Um die Wirklichkeit von Bildern hier vom Gegenständlichen her zu verstehen, werden … diejenigen Eigenschaften am Gegenstand aufgesucht, die zum Mitvollziehen einladen. Es sind dies wiederum Eigenschaften, Linien, Konturen, Gestalten, die in objektivistischer Zugangsweise nicht ins Blickfeld treten. Sie werden nur physiognomisch entdeckt, d. h. auf der Basis atmosphärischen Spürens«. Und in der Einleitung zum Band »Anmutungen« schreibt Böhme (1998, S. 7 f) noch etwas grundsätzlicher: »Unsere durchschnittliche Lebensform ist durch eine zugreifende Wahrnehmungsweise und zielgerichtetes Handeln bestimmt. Dadurch wird nicht nur im Alltag das, was uns anmutet, übergangen, es kommt vielmehr auch in der Theorie zu kurz. Das gilt für die ästhetische Theorie ebenso wie für die Ethik. Die Anmutungen sind dafür verantwortlich, daß uns überhaupt etwas betrifft. Das muß jedoch vorausgesetzt werden, soll in der Ästhetik das Geschmacksurteil einen Gegenstand haben und in der Ethik das moralisch Urteil ein Problem. Hier wie dort geht es also darum, das *Pathische* theoretisch zur Geltung zu bringen. (…) Der Ausdruck *Anmutung* ist mit Bedacht gewählt. Das Pathische, um das es hier geht, ist nicht nach Ursache und Wirkung zu denken. Zwar *weht* oder *spricht* einen etwas an, zwar macht es einen betroffen, aber was das ist und wie man sich dabei befindet, hängt immer *auch* von einem selbst ab. Anmutungen sind etwas Leichtes und Flüchtiges, sie sind Quasi-Subjekte, doch keine Personen, sie sind unbestimmt und werden doch in charakteristischer Weise erfahren.« – Dies macht bereits ein wenig verständlich, warum bei der Fotointerpretation (und nochmals verstärkt bei der Fotogestaltung) immer wieder ernste Schwierigkeiten entstehen und Widerstände deutlich bzw. aufgebaut werden, wenn es darum geht, für dieses Punctum, diese Anmutung offen zu sein bzw. zu werden.

zeichnen konnte, das eine Auge auf die Vorlage, das andere auf das Papier gerichtet); denn was den Blick anlangt, ›so besteht das Wesen des Bildes darin, ganz außen zu sein, ohne Intimität, und dennoch unzugänglicher und rätselhafter als die innere Vorstellung; ohne Bedeutung, doch zugleich eine Herausforderung der Unergründlichkeit jeden möglichen Sinns; verborgen und doch offenbar, von jener Anwesenheit-Abwesenheit, die die Verlockung und Faszination der Sirenen ausmacht‹ (Blanchot).

Wenn die PHOTOGRAPHIE sich nicht ergründen läßt, dann deshalb, weil ihre Evidenz so mächtig ist. Im Bild gibt sich der Gegenstand als ganzer zu erkennen, und sein Anblick ist *gewiss* – im Gegensatz zum Text oder zu anderen Wahrnehmungsformen, die mir das Objekt in undeutlicher, anfechtbarer Weise darbieten und mich dadurch auffordern, dem zu mißtrauen, was ich zu sehen glaube. Diese Gewissheit ist unanfechtbar, weil es mir freisteht, die Photographie so eingehend zu betrachten, wie es mir beliebt; doch wie lange ich das Bild auch betrachten mag, es teilt mir nichts mit. Genau in dieser Interpretationssperre liegt die Gewissheit des PHOTOS: auch wenn ich mich noch so sehr bemühe, alles, was ich feststellen kann, ist, daß *es so gewesen ist;* für jeden, der ein Photo in Händen hält, liegt darin ein ›fundamentaler Glaube‹, eine ›URDOXA‹, die nichts zerstören kann, es sei denn, man beweist mir, daß dieses Bild *keine* Photographie ist.* Doch leider bringt die Gewissheit dieses Photos es auch mit sich, da ich nichts darüber sagen kann. (…)

Indessen spielt die Evidenz der PHOTOGRAPHIE, sobald es sich um ein menschliches Wesen handelt – und nicht um ein Ding –, eine völlig andere Rolle. Die Photographie einer Flasche, eines Irisstengels, eines Huhns, eines Palastes zu sehen, beansprucht nur Wirklichkeit (von Böhme Realität genannt – s. o.; d. Verf.). Doch ein Körper, ein Gesicht und mehr noch: Körper oder Gesicht eines geliebten Menschen? Weil nun die PHOTOGRAPHIE (dies gerade ist ihr Noema) die Existenz eines solchen Menschen *beglaubigt,* will ich ihn als Ganzes wiederfinden, das heißt in seinem Wesen, ›so, wie er an sich ist‹, jenseits einer einfachen, individuellen oder ererbten Ähnlichkeit. Hier erweist sich die Plattheit des PHOTOS als noch schmerzlicher; denn sie kann meinem närrischen Verlangen nur mit etwas Unsagbarem entsprechen: es ist evident (das

---

* An dieser Stelle wird die Spannung zwischen objektiver Realität und phänomenaler Wirklichkeit angesprochen, die Barthes (ebd., S. 70) auch als biografischen Lernprozess beschreibt: »Auf meinem Weg von einem Photo zum anderen … hatte ich vielleicht erfahren, welchen Gesetzen mein Verlangen folgte, doch die Natur (das *eidos*) der PHOTOGRAPHIE hatte ich nicht entdeckt. Ich mußte mir eingestehen, daß meine Lust ein unvollkommner Mittler war und daß eine auf ihr hedonistisches Ziel beschränkte Subjektivität das Universale nicht zu erkennen vermochte. Ich musste tiefer in mich selbst eindringen, um die Evidenz der PHOTOGRAPHIE zu finden, das, was jeder, der ein Photo betrachtet, sieht, und was sie in seinen Augen von jedem anderen Bild unterscheidet. Ich mußte meine Einstellung ändern.«

ist das Gesetz der PHOTOGRAPHIE) und dennoch unwahrscheinlich (ich kann seine Wahrheit nicht beweisen). Dieses Etwas ist der *Ausdruck [air]*«.

Auf den Fortgang von Barthes Argumentation wird besonders in Kap. 1.4 u. 1.5 eingegangen, wo die Relationen zwischen Ausdruck und Eindruck bzw. die Bedeutung der Ekstasen erörtert werden.

3. Martin Seels Kommentare zu Barthes vor dem Hintergrund seines eigenen Ästhetik-Verständnisses

Martin Seel hat sich schon relativ früh mit Barthes Fototheorie auseinandergesetzt und einen Vorschlag unterbreitet, die verschiedenen Sinnebenen nicht nur zu unterscheiden, sondern sie in Beziehung zueinander zu setzen – ein Vorschlag, der seinen theoretischen Hintergrund in einem plural-integrativen Verständnis von Ästhetik hat.

a) Sinnlichkeit und Sinn des ästhetisch anspruchsvollen Fotos

»Freilich ist die Rede von einer primären oder reinen ›Botschaft‹ des Fotos irreführend. Denn das, worauf sich Fotos, abgesehen von der ihnen jeweils zugeschriebenen Bedeutung, beziehen, ist ja gerade keine Information oder Botschaft, keine Präsentation von etwas *als* etwas, sondern lediglich ein Hinweis auf *etwas:* auf eine augenblickliche und unwiederholbare Gegenstandskonfiguration. Dieser Hinweis hat durchaus selbst einen Zeichencharakter, nur daß das Zeichen hier nicht (wie eine Prädikation) charakterisiert oder bezeichnet, sondern lediglich (wie ein Name) benennt*. Da Barthes annimmt, jedes Zeichen setze einen Code voraus, kann er nicht den naheliegenden Schluß ziehen, daß es zum *Zeichencharakter* von Fotos gehört, in und neben ihren konnotativen Funktionen als denotative Benennungen zu fungieren. So verstanden läßt sich die Spannung zwischen den beiden ›Botschaften‹ des fotografischen Bildes als Spannung zwischen ihrer *Bezeichnung* (in einem bestimmten Gebrauch) und ihrer *Benennung* (unabhängig von einem *bestimmten* Gebrauch) auffassen.

In dieser Spannung liegt nun die Möglichkeit, ein Foto *eher* in seiner bezeichnenden oder *eher* in seiner benennenden Leistung zu betrachten. Sobald wir die zweite Betrachtung wählen, zeigt es sich, daß das Foto in seinen charakterisierenden Bedeutungen nicht fest verbunden ist. Der Sinn, der uns als geübten Benutzern von Fotografien ›entgegenkommt‹, koexistiert, in Barthes' Worten gesagt, mit einem, der ›stumpf‹ bleibt gegenüber allen Deutungen und Deutungsversuchen. Das künstlerische Foto

---

* Näheres zum semiotischen Verständnis von Fotos wird in Kap. 1.7 ausgeführt.

läßt sich dementsprechend als jenes Bild auffassen, das diesen Widerstreit zwischen entgegenkommendem und stumpfem Sinn inszeniert, ihn vorführt, ihn zur Pointe seiner Darbietung macht.« (Seel 1996b, S. 97f) Oder anders ausgedrückt (ebd., S. 99f): »Das ästhetisch auffällige Foto läßt den irregulären Augenblick aus allen deutbaren, erwartbaren Codierungen heraustreten. Es hält ihn in einer sinnfremden Einmaligkeit fest (das ist der Witz des ›stumpfen‹ Sinns). Das so verfaßte Bild sprengt sich gleichsam aus allen seinen Deutungen heraus, indem es … den Betrachter mit Aspekten einer sinnabweisenden Kontingenz seines Motivs konfrontiert. Der mechanisch festgehaltene Augenblick entzieht sich jeder umfassenden intentionalen Deutung, jeder Absicht, das Bild zu verstehen; der Augenblick dieses Entzugs ist es, der im ästhetischen Bild festgehalten erscheint. ›Gegenstand‹ des künstlerischen Bildes (und paradoxes Objekt der künstlerischen Intention) wäre demnach der Widerstreit zwischen intentionaler Inszenierung und festgehaltenem Motiv.

Nun ist ein Widerstreit zwischen Sinnlichkeit und Sinn etwas, das für die künstlerische Produktion generell kennzeichnend ist. Jedoch handelt es sich bei der ästhetisch starken Fotografie nicht um diesen Widerstreit allein. Denn die pure Benennung der momentanen Konfiguration eines Gesichts, einer Straßenszene, eines Stillebens ist nicht einfach ein Aufflammen der Sinnlichkeit oder Materialität des Fotos gegenüber seinem Sinn, sondern ist selbst ein Moment seines semiotischen, also sinnhaften Seins. Der Widerstreit spielt sich hier zwischen zwei Aspekten des fotografischen *Zeichens* ab: zwischen seiner Bedeutung als bloßer Name und seinen Bedeutungen als Kennzeichnung der von ihm herausgegriffenen Konstellation. Das ästhetische Foto wirft nicht seinen Zeichencharakter im ganzen ab, sondern es präsentiert eine vergangene Wirklichkeit, deren Anschauung sich der deutenden Erfassung letztlich entzieht. Es wird zu einem *kontemplativen Zeichen*. Es *ist* nicht lediglich – wie wohl jedes Kunstwerk – ein Objekt, das unsere Sinnzuweisung immer wieder durchbricht, es *bezieht* sich auf eine Wirklichkeit, der eine Kontingenz zukommt, die uns vor aller artifizieller Zurichtung fasziniert. Es läßt eine Wirklichkeit diesseits ihrer Codierung, Deutung, Einordnung sehen – es diskontinuiert unser Verständnis des Wirklichen. Um aber so von der ›rohen‹ Wirklichkeit fasziniert zu sein, bedarf es doch wieder eines Artefakts: eines Objekts, das in unserer Betrachtung zum Zeichen der Differenz zwischen einer in ihrer Besonderheit *angeschauten* und nach allgemeinen Schemata *verstandenen* Wirklichkeit wird. Ein Foto in diesem Potential ernst zu nehmen oder ein Foto mit diesem Potential herzustellen bedeutet, ihm seine volle ästhetische Kraft zu geben.«

b) Sinnferne Kontemplation, sinnhafte Korrespondenz und bildhafte Imagination als ästhetische Schlüsselbegriffe – auch für die (Sozial-)Fotografie

In seiner Aussetzung mit dem Naturschönen und seinem Verhältnis zum Kunstschönen hat Seel (1996a, S. 18 u. 19 f) diese drei zentralen ästhetischen Kategorien entwickelt, die nicht nur bezogenen auf den Realitätsbereich »Natur«, sondern auch den der Intersubjektivität und Objektivität der Gesellschaft und damit für die dokumentarische Sozialfotografie von Bedeutung sind:

»Das menschliche Gefallen an der Natur hat im Lauf der Zeit viele Erklärungen gefunden. Drei Grundmodelle sind es, denen sie auf immer neue Weise entsprechen: Das erste versteht die schöne Natur als Ort der beglückenden Distanz zum tätigen Handeln. Das zweite begreift die schöne Natur als Ort des anschaulichen Gelingens menschlicher Praxis. Dem dritten erscheint die schöne Natur als bilderreicher Spiegel der menschlichen Welt. Im ersten Modell ist die Wahrnehmung des Naturschönen ein Akt der *kontemplative Abwendung* von den Geschäften des Lebens, im zweiten ein Akt der *korrespondierenden Vergegenwärtigung* der eigenen Lebenssituation, im dritten ein Akt der *imaginativen Deutung* des Seins in der Welt. (…)

Meine These ist, daß die drei archetypischen Erklärungen unseres Gefallens an der schönen Natur sämtlich im Recht sind. Das heißt aber, daß sie sämtlich im Unrecht sind, wo sie eine Überlegenheit gegenüber den jeweils anderen beanspruchen. Ich möchte zeigen, daß sie einander gegenseitig weder ersetzen noch überbieten können, weil jede von ihnen unsere ästhetische Affinität für Natur mehr oder weniger richtig benennt. Die sinnferne, die sinnhafte, die bildhafte Natur – wie die klassische Trias zu interpretieren sein wird –: das sind nicht nur gleichberechtigte Erscheinungsweisen, ein erheblicher Teil ihrer jeweiligen Verlockung entspringt aus ihrer wechselseitigen Differenz. Jenseits metaphysischer Einbindung erst tritt das Naturschöne in seiner ganzen Vielfältigkeit in Erscheinung – eine Vielfalt, die untrennbar mit der Pluralität der Formen unseres Umgangs mit der Natur verbunden ist. (…) Daß zur unbefangenen Begegnung mit dieser Vielfalt ihre mehrfältige Wahrnehmung gehört, ist darüber oft in Vergessenheit geraten. Doch nur wenn die Vielfalt ihrer Erscheinungen aus dieser Mehrfalt unserer Beziehungen gedacht wird, kommt die besondere Einheit der ästhetischen Natur zu Wort, die in der unnachahmlichen Simultaneität ihrer ästhetischen Charaktere begründet ist. Nicht nur die Natur allgemein, auch die ästhetische Natur ist uns als ein Verhältnis von Verhältnissen gegeben.« (vgl. dazu ausführlich ebd., Kap. V)

1.2 Das Atmosphärische als distanzierende Reflexion der personalen Befindlichkeit: Oberflächen- und Tiefenstrukturen

Es ist die Leistung, aber auch die Grenze der »Knipser«-Fotografie[7], dass sie die abzulichtenden Natur- und Sozialwelt naiv als gegeben hinnimmt und sie »einfach nur« fotografieren und auf diese Weise im Gedächtnis aufbewahren will (z. B. eine Landschaft, weil die »so schön ist« oder man in ihr »so tolle Sachen erlebt hat«; eine Geburtstagsfeier, weil da Menschen zusammen gekommen sind, die man selber lange nicht gesehen hat bzw. die sich lange nicht gesehen haben; einen Verkehrsunfall, weil man dann der Versicherung oder der Polizei den Unfallhergang zeigen kann). Solche Fotos können ganz unbeabsichtigt auch bestimmte Atmosphären erfassen, also dokumentieren (z. B. die deprimierende Atmosphäre bei einer Weihnachtsfeier in einem Altenheim, die euphorische Stimmung nach einem bestandenen Prüfungsmarathon, die aggressive Stimmung auf einer Demonstration) und sind von daher eine bedeutsame Quelle der sozialfotografischen Dokumentation von Atmosphären. Diese erreicht dann eine höhere, wirklichkeits- und realitätshaltigere Erkenntnisstufe, wenn es ihr gelingt, die *inneren* Wechselbeziehungen zwischen Bedingtheiten, Betroffenheiten und Befindlichkeiten zu erfassen, also die *objektiv* vorhandenen *Tiefenstrukturen* auch *visuell* zu erfassen und auszudrücken, also auch in die Fotos ein Spannungsverhältnis von Oberflächen- und Tiefenstrukturen einzulassen, »einzugraben« und so auch (begrenzt) Verallgemeinerbares, Typisches, Charakteristisches zu erfassen (z. B. eine typisch kleinbürgerliche Atmosphäre, einen typischen Industriearbeitsplatz, eine charakteristische Situation in einem Fußballspiel). Es ist nämlich die Besonderheit der *ikonischen* Rekonstruktion von Wirklichkeit und Realität, dass hier die Tiefenstrukturen in die Oberflächenstrukturen eingelassen, quasi verankert sind, während sie beim *Diskurs* (hier verstanden als wissenschaftliche Kommunikationsweise) auseinandertreten, woraus seine unausweichliche wie auch notwendige Abstraktheit resultiert. Oder anders ausgedrückt: Ästhetische Tätigkeit ist Arbeit an und mit den Erscheinungen und dadurch entsteht in dem Maße eine gelungene und überzeugende Tiefenstruktur, wie es gelingt das Schöne, Schreckliche, Bedrohliche, Heitere usw. einer Atmosphäre nicht nur in vollkommener, genau und lange komponierter Weise, sondern auch in skizzenhafter und fragmentarischer (z. B. als Schnappschuss), in jedem Fall aber angemessener und authentischer Weise darzustellen. Um diese *ästhetische Arbeit an* und *mit den Erscheinungen* bes-

---

7 Diesen Begriff hat Starl (1995, S. 22 ff) gebildet, um die Besonderheiten der »privaten« Fotografie zu charakterisieren.

ser zu verstehen[8], ist es – erstens – notwendig sich zu vergegenwärtigen, dass Fotos auch dann eine Tiefenstruktur enthalten können, wenn die FotografInnen das gar nichts beabsichtigt haben (so zeigen z. B. Hochzeitfotos allein aufgrund der Farben – Frau in Weiß, Mann in Schwarz – und der Anordnung der Personen – der Bräutigam eher im Vordergrund, die Kinder in der Nähe der Braut – epochaltypische Merkmale einer patriarchalischen Geschlechterordnung), sie also *dokumentarisch* »gar nichts Besonderes« hervorheben wollten. Die spätere *Präsentation* dieser Fotos kann bei dem Publikum, das dem Ereignis beigewohnt hat, insbesondere aber bei dem, das nicht anwesend war, Stimmungen hervorrufen, die dann eine scheinbar nebensächliche, tatsächlich aber relevante Folge des fotografischen Aktes sind. Das gilt auch dann, wenn die fotografierte Szene selber in gewisser Weise eine *Inszenierung* war, die an einem bestimmten Ort zu einer bestimmten Zeit stattfand und für die Beteiligten ein sinnlich erlebbarer Prozess war (wie das bei solchen Hochzeitfotos, aber auch Fotos von Vereins-, Bürgerinitiativ- und Parteiversammlungen üblich ist und natürlich besonders für Theaterinszenierungen gilt). Dabei hätte – zweitens – nicht nur das Ereignis, die Szene, die Inszenierung usw. immer auch anders von statten gehen können (es gibt eben doch sehr unterschiedliche Arten, eine Wohnung zu möbilieren, ein Fest zu feiern, ein langes Leben zu leben usw.), sondern es kann auch auf sehr unterschiedliche Weise abgelichtet werden. Aus der *Komplexität* sozialer Sachverhalte resultiert eine doppelte *Unbestimmtheit* und *Uneindeutigkeit* der fotografischen Dokumentationsweise, die aber nicht mit Beliebigkeit verwechselt werden darf: Das objektive Ereignis hat als solches verschiedene, aber nicht unendlich viele soziale Bedeutungen und seine verschiedenen Seiten können auf sehr unterschiedliche, aber nicht beliebig viele Weisen fotografisch so erfasst werden, dass bestimmte bedeutsame Aspekte deutlich werden. Man muss es also in einem bestimmten, für den anvisierten Sachverhalt typischen Moment von einer bestimmten Seite bei einem bestimmten Licht usw. fotografieren, um so den spezifischen individuellen Blick auf das Ereignis und das Erlebnis mit ihm zu visualisieren. Oder anders gesagt: Sowohl der jeweils gewählte Realitätsausschnitt wie auch die jeweils verwendeten Ausdruckmittel sind performativ begründungspflichtig, denn jede Auswahl setzt eine Begründung voraus, warum eine bestimmte Variante gewählt und andere ausgeschlagen wurden und die *intentionale* Wahrnahme dieser Begründungspflicht unterscheidet dann die »Knipser«-Fotografie von den verschiedenen Strömungen der ambitionierten Amateurfotografie wie der professionellen, sei diese nun eher dem Fotojournalismus oder eher der Kunst zuzuordnen. Dabei gibt es für jeden

---

8 Wir folgen hier der Argumentation von Seel (2007, Kap. 1 u.5), die die ausführliche Problementfaltung in Seel (2003, Kap. 1–5) verdichtet (vgl. auch seinen Kommentar zu Barthes Fototheorie in Kap. 1.1, S. 27).

fotografischen Akt *unterschiedliche* Lösungen; ob diese dann auch *gleichwertig* sind, das entscheidet die im Grundsatz nie vollständig und absolut abschließbare ästhetische Analyse der potentiell unbegrenzten Öffentlichkeit. – Wie schon im oben zitierten Photographieverständnis von Roland Barthes angeklungen, erfasst das fotografische Bild – drittens – immer eine spezifische *menschliche Gegenwart* (was das gegenwärtige Verhältnis der Menschen zur Natur selbstredend mit einschließt) und es ist ihre spezielle Aufgabe, das Besondere an der bei der Betrachtung schon vergangenen Gegenwart *prägnant* herauszuarbeiten. Hier ist auch darauf zu verweisen, dass bestimmte gesellschaftliche Zusammenhänge (wie z. B. die symbolischen Mauern der Segregation, die die eine Straßenseite von der anderen trennen) nicht an jedem Ort und nicht zu jeder Tages- und Nachtzeit oder Jahreszeit sinnlich präsent sind und erlebt werden können, man ihnen also zeitlich und räumlich nur begrenzt spürend, handelnd und erkennend *begegnen* kann. Diese Begegnung kann dann auch *ekstatische* Züge tragen (z. B. die Begeisterung für eine besonders gelungene Wohnanlage, ein außergewöhnliches Fußballspiel, ein wunderbares Musikevent; vgl. dazu Kap. 1.5). Dabei darf nicht vergessen werden, dass – viertens – Ikonik und Diskurs qualitativ unterschiedliche Erkenntnisweisen sind, weshalb die sinnliche Prägnanz von Fotografien, auch von dokumentarischen, nicht den Anspruch auf begriffliche Schärfe und Zuspitzung erheben kann und will, sondern auf das *überzeugende Spiel mit fotografischen Erscheinungs- und Ausdrucksmitteln* zur wissenden Wahrnehmung der Simultaneität und Momentaneität des gesellschaftlichen Lebens. Dieses Spiel darf auch nicht nachträglich begrifflichen Systemen (wie z. B. Klassenstrukturen und Milieuverhältnissen) eindimensional zugeordnet werden (am krassesten ist die Ignoranz gegenüber der ikonischen Eigenlogik, ihrer phänomenalen und atmosphärischen Individualität und Fülle, wenn Fotografien als *Illustrationen* von wissenschaftlichen Analysen, meist aber von politischen und sozialen Überzeugungen und Programmen verstanden werden). – Die Formel »Arbeit an und mit den Erscheinungen« ist – fünftens – immer auch als Aufhebung der falschen Alternative von realem und ästhetischen »Sein oder Schein« zu verstehen. Ikonische Tiefenstrukturen erschließen nicht metaphysische, mythologische, mystische oder ähnliche »Tiefen«, sondern sie erfassen die lebendigen, besonders atmosphärischen Beziehungen zwischen den Erscheinungen, sie durchdringen die Oberfläche des reinen Scheins hin zu wesentlichen Zusammenhängen, die sie sinnlich erfahrbar machen, sie lassen also diese Zusammenhänge selber erscheinen (Fotos können dann begründet als »schlecht« bezeichnet werden, wenn ihnen diese [nicht-]intentionale Tiefenstruktur fehlt). Die Bedeutung dieser Tiefenstrukturen erschließt sich lernend z. B. durch *visuelle Paraphrasen,* wenn man also versucht selber Fotos vom gleichen oder einem ähnlichen Gegenstand (etwa einem Haus, einer Person, einer sozialen Situation) zu machen und diese dann mit den Fotos, die man selber für sehr gelungen hält, vergleicht. Dann *nach*-entdeckt man nicht nur die Schwierigkeiten der formalästhetischen Gestaltung, sondern auch die Herausforderungen, eine empfundene Atmosphäre in ein befriedigendes, wenn nicht sogar überzeugendes Foto zu »transformieren«, sie also auch für andere, die nicht dabei waren, nachvollziehbar zu dokumentieren. Fotos sind – sechstens – mehr als die tendenziell affirmative Rekonstruktion des Faktischen, sie sind immer auch »Vor-Schein« (Bloch) des Menschenmöglichen, welches zugleich wünschenswert ist (nicht alles, was möglich ist, ist ja wünschenswert, z. B. eine Atomkatastrophe, weshalb schon im frühen Christentum zwischen der Apokalypse als negativer und dem Paradies als positiver Utopie unterschieden wurde). Dokumentarische Fotografie wird also immer auch das Menschliche im Unmenschlichen, das Widerständige in der Affirmation, das Glückliche im Leiden, die Hoffnung in der Barbarei usw. zu thematisieren haben und zwar als faktisch vorhandene, sensitiv sich darbietende Seiten der wirklichen und realen Gegenwart und dies im atmosphärisch akzentuierten Dreiklang von fotografischer Intensivierung, Dramatisierung und Darbietung. Wenn ihr das gelingt, dann kann sie etwas, was Diskursen (zumindest den Arten, die wir bisher kennen) nicht gelingen kann[9]: einen sachlich ungreifbaren Zusammenhang in seiner momentanen und simultanen Fülle durch diese andere, neuartige Wahrnehmungsweise sinnlich bedeutsam werden zu lassen[10].

Das *Atmosphärische* erfasst diese Tiefenstrukturen, die einerseits von den Atmosphären schon abstrahieren (man kann sie erfassen, ohne selbst betroffen zu sein bzw. sie empfinden zu müssen, etwa bei einer Fotointerpretation), zugleich sind sie aber auf diese immer bezogen. Das genau macht auch den Unterschied zwischen Sinnlichkeit und Reflexion, hier speziell zwischen dem ästhetischen *Erlebnis* und der ästhetischen *Urteilskraft* aus: Sinnlichkeit und Sinn können auch relativ unabhängig voneinander bestehen, aber nur in ihren Wechselbeziehungen verwirklichen sie ihre besonderen Einsichts- und Ausdruckspotentiale. Und wenn dies durch ästhetische Bildung (hier durch anspruchsvolle Fotogestaltung

---

9   Bereits 1942 hatte – stark beeinflusst von der analytischen und pragmatischen Philosophie sowie der Psychoanalyse – Langer (1965, bes. Kap. 4 u. 10) dafür plädiert, *diskursive* und *präsentative* Formen der Symbolik systematisch aufeinander zu beziehen (ohne sie aber ineinander aufgehen zu lassen), um so zu einer neuen Art des Philosophierens und damit von sozialer Rationalität zu gelangen; in gewisser Weise nimmt die Sozialreportage diese Intention wieder auf.

10   Überzeugende fotografische Beispiele dafür sind die Kriegsfotografien von Deghati (2009) und Rodger (1994) sowie die Sozialfotografien von Courtinat (2001; 2006); ferner die Sammlung der sozialkritischen Fotografien, die im Laufe der Zeit in der Zeitschrift GEO publiziert worden sind (Gaede 2002); erwähnt werden soll aber auch und besonders der vielfach ausgezeichnete italienische Film über den Holocaust mit dem irritierend-prägnanten Titel »Das Leben ist schön« (»La vita è bella«, 1997) mit dem Komiker (!) Roberto Benigni, der Hauptrolle, der zugleich die Regie führte.

und -interpretation; vgl. Kap. 3) gelingt, dann werden die spontanen *Erlebnisse* mit Hilfe ästhetischer Kategorien (wie den hier vorgestellten) reflektiert und so zu Erfahrungen. Das erfordert entwicklungsoffene Balancen zwischen den emotionalen, kognitiven, atmosphärischen, reflexiven, moralisch-sittlichen, sozialen und politischen Bedeutungsdimensionen. Insofern ist die dokumentarische Foto-Aisthetik eine spezifische Ausprägungsform der erfahrungsoffenen und -gesättigten ästhetischen Arbeit, die dadurch, dass sie seismografische soziokulturelle Empfindlichkeit und Empfänglichkeit fördert (und fordert), immer zugleich Orientierungsarbeit ist zum besseren Verständnis der Gesellschaft und Eröffnung von Perspektiven zu ihrer sozialen und politischen Demokratisierung und kulturellen Humanisierung.

1.3 Synästhesien als ganzheitliche personale Erfahrungswelten

Synästesien bestehen in ihrer einfach, noch unterkomplexen Form in dem spontanen, weitgehend unreflektierten Zusammenwirken der unterschiedlichen Sinne, denn nur auf diese Weise kann die Wahrnehmung ihrer elementaren Orientierungsfunktionen gerecht werden. Dabei werden nicht nur Zusammenhänge dargestellt zwischen den verschiedenen optischen Wahrnehmungen (z. B. eines Balls, eines grünen Feldes, bestimmter Stangen und Querhölzer), sondern auch bestimmten Gerüchen (z. B. von frisch gemähtem Rasen) und Tönen (z. B. vom Rauschen der Bäume, dem Lärm der Straße) oder auch von Selbstwahrnehmungen der eigenen körperlichen Bewegungen (wenn man z. B. auf dem Platz mit einem Ball beginnt zu spielen). Alles das verdichtet sich zu einem Gesamtbild – und dieses Gesamt ist sofort da, bevor man die hier genannten Einzelheiten aufnimmt. Daraus resultiert also der erste atmosphärische Totaleindruck (im Beispiel: von einem Fußballplatz) und er erlaubt uns eine erste Selbstverortung in den unterschiedlichsten Natur- und Sozialräumen: Z. B. auf einer stürmischen See, in einer Landschaft oder Stadt, in einer Wohnung, die wir nicht kennen, in einem Dorf, in dem wir vor vielen Jahren gelebt haben – und wo wir erst nach dieser Erstbegegnung beginnen Einzelheiten wahrzunehmen (was z. B. alles neu ist, was es früher auch schon gab) und wo wir uns dann fragen (können), wie sich die damalige von der heutigen Gegenwart und Atmosphäre unterscheidet. Damit ist aber schon der Übergang zu den komplexen Synästesien angedeutet, bei denen die visuelle Erkenntnisleistung darin besteht, mit Hilfe von ökologischem und sozialem oder sogar Aspekten des natur- bzw. gesellschaftswissenschaftlichem Wissens und/oder Einsichten der ökologischen, ökonomischen und politischen Ästhetik diese spontanen Erlebnisse zu interpretieren, sie mit diesen Wissenselementen zu

»legieren« und so auch den eigenen Erfahrungsraum zu erweitern[11]. Oder methodisch gesprochen: in weitere Tiefenschichten der unmittelbar präsenten natürlichen und sozialen Wirklichkeit und Realität einzudringen – und dies angeregt durch und unterstützt von symbolischen (ikonischen und/oder diskursiven) Tiefenstrukturen.

Es gehört nun zu den Besonderheiten der Fotografie (wie überhaupt der bildenden Kunst), dass wir – im Unterschied zur Musik, aber auch zur schriftlichen und mündlichen Sprache – durch das einzelne Bild (oder auch eine Bildfolge), etwa in einer Tageszeitung oder einer Illustrierten, zunächst einen Totaleindruck von einer Landschaft, von einer sozialen Situation, von einem Menschen usw. erhalten, bevor wir uns mit Einzelheiten auf dem Foto beschäftigen; d. h. wir fühlen uns vom Foto z. B. spontan angezogen oder abgestoßen, es löst bei uns Zustimmung oder Irritation aus, wir blicken genauer hin oder wenden uns (zunächst) ab usw. (Barthes nannte das »punctum«). Es erfordert eine intensive Betrachtung, den berühmten »langen«, also ruhigen Blick, um in die visuelle Tiefenstruktur eines Fotos einzudringen und seinen Verallgemeinerungscharakter zu erschließen. Das bedeutet im Umkehrschluss allerdings auch, dass es eine Frage der ästhetischen Qualität ist, ob das Foto diese Tiefenstruktur überhaupt aufweist, so dass wir es in einen Zusammenhang mit ähnlichen Fotos bzw. vergleichbaren Traditionen stellen können (z. B. denen der Industriefotografie), ob es in gewisser Weise als ein Kommentar zu diesen verstanden werden kann (z. B. den Darstellungen von kriegerischer Gewalt oder sozialer Deklassierung) und ob es ihm gelingt, eben bestimmte, charakteristische Atmosphären sowohl zu erfassen wie auch selber hervorzubringen. Diesbezüglich lassen sich im Anschluss an Böhme (2001, S. 89 f u. 101 ff) folgende atmosphärische Tiefenstrukturen und damit auch Sujets der Sozialfotografie unterscheiden:

a) *Bewegungsanmutungen* (wie z. B. auffordernd vs. hemmend, offen vs. verschlossen, leer vs. voll, wohnlich vs. abstoßend, bedrückend vs. erhebend) werden durch Räume und Volumina erzeugt und nehmen Selbsterfahrungen des »motorischen« Handelns auf und übertragen diese auf die zunächst erlebte, dann erfahrene Atmosphäre eines Raumes, in dem wir quasi imaginär unseren Körper in diesem Natur- oder Sozialraum bewegen oder uns die Frage stellen, ob wir uns überhaupt in ihn begeben wollen, ob wir uns in ihm frei fühlen (würden), ob wir uns dort geborgen oder eher bedroht fühlen usw. (z. B. in einer Gletscherregion der Alpen, auf einer kleinen ostfriesischen Insel, in einer Schule, die obrigkeitsstaatliche Macht und Autorität ausstrahlt, oder

---

11 Bezüglich der kulturgeschichtlichen Vermittlung der Sine immer noch lesenswert weil anregend Kamper/Wulf (1984).

in einer Schrebergartensiedlung mit rigiden Ordnungsvorstellungen oder in einem postmodernen Hochhaus).

b) *Stimmungen* sind demgegenüber – wie man z. B. vom Theater weiß – an Interaktionen gebunden und über sie vermittelt, sie haben eine szenische Qualität. Solche Atmosphären können eine heitere oder melancholische, eine ernste oder verspielte, eine festliche oder ernüchternde, eine erhabene oder bedrückende, eine kühle oder wärmende, eine kalte oder feurige, eine tote oder lebendige Befindlichkeit zum Ausdruck bringen und nahelegen.

c) Bei den *kommunikativen Situationen* (die z. B. als langweilig oder anregend, öde oder spannend, ruhig oder nervös, feindlich oder einladend, abweisend oder empfänglich, geborgen oder verloren, gemütlich oder bedrückend erlebt und erfahren werden) steht die kognitive Erkenntnis und emotionale Bewertung des kommunikativen Miteinanders, des Verstehens und Nicht-Verstehens, des Redens und Schweigens, der bemühten oder verweigerten, der intensiven oder doppelbödigen Verständigung im Vordergrund. Da die Fotografie die verbale Kommunikation – z. B. die Lautstärke und Färbung von Stimmen – nicht direkt einfangen kann (allenfalls durch Schrift im Bild), ist sie hier insbesondere zur aufmerksamen Beobachtung der Mimik und Gestik, der Körperhaltungen, der Gesichtseindrücke usw. angehalten (letzteres ist gerade für die Porträtfotografie von großer Bedeutung; vgl. dazu Kap. 1.4).

d) Erheblich komplexere Synästhesien erfordern zweifellos die *sozialen Milieus* (Böhme bezeichnet sie als »gesellschaftliche Charaktere), denn sie erfassen die jeweiligen Gesamtstrukturen der pluralistischen Klassengesellschaft und bringen so die sozialtypischen Vermittlungen und Verallgemeinerungen der Beziehungen zwischen den Lebenswelten und Sozialräumen in deren systemischer Bedingtheit prägnant zum Ausdruck. So wenn es Fotos z. B. gelingt, die herrschaftliche und luxuriöse oder die wohlanständige und bescheidene oder die selbstbewusste und moderne oder die rückschrittlich und unterwürfige oder deprivierte und »renitente« oder die subversive und extravagante Atmosphäre eines typisch proletarischen, eines typisch jugendkulturellen, eines typisch deklassierten, eines typisch bildungsbürgerlichen, eines typisch elitären Milieus zu dokumentieren[12] – und das vielleicht sogar in fotografischen Zeitreihen, also im historischen Vergleich. Das geschieht u. a. durch bestimmte Insignien oder Symbole: So kann etwa eine bestimmte Kleidung als *Anzeichen* für Macht oder Reichtum oder Protest gedeutet werden; eine bestimmte Wohnungseinrichtung, die schon durch die Anordnung und Farbverwendung eine

---

12 Ein anspruchsvolles Beispiel für solche auch die spezifischen Atmosphären einfangenden Untersuchungen sind die SINUS-Jugendstudien, die bei ihrer öffentlichen Präsentation auch die bevorzugten Musikrichtungen/-stile einbeziehen (vgl. Calmbach u. a. 2012).

abgeschlossene »Gemütlichkeit« ausstrahlt, kann so als »Beleg« für eine traditionelle Lebenseinstellung gelten – wie das Gegenteil: eine Kälte ausstrahlende Küche als Moment einer modernistischen (»coolen«) Einstellung; der Besitz bzw. Nicht-Besitz von bestimmten Verkehrsmitteln – etwa große, schwere Autos vs. Fahrräder – kann als Hinweis auf die ökologische Verantwortungslosigkeit bzw. Verantwortung interpretiert werden. Die von den Menschen bevorzugte dingliche Beschaffenheit ihres Alltagslebens ist sowohl eine ökonomisch, sozial und kulturell *erzwungene,* sie ist aber immer auch eine *selbst ausgewählte,* sie ist Teil eines spezifischen sozialen Lebensethos, und deshalb strahlt sie eine besondere Art von sozialer Atmosphäre aus, denen die Subjekte bis zu einem gewissen Grade zugestimmt haben bzw. die sie selbst auch hervorbringen (z. B. auch durch bestimmte Interaktionsmuster und Sprachstile). – In diesem Zusammenhang üben einzelne Fotos (und ggf. auch Fotoserien) eine Doppelfunktion aus: Sie *präsentieren* bestimmte Menschen in ihren jeweiligen Lebenswelten und Sozialräumen; und sie *repräsentieren* spezifische strukturelle Zusammenhänge zwischen den Sozialräumen und Lebenswelten dieser Menschen – oder methodisch ausgedrückt: Sie bilden einen *vorliegenden* Fall ab und zugleich einen *solchen,* also einen »Fall von« (z. B. von traditionellem oder modernisiertem Facharbeitermilieu).

e)　Nun haben aber soziale Räume (wie z. B. eine Stadt, ein Stadtteil, ein Dorf) auch eine Atmosphäre, die die milieuspezifischen Differenzierungen überschreitet und etwas darstellt, was *alle* Menschen, die dort leben oder die sie besuchen, empfinden (vgl. Böhme 1998b). Solche *Sozialraumatmosphären* gehen über die traditionelle Sozialraumästhetik insofern hinaus, als sie sich nicht auf die *visuelle,* semiotisch entschlüsselbare Seite (z. B. einer Stadt, einer Straße) beschränken (denn dazu gehören immer auch ihre charakteristischen Gerüche und Töne), und es geht im ersten Schritt auch nicht um die *Beurteilung* ihrer ästhetischen und kulturgeschichtlichen Qualitäten. Es geht vielmehr zunächst und vorrangig darum, wie man sich als Bewohner, aber auch als Besucher, der das Interesse am Alltagsleben mit den BewohnerInnen teilt, fühlt, was man empfindet, wenn man selber durch die Straßen, die angrenzenden Feldwege, die Plätze, durch die Gebäude geht, was man erblickt, was man hört und welche Stimmungen das bei einem auslöst. Ob man also diesen sozialen Raum als heiter und gelassen, als hektisch und nervös, als steril und kalt, als stickig und stinkend, als laut oder leise, als leer oder vollgestopft, als großzügig oder beklemmend, als ärmlich oder luxuriös usw. erlebt. Erst im zweiten Schritt geht es darum, sich und anderen diese Ausstrahlung, diese *spontanen Wahrnehmungen* und *Bewertungen* verständlich zu machen – und dazu ist die Einbeziehung von architektonischem, kunsthistorischen, soziologischem und psychologischem sowie semiotischem *Wissen* gewiss nützlich und manchmal auch unabweisbar. Dabei ist das Fotografieren selber ein solcher Verarbeitungs- und Selbstaufklärungsprozess, den jeder an sich selber feststellen kann, wenn er die ersten und die letzten Fotos, die er von einem Sozialraum gemacht hat, miteinander vergleicht: Im günstigen Fall gelingt es einem immer besser, das Lebensgefühl der dort Lebenden, Arbeitenden und Liebenden zu erfassen, ihren leibhaftigen und reflexiv distanzierten Umgang mit dessen unterschiedlichen Qualitäten zu dokumentieren, den Totaleindruck mit charakteristischen Details zu verknüpfen (z. B. in Napoli mit dem alltäglichen, energischen oder stoischen Überlebenskampf der Fußgänger beim Überqueren einer großen Straße) und so nicht zuletzt in die *historische Tiefe* der sozialen Räume einzudringen, in ihre geplante und chaotische, gewollte oder gerade nicht-gewollte, notwendige und zufällige Strukturiertheit, in die Ungleichzeitigkeiten und Überlagerungen der verschiedenen historischen Epochen (wie sie sich besonders in den Baustilen, aber auch in Straßenführungen, Platzgestaltungen usw. zeigen) und anmutig abzulichten, wie sich alles dies uns *heute* als BetrachterIn *präsentiert* und was es *repräsentiert*.

1.4 Das menschliche Antlitz (Physiognomie): Vom individuellen Ausdruck zum interaktiven Eindruck und zurück

Das Verhältnis von *Eindruck* und *Ausdruck* ist auch fototheoretisch strittig; als Einstieg soll eine weitere Argumentationsfigur von Roland Barthes (vgl. Kap. 1.1) dienen, der diesbezüglich schreibt:

»Der Ausdruck (so nenne ich in Ermangelung eines besseren Begriffs die Äußerung von Wahrheit) ist gleichsam die intransigente Zugabe zur Identität, ein Geschenk ohne jede › Wichtigkeit ‹: der Ausdruck bringt das Subjekt zum Vorschein, insofern es sich keine Wichtigkeit beimisst. Auf diesem › wahren ‹ Photo ist die Person, die ich liebe, die ich geliebt habe, nicht von sich selbst getrennt: sie ist endlich eins mit sich selbst. Und dieses Eins-mit-sich-Sein wird wie durch ein Wunder zur Metamorphose. Alle Photos meiner Mutter, die ich durchsah[13], hatten etwas Maskenhaftes; auf dem letzten plötz-

---

13 Diese Bemerkung bezieht sich auf den Tod von Barthes Mutter am 25.10.1977 und seine erinnernd-suchenden Fotobetrachtungen, aus der die »helle Kammer« dann entstanden ist und die er in seinem »Tagebuch der Trauer« festgehalten hat (vgl. Barthes 2010a, Einträge aus dem Jahr 1978: 23.3., 5.6., 9.6., 11.6., 13.6., 15.6., 16.6., 24.7., 6.1.0., 25.10., 15.12., 29.12.(!); und aus dem Jahr 1979: 20.1., u. 9.3.); Das Buch hat er vom 15.4. bis 3.6.1979 verfasst. Barthes selber starb auf bisher ungeklärte Weise an den Folgen eines an sich nicht schweren Verkehrsunfalls am 26.3.1980. Derrida (1987) hat in einer subtilen, eindrucksvol-

lich verschwand die Maske: was blieb, war eine Seele, alterslos, doch nicht außerhalb der Zeit: ebendiesen Ausdruck, der wesensgleich mit ihrem Gesicht war, hatte ich immer gesehen, an jedem Tag ihres langen Lebens. (...) Vielleicht hat der Ausdruck letztlich mit Moral zu tun, indem er auf geheimnisvolle Weise im Gesicht ein Stück Leben aufscheinen läßt? Avedon hat den Führer der amerikanischen *Labor,* Philip Randolph, photographiert ...; auf dem Photo erkenne ich einen Ausdruck von ›Güte‹ (nicht die Spur von Machtstreben: *soviel ist gewiß*). So ist denn der Ausdruck der leuchtende Schatten, der den Körper begleitet; und wenn es einem Photo nicht gelingt, diesen Ausdruck zu zeigen, dann bleibt der Körper schattenlos, und ist dieser Schatten einmal abgetrennt, wie im Mythos von der FRAU OHNE SCHATTEN, dann bleibt nichts als ein steriler Körper zurück. Durch diese feine Nabelschnur stiftet der Photograph Leben; und versteht er es nicht, sei es aus Mangel an Talent, sei es durch mißliche Umstände, der durchsichtigen Seele ihren hellen Schatten zu geben, so bleibt das Subjekt für immer tot.« (Barthes 1989, S. 119/121)

Die Formulierungen von Barthes zeigen in ihrer Unsicherheit ein theoretisches Problem an, welches mit dem »Ausdruck von Menschen« verbunden ist und mit dem sich Böhme ausführlich auseinandergesetzt hat (mit Barthes Fototheorie u. W. leider nicht). Und er setzt grundsätzlich an: Der Begriff Physiognomie kann danach sehr weit gefasst werden und charakterisiert dann auch die (atmosphärischen) Besonderheiten einer Landschaft. Er soll an dieser Stelle aber enger gefasst werden und sich auf die Frage konzentrieren, wie wir – auch durch das Medium der Fotografie – ein Bild vom Menschen, somit von seinem Antlitz dokumentieren können, welches seine Besonderheiten und Einmaligkeiten, seine sozialen Bezüge und seine systemischen Lebensumstände erfasst – und das möglichst auch noch im Fortgang seines Lebenslaufs und seiner Biographie. An dieser Stelle erfordert Böhmes Konzept der Atmosphäre zunächst ein radikales Umdenken: In den klassischen Traditionen ist das Bild als *Ausdruck,* als Zeichen eines tiefer liegenden, inneren, weitgehend in sich eingeschlossenen, verborgenen Wesens verstanden worden (das klang im Barthes-Zitat an); mehr noch: es wurde sogar für möglich, wenn nicht sogar wahrscheinlich gehalten, dass der *äußere Anschein* das *innere Wesen* verdeckt, im direkten Gegensatz dazu steht – und dass es Aufgabe der Ästhetik, somit auch der Porträtfotografie sei, das oberflächliche Erscheinen hin auf das Wesen (z. B. die »inneren Werte« der Person) zu durchdringen und dieses dann im Bild festzuhalten. Dem liegt eine *privatistische* Vorstellung vom Menschen zugrunde, wonach er sich primär von den anderen Menschen isoliert

---

len Analyse diesen Zusammenhang deutlich gemacht – und damit nochmals gezeigt, dass auch relativ abstrakte Theoriebildungen mit lebensgeschichtlichen Erfahrungen rückgekoppelt sind.

und sich erst sekundär wieder ihnen zuwendet, sich mit ihnen beschäftigt, in die Begegnung und Auseinandersetzung mit ihnen tritt. Es gehört zu den nachhaltigen Leistungen der Phänomenologie generell, mit diesem Bild vom Menschen gebrochen und seine grundlegende *Intersubjektivität* hervorgehoben zu haben. Wenn somit auch das »innere« Wesen sich in den menschlichen *Inter*-Aktionsbeziehungen konstituiert, wenn es also *szenischen* Charakter hat, wenn es sich also in diesen als spezifische Atmosphäre, also persönliche »Aura« nicht präsentiert, sondern dadurch hervorgebracht wird, dann muss es auch der dokumentarischen Sozialfotografie darum gehen, den interpersonalen *Eindruck,* den die jeweiligen Personen und Menschengruppen auf ihre Mitmenschen »machen«, visuell zu rekonstruieren. Dieser Eindruck ist der zentrale Bezugspunkt für das, was ich als Subjekt ausdrücken will. So ist die Frage, welche Kleidung ich trage (welche Kleidungsstücke, welche Farben, welche Schnitte, welche Stile, welche Labels und die dazu passende Frisur), nie eine rein private (»Ich ziehe das nur an, weil ich mir selbst gefallen will.«), sondern es ist faktisch, performativ ein Kommunikationsangebot, ein Kommunikationsversprechen, ein Kommunikationsbeitrag (»Hier könnt ihr sehen, was mir gefällt, wie ich mich fühle, was ich meine, was zu mir passt.«). Nicht nur auf der Theaterbühne, sondern auch im Alltagsleben steckt hier (wie bereits angesprochen) ein Moment von *Inszenierung.* Das sollte nicht vorschnell als Selbsttäuschung u. ä. abgewertet werden, sondern als Teil des Verhältnisses, das das Subjekt zu sich selbst, zu seinem Körper, zu seiner leiblichen Erscheinung hat, verstanden werden. Auch diesbezüglich liegt die Tiefenstruktur *in* und nicht *hinter* der Oberfläche, *in* der Erscheinung des uns begegnenden Menschen, *in* seiner Körperhaltung, *in* der Gestik seiner Hände, *in* seinem Gesichtsausdruck, *in* seinen Augen spürbar, wahrnehmbar, erkennbar – getreu der Einsicht von Hemingway, dass die Menschen ab einem bestimmten Alter für ihr Gesicht verantwortlich sind (im übrigen auch für ihre Stimme, wie der Bariton Christian Herharer betont hat). Und in *diesem* Sinne ist es ein Aspekt der ästhetischen Selbstbildung, sich dieser persönlichen Eindruckspotentiale bewusst zu sein, also der Differenz von *Aussehen* und *Ausstrahlung* und sie als Medium der milieuvermittelten Kommunikation auch zu verwirklichen. Oder anders formuliert: Die Menschen strahlen so oder so in einem bestimmten Raum eine spezifische Atmosphäre aus, und *verschiedenen* Menschen in *einem* Raum eine *unterschiedliche,* woraus ggf. szenische Konflikte resultieren. Die Frage ist nur, ob sie sich dessen bewusst sind oder nicht und wie sie sich dazu verhalten. Nur weil das möglich ist, können Menschen Schauspieler sein, also auch Charaktere darstellen (z. B. einen Helden, eine Bösewicht, einen Schurken, einen fröhlichen, einen depressiven, einen auf- oder eingeschlossenen Menschen), die sie selber tatsächlich *nicht* sind und auch nicht sein wollen. Damit ist der entscheidende Differenzpunkt zum Alltagsleben benannt: Denn die Menschen haben *reale* Gefühle, *wirk-

liche Absichten, biografisch verankerte Erlebnisse und Erfahrungen, Erwartungen an den Sinn ihres Lebens usw. Und deshalb können und wollen sie diese vermittelt über den *Eindruck*, den sie machen können und wollen, auch *ausdrücken*. Und deshalb können sie uns im Alltag oder auf Fotos auch begegnen als Menschen, die wir als entspannt oder angespannt, als unterwürfig oder aufmüpfig, als nachdenklich oder aufbrausend, als fröhlich oder traurig, als schüchtern oder selbstbewusst, als freundlich oder hinterhältig usw. erleben und erfahren. Von Selbstinszenierung in einem kritischen Sinne (darauf verweist der Begriff der »Maske«) sollte diesbezüglich nur gesprochen werden, wenn die Menschen einen *Eindruck* von sich bei anderen erzeugen wollen, der ihrer psychischen *Befindlichkeit* nicht entspricht (wenn sich z. B. ein trauriger Mensch demonstrativ lustig zeigt, wenn ein schüchterner bewusst energisch auftritt usw.).

Nun muss sich die Porträtfotografie nicht nur vom Mythos des inneren, wahren Menschen verabschieden, sondern auch von dem einer unbewussten oder ungewussten »Natürlichkeit«: Der immer wieder zu hörende Einwand, dass Menschen nicht merken sollen, wenn man sie fotografiert, sonst würden sie sich nicht »natürlich« verhalten, sondern sich in Pose stellen, einen bestimmten Gesichtsausdruck annehmen usw. (was ja alles nicht falsch ist), übersieht als Einwand verstanden, dass dies selbst offensichtlich ein Teil des Selbstverständnisses dieser Menschen ist – und dieses kann eben auch Selbsttäuschungen enthalten (wenn sie z. B. Gefühle zeigen, die sie gar nicht haben). Gleichwohl gelingt es der anspruchsvollen Porträtfotografie, die dabei möglicherweise auftretenden Maskeraden zu durchbrechen (nicht: zu entlarven!) und schrittweise und wie begrenzt auch immer zu überwinden, indem nun der Akt des Fotografiertwerdens zu einem kommunikativen Akt der erweiterten Selbstaufklärung wird (und der kann Stunden, manchmal auch Tage dauern!), an dessen gelungenem Ende dann der überraschte Blick auf die eigene Erscheinung steht: »Ach, so habe ich mich noch nie gesehen, da begegnet mir jemand, der ich bin und doch irgendwie nicht, das ist ein ungewohnter, gleichwohl zutreffend-herausfordernder Anblick«. Von dieser Erfahrung, dass *ich* mir auf dem Foto als ein *anderer* Mensch begegne, muss unterschieden werden, wenn dieser mir auch nach längerer Betrachtung der *visuellen* Tiefenstruktur *fremd* bleibt. Wenn das nicht an der mangelnden Qualität der Bilder liegt, dann verweist dies auf eine mehr oder weniger ausgeprägte und zumeist *unbewusste Selbstentfremdung* (als Moment der *psychodynamischen* Tiefenstruktur), bringt diese zum Ausdruck und enthält damit auch die implizite Aufforderung zu einer selbstkritischen Überprüfung des eigenen, offenbar fragmentierten Selbstverständnisses, des eigenen Lebensentwurfs, der bisherigen Lebenserfahrungen usw. Generell steht die visuelle Rekonstruktion menschlicher Physiognomien vor der Herausforderung, eine entwicklungsoffene Balance zu erreichen zwischen der phänomenalen Wirklichkeit des Selbstverständnisses der Menschen und der gesellschaftlichen Realität ihres Lebenslaufs und Alltagslebens und seiner systemischen Eingebundenheit. Diesbezüglich sind die auf eine soziale Typologie zielenden Porträtfotografien von August Sander (1876–1964) weiterhin ein schwer einzuholendes »Vor-Bild«, wobei er die Personen(-gruppen) in einem charakteristischen Raum, in einer charakteristischen Haltung und Kleidung und sehr häufig mit charakteristischen Arbeitsmaterialien abgelichtet hat. Von ihnen kann man auch heute noch lernen, wie zentral das *Gesicht,* insbesondere die *Augen* und damit der *Blick* ist (vgl. dazu auch Gadamer 1990, S. 139 ff, bes. 149 ff): Dabei *blickt* der Fotografierte, aber auch der Mensch, der uns im Alltag begegnet, nicht nur *uns* an, sondern er wird zugleich *von uns angeblickt* und begegnet quasi dadurch wieder sich selbst und fühlt sich ggf. in Frage gestellt. Auch in diesem Sinne ist Porträtfotografie ein *inter*-aktiver Prozess, eine visuelle Komponente der *Inter*-Subjektivität. Im Rahmen der Sozialfotografie und darüber hinaus der Sozialreportage dient sie dazu, Menschen, die nicht *leibhaftig* anwesend sein können oder wollen (weil sie z. B. tot sind, weil sie an einem weit entlegenen Ort wohnen, weil sie bestimmten anderen Personen nicht begegnen wollen), visuell mit einer bestimmten physiognomischen Ausstrahlung anwesend sein zu lassen. Dabei können z. B. bei Familienfotos auch atmosphärische soziale Konflikte wieder präsent, in Erinnerung gerufen werden – und das kann solche emotionalen Eruptionen hervorrufen, dass die Fotos vernichtet werden (was man bei vielen Beziehungskonflikten bemerken kann) und dann haben wir es mit einer unmerklichen Verwischung der Differenz von Wirklichkeit und Realität zu tun. So wenn z. B. ein Mann nach der Trennung aus den gemeinsamen Familienfotos überall die damalige Ehefrau herausschneidet und diesen Bildteil vernichtet, dann ist das unmittelbar »nur« ein semiotischer und in gewisser Weise hermeneutischer Gewaltakt, der aber eine realitätsbezogene Wunschkomponente enthält. Anders verhält es sich mit vielen Bildfälschungen in der kommunistischen Propaganda, besonders während des Stalinismus, wo von den offiziellen Bildern nachträglich dann bestimmte Personen »gelöscht« wurden, wenn sie politisch in »Ungnade« gefallen waren (und das hieß damals häufig: ermordet worden sind).

1.5   Ekstasen als hervorgetretene, verobjektivierte Atmosphären

Es scheint etwas übertrieben, das Konzept der Atmosphäre mit Ekstasen in Verbindung zu bringen, also dem völlig-aus-sich-Heraustreten, dem sich-und-die-Umgebung-Vergessen (z. B. beim Tanzen oder Musik hören). Dennoch wird auch dieser Begriff schon von Aristoteles verwendet und zwar in einem sehr allgemeinen Sinn: Er dient ihm dazu, die Wahrnehmbarkeit der verursachenden Naturelemente Feuer, Wasser, Erde und Luft als konstitutive Momente des organischen Wirklichkeitsaufbaus zu thematisieren und er verband das mit der Annahme, dass das Leben, also die Seele ihrem Wesen nach ekstatisch sei, weil sie in der Lage ist, die Natur in ihren Besonderheiten wahrzunehmen, also die Ursachen als feucht, trocken, kalt und warm usw. zu empfinden und so ekstatisch, also aufgrund von Sinnesbestimmungen zu charakterisieren. Dies weiterführend dient es Böhme (2001, Kap. IX; 2013a, S. 225 ff) dazu, das Bedeutungs-*Umfeld,* den Bedeutungs-*Hof* der Dinge als Sachen und der Menschen als Körper zu charakterisieren, weil sie beide nämlich in diesen funktionalen bzw. physiologisch-gnomischen Bestimmungen nicht aufgehen, sondern *gestaltete* Dinge und *leibhaftige* Wesen sind. Ekstasen sind eben diese Momente, die über die reinen Dinge und Körper hinausgehen, die nicht in ihnen strukturell vorhanden sind, aber zugleich unabdingbar zu ihnen gehören – gemäß der Grundeinsicht von Gustav Mahler (1860–1911): »Es steht zwar nicht in den Noten, aber es gehört dennoch zur Musik«. Und wie man das nur erleben kann, wenn man die Musik hört (und sie gelernt hat zu hören), so kann man die Ekstasen nur empfinden, wenn man sich den Dingen und Menschen, den Räumen und Szenen, aber auch der Natur aussetzt, an ihnen und ihr leibhaftig teilhat. Im *Design* (in einem sehr umfassenden Sinne) wird diese eskstatische Dimension der objektiven Realität quasi durch eine besondere, nämlich ästhetisch Form der gesellschaftlichen Arbeit verselbständigt gegenüber den funktionalen Erfordernissen und Qualitäten – auch wenn es diese bis zu einem gewissen Grade berücksichtigen muss (so muss auch ein ausgefallenes Kleidungsstück tragbar sein, muss ein extravaganter Sessel weiterhin zum Sitzen geeignet sein). Die Ekstasen werden so zu Eigenschaften der Dinge, aber sie gehen darin wiederum nicht auf, weil sie immer zugleich eine intersubjektive Beziehung zu ihnen erfordern. So ist z. B. die Farbgestaltung ein Merkmal der Gegenstände und zugleich löst sie bei den Menschen bestimmte Stimmungen und Befindlichkeiten aus, wobei diese soziokulturell vermittelt, aber nie völlig determiniert sind (man denke an dunkle oder helle oder sogar grelle Farben eines Autos, eines Kleids oder eines Buchcovers). Oder ein anderes Beispiel: Wenn man ein sehr großes Bauwerk (z. B. ein Hochhaus) betrachtet, so ist es in vielerlei Hinsicht mit einer Skulptur vergleichbar: Es macht auf uns aus unterschiedlichen Perspektiven einen unterschiedlichen Eindruck; so wirkt es z. B. von der einen Seite sehr schwer und massig, von der anderen erhaben und würdig und von der dritten fast spielerisch (wobei das ggf. durch die wechselnde Beleuchtung zu verschiedenen Tages- und Jahreszeiten noch unterstrichen wird). Dabei ändert das an der funktional bedingten Struktur des Gebäudes gar nichts und dennoch lässt sich unser kognitiver und emotionaler Umgang mit dem Gebäude, mit der Bewegung in ihm, davon nicht trennen (und das wird bei der architektonischen Gestaltung auch bewusst berücksichtigt). Es geht also darum, wie sich Menschen und Dinge sozialräumlich präsentieren oder wie sie als Naturerscheinungen für uns präsent sind (z. B. ein Regenbogen oder Tiere in freier Wildbahn) und als solche von uns erlebt und erfahren werden können. Es erfordert allerdings ein bestimmtes Maß an ästhetischer Bildung, um diese Ekstasen zu erfahren als Etwas, das eine relative Autonomie, eine eigene Identität aufweist, die sowohl nach außen offen wie in sich eingeschlossen ist, das aktuell auf sehr unterschiedliche Weise präsent und anregend ist, was auf sehr verschiedene Art verbal und visuell erfasst, dokumentiert und kommuniziert werden kann und soll. Die dokumentarische Foto-Aisthetik versteht sich deshalb immer auch als der Versuch und ein Medium, die Sensibilität für die Existenz solcher Ekstasen in unserem Alltagsleben, aber auch an »Feiertagen« und in besonderen Arrangements zu fördern und damit den Lebensgenuss zu steigern, zu vervollkommnen. Das hat auch Barthes (1989, S. 130 f) so gesehen, denn seine Studie endet mit den folgenden Sätzen, die auch eine zentrale *innere* Spannung der *dokumentarischen* Foto-*Aisthetik* auf den Begriff bringen:

>»Ist die PHOTOGRAPHIE nun verrückt oder zahm? Sie kann eines so gut wie das andere sein: zahm, wenn ihr Realismus sich in Grenzen hält, wenn er von ästhetischen oder empirischen Gewohnheiten gemildert bleibt ...; verrückt, wenn dieser Realismus absolut und sozusagen ursprünglich ist und damit das Signum der ZEIT ins verliebte und erschreckte Bewußtsein dringen läßt: wahrhaftig eine Umkehrbewegung, die den Lauf der Dinge wendet und die ich abschließend die photographische *Ekstase* nennen möchte.
>
>Dies sind die beiden Wege der PHOTOGRAPHIE. Ich habe die Wahl, ihr Schauspiel dem zivilisierten Code der perfekten Trugbilder zu unterwerfen oder aber mich in ihr dem Erwachen der unbeugsamen Realität zu stellen.«

Damit ist die Frage nach der grundlegenden Aufgabe und Verantwortung der *Kritik der Ästhetik* aufgeworfen.

1.6 Epochaltypische szenische Wirklichkeiten als systemisch vermittelte unmittelbare Sozialwelten

Ein ästhetischer Entwurf wie dieser zielt als Wissenschaft auf Erkenntnisgewinn und als Aufklärung auf Naivitätsverlust. Genau das hat Böhme (2001, Kap. I u. XII; 2013a, S. 13 ff) stets deutlich hervorgehoben und das ist auch bisher schon vielfach angeklungen. Diese Hinweise können nun zu drei Komplexen verdichtet werden:

a) Der *ökologischen Naturästhetik* (vgl. Böhme 2013a, S. 249 ff u. 256 ff; Seel 1996b, Kap. 9. u. 10) geht es darum, nicht die Natur in ihrem So-sein zu betrachten, in ihrer Abgeschiedenheit von menschlichem Denken und Handeln, sondern gerade den notwendigen Naturbezug, die Naturgrundlage menschlich-gesellschaftlichen Lebens ins Zentrum zu stellen und dabei insbesondere der Frage nachzugehen, was die Menschen der Natur »angetan« haben und weiterhin antun und vielleicht (so ist zu befürchten) in Zukunft noch alles antun werden. Damit kommen die Umweltbelastungen (z. B. durch Lärm), die Umweltprobleme (z. B. die regelmäßigen Überschwemmungen von Elbe und Donau) bis hin zu den ökologischen Katastrophenpotentialen (z. B. die Abschmelzung der Gletscher aufgrund der Erderwärmung) und die schon real eingetretenen und sich abzeichnenden neuen Katastrophen (z. B. durch die zunehmende Zerstörung der Ozonschicht) in den auch genuin ästhetischen Blick. Auch das nicht im Sinne einer abstrakten, diskursiven Reflexion (die selbstverständlich notwendig ist!), und auch nicht im Dienste einer rein naturwissenschaftlichen und technologischen Sicht (so sehr auch diese ihre relative Berechtigung hat), sondern indem die leibhafte Begegnung mit diesen Umweltschädigungen und damit die Bedeutung der *Natur für uns* ins Zentrum auch der *sozial*-fotografischen Dokumentation tritt[14]. Für die menschlichen Befindlichkeiten sind diesbezüglich aber nicht nur die angedeuteten negativen Folgen von Bedeutung, sondern auch die Erlebnisse und Erfahrungen mit Bemühungen eines verantwortungsvollen Umgangs mit den Öko-Systemen (z. B. durch die Renaturierung und Rekultivierung schon zerstörter Natur, die Einrichtung funktionstüchtiger Ökosysteme und interessanter Biotope und Naturschutzgebiete). Eine so verstandene ökologisch-ästhetische Fotografie kann ihren Beitrag dazu leisten, dass die Menschen, dass wir es lernen, mit unseren Augen Umweltzerstörung wie Umweltschutz lokal und global, kommunal, national, international zu sehen, und dadurch zu einem entsprechenden Handeln angeregt werden.

---

14 Vgl. dazu als aktuelles Beispiel die fotografische Dokumentation des Elbehochwassers 2013 im Magdeburger Raum (Kap. 6).

b) In der *Kritik der gesellschaftlichen Ästhetik* (vgl. Böhme [2013a, S. 49 ff u. 112 ff; 2013b, Teil VI/VI]; Seel 1996b, Kap. 5, 11 u. 13) wird der Tatsache Rechnung getragen, dass die neuartigen ästhetischen Gestaltungen der sozialen Realitäten durch ihre vermehrte Ausdrucksvielfalt und ihr gestiegenes Qualitätsniveau einerseits einen neuen Erlebnisreichtum, erweiterte Erfahrungsräume und gesteigerte Lebenslust möglich gemacht haben. Andererseits wurden sie – als Element und Folge der tiefgreifenden *Kolonialisierung der Lebenswelten und Sozialräume* durch die systemischen Imperative der Ökonomie (Geld) und der Politik (Macht) – von den phänomenalen Wirklichkeiten und gesellschaftlichen Realitäten zunehmend abgelöst und entwickelten eine gesteigerte Eigendynamik, so dass sich in krassen Fällen sogar ästhetische Schein-Wirklichkeiten und Schein-Realitäten herausbildeten[15]. Das betrifft zum einen das Problemfeld einer *Kritik der ästhetischen Ökonomie*[16], denn hier hat sich in den hochentwickelten kapitalistischen Ländern während der letzten 25–30 Jahren bei den Waren neben dem material- und funktionsbestimmten *Gebrauchswert* und dem *Tauschwert* (der sich im Preis ausdrückt) als eigenständige Form der *ästhetische Wert* herausgebildet: Es ist dann beim Kaufakt nicht mehr entscheidet, ob ich diese Gegenstände benötige (z. B. dieses Musikinstrument, diesen Fotoapparat, diesen Wein, diesen Swimmingpool) oder ob sie mein Ansehen, mein Image, meine Respektabilität belegen (z. B. gegenüber Arbeitskollegen und Vorgesetzten, im Freundeskreis, in der Nachbarschaft), sondern der Kaufakt selber ist nur noch reiner Selbstzweck, er genügt sich selber (es handelt sich also nicht um die altbekannten »Frust«-Käufe) – und er ist zugleich ein wichtiges Medium der *sozialen Integration,* die Teilhabe an ihm entscheidet auch über soziale Inklusion oder Exklusion. Deshalb wird nicht nur in der Werbung zunehmend dieser Kaufakt als »Erlebnis« angepriesen, er suggeriert nicht nur einen bestimmten Lebensstil und ein besonderes Lebensgefühl, sondern er wird in den Einzelgeschäften, in den Fußgängerzonen, in den Shoppingcentern, in den Malls usw., also den Orten und Räumen des »Hochglanzkapitalismus« (Böhme) regelrecht *inszeniert* (weshalb dort nicht nur überall Musik zu hören ist, sondern auch diverse kulturelle Veranstaltungen stattfinden, die häufig mit den angebotenen Waren nichts zu tun haben – z. B. Pop-Konzerte in großen Autohäusern oder Möbelgeschäften).

Vergleichbares geschieht in der *Stadtplanung*: Es wird nicht nur immer weniger für die ganze Stadt, sondern vorrangig für privilegierte städtische Zonen geplant, sondern es wird immer mehr darauf geachtet, ein spezifisches Image aufzubauen –

---

15 Vgl. dazu die frühe Kritik von Durth (1977, Kap. 3 u. 4).
16 Vgl. dazu exemplarisch Jencks (1990, Kap. V u. VI) und Venturi u. a. (1997, Teil II).

z. B. als »Stadt des Barock«, als »Stadt an der Elbe«, als »Stadt der Automobilindustrie« oder es wird für Frankfurt/Main eher wohlwollend als kritisch das Etikett »Mainhatten« verwendet. Zugleich wird das äußere (tatsächliche und medialisierte) Stadtbild daran ausgerichtet und dessen Pflege ins Zentrum der Stadtentwicklungsplanung gestellt (z. B. durch Ausgestaltung der Fußgängerzonen, Bereitstellung von Parkhäusern, »Entsorgung« der Innenstädte von »problematischen« Personengruppen wie Obdachlosen, Bettlern, Drogendealern und Prostituierten, aber auch von Punks und anderen Jugendgruppen). Auch die Architektur passt sich dem immer mehr an, auch bei ihr ist der äußere An-Schein häufig wichtiger als die Qualität des Materials und der Konstruktion und die Großzügigkeit der funktionalen Nutzung. Gerade die postmoderne Architektur verselbständigt den Ausdruck gegenüber Struktur und Funktion – man sieht den Gebäuden immer seltener an, *wie* und *wozu* sie gebaut wurden, und das verdeckt in zahlreichen Fällen auch deren Herrschaftscharakter. Zu einem solchen Stadtmarketing passen selbstverständlich – um es pointiert zu formulieren – nicht Bezeichnungen wie »Stadt der Rüstungsindustrie«, »Stadt des Holocaust«, »Stadt der sozialen Konflikte«, »Stadt der Korruption«, »Stadt der russischen Mafia«, »Stadt der (nationalsozialistischen) Bewegung«, »Stadt der Atomkraftwerke bzw. der atomaren Bedrohung« – oder auch von einer Region als »national befreiter Zone« bzw. kritisch von einer »No-Go-Area« zu sprechen. Geschieht letzteres in der Öffentlichkeit (z. B. nach rechtsradikalen Gewaltakten oder im Zusammenhang mit der Fußballweltmeisterschaft 2006 in Deutschland bezogen auf Brandenburg), dann wird das als Nestbeschmutzung, also Imageschädigung kritisiert (und über die dahinter stehenden Menschenrechtsverletzungen geschwiegen).

Damit ist schon der fließende Übergang zu einer *Kritik der ästhetischen Politik* vollzogen, denn wir erleben nicht nur zu Wahlkampfzeiten, sondern in der alltäglichen politischen Praxis (wie sie z. B. in den Fernsehnachrichten oder der Tages- und Wochenpresse dokumentiert wird), wie sich Macht als faktische und berechtigte, also Anerkennung einfordernde Überlegenheit selber inszeniert, wie diese Politik-Ästhetik als Produktion einer bestimmten gesellschaftlichen Stimmung teilweise nicht nur an die Stelle der realen Machtauseinandersetzungen und der realen Verbesserung der sozialen und politischen Lebensbedingungen tritt und das zugleich verdeckt, sondern dass dabei die Massenmedien als »vierte Macht« (neben den Säulen Legislative, Exekutive und Judikative) zugleich massiv Politik machen bzw. mit ihnen gemacht wird. Das gilt nicht nur für die unmittelbar vermachteten und bürokratisierten Formen der Öffentlichkeit, sondern auch für die unabhängigen bzw. diejenigen, die sich unabhängig wähnen. Mit dieser »Politik als Theater«, mit der politischen Inszenierung einer Ablösung der sozialen Betroffenheit und emotionalen Befindlichkeit von ihrer kognitiven Durchdringung bzw. die politische Inszenierung emotionaler Betroffenheit und damit der Verhinde-

rung wirklichkeits- und realitätshaltiger politischer Bildungsprozesse kann zwar
bis zu einem gewissen Grade *Massenloyalität* als mehr oder weniger unreflektierte
Zustimmungs- und Folgebereitschaft gesichert werden, aber damit ist über die *Le-
gitimität* dieser Praxis, über ihre Verfahren, Institutionen und Personen im Sinne
der sozialen Gerechtigkeit, der politischen Demokratie und der kulturellen Frei-
heiten noch nichts ausgesagt (häufig liegt sogar das glatten Gegenteil vor).

Nun kann die sozialdokumentarische Foto-Aisthetik alle diese Prozesse nicht
ignorieren und sie kann auch nicht überheblich davon ausgehen, dass sie selber
davon (z. B. in ihrer Bildsprache, ihrem Menschbild, ihren formalästhetischen
Vorlieben) völlig unberührt sei – auch sie existiert nicht auf einer »heilen Insel«
in einem Meer der kulturellen und ästhetischen Unvernunft. Vielmehr ergibt sich
für eine *Kritik der ästhetischen Aisthetik* (um diese leicht paradoxe Formulierung
zu verwenden) die Herausforderung, nicht nur die Unabgegoltenheit des »guten
Alten« ins Gedächtnis zu rufen (hier die anspruchsvollen Traditionen der Sozialfotografie und wie sie z. B. die scharfe Kritik an den gesellschaftlichen Deklassie-
rungsprozessen mit einem tiefen Respekt vor der Integrität der verarmten Menschen verband), sondern sich auch mit den neuen Formen der ästhetischen Arbeit
an den Sozialräumen und Lebenswelten einschließlich ihrer medialen Deutungen
(und manchmal auch Verdoppelungen und Verfälschungen) kritisch-konstruk-
tiv auseinanderzusetzen. Denn es gilt, durch eine *Bereicherung* der eigenen For-
mensprache Wege zu bahnen und Anschluss zu finden an die *neuen* Erlebnis- und
Erfahrungswelten der Menschen. – Dazu abschließend noch einige eher abstrakt-
theoretische, aber notwendige Überlegungen.

1.7 Aisthetik und Semiotik

Nachdem der rekonstruktive Gang von den intersubjektiven Lebenswelten und
Wirklichkeiten zu den objektiven Realitäten abgeschlossen worden ist, kann nun
»auf höherem Niveau« nochmals zur Ausgangsfrage zurückgekehrt werden, nämlich der nach der Neubestimmung der Relationen zwischen Aisthetik und Ästhetik. Zugleich bietet das die Möglichkeiten, die verschiedenen Aspekte der sozialdokumentarischen Fotografie, die bisher etwas verstreut eingeflochten wurden,
nun nochmals in ihren inneren Bezügen verallgemeinernd und zugespitzt darzustellen. – Da in Braun (2010a), Braun/Elze (2015, Kap. 2) und in Braun/Wetzel
(2010, Kap. 3 u. 4) die Bedeutung der *hermeneutischen* Traditionen für die Sozialreportage ausführlich erörtert wurden, sollen an dieser Stelle die *semiotischen* behandelt werden.

Charles S. Peirce: Das semiotische Verständnis des fotografischen Bildes als Index

Karl-Otto Apel (* 1922)   *Charles S. Pierce (1839–1914)*

1. Der spezielle Zeichencharakter der Fotographie

»§ 3. Es gibt drei Arten von Zeichen: Erstens gibt es *Similes* oder Ikons, die die Ideen der von ihnen dargestellten Dinge einfach dadurch vermitteln, daß sie sie nachahmen. Zweitens gibt es *Indikatoren* oder Indizes, die etwas über Dinge zeigen, weil sie physisch mit ihnen verbunden sind. Von dieser Art ist ein Wegweiser, der den einzuschlagenden Weg anzeigt, oder das Relativpronomen, das direkt hinter dem Namen des Dings gesetzt wird, das es benennen soll, oder ein Ausruf im Vokativ wie ›Hallo! Sie dort‹, der auf die Nerven der angesprochenen Person einwirkt und deren Aufmerksamkeit erzwingt. Drittens gibt es *Symbole* oder allgemeine Zeichen, die mit ihren Bedeutungen durch ihre Verwendung verknüpft worden sind. Zu ihnen gehören die meisten Wörter, Redewendungen, Reden, Bücher und Bibliotheken. (…)

§ 4. *Similes.* Photographien, besonders Momentaufnahmen, sind sehr lehrreich, denn wir wissen, daß sie in gewisser Hinsicht den von ihnen dargestellten Gegenständen genau gleichen. Aber diese Ähnlichkeit ist davon abhängig, daß Photographien unter Bedingungen entstehen, die sie physisch dazu zwingen, Punkt für Punkt dem Original zu entsprechen. In dieser Hinsicht gehören sie also zu der zweiten Zeichenklasse, die Zeichen aufgrund ihrer physischen Verbindung sind. (…) Ein anderes Beispiel des Gebrauchs eines Similes ist die Zeichnung, die der Künstler von einer Statue, einem Gemälde, der Vorderansicht eines Gebäudes oder einem Dekorationsstück anfertigt und durch deren Betrachtung er sich vergewissern kann, ob das, was er plant, schön und zufriedenstellend sein wird. So wird die gestellte Frage fast mit Gewißheit beantwortet, denn sie bezieht sich darauf, wie der Künstler affiziert wird.

(…)

Auch in der zwischenmenschlichen Kommunikation sind die Similes ganz unentbehrlich. Stellen wir uns zwei Menschen vor, die keine gemeinsame Sprache sprechen und weit entfernt vom Rest der Menschheit aufeinandertreffen. Sie müssen sich verständigen, aber wie können sie das? Durch nachahmende Geräusche, durch nachahmende Gebärden und durch Bilder. Dies sind die drei Arten von Similes. Es ist richtig, daß sie auch andere Zeichen, das Deuten mit Fingern und dergleichen, verwenden. Doch letztlich sind die Similes die einzigen Hilfsmittel, um die Eigenschaften der Dinge und Handlungen, die sie im Sinn haben, zu beschreiben. Als die Menschen erstmals zu sprechen anfingen, muß die rudimentäre Sprache zum größten Teil entweder aus direkt nachahmenden Wörtern oder aus konventionellen Wörtern bestanden haben, die sie Bildern zuordneten. Die ägyptische Sprache ist äußerst primitiv. Soweit wir wissen, ist sie die erste Sprache, die geschrieben wurde*, und die gesamte Schrift besteht ausschließlich aus Bildern. Einige dieser Bilder wurden dann als für Laute, für Buchstaben und Silben stehend verwendet. Aber andere Bilder stehen unmittelbar für Ideen. Sie sind keine Substantive, sie sind keine Verben, sie sind einfach bildliche Ideen.«
(aus:»Die Kunst des Räsonierens« [1893]; Peirce 2000, Bd.1, S. 193–195)

2. Die komplexe Struktur von Ikon, Index und Idee

»Ebenso wie der Index kann auch das Ikon zusammengesetzt sein. Wenn wir zum Beispiel von dem universal selektiven Index *alles* ausgehen, so kann es ein Ikon geben, das alternierend aus zweien zusammengesetzt ist, eine Art von Zusammenstellung aus zwei Ikons, so wie jedes Bild eine ›zusammengesetzte Photographie‹ unzähliger Einzelheiten ist. Selbst das, was man eine ›Momentaufnahme‹ nennt, die mit einem Photoapparat gemacht wird, ist eine Zusammenstellung der Wirkungen von Belichtungsintervallen, die weitaus zahlreicher sind als die Sandkörner am Meer. Man wähle einen absoluten Zeitpunkt während der Belichtungszeit aus, und die Zusammenstellung repräsentiert *dies* neben anderen Zuständen«.
(aus:»Kurze Logik« [1895]; ebd., S. 221 f)

---

* Wir wissen heute, dass die erste Schriftsprache um 3500 v. Chr. in Uruk (Mesopotamien, heute Irak) entstand; das ändert aber nichts an der Richtigkeit der Argumentation von Peirce.

»Jede Idee, wie einfach sie auch sein und wie direkt sie empfunden werden mag, ist mehr oder weniger vage. Außerdem sind Ideen kaum jemals, wenn überhaupt jemals, einfach. Sie steigen in großer Zahl zur Oberfläche des Bewußtseins auf und bilden damit etwas, was einer Mischphotographie analog ist und *allgemeine* Idee genannt wird.« (aus: »Über die Einheit kategorischer und hypothetischer Propositionen« [1896]; ebd., S. 248 f)

3. Die realistischen Darstellungsweisen universeller Zusammenhänge

»Das Universum ist … nicht bloß ein Begriff, sondern die realste aller Erfahrungen. Wenn man also einen Begriff in Relation zu ihm bringt, und zwar in die Relation des Beschreibens der Universums, so bedeutet dies, daß man eine ganz spezielle Art von Zeichen oder Gedanken verwendet. Denn eine solche Relation muß, wenn sie Dauer haben *[subsist]* soll, *existieren,* ganz anders als eine Relation zwischen bloßen Begriffen. Dies ist es also, was die Kopula wesentlich ausdrückt.

Sie kann dies auf dreierlei Weise tun: erstens durch eine vage Bezugnahme auf das Universum im ganzen (kollektiv), zweitens durch eine Bezugnahme auf alle Individuen, die in dem Universum existieren (distributiv), drittens durch eine vage Bezugnahme auf ein Einzelding aus dem Universum (selektiv). ›Es ist heller Tag!‹, rufe ich aus, als ich erwache. Mein Universum ist die augenblickliche Erfahrung insgesamt. Es ist wie bei einer Mischphotographie die Überblendung all der ähnlichen Erfahrungen von Tageslichteindrücken, die sich in meinem Geist zu einem Objekt verdichten. Zweitens: ›Jede Frau liebt etwas‹ ist die Beschreibung jedes existierenden Einzeldings im Universum. Über jedes derartige Einzelding wird gesagt, daß es nur mit etwas koexistent ist, das dann, wenn es eine Frau ist, mit Gewißheit Liebende eines existierenden Individuums ist. Drittens: ›Ein hochgeschätzter Kirchenvater ist übersetzt‹ bedeutet, daß eine bestimmte Beschreibung auf ein ausgewähltes Individuum zutrifft.« (aus: »Grundbegriffe der Semiotik und formalen Logik« [1898–1902]; ebd., S. 341)

4. Propositionale Zeichenrelationen

»Gleichgültig, auf welche andere Weise eine Proposition sonst noch verstanden werden kann und ob wir dabei genau den Kern der Sache treffen oder nicht – es ist trotzdem wahr (und eine wichtige Wahrheit), daß jede Proposition entweder durch eine Photographie oder eine Mischphotographie ausgedrückt werden kann (die vielleicht noch stereoskopisch oder kinetoskopisch verfeinert sein mag) und von einem *Zeichen*

begleitet wird, das die Verbindung dieser Bilder mit dem Objekt eines Index oder einer Erfahrung oder eines Zeichens zeigen soll, das die Aufmerksamkeit auf sich zieht oder eine Information liefert oder eine mögliche Quelle der Information indiziert; oder aber, daß die Proposition durch ein analoges Ikon andere Sinne als den Gesichtssinn anspricht und von analogen lenkenden Indikationen und einem Zeichen begleitet wird, das das *Ikon* mit diesen *Indizes* verbindet.«
(aus:»Die Verteidigung der Kategorien« [1903]; ebd., S. 414)

5. Die physikalische Genese des Bildobjekt

»Hier ist ein Bild vom Haus des Autors: Was macht das Haus zum Objekt dieses Bildes? Sicherlich nicht die Ähnlichkeit der Erscheinung. Es gibt zehntausend andere im Land, die ganz genauso aussehen. Nein, der Photograph hat den Film auf eine solche Weise aufgebaut, daß der Film gemäß den Gesetzen der Optik gezwungen wurde, ein Bild dieses Hauses aufzunehmen. Was das Zeichen tatsächlich zu tun hat, um sein Objekt zu indizieren – und es zu dem seinen zu machen – und alles, was es zu tun hat, besteht nur darin, sich der Augen seiner Interpreten zu bemächtigen und sie zwangsweise auf das gemeinte Objekt zu richten: dies ist es, was ein Klopfen an der Tür bewirkt oder ein Klingeln oder eine andere Glocke, ein Pfeifen, ein Kanonenschuß usw. Es handelt sich um einen rein physiologischen Zwang, sonst nichts.«
(aus:»Die Grundlagen des Pragmatizismus« [1905]; Pierce 2000, Bd.2, S. 322)

Auch wenn das semiotische Text- und Bildverständnis erst mit Charles Sanders Pierce (1839–1914) eine systematische, theoretisch-philosophische Gestalt angenommen hat (vgl. Apel 1975), lässt es sich ebenfalls bis in die griechische Antike zurückverfolgen, nämlich als das Bemühen der Medizin, im Rahmen einer Symptomatologie das den Sinnen zugängliche, also *Sichtbare* als Hinweis zu begreifen auf etwas, was Sinnen nicht zugänglich ist, das *Unsichtbare*, es also im Rahmen von Anamnesen, Diagnosen und Prognosen als *Symptom*, als *Zeichen*, als *An-Zeichen* zu deuten.

Das ist eine für die *visuelle soziale Diagnostik* heute noch wichtige Tradition, die schon dann Verwendung findet, wenn man einen Stadtteil, eine Wohnanlage, eine Wohnung, bestimmte Zimmer – etwa im Rahmen der sozialpädagogischen Familienhilfe – selber in *Augen*-Schein nimmt, sich selber davon ein *Bild* macht und dies ggf. auch fotografisch dokumentiert. Im Rahmen der Anamnese können dann auch öffentliche und private Fotos u. ä. gemeinsam mit den Betroffenen interpretiert werden und es können auch Bilder gemalt, Zeichnungen erstellt,

Fotomontagen erarbeitet werden, wie sich die Betroffenen ein befriedigenderes Leben vorstellen (schon hier werden wichtige Übergänge zwischen dem hermeneutischen und semiotischen Bildverständnis und dessen Rückkoppelung an die Erfahrungsräume deutlich). Im Zentrum solcher Verfahrensweisen steht das *semiotischen Dreieck* zwischen den visuellen und verbalen *Zeichen* (z. B. dem Foto von einem Gebäude der Agentur für Arbeit), dem jeweiligen *Erkenntnisgegenstand* (eben diesem Gebäude) und den verobjektivierten *allgemeinen Vorstellungen* des Selbst- und Weltbewusstseins der Menschen, was man auch als objektive Gedankenformen oder die Kultur einer Gesellschaft verstehen kann (hier z. B. über die Notwendigkeit und Reichweite der sozialstaatlichen Arbeitsmarktpolitik). Von ihm ging auch Pierce aus, für den die Semiotik einerseits als Teil der Logik, Ethik und Ästhetik eine *normative* Disziplin war. Auch die Sozialfotografie muss die Fragen nach ihren Erkenntnismöglichkeiten klären, sie benötigt auch Vorstellungen von einer gerechten Gesellschaft und dem guten Leben in ihr und bezüglich der besonderen Darstellungs- und Kommunikationsmöglichkeiten der Kunst (das wurde in Kap. 1.2 als Einarbeitung von Tiefenstruktur in die Oberflächenstrukturen erörtert). Die Semiotik ist aber nicht nur Erkenntnis-, Sozial- und Kunsttheorie, sondern auch *Erfahrungswissenschaft,* die über ein Spektrum von *empirischen* Verfahren verfügt, zu denen dann auch die Sozialreportage gehört. Sie ist damit eine allgemeine Theorie der Bedeutungskonstitution und -verwendung von Zeichen (also auch von Fotos), die kritische Maßstäbe zur Bestimmung der Gültigkeit von verbalen und visuellen Argumenten zur Verfügung stellt und deren Methodenreflexionen auf die Erkenntnis, Darstellung und Anwendung der *Wahrheit* zielt; weiter gefasst und mit Habermas (1987. Bd.1, S. 44 ff u. 410 ff) und Seel (1996b, Kap. 13) auch auf die *Richtigkeit,* die *Wahrhaftigkeit* und *Verständlichkeit* von kommunikativen Äußerungen (alle vier Geltungsansprüche sind im Sinne von »Qualitätskriterien« auch für die verbalen und fotografischen Anteile der Sozialreportage von Relevanz). Unterschieden werden dabei drei Zeichenfunktionen: Zum einen das *Ikon,* wo das Zeichen in einem oder mehreren charakteristischen Merkmal(en) mit dem Gegenstand übereinstimmt und daraus seine *interne* Bedeutung resultiert. Diese Ähnlichkeit stellt sich beim Foto quasi hinterrücks, technisch und spontan her; entscheidend ist aber, dass aus der Fülle der abbildbaren und abgebildeten Wirklichkeits- und Realitätsaspekte die Elemente formalästhetisch *hervorgehoben* werden, die für die jeweilige Sozialreportage bedeutsam sind (z.B. der Gesichtsausdruck der Kinder in einem Kindergarten oder die gestische Seite der Schüler-Lehrer-Interaktion auf dem Schulhof). – Die andere Zeichenfunktion ist der *Index,* der den jeweiligen Gegenstand nur vertritt und deshalb eine rein *externe* Bedeutung hat. Er ist so etwas wie ein »Zeigefinger«, also ein Zeigzeichen, mit dem auf etwas aufmerksam gemacht wird (und er ist in dem Sinne an eine Aufmerksamkeitshandlungen gebunden[17]), was aber nur möglich ist, weil er immer auch ikonische Anteile hat. So kann auch ein Foto, was schwach ist, weil ihm jede verdeutlichende Tiefenstruktur fehlt und selbst dann, wenn es formal und technisch schlecht ist (z. B. chaotisch im Bildaufbau und unscharf), Hinweise geben etwa auf einen ökologischen Missstand (z. B. auf eine Müllkippe, auf der illegal giftige Fässer gelagert worden sind), ohne dass dieser Sachverhalt selber auf dem Foto (hinreichend) zu erkennen ist (diesem Foto fehlt dann die *dokumentarische* Qualität). Der Index verweist generell reflexiv auf *Ko*-Texte (z. B. andere Fotos, aber auch verbale Äußerungen und Dokumente) und wird zum Teil erst durch diese vergleichende Betrachtung verständlich (z. B. die Verwendung sehr unterschiedlicher Zeichen in den rechtsradikalen und neofaschistischen Bewegungen) und/oder materielle und ideelle *Kon*-Texte (man denke hier z. B. an Zeichen, die in der Werbung für besondere Produkte – z. B. Coca Cola – oder ein bestimmtes Lebensgefühl – z. B. McDonald's – stehen). Seine produktive Funktion besteht in dem Gliedern von Zusammenhängen in einem bestimmten Ordnungssinn (wofür Straßenverkehrszeichen ein populäres Beispiel sind, aber auch Stadtpläne und Landkarten) und die rezeptive (deiktische) in dem situations- und kontextabhängigen verbalen und/oder visuellen Hinweis auf bestimmte Gegenstände, über die sich mindestens zwei Personen verständigen (sie sind dann Indikatoren – oder kriminalistisch ausgedrückt »Indizien«). Dazu dienen z. B. Fotos, die angeschaut werden, bevor man den abgelichteten Sozialraum eigenständig erkundet. – Nicht zuletzt gibt es *Symbole,* die auf den jeweiligen Gegenstand mit Hilfe eines charakteristischen Aspekts referieren und ihn als Repräsentanz präsentieren und damit sowohl eine interne wie eine externe Bedeutung aufweisen. In gewisser Weise ist das die ursprünglichste Zeichenfunktion (man denke hier besonders an die Fels- und Höhlenmalereien, aber auch an Kinderzeichnungen), hier ist der darstellende Ausdruck noch sehr eng mit dem Alltagsleben verbunden, Zeichen und Gegenstände bzw. Sprache und Welt sind noch nicht voneinander geschieden und es lassen sich insbesondere noch nicht diskursive und ikonische Kommunikationsweisen bzw. die kulturellen Dimensionen Wissenschaft, Kunst und Ethik voneinander unterscheiden. Zum andern sind die Symbolwelten, die symbolischen gesellschaftlichen Bedeutungsstrukturen (zu denen auch die Fotografie gehört) diejenige soziale Wirklichkeits- und Realitätsdimension, die gerade in komplexen Gesellschaften die verschiedensten »Gedankenformen« miteinander in (widersprüchliche) Beziehungen setzten und sie damit zu epochaltypischen Welt- und Selbst-*Bildern,* Selbst- und Welt-*Anschauungen* verdichten. Oder anders formuliert: Die symbolischen Bedeutungsstrukturen verallgemeinern die sehr un-

---

17 Auf die Bedeutung des »Zeigens« und des »Sich-Zeigens« im Kontext von Sozialraum- und Lebenswelterkundungen wird in Kap. 2 noch näher eingegangen.

terschiedlichen Erkenntnis-, Ausdrucks-, Darstellungs- und Bedeutungsprozesse und sichern über ihren systematischen Wirklichkeits- und Realitätsbezug die entwicklungsoffene *Einheit* der Symbolwelten durch deren *Vielfalt* hindurch. Auch dieser Gedankengang verbindet die Semiotik mit der Hermeneutik, auch wenn sie aufgrund ihrer traditionellen Verankerung in der analytischen Philosophie auf entsprechende *Zeitdiagnosen* bisher weitgehend verzichtet hat (während sie in der Hermeneutik, besonders als Thematisierung von *Sinnkrisen* seit Platon eine Selbstverständlichkeit sind).

Für den Vermittlungsprozess zwischen Aisthetik und Ästhetik und damit ihre *wechselseitigen* Übergänge ist nun die Instanz entscheidend, die Peirce *Interpretant* nennt (und die eben als Symbolwelt bezeichnet wurde): Sie stellt nämlich die Beziehungen zwischen den verschiedenen Zeichen und den Gegenständen und Personen her und begründet und artikuliert damit deren Bedeutung im Sinne eines sich selbst entwickelnden Zeichensystems, wodurch immer verschiedenartigere und komplexere Interpretantensysteme mit Bezug auf den gleichen Gegenstand entstehen[18] (man denke hier z. Z. an die vieldimensionale verbale und visuelle Rekonstruktion des Freizeitverhaltens der unterschiedlichen Altersgruppen in einem Einkaufscenter auf der grünen Wiese, einer Familiengeschichte, eines Dorfes, des

---

18 Dabei machen Finke/Halawa (2012a, S. 16 f) auf eine besondere Seite und Dimension der Relationen zwischen *Aisthetik* und *Semiotik* aufmerksam, nämlich die *Materialität* des Bildlichen, die nicht auf eine neutrale Trägerfunktion für den Bild-*Sinn* reduziert werden darf. Vielmehr gehen beide von der Überzeugung aus, »dass ›Materialität‹ *eine* Ermöglichungs- und Wirkungsbedingung von Bildlichkeit ist. Von der Materialität des Bildes abzusehen, hieße letzten Endes: *kein Bild zu sehen*. Dies gilt noch für digitale Formate wie Simulationen und Computerspiele oder filmische Projektionen. Deshalb handelt es sich auch nicht um etwas, was zu einem Bild lediglich als ein ›Extra‹ hinzukommt. Bildlichkeit und Materialität sind vielmehr ursprünglich miteinander verschränkt. Ihr Zusammenhang ist in vielfacher Weise intrikat; weder das eine noch das andere läßt sich isolieren. Gerade darin liegt eine Gefahr der Idee der ›inneren Duplizität‹: sie beruht (mal mehr, mal weniger) auf dem Phantasma einer sauberen Trennung. Durch die Naturalisierung der Differenz zwischen immaterieller Bilderscheinung einerseits und Bildträger andererseits sowie durch die Identifizierung des letzteren mit ›Materialität‹ wird der Eindruck erweckt, Materialität und Bildlichkeit stünden sich strikt gegenüber und seien einander äußerlich. Problematisch wäre daran zudem, das Materialität als bloßer Rest des ›eigentlichen‹ Bildphänomens aufgefasst zu werden drohte – als habe man es mit einem ›Rückstand‹ ohne eigenen Wert zu tun, der am Ende eines erfolgreichen Bildaktes gleichsam als ›Abfallprodukt‹ übrig bleibt. Demgegenüber wäre ihre ›grundlegende‹ Funktion zu betonen, d. h. der Umstand, dass Bilder allein dank ihrer Materialität überhaupt zum Vorschein kommen. (…) Materialität wirkt sich folglich unumgänglich auf die Erscheinung des Bildes aus; dessen Bildlichkeit bleibt davon nicht unberührt. Eben aus diesem Grund wird der Materialität häufig eine beunruhigende Virulenz bescheinigt. Wegen ihr bleibt am Bild etwas Unkalkulierbares, das nicht vollends verfügbar ist und sich seiner absoluten Beherrschbarkeit entzieht. Von Anbeginn siedelt dadurch *in* jedem Bild eine nicht zu tilgende und nur bedingt regulierbare Dynamik. Letztere

Lebens in einem Konzentrationslager). Dies ist ein für die Sozialreportage charakteristischer offener Erkenntnis-, Darstellungs- und Kommunikationsprozess, in dem sich visuelle und verbale Handlungskompetenzen der Betroffenen, Beteiligten und Interessierten entfalten, bei der durch die offenen Zugangsweisen zu und Umgangsformen mit dem Gegenstand zugleich die sinnlich-pragmatischen Orientierungsqualitäten der Zeichen bzw. Zeichensysteme entstehen und erhalten bleiben. Um genau das auch methodisch kontrolliert zu erreichen, hat Peirce eine dreistellige Relation gebildet, welche die oben erwähnte Einheit der Symbolwelten durch die Vielfalt ihrer Erkenntnis-, Darstellungs- und Bedeutungsprozeduren jenseits von Ableitungslogiken, Deduktion oder präreflexiven, dogmatischen Hintergrundannahmen u. ä. sichern will und die auch für die verschiedenen Elemente der Sozialreportage, wie sie hier dargestellt werden, von zentraler Bedeutung ist: Ihren Aufgangspunkt bildet ein Wahrnehmungsurteil, aus dem durch *Abduktion* allgemeine Sätze gebildet werden (dann steht z. B. eine bestimmte Äußerung oder ein bestimmter Satz in einem Interview oder in einer Zeitung für einen wesentlichen, entwicklungsbestimmenden, problemerzeugenden Sachverhalt, z. B. für die Entstehung von familiärer Gewalt), aus denen *deduktiv* weitere und immer allgemeinere Sätze gebildet werden können (z. B. Fotoserien über die verschiedenen Gewaltformen und -anlässe und Reaktionsweisen auf sie – oder diskursive Erörterungen über die Aggressivität in einer Gesellschaft, die aufgrund ihrer zunehmenden ökonomischen Ungleichheiten soziale Existenzängste schürt), die vermittels der *Induktion* wiederum in ihrem sinnlichen Gehalt geprüft werden, woraus neue Wahrnehmungsurteile resultieren (z. B. über die Relationen zwischen Angstabbau durch entwicklungsangemessene Macht- und Verantwortungsdelegation in einem Projekt zur Erweiterung und Vertiefung der Schuldemokratie). Und dann kann eine neue visuelle und diskursive Erkenntnisbewegung beginnen und noch ein Stück mehr in die Tiefenstrukturen eingedrungen werden.

An dieser Stelle wird der pragmatische Grundzug dieser Semiotik deutlich; Peirce (1991, Zweiter Teil. II) spricht seit 1905 von Pragmatizismus, um die reflexiv-normative Dimension zu betonen. Die *pragmatistische Maxime* besteht in der Überzeugung, dass handlungsorientierendes Wissen in Handlungsprozessen erzeugt wird, die selber von Wissen geleitet werden. In diesem Sine hat jede Handlung eine *ausführende,* pragmatische Seite; und eine reflexiv-distan-

---

sorgt wiederum dafür, dass sich kein Bild je endgültig zu einer stabilen Einheit verfestigen kann. Zu unterstreichen wäre daher Folgendes: Die Idee, ›Materialität‹ garantiere die (relative) Beständigkeit der Formate der ›physischen Bildlichkeit‹ ist äußerst fragwürdig. Anstatt ihm ein tatsächlich solides Fundament zu liefern, stellt Materialität die Abgeschlossenheit und Finalität des Bildes in Frage. In einem grundsätzlichen Sinne bewirkt sie dessen permanente Vorläufigkeit; sie macht, dass Bildlichkeit immerzu prekär ist.«

zierende, *anführende* und damit semiotische Seite. Daraus folgt, dass *Bedeutungen* nicht deduktiv oder spekulativ oder willkürlich bestimmt bzw. festgelegt werden können, sondern aus den alltagsverankerten Handlungsprozessen resultieren. Die Zeichen werden also auf Zeichenhandlungen und die Zeichenfunktionen auf die Handlungsschemata (häufig »Gewohnheiten« genannt), in denen die Zeichen verwendet werden, zurückgeführt. Theoriegeschichtlich formuliert übernimmt die Semiotik damit die klassische Erkenntnistheorie und der Pragmatizismus die klassische Ontologie.

Das semiotische Bildverständnis klang schon in der frühen Fototheorie von Barthes an einigen Stellen an. Es ist das Verdienst von Dubois (1998; zuerst 1990), es – im direkten Anschluss an Peirce und Barthes – systematisch für ein erweitertes Verständnis des fotografischen Bildes genutzt zu haben. Dabei verweist die Formulierung »erweitertes Verständnis« schon auf einen wichtigen Sachverhalt: Während für ihn die Indextheorie im Zentrum steht, wird sie in der nachfolgenden Darstellung als ein Aspekt behandelt, der das hermeneutische Verständnis nicht ausschließt, sondern es mit dem semiotischen verbindet bzw. mit ihm verknüpft werden kann[19]. Den Ausgangspunkt seiner Überlegungen (vgl. ebd., Kap. 1: »Von der Wirklichkeitstreue zum Index«) bilden die historischen Traditionen, und zwar einerseits das *mimetische* Verständnis der Fotografie als Spiegel der Realität, also als Ikon; und dann als *symbolische Transformation* der Wirklichkeit, wie es die Theorie der Codierung und der Dekonstruktion in den Vordergrund stellt. Dem stellt er dann als eigenen, semiotischen Ansatz das Verständnis der Fotografie als eines *Index* als Alternative gegenüber bzw. an die Seite (vgl. ebd., Kap. 2: »Der fotografische Akt – Eine Pragmatik des Index und der Abwesenheitseffekte«): Ein Foto ist danach – erstens – durch seine *Singularität* bestimmt, es verweist nur auf einen Referenten (wie das Peirce in Bezug auf sein »einmaliges« Haus auch dargestellt hat). Jenseits einer möglichen Bedeutung resultiert es aus der Berührung mit einem einmaligen Objekt oder Lebewesen, es ist also in *dieser* Art nicht wiederholbar, es ist unausweichlich ein Unikat. – Das ist für sich genommen erst einmal zutreffend, die Frage ist nur, ob das nicht lediglich die »halbe« Wahrheit ist, ob – um im Beispiel zu bleiben – das Haus von Peirce und das Foto davon in dieser Einmaligkeit schon aufgeht, ob ihm nicht etwas Verallgemeinerbares innewohnt, ob es sich nicht immer schon um »ein Beispiel für« bzw. »ein

---

19 Die damit erforderliche *dialektische Aufhebung* und *Einheit* fällt Dubois schwer, weil er stark dichotomisch denkt, also die Unterschiede verabsolutiert und die Gemeinsamkeiten allenfalls randständig berücksichtigt; und weil er diese Differenzen starr setzt und wechselseitige Übergänge zwischen Hermeneutik und Semiotik ausblendet. Insofern ist es etwas überraschend, wenn Geimer (2009, S. 42) seinen Ansatz als »historisch-dialektisch« charakterisiert, zumal auch Dubois auf jede Art von historischen Bezügen bzw. Zeitdiagnosen verzichtet.

Fall von« handelt. *Wofür* es steht, ist dann aber eine ggf. kontrovers zu klärende Frage, denn in ihm könnten sich ja gerade Elemente des dritten, des stumpfen Sinn bzw. ein Punctum enthalten sein, die als solche nicht einfach zugänglich sind, weil sie den konventionellen Deutungen widersprechen (würde man das leugnen, würde man das subversive, emanzipatorische, utopische Potential übergehen bzw. zerstören)[20].

Für die dokumentarische Fotografie ist – zweitens – von Relevanz ihr *Beweischarakter.* Das für manche LeserInnen dogmatisch klingende »So-ist-es-gewesen« (Barthes) hat seinen Ursprung und seinen Grund im *Entstehungsprozess* des Fotos, also im fotografischen *Akt,* der nicht nur realhistorisch, sondern auch logisch dem Resultat, dem Produkt vorgelagert ist. Es handelt sich – sofern das Foto eben ein Foto und nicht eine andere Art von Bild ist – um einen physikalischen, optisch-chemischen bzw. optisch-elektromagnetischen Prozess, der sich durch das Betätigen des Auslöser tatsächlich *automatisch* vollzieht (wenngleich dieser Automatismus ein von den Menschen bewusst geschaffener ist – wobei die Kameratechnik nicht nur technischen, sondern auch kulturellen Maximen folgt bzw. sie mitbestimmt und verändert). Es ist unausweichlich, dass in diesem Prozess etwas abgelichtet und damit auch dokumentiert wird, was immer es auch sei und welche Bedeutung dem auch immer zukommen mag. Dabei betont auch Dubois (ebd., S. 86 ff), dass man daraus keine neue »Metaphysik« des Index machen darf, welche das nun zum alleinigen Wesen der Fotografie macht, und er verweist zutreffend darauf, dass es ein *Davor* und *Danach* gibt. Dies bezieht sich zunächst immanent auf die innere Zäsur zwischen Bild und Wirklichkeit: Zum einen in räumlicher Hinsicht, denn das Zeichen ist von der Wirklichkeit bzw. Realität getrennt, es existiert sozusagen in einer anderen Sphäre – und kann deshalb auch ein Eigenleben führen. Das ist gerade mit Bezug auf historische Fotografien wichtig, weil es die jeweils abgelichteten Objekte und Menschen und Atmosphären meist nicht mehr gibt. Es gilt – das ist damit auch schon angesprochen – auch in zeitlicher Hinsicht, denn der Zeitpunkt des fotografischen Aktes ist unweigerlich und unwiederbringlich vorbei (daraus resultiert der Zwang, gerade für die dokumentarische Fotografie, »pünktlich« an den Orten zu sein, wo bestimmte Ereignisse stattfinden bzw. die Gunst der Stunde zu nutzen, wenn man zufällig einer eindrücklichen Situation beiwohnt – wie z. B. in einem Prager Einkaufszentrum ein wohnungsloser Besucher von den hauseigenen Sicherheitskräfte und später unterstützt von der Polizei erst drangsaliert, dann festgenommen und dann »nach draußen befördert« wird; vgl. Kap. 10). Über Dubois hinausgehend ist darauf hinzuweisen, dass der fotografische Akt in hohem Maße durch die lebensweltlich

---

20 Zur Beantwortung dieser Fragestellung enthält die Studie von Geimer (2010, Kap. 5 u. 6) über die »Bilder aus Versehen« viele wichtige Anregungen.

verankerten Normen, Werte und Codes sowie die ökologischen, ökonomischen, sozialen, politischen und kulturellen gesellschaftlichen Bedingungen bestimmt ist. Auch die Sekundenbruchteile, in denen die Belichtung stattfindet, sind nicht vollständig autark, denn dieser fotografische Akt hat nicht nur *faktisch*, performativ gesellschaftlich-kulturelle Voraussetzungen und Folgen, also *was* und *wie* es fotografiert und dann rezipiert wird – wobei Produktion und Konsumtion deutlich auseinanderklaffen oder entgegengesetzt sein können (man denke z. B. an Fotos der Geheimdienste). Diese Kontextbedingungen sind auch intentional bedeutsam, weil sie überhaupt erst dazu führen, dass Fotos gemacht werden. Sie kreisen die fotografische Produktion nicht nur ein, sondern sie ermöglichen und überformen sie. Und genau an dieser Stelle spielt der mimetische Anspruch eine zentrale Rolle: Eben weil die Fotos immer auch einen nachvollziehbaren Bezug zur lebensweltlichen Wirklichkeit und gesellschaftlichen Realität haben, deshalb werden sie gemacht, deshalb werden sie aufbewahrt und gezeigt – und sie zeigen diese auf eine bestimmte Weise, die es ermöglicht, im hermeneutischen Prozess über diese Intentionen auch hinauszugehen und das Foto besser zu verstehen als es die FotografInnen getan haben. – Damit ist schon das dritte Merkmal angesprochen, dass Fotos nämlich was *bezeichnen*. Sie zeigen etwas (eine erkrankte Person, ein antikes Möbelstück, eine verfallene Industrieanlage usw.) und ermöglichen auf diese Weise die *Kommunikation* darüber, ohne dass Sprache im engeren Sinne verwendet werden muss (so entsteht – nach Barthes, aber auch im Einklang mit Peirce – eine Art von sprachloser Verständigung). Diese *deiktische* Funktion resultiert aus den Verwendungszusammenhängen, also aus der *Pragmatik* der Fotografie – und auch sie wird bis zu einem gewissen Grade antizipiert, bevor bzw. wenn der fotografische Akt des »den Auslöser bedienen« vollzogen wird. In diesem Sinne verweisen *Zeigen, Bedeutung* und *Verwendung* aufeinander und bedingen sich wechselseitig. *Was* die Fotos zeigen und *wie* sie es uns zeigen (z. B. durch bewusste Anordnung und Hervorhebung, nebensächlich oder zufällig und ungewollt oder sogar gegen die eigenen Absichten), das kann sehr unterschiedlich sein und es ist wiederum ein *hermeneutischer* Akt, die verschiedenen Oberflächen- und Tiefenstrukturen (und deren Elemente – im Sinne von Peirce – der »zusammengesetzten« oder Misch-Fotografien) intersubjektiv zu erschließen, wozu es nicht nur der *physiologischen* (über die Augen, die Nervenbahnen und das Gehirn), sondern auch der *aufmerksamen,* somit *psychodynamisch* grundierten Betrachtung der Fotos bedarf. Das erfordert allerdings auch – das wissen alle, die Fotos einer kleinen oder größeren Öffentlichkeit *präsentieren* – den richtigen Abstand zum Foto: wenn man zu nah dran ist, sieht man nur Details (bei analogen Fotos u. U. die Körnung des Papiers) und man erkennt die Zusammenhänge nicht; und wenn man zu weit weg ist, entgehen einem wichtige Teile, die die Zusammenhänge (ggf. widersprüchlich) konstituieren. Dabei kann – wie das Barthes immer wieder hervorgehoben hat – die Faszination eines Fotos oder von Details auf einem Foto den betrachtenden Subjekten unklar oder sogar großen Teils verborgen sein, sie bemerken dann nur, dass von ihnen eine hohe Attraktivität ausgeht, die von anderen Fotos nicht ausgeht oder auf einen zukommt. Das hat dann gewiss auch mit stilistischen Vorlieben zu tun und das kann die Ausbildung eines eigenen fotografischen Stils fördern. Aber auch wenn sie solche Bildungsprozesse untergründig fördern, können sie den Subjekten »ein Geheimnis bleiben«. Mit Blick auf die Familienalben hebt Dubois (ebd., S. 83 ff) diese Anziehungskraft hervor, die tatsächlich nicht nur oder vorrangig auf die mimetische Qualität zurückgeführt werden kann, sondern häufig primär aus der Indexfunktion resultiert, nämlich die *Spuren* der einmaligen Lebensgeschichte anderer Menschen, der singulären eigenen oder anderer Familien zu entdecken, sie »im Herzen« zu bewahren (z. B. Fotos von geliebten Menschen in der Brieftasche).

Es scheint banal, ist aber folgenreich, wenn – viertens – darauf verwiesen wird, dass Fotos *flächig* sind, während die Realität dreidimensional ist. Dieses Charakteristikum teilen sie zwar mit der bildenden Kunst und damit seit der Renaissance das Bestreben um eine illusionäre Dreidimensionalität, aber im Unterschied zu ihr beruht der fotografische Akt optisch auf der »Einäugigkeit« des Objektivs, während wir als Menschen binokular wahrnehmen (bei der Verwendung von Weitwinkelobjektiven und wenn man diese dann noch nicht parallel zum Boden verwendet, also stürzende Linien produziert, ist das unmittelbar erlebbar – und das wird von erfahrenen FotografInnen schon beim fotografischen Akt – etwa durch die Auswahl der Technik –, zum Teil aber auch bei der späteren Bearbeitung berücksichtigt; vgl. dazu Braun/Wetzel 2010, Kap. 4.2.1).

Das hier skizzierte, über Atmosphären vermittelte Spannungsverhältnis zwischen sozialdokumentarischer Aisthetik und Ästhetik lässt sich mit Seel (2003, S. 155 f) – und im Anschluss an sein allgemeines Ästhetik-Verständnis – zusammenfassend so charakterisieren[21]:

Die dafür charakteristische, »sinnfällige Verschränkung von Wahrnehmungssituation und Lebenssituation unterscheidet die Gegenwartsorientierung der korresponsiven von derjenigen der kontemplativen ästhetischen Anschauung. Die Lebenssituation eines Menschen reicht über seine raumzeitliche Position hinaus: in die Vergangenheit seiner bisherigen Geschichte (und ihrer Einbettung in die allgemeine Geschichte), in eine von seinen Vorhaben, Hoffnungen und Befürchtungen gefärbte Zukunft. Facetten dieser Lebenssituation werden dem korresponsiven ästhetischen Bewusstsein anschaulich. Wahrnehmend spüren wir demnach, wie es ist, oder wie es war, oder wie es sein könnte, hier und jetzt, da und dort (ge-

---

21 Vgl. zum Stand der Debatte und neuen Perspektiven jetzt auch Seel (2014) und den instruktiven Sammelband von Deines/Liptow/Seel (2013).

wesen) zu sein. Mit wachem Sinn für das atmosphärische Erscheinen nehmen wir unsere jeweilige konkrete, sinnlich eruierbare Situation als eine vorübergehende *Gestalt unseres Lebens* wahr.

Die Besinnung auf Gegenwart, die sich hier ereignet, hat einen deutlich anderen Charakter als im Fall des bloßen Erscheinens. Die Ausschließlichkeit der Konzentration auf das Hier und Jetzt ist hier nicht gegeben; das korresponsive Bewusstsein ist für alle – schönen wie schrecklichen – Anklänge vergangener und künftiger Zeiten offen. Sosehr diese beiden Arten ästhetischer Situationen einander ablösen können, miteinander zur Deckung kommen können sie nicht. Die ausschließliche und die einschließende ästhetische Besinnung auf den Augenblick stellen eine Gegenbewegung der ästhetischen Aufmerksamkeit dar.«

Forschendes visuelles Lernen: Vom Zeigen zum Präsentieren

2

Im Zentrum dieses Buches steht die Sozialreportage als *Lern*-Konzept. Damit sind eine ganze Reihe komplexer Fragen verbunden, die zunächst in diesem Kapitel umrissen und dann in den folgenden Teilen entfaltet und ausdifferenziert werden. Sehr abstrakt-allgemein kann Lernen als die Verwirklichungsweise von individuellen *Entwicklungsaufgaben* verstanden werden, also die personal nie abzuschließende Auseinandersetzung mit den ontogenetischen Widersprüchen/ Relationen zwischen Intentionalität und Sozialität, Erlebnis und Ausdruck, Verbindlichkeit und Reflexivität, Selbständigkeit und Abhängigkeit, Subjektivität und Funktionalität, gesellschaftlicher Unmittelbarkeit und Vermitteltheit, Alltäglichkeit und Transzendenz (vgl. Braun 2006). Dabei lassen sich grob folgende Lernweisen (»Lerntypen«) unterscheiden:

- Lernprozesse, die in die gesellschaftlich vermittelte alltäglichen Handlungs- und Deutungsmuster eingelassen sind, die also quasi mitlaufen – nach dem bekannten Motto »Man lernt immer etwas dazu«, »Man macht immer irgendwelche Erlebnisse und Erfahrungen« (z. B. beim Einkaufen in dem schon lange vertrauten Kaufhaus, wo man sich wundert, dass schon wieder neues Personal da ist, aber nicht weiter darüber nachdenkt, weil man das schon öfter auch in anderen Geschäften erlebt hat). Von solchen *beiläufigen,* peripheren Lernprozessen sind zu unterscheiden

- *intentionale* Lernprozesse, wo es nicht dabei bleibt, dass »man« sich wundert, dass ich mich als erlebnis- und erfahrungsoffenes Subjekt wundere, sondern wo ich quasi innehalte und anfange über ein Ereignis und Erlebnis nachzudenken, wo ich also meinen Handlungsprozess in gewisser Weise *unterbreche* und eine *Lernschleife* einlege (und mich z. B. frage, ob der ständige Personalwechsel auch mit dem allgemeinen Trend zur Flexibilisierung der Arbeitsorte, Arbeitszeiten und Arbeitsverträge zu tun hat, und ich mir dabei auch Bilder in Erinnerung rufe, vor meinem »inneren« Auge vorbeiziehen lasse, welchen Menschen ich in dem Kaufhaus schon begegnet bin). Dies ist zunächst einmal ein *rein individueller* Prozess. Es kann nun aber sein, dass mir die Sache keine Ruhe lässt und mich die individuell gefundenen Antworten nicht befriedigen; dann ist der Übergang

- zu *kollektiven intentionalen* Lernprozessen nahegelegt, d. h. ich frage mal KollegInnen, die im Grundsatz genauso viel wissen wie ich, ob ihnen der Sachverhalt auch schon aufgefallen ist und wie sie sich ihn erklären (z. B. eher durch die sich verschärfende Krise der klassischen Kaufhäuser, die immer mehr zu einem Auslaufmodell geworden sind – was mir dann ggf. sehr einleuchtet, wenn ich Fotos betrachte oder mir Bilder in Erinnerung rufe, wie das Kaufhaus früher aussah, welche Waren dort wie präsentiert wurden und wie die modernen Shopping Malls aussehen). Nun kann es aber sein, dass mir die Hintergründe dieses Strukturwandels weiterhin unklar sind und wir im Rahmen einer *symmetrischen* Kommunikation nicht mehr weiter in die Sache einzudringen und mehr Klarheit zu gewinnen vermögen. Wird diese Lerngrenze nicht als endgültige akzeptiert, dann werden subjektiv

- *pädagogisch unterstützte*, angeregte und abgesicherte Lernprozesse nahegelegt, bei der eine »Seite« bezogen auf einen bestimmten Sachverhalt, ein bestimmtes Lernproblem mehr weiß und kann als die andere und es in diesem Sinne zu einer *asymmetrischen* Kommunikation kommt, die aber die immanente Tendenz haben sollte, ja muss, sich aufzuheben. Diese Lernprozesse können dann stattfinden z. B. in Fortbildungsmaßnahmen oder VHS-Kursen oder Gewerkschaftsschulungen, die sich mit dem Strukturwandel bestimmter Seiten der Dienstleistungsgesellschaft und ihren arbeitsweltlichen und sozialräumlichen Folgen auseinandersetzt, und bei entsprechenden Analysen neben diskursiven Texten, Statistiken und Grafiken auch Fotos einsetzen (z. B. über die Veränderung der Konsumverhältnisse und der Strukturen des Einzel- und Großhandels in einer Stadt bzw einem Stadtteil).

Es dürfte unmittelbar einsichtig sein, dass solche Lernprozesse sehr verschiedene Dimensionen und Aspekte beinhalten, also – wie Göhlich/Wulf/Zurfas (2014) deutlich machen – insbesondere leibliches, mimetisches, ästhetisches, erinnerndes, biografisches, interkulturelles, informelles, nicht-formelles und formelles Lernen.

Wenn nun in der Kapitelüberschrift von *forschendem* Lernen die Rede ist, dann ist dies in einem sehr weiten Sinne zu verstehen und nimmt jene Traditionen der pädagogischen Entwicklungsförderung auf, die die *Selbsttätigkeit* der Lernenden ins Zentrum stellen und zur Grundlage der pädagogischen Unterstützung machen, also das *entdeckende*, also auch *nach*-entdeckende Lernen, die *aktive An-*

eignung bestimmter Sachverhalte (z. B. des Wohnraumleerstandes in bestimmten Stadtrandsiedlungen) und die daraus aufbauende und darauf aufbauende *reflexive Vermittlung* von diskursiven und visuellem Wissen (z. B. über die Krise der Plattenbausiedlungen und deren Rückbau bzw. Abriss im Rahmen des politischen Programms » Stadtumbau Ost «) . Von diesem weiten Verständnis von » Forschen « sind Angebote zu unterscheiden (vgl. Huber u. a. 2014), die explizit einen *wissenschaftspropädeutischen* (z. B. in der gymnasialen Oberstufe oder manchmal auch in Jugendverbänden) bzw *wissenschaftlichen* Charakter haben (zu letzteren gehören solche, die Studierende in entsprechende Projekte einbeziehen, wie wir dies bei der Entwicklung der Sozialreportage als Handlungs-, Lern- und Forschungskonzept stets getan haben.

Bei den nachfolgenden Überlegungen stellen wir die visuellen, besonders fotografischen Analyse- und Darstellungsverfahren ins Zentrum, weil diese – zumindest bezogen auf die Soziale Arbeit – die Hauptinnovation der Sozialreportage sind, und weil auf eine ganze Reihe der textbezogenen, diskursiven und narrativen Dimensionen erst kürzlich näher eingegangen worden ist (vgl. Braun/Elze 2015, Kap. 2)[1].

2.1 Sehen und Zeigen

Das *Sehen* ist die unhintergehbare leibliche Voraussetzung der visuellen Aneignung der Lebenswelten und Sozialräume und damit personaler Ausgangspunkt der Erarbeitung einer Sozialreportage; aber bereits in den symmetrischen kollektiven Lernprozessen spielt das *Zeigen* eine bedeutsame Rolle, damit Bedeutsames auch individuell wahrgenommen wird.

2.1.1 Seherlebnisse

Die Wahrnehmung ist das Medium unseres unmittelbaren Realitätskontaktes, mit ihr trete ich als lernendes Subjekt in eine unmittelbare Beziehung zur Natur, zur Gesellschaft und zu mir selbst[2]. Diese auf die Sensibilität der Sinnesorgane zurückgehenden Empfindungen richten sich auf mehr oder weniger bedeutsame

---

1 In Kap. 10 wird dieser ganze Lernprozess vom Sehen/Zeigen bis zum Präsentieren exemplarisch anhand von Sozialraumerkundungen in Prag dargestellt.

2 Vgl. dazu Goodman (2014, Kap. V) und Holzkamp (1973, Kap. 2 u. 8.1.); eine gute historische Übersicht zu den verschiedenen Theorien und Modellen der Wahrnehmung bietet Wiesing (2002).

Weltausschnitte und Selbstbezüge, nehmen entsprechend meinem sozialgeografischen *Standort* und der daraus resultierenden *Perspektive* ihre figural-qualitativen Eigenheiten wahr und stellen spontan Verweisungszusammenhänge her (z. B. zwischen einer Straße, der Ampel und dem Zebrastreifen) und geben so meiner Orientierungstätigkeit eine präreflexive ganzheitliche Ausrichtung und damit eine selbstverständliche, routinisierte,»automatisierte« Handlungssicherheit (z.B beim Überqueren einer Straße). Dabei verfügen wir Menschen über eine Vielzahl von sinnlichen Eindrücken, die als Synästesien sich zu einem Modell der sinnlichen Welt- und Selbsterkenntnis verdichten (können) (vgl. Kap. 1.3). Dabei »garantiert« diese Sinnlichkeit nicht unmittelbar den *Realitätsgehalt* der Wahrnehmung, sondern kann *Täuschungen* enthalten (z. B. aufgrund von Übermüdung oder Drogenkonsum), die Nacheffekte auslösen (z. B. Verzerrungen und Verfälschungen der gegenständlichen, sozialen und symbolischen Umwelt); eine mittlere Position nehmen die *Organisationsprinzipien* des Wahrnehmungsfeldes ein. Darunter fallen Überverdeutlichungen (wenn z. B. eine Linie als Grenze eines Hauses wahrgenommen wird), Überhomogenisierungen (z. B. bei der Helligkeits- bzw. Farbwahrnehmung von Kleidungsstücken), Überakzentuierungen der Geschlossenheit (wenn z. B. eine Ansammlung von Personen auf einem Busbahnhof als relativ einheitliche Gruppe in Abgrenzung zu vereinzelt dastehenden Personen wahrgenommen wird), Komplettierungen (wenn z. B. das ganze Auto wahrgenommen wird, obwohl man nur Teile davon sehen kann) und Überakzentuierungen von Invarianzen in Prozessverläufen (wenn z. B. zwei Kinder auf einem Spielplatz relativ eng beieinander um die Wette laufen und sich die ganze Aufmerksamkeit darauf richtet). Mit alledem ist gesagt, dass die Wahrnehmung durch eine entwicklungsoffene Balance zwischen passivem Auf-sich-zukommen-Lassen und aktivem Sich-Hinwenden-und-Verarbeiten charakterisiert ist. – Wenn im Weiteren dem Sehen der Vorrang eingeräumt wird, dann nicht nur deshalb, weil es für seine Dominanz als Fernsinn phylogenetische Argumente gibt (er ist ein bedeutsamer Selektionsvorteil), sondern besonders deshalb, weil er die Grundlage der fotografischen Weltaneignung darstellt[3]. Dabei macht das Spannungsverhältnis von *äußeren* und *inneren* Bildern sowie von äußerem und innerem *Auge* schon deutlich, dass das Sehen zwar ein kulturell überformter und interaktiv vermittelter Prozess ist, dass diese *objektive Bestimmtheit* aber nur die eine Seite ist; die andere ist die *subjektive Bestimmung*, d. h. die Fähigkeit und Bereitschaft, sich aufgrund eigenständig gesetzter Ziele die Sozialräume und Lebenswelten und deren Entwicklungsprobleme anzueignen, sich in ihnen leibhaftig zu bewegen und da-

---

3   Vgl. zur Geschichte des menschlichen Sehens bzw. der Theorien darüber Arnheim (1996, Kap. 2–5), Kamper/Wulf (1984, Teil I), Konersmann (1999) und Schürmann (2008, Kap. I–III).

bei auch Vermutungen, Annahmen und Deutungsmuster, also Vertrautheiten und Selbstevidenzen durch die eigene Wahrnehmung in Frage stellen zu lassen (z. B. über die konkreten Lebensbedingungen in einem Asylbewerberheim und die besonderen Lebensweisen seiner BewohnerInnen). Das selbstentdeckende Lernen geht also von der *Gleichursprünglichkeit* von gesellschaftlichen (gegenständlichen, sozialen und symbolischen) *Bedeutungen* und personalen *Absichten* aus, die sich besonders bei den intentionalen Lernprozessen zeigt: Dann nämlich wende ich mich aus freien Stücken in einer ganz bestimmten Weise, mit ganz bestimmten Fragestellungen, ganz bestimmten Erwartungen einem bestimmten sozialen Problem zu (z. B. den Lebensbedingungen von Familien in einem »Stadtteil mit besonderem Entwicklungsbedarf«) und nehme mir zugleich bewusst vor, mich dort *überraschen* zu lassen, etwas zu sehen, was ich nicht erwartet habe, was zu erleben, was ich mir so nicht vorgestellt habe (z. B. den sehr liebevollen Umgang eines Vaters mit seiner traurigen Tochter). Wegen der voranschreitenden visuellen Vermittlung des Sehens bedarf es also einer intentionalen Anstrengung, einer besonders *Aufmerksamkeit,* um diese phänomenale Präsenz der Welt auf mich zukommen zu lassen, mich ihr zu öffnen, diese Sozial- und Lebenswelten tastend optisch aufzunehmen und so die Welt schrittweise mit den Augen quasi einzuklammern, also eine ausgeprägte Empfindsamkeit für das unmittelbar anschauliche dingliche und zwischenmenschliche *Gegenüber* zu erlernen. Damit ist gemeint, dass uns ja nicht nur Menschen, sondern auch Gegenstände anschauen bzw. anzuschauen scheinen, dass sie uns etwas Besonderes sagen und so unsere Phantasie anregen und herausfordern (z. B. die Gebäude des Geschlossenen Jugendwerkhofes in Torgau etwas über den Zuchthauscharakter dieser Einrichtung und die bis heute wirksamen Folgen der Traumatisierung der dort eingesessenen Jugendlichen). Oder anders ausgedrückt: Es geht darum, dem phänomenologischen Grundsatz »*Zurück zu den Sachen!*« gerecht zu werden und die »Sachen« (also Dinge, Menschen, Relationen und Verhältnisse) in ihrem So-Sein wahrzunehmen, sie in gewisser Weise zu *dekontextualisieren,* bestimmte Wahrnehmungs- und Deutungsmuster bewusst außer Kraft zu setzen, um diese Sachverhalte im Fortgang der Erarbeitung der Sozialreportage wieder und im günstigen Fall auf neue Weise, auf höherem, realistischerem Niveau wieder *rekontextualisieren* zu können (vgl. Kap. 2.2).

Wenn hier von Seh-*Erlebnissen* die Rede ist, dann soll damit einerseits darauf hingewiesen werden, dass bei ihnen kognitive Erkenntnis und emotionale Bewertung noch nicht unterschieden werden können, sie bilden noch eine präreflexive Ganzheit. Zum anderen verweist sie darauf, dass es sich nicht um ein Sehen handelt, welches mich nicht berührt, welches mich nicht kognitiv herausfordert, welches mich nicht emotional betrifft, mich nicht freudig oder traurig macht usw. Die in Kap. 4 enthaltenen Leitfäden sollen zur *teilnehmenden Beobachtung* anregen, also zur Wahrnahme der objektiven Sachverhalte (z. B. der Einrichtung eines wirklichen Abenteuerspielplatzes) und die teilnehmende Bewertung dieses Sachverhalts (also z. b. die Freude darüber, dass dies nach langen Auseinandersetzungen mit den AnwohnerInnen und vielen kommunalpolitischen BedenkenträgerInnen gelungen ist und nun alle relevanten Akteure einfach nur sehr froh sind – was man ihren Gesichtern, ihren Haltungen usw. ansehen kann). In eine solche teilnehmende Beobachtung sind selbstverständlich schon verbale Kommunikationsprozesse eingelassen, denn man unterhält sich mit den Menschen, man teilt anderen, die auch an der Sozialreportage mitarbeiten, bestimmte Beobachtungen, Eindrücke und Stimmungen mit und man schafft sich so einen geteilten Wahrnehmungskontext und Aufmerksamkeitsrahmen, in dem man voneinander lernt. Diese interaktive Seite des forschenden Lernens wird aber nochmals deutlich verstärkt, wenn sie mit dem Zeigen verbunden wird.

2.1.2 Zeigen und Sich-Zeigen

Tomasello (2009, Kap. 3.1 u. 4.1/4.2) hat nachweisen, zeigen können, dass das Denken mit dem Zeigen beginnt (und nicht – wie lange angenommen, mit der Lautsprache) und insofern geht auch das *Zeigen* (die Deixis) dem *Sagen* (der Repräsentation, der Rhetorik im engen Sinne voraus) und fundiert sie als leibgebundene kommunikative Dyade, denn ich kann nicht mir selbst etwas zeigen, sondern nur anderen[4]. Dies geschieht in einer bestimmten Situation (der Situationsdeixis) und diese ist zunächst einmal bestimmt durch die Wechselbeziehungen zwischen einer *zeigenden Hand* (einfacheren oder komplexeren Gesten) und deren *optischer Wahrnehmung,* also der Fernhandlung einer Gebärde (die von dem zu zeigenden Realitätsausschnitt und seinem Aussehen bestimmt wird) und dem Fernsinn des Sehens. Diese Hinwendung zu den Gegenständen (z. B. der Austattung eines Spielplatzes) oder Personen (z. B. dort spielende Kindern) erfolgt aus einem gewissen Abstand, man tritt mit ihnen nicht in einen unmittelbaren Kontakt, man will mit den Gegenständen nichts machen und mit den Menschen (zunächst) nicht sprechen. Es handelt sich um eine szenische Vergegenwärtigung und zeitlich begrenzte Lenkung der Aufmerksamkeit auf einen relevanten Sachverhalt (z. B. die unterschiedlichen Spielweisen der Kinder und ihr Verhältnis zueinander) durch bestimmte Gesten, Haltungen und Blicke, die wiederum in kulturelle Traditionen eingebunden sind und einen gemeinsamen kulturellen Horizont erfor-

---

4   Wir nehmen bezüglich des Verhältnisses von Sehen und Zeigen einige Argumentationsfiguren auf von Berg/Gumbrecht (2010), Gfrereis/Lepper (2007) und Wiesing (2013, Teil I u. Teil III.1 u. 4); zum Begriff und Konzept der sozialen Topologie vgl. Günzel (2007).

derlich machen, also nicht universell verstehbar sind. Darüber hinaus durch die
Ausrichtung auf die BetrachterInnen (als den AdressatInnen des Zeigens), also
denjenigen, denen ich etwas zeigen möchte, wobei dies häufig durch Worte (wie
»dort« und »hier«) oder Sätze (»Bitte betrachten Sie den Straßenzug und die unterschiedliche Bebauung auf beiden Seiten«) unterstützt wird. Dabei gilt – wie
schon erwähnt – der Vorrang der unmittelbaren Anschauung vor der Beschreibung, nur dann steht die phänomenale Präsenz im Vordergrund, nur dann kann
der phänomenale »Schlummer« der räumlichen und intersubjektiven Strukturen
erlebt und sie schrittweise entdeckt werden, also die Offenheit des Sich-Zeigen-
den subjektiv aufgenommen und bei der späteren theoriegeleiteten Deutung erinnert werden. Insofern geht bei der Aneignung der topologischen Strukturen der
Sozialräume, der Felder und der Lebenswelten die *Prägnanz* (die »Prägnanz-Kul-
tur«) dem *sozialen Sinn* (und somit der »Sinn-Kultur«) in gewisser Weise und bis
zu einem gewissen Grade voraus, ohne allerdings strikt von ihr getrennt werden
zu können. Die entsprechenden Aufforderungen können Hinweise, Bitten oder
auch direkte Befehle sein und sie entsprechen dem Charakter des kooperativen
Lernprozesses und dienen dazu, das zunächst unklare, unthematische Sich-Zeigen
eines Sachverhaltes (z. B. eines Bahnhofes) in ein schrittweise sich präzisierendes,
einkreisendes, empirisch und theoretisch interpretierbares Sich-Zeigen zu über-
führen (z. B. als Ausdruck des Zusammenhangs von Industrialisierung und Urbanisierung) – ohne aber die Erlebnisqualität einzuschränken. Vielmehr geht es
darum, die Erkundungserlebnisse reflexiv zu be- und verarbeiten und zur Basis
einer erfahrungsgesättigten Theorie werden zu lassen (z. B. den Verfall bestimmter
Bahnhöfe als Folge der Krise der traditionellen Industriegesellschaft zu verstehen
und zu erklären). Bei alledem soll selbstverständlich nicht die Einbildungskraft
übergangen und einer flachen Sachlichkeit, Faktizität das Wort geredet werden.
Vielmehr kann der Zeigefinger auch »ins Leere« zeigen, in das scheinbar Leere.
Das geschieht etwa dann, wenn etwas gezeigt wird, was nicht mehr da ist (z. B.
die Schule, in die man vor 30 Jahren gegangen ist) oder noch nicht da ist (z. B. ein
neues Jugendzentrum) oder da sein soll (z. B. eine neue ICE-Trasse, was von einer
Bürgerinitiative strikt abgelehnt wird).

Bei den bisherigen Überlegungen spielten die Kompetenzunterschiede zwischen den Zeigenden und den AdressatInnen keine relevante Rolle, es wurde von
einer symmetrischen Zeigen-Sehen-Kommunikationstruktur ausgegangen. In
pädagogisch intendierten und institutionalisierten Lernprozessen ist das anders.
Hier wird grundlegend vorausgesetzt, dass die Zeigenden als Lehrende etwas gefunden haben, somit mehr wissen, was bedeutsam, also sehenswert ist und davon
wird der geteilte Wahrnehmungs- und Aufmerksamkeitshorizont bestimmt (z. B.
neue Gebäude und Interaktionsmuster des betreuten Wohnens für ältere und alte
MitbürgerInnen). Damit kommen die inneren Spannungen der Lernprozesse in

den Blick, die mit der Abfassung von Sozialreportagen stets verbunden sind. So wichtig die unmittelbare Anschauung ist, so unverzichtbar periphere und intentional-symmetrische Lernprozesse sind, so notwendig ist auch ihre pädagogisch reflektierte Anregung und Herausforderung durch in diesem Bereich kompetentere Personen (die wiederum nicht nur professionelle PädagogInnen sein müssen, sondern z. B. auch ExpertInnen für Stadtentwicklung oder Kriminalprävention). Die manchmal auch in Projekten an Hochschulen und Universitäten anzutreffende Erwartung, dass eine Erkundung bei den TeilnehmerInnen von selber, also weitgehend spontan relevante Lernprozesse freisetzt, ist unbegründet und eigentlich naiv. Pointiert gesagt: Nur wer was weiß, sieht, hört, empfindet, erlebt und erfährt etwas – und wer mehr weiß eben mehr. Daraus resultiert – erstens – die Anforderung, solche Felderkundungen inhaltlich vorzubereiten, indem in einer vorgängigen Recherche relevantes Wissen zusammengetragen und diskutiert wird (z. B. über die Bebauungsstruktur eines Dorfes, die Einbindung eines Stadtteils in den ÖPNV, die symbolische Präsenz von Jugendkulturen in einer Stadt; vgl. zu letzterem Kap. 7). Dementsprechend müssen – zweitens – dann die relevanten Orte aufgesucht werden, wobei diese auch mehrere soziale Räume enthalten können (so ist z. B. ein Busbahnhof nicht nur für Busreisende als Ein- und Ausstiegs- sowie Warteort wichtig, sondern auch als Treffpunkt für Jugendgruppen bzw. für Obdachlose) bzw. es können verschiedene Orte zu einem sozialen Raum verknüpft werden (z. B. die verschiedenen Orte, an denen sich bestimmte Gruppen der älteren und alten Menschen während des Tages, während der Woche, während des Jahres aufhalten und einander begegnen). Wenn man dann vor Ort ist, kann man unendlich viel wahrnehmen (z. B. eben die sehr verschiedenen sozialen Räume) und das muss häufig nicht gerade das sein, was der vereinbarte Lerngegenstand ist. Oder anders gesagt: Man kann dort stehen, aber man sieht »den Wald vor lauter Bäumen nicht« (z. B. den sozialen Wandel einer Straße von einer Verkehrsstraße zu einer Fußgängerzone mit einem sich immer wieder verändernden Warenangebot, das bestimmte soziale Milieus anspricht bzw. ausschließt). Deshalb bedarf es ganz entscheidend – drittens – eben des Zeigens, des Daraufhinweisens. Das geschieht meist – wie erwähnt – mit einer bestimmten Gestik, einer speziellen Arm- und Handbewegung, besonders mit dem bekannten *Zeige*-Finger (als Visualisierung einer unsichtbaren Blickrichtung), wobei man als LeiterIn in die Richtung vorher geblickt hat und aktuell blickt, in die man zeigt (weshalb viele die begleitenden Worte und Sätze häufig nicht verstehen). Dabei setzt man voraus, dass die an der Feldforschung Beteiligten diesen gestisch-kommunikativen Prozess verstehen und sich an ihm beteiligen können und wollen: sie also die Verwendung des Zeigefinger als instrumentellen Hinweis auf ein Objekt begreifen und sich ihm aktiv sehend zuwenden. Die visuelle Sozialraum- und Lebenswelterkundung ist also bestimmt sowohl durch die *unmittelbare,* leibliche Präsenz im Feld (und die darauf

fußenden Erlebnisse) als auch durch das didaktisch aufbereitete problemakzentu-
ierte Wissen. Hieraus resultiert die Lernparadoxie, dass die TeilnehmerInnen was
wissen müssen und zugleich hypothetisch so tun sollen, als wenn sie nichts wissen,
sie sollen sich also – mit der »Feuerzangenbowle« gesprochen – »mal ganz dumm
stellen«. Bereits bei der Vorbereitung muss somit auch die Frage beantwortet werden, *wer wem was womit* zeigt. Das Zeigen ist ein intentionaler, im vorliegenden
Fall ein didaktisch begründeter Akt, weil sich eben in der objektiven Realität und
intersubjektiven Wirklichkeit nichts Relevantes von selbst zeigt. Obwohl das, was
wir wahrnehmen, nicht unbegrenzt viele Wahrnehmungsmöglichkeiten enthält,
so ist es doch zu unbestimmt, als dass sich das für den intendierten Lernprozess
Relevante schon von selber zeigt. Insofern dient das Zeigen dazu, dass das *Sichtbare* auch tatsächlich *gesehen* wird und dass dies das ist, was gesehen werden *sollte*,
also *sich* den TeilnehmerInnen *zeigen* sollte (z. B. das konflikthafte bis aggressive
Verhalten vieler VerkehrsteilnehmerInnen, besonders AutofahrerInnen). Damit
sind wir – viertens – an einem springenden Punkt, der auch für professionelle
Stadt- und ReiseführInnen immer wieder herausfordernd ist und sie ggf. zur Verzweiflung bringt: Damit solche visuellen Lernimpulse aufgenommen werden, bedarf es einer entsprechenden, thematisch zentrierten *Aufmerksamkeit,* die durch
das Zeigen (und das begleitende Sprechen) erzeugt und gefördert werden kann
und muss, was aber eben nicht nur bei Studierenden häufig schwer ist. Damit dieses Zeigen als Sehen-Lassen *von etwas* (z. B. eines postmodernen Bau) und *als etwas* gelingt (nämlich als Ausdruck der Krise des International Style der modernen Architektur nach 1945), gibt es – fünftens – zwei verschiedene, sich aber ggf.
ergänzende Verfahrensweisen: Zum einen kann man etwas in den Blick stellen
bzw. sich zu einem Ort begeben, wo man mit dem wichtigen Sachverhalt unmittelbar *konfrontiert* wird (z. B. dem Nebeneinander von alter und neuer Industrie,
von verfallenen und modernisierten Häusern in einer Straße, in einem Stadtteil).
Hier wird der sozial relevante Sachverhalt quasi vorgeführt, man bewegt sich auf
ihn zu, man stolpert real oder zumindest mit den Augen über ihn, der Blick fällt
dann quasi automatisch auf ihn. Zum anderen ist es möglich, den Blick auf das
präsente soziale Problem zu lenken (z. B. die isolierte und isolierende sozialräumliche Plazierung von Asylbewerberunterkünften, die Abschottung von Jugendzentren gegenüber ihrer unmittelbaren Umgebung, die mangelnde Barrierefreiheit
von staatlichen Behörden) und direkte und indirekte Hinweise zu geben, so dass
sich die TeilnehmerInnen darauf zu bewegen, sich daran ausrichten.

Sehen und Zeigen bilden die phänomenalen und phänomenologischen Voraussetzungen, um die topologischen Strukturen der Lebenswelten und systemisch
vermittelten Sozialräume zu erleben und bis zu einem gewissen Grade auch zu erfahren. Im nächsten Lernschritt gilt es, diese dann zu dokumentieren (was teilweise schon in das Sehen und Zeigen integriert wird) und insbesondere zu inter-

pretieren. – Damit erhält der Zusammenhang von Anschauung und Reflexivität eine neue Entwicklungsstufe, die mit dem »Organon«-Modell von Bühler differenziert analysiert werden kann (siehe den Kasten auf S. 73).

2.2 Dokumentieren und Interpretieren

In Kap. 1 wurde näher begründet, warum die Sozialreportage sich den Ansprüchen einer *dokumentarischen* Foto-*Aisthetik* verpflichtet weiß: Sie nimmt das Sehen zum Ausgangs- und Bezugspunkt des Fotografierens und will diese Sehprozesse dokumentieren, wozu sie auch auf *ästhetische* Ausdrucks- und Darstellungsmittel zugreift, mit deren Hilfe sie das Sehen *interpretiert* und die Fotogestaltung ausrichtet.

2.2.1 Fotografische Dokumentation des Gesehenen

Es gehört zu den didaktisch beabsichtigten Besonderheiten, dass die Sozialreportage sprachliche (diskursive wie auch narrative) mit visuellen Dokumentations- und Darstellungsweisen verknüpft. Mit Blick auf die visuellen Lernprozesse muss – erstens – die Illusion überwunden werden, dass Fotos aus sich selber heraus schon etwas Bestimmtes, insbesondere das sozial Relevante sagen. Es gehört zum Wesen des fotografischen Aktes (als optischem und chemischem bzw. elektronischem Prozess), dass in jedem Fall so oder so etwas zu sehen ist und dass nie nur das Intendierte zu sehen ist (z. B. können auf dem Foto von einer Gefängnisanlage auch blühende Bäume und strahlender Sonnenschein zu sehen sein, was aber über die Lebenswelt und das Lebensgefühl der Insassen nichts Relevantes aussagt). Weil auf einem Foto auch mehr zu sehen ist, als der/die FotografIn beabsichtigt hat, deshalb ist – zweitens – zunächst einmal die Frage zu beantworten, *wer* hier *wem* etwas zeigt. In einem engeren Sinn geht es darum, dass die Mitglieder einer Lerngruppe, eines Seminars, einer Fortbildungsveranstaltung usw. anderen TeilnehmerInnen etwas zeigen wollen, was sie gesehen haben und was sie für wichtig halten (z. B. die kalte soziale Atmosphäre in einem Kinderheim, die anmutige Atmosphäre in einem inklusiven Kindergarten) und indem sie es den anderen zeigen, mit ihnen darüber sprechen, es mit deren Fotos vergleichen bzw. auch noch andere Fotos mit gleichem oder ähnlichem Sujet hinzuziehen, werden sie sich selber immer klarer, *was* sie mit dem Foto »*eigentlich*« sagen wollten und sie können individuell und/oder kollektiv überprüfen, ob es ihnen auch gelungen ist, speziell dies mit den eigenen Fotos zu zeigen. Gerade bei der digitalen Fotografie können diese visuellen Austauchprozesse schon im Feld beginnen, im Seminar u. ä. fortge-

Karl Bühlers »Organon«-Modell der Sprache und ihres Zeigfeldes

Der (Entwicklungs-)Psychologe Karl Bühler hatte – ausgehend von Forschungen zu den Ausdruckstheorien (vgl. Bühler 1933) – in seiner erstmals 1934 veröffentlichten »Sprachtheorie« ein Kommunikationsmodell, das »Organon«-Modell, erarbeitet, welches hermeneutische *und* semiotische *Traditionen und Argumentationslinien verknüpfte (vgl. dazu auch Bühler [1978, Teil II.], sowie die verschiedenen Interpretationen dieses Modells in Eschbach [1984, 2. Bd.]) und in Übereinstimmung mit den erwähnten Befunden von Tomasello die inneren Verweisungszusammenhänge von Sehen, Zeigen, Reden und Schreiben bei der Erarbeitung von Sozialreportagen verständlich und gestaltbar gemacht.*

1. Die drei Sinn-Funktionen der Sprache

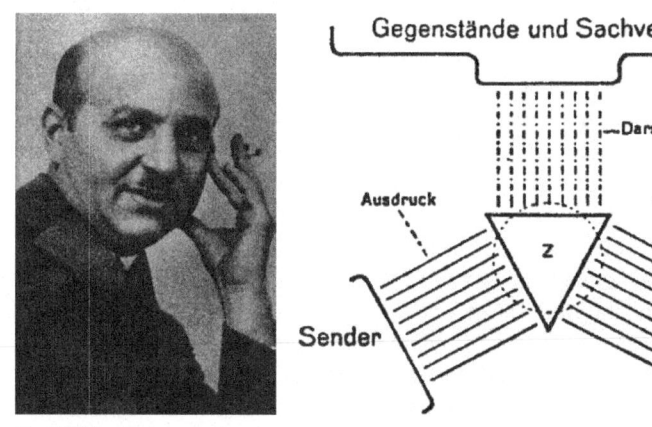

Karl Bühler (1879–1963)

Das o. a. Schaubild erläutert Bühler (1999, S. 28) so: »Der Kreis in der Mitte symbolisiert das konkrete Schallphänomen. Drei variable Momente an ihm sind berufen, des dreimal verschieden zum Rang eines Zeichens zu erheben. Die Seiten des eingezeichneten Dreiecks symbolisieren diese drei Momente. Das Dreieck umschließt in einer Hinsicht weniger als der Kreis (Prinzip der abstraktiven Relevanz). In anderer Richtung wieder greift es über den Kreis hinaus, um anzudeuten, daß das sinnlich Gegebene stets eine apperzeptive Ergänzung erfährt. Die Linienscharen symbolisieren die semantischen Funktionen des (komplexen) Sprachzeichens. Es ist *Symbol* kraft seiner Zuordnung zu

Gegenständen und Sachverhalten, *Symptom* (Anzeichen, Indicium) kraft seiner Abhängigkeit vom Sender, dessen Innerlichkeit es ausdrückt, und *Signal* kraft seines Appells an den Hörer, dessen äußeres oder inneres Verhalten es steuert wie andere Verkehrszeichen.« Er betont, dass es sich hier jeweils um Dominanzphänomene handele,»in denen wechselnd einer von den drei Grundbezügen der Sprachlaute im Vordergrund steht« und»daß jede der drei Relationen, jede der drei Sinnfunktionen der Sprachzeichen ein eigenes Gebiet sprachwissenschaftlicher Phänomene und Fakta eröffnet und thematisiert«, denn»›der sprachliche Ausdruck‹, und der ›sprachliche Appell‹ sind Teilgegenstände der ganze Sprachforschung, die verglichen mit der sprachlichen Darstellung, eigene Strukturen aufweisen.« (ebd., S. 32)

2. Zeigen, Sehen und Sprechen

»Was bedeuten ... Wörter wie *Zeichen, ... signum, seign?*« Es weisen die Etyma»der zwei Hauptgruppen von Zeichenwörter auf das Gebiet des Sichtbaren hin. Die beiden ursprünglich erfaßten Momente sind hierbei ›Helligkeit‹, ›Sichtbarkeit‹ bzw. ›hell und sichtbar machen‹ und andererseits ›vor Augen stellen‹; die ›Erhellung‹ lenkt die Aufmerksamkeit auf sich, das ›vor Augen Gestellte‹ kommt in den Bereich der Wahrnehmung. Es ist wohl ... das Vorführen (Aufdecken) der Dinge für den Beschauer oder umgekehrt das Führen des Beschauers (beschauenden Blickes) zu den Dingen hin, was die mehrstämmige Sippe der indogermanischen Zeichen-Wörter in der Regel trifft. (...) Hand und Finger sind den Sprachschöpfern auf dieser Stufe wohl noch viel zu stark mit fangen und greifen befaßt, als daß sie ... mit der Zeigpraxis beschäftigt wären. Wenn das griechische Wort ›deixis‹ und seine lateinische Wiedergabe durch ›demonstratio‹ auch den logischen Beweis bedeuten und damit auf gleiche Stufe mit der vom Etymon getroffenen demonstratio ad oculus stellen, so verstehen wir auch dies aus eigenem Sprachgefühl recht gut: der Geführte soll, wie es gehen mag, eben zur sinnlichen oder logischen ›Einsicht‹ kommen.« (ebd., S. 36 f)

3. Sprechhandlung und Sprachwerk

Es »gibt für uns alle Situationen, in denen das Problem des Augenblicks, die Aufgabe aus der Lebenslage redend gelöst wird: *Sprechhandlungen*. Und es gibt andere Gelegenheiten, wo wir schaffend an der adäquaten sprachlichen Fassung *eines* gegebenen *Stoffes* arbeiten und ein *Sprachwerk* hervorbringen. Dies also ist das Merkmal, welches im Begriff ›Sprechhandlung‹ unterstrichen werden muß und nicht wegzudenken ist, daß das Sprechen ›erledigt‹ (erfüllt) ist, in dem Maße, wie es die Aufgabe, das praktische Problem der Lage zu lösen, erfüllt hat. (…) Das *Sprachwerk* als solches will entbunden aus dem Standort im individuellen Leben und Erleben seines Erzeugers betrachtbar und betrachtet sein. Das Produkt als Werk des Menschen will stets seiner Creszenz enthoben und verselbständigt sein.« (ebd., S. 53 f)

4. Das Zeigfeld der Sprache

Es »gehören zwei nicht nur zum Heiraten, sondern zu jedem sozialen Geschehen und das konkrete Sprechereignis muß am vollen Modell des Sprechverkehrs zuerst beschrieben werden. Wenn ein Sprecher auf den Sender des aktuellen Wortes ›verweisen will‹, dann sagt er *ich*, und wenn er auf den Empfänger verweisen will, dann sagt er *du*. Auch ›ich‹ und ›du‹ sind Zeigwörter und primär nichts anderes. (…) Es ist »Tatsache, daß alles sprachlich Deiktische deshalb zusammengehört, weil es nicht im Symbolfeld, sondern im *Zeigfeld* der Sprache die Bedeutungserfüllung und Bedeutungspräzision von Fall zu Fall erfährt; und *nur* in ihm *erfahren kann*. Was ›hier‹ und ›dort‹ ist, wechselt mit der Position des Sprechers genau so wie das ›ich‹ und ›du‹ mit dem Umschlag der Sender- und Empfängerrolle von einem auf den anderen Sprechpartner überspringt. (…) Die Modi des Zeigens sind verschieden; ich kann *ad oculus* demonstrieren und in der situationsfernen Rede dieselben Zeigwörter anaphorisch gebrauchen. Es gibt noch einen dritten Modus, den wir als *Deixis am Phantasma* charakterisieren werden. Phänomenologisch aber gilt der Satz, daß der Zeigefinger, das natürliche Werkzeug der demonstratio ad oculus war ersetzt wird durch andere Zeighilfen; ersetzt schon in der Rede von präsenten Dingen. Doch kann die Hilfe, die er und seine Äquivalente leisten, niemals schlechterdings wegfallen und entbehrt werden; …« (ebd., S. 79 f) Dabei ist es »das Kernstück, … die bevorzugte Technik der *anschaulichen* Sprache, was wir als Zeigfeld beschreiben …« (ebd., S. 81).

5. Der Übergang von den Zeig- zu den Nennwörtern als »Selbständigkeits-Treppe«

»Die Zeigwörter bedürfen nicht des Symbolfeldes der Sprache, um ihre volle und präzise Leistung zu erfüllen; sie bedürfen aber des Zeigfeldes und der Determination von Fall zu Fall aus dem Zeigfeld oder …: der anschaulichen Momente einer gegebenen Sprechsituation. Mit den Nennwörtern verhält es sich in diesem Punkte ganz anders; sie können zwar empraktisch … in einem Zeigfeld stehend ihren vollendeten Sinn erfahren. Allein das ist nicht unerläßlich; sondern im vollendeten Darstellungssatze vom Typus S → P erscheint die sprachliche Darstellung in hohem Maße erlöst aus konkreten Situationshilfen.« (ebd., S. 119 f) Denn ein »für den intersubjektiven Austausch brauchbares ›Begriffszeichen‹ muß die Eigenschaften haben, daß es im Munde jedes und aller als Symbol für *denselben* Gegenstand verwendet wird, und das ist … nur dann der Fall, wenn das Wort eine Wasbestimmtheit des Gegenstandes trifft; d. h. wenn es dem Gegenstand beigelegt, für ihn verwendet wird, sofern er die und die nicht grundsätzlich mit dem Gebrauchsfall wechselnden Eigenschaften hat.« (ebd., S. 103) Dabei kann »man die schrittweise Erlösung des Satzsinnes aus den Umständen der Sprechsituation und die schrittweise ansteigende Dominanz der Symbolfeldes« als »Selbständigkeits-Treppe« deuten (ebd., S. 373) Von daher muss »die im Verständnis aller Sätze immer *fortwirkende Lerndeixis* unterschieden werden … von der *Objektdeixis,* die implizite in allen Wirklichkeitsaussagen enthalten bleibt und nicht eliminierbar ist. Ohne Objektdeixis gibt es keine Existenzaussage; sie bleibt in allen Wirklichkeitssätzen auch dort, wo sie sprachlich nicht zum Vorschein kommt, implizite enthalten. Bei den rein begrifflichen Sätzen dagegen fällt die Objektdeixis mit der Lerndeixis zusammen, weil die logischen Sätze über den Begriffsinhalt als solchen gefällt werden und nicht darüber hinausgehen.« (ebd., S. 385)

setzt und in speziellen Arbeitsgruppen vertieft werden und ggf. zu neuen Felderkundungen Anlass geben. Das wird gerade dann notwendig sein, wenn – drittens – das, *was* man eigentlich zeigen wollte, auf dem Foto nicht (hinreichend) zu sehen ist, es ausführlicher und manchmal umständlicher verbaler Erläuterungen bedarf, um das zu verdeutlichen, womit das Foto seine Kraft als Erkenntnis- und Lernmedium immer mehr verliert. Oder positiv ausgedrückt: Das, was man zeigen will, muss man ausdrücklich, eindrücklich, prägnant, überzeugend zeigen – und wenn einem das gelingt, dann haben Worte und Sätze tatsächlich nur noch einen ergänzenden und begleitenden Charakter. Die Bilder sprechen dann in dem engeren Sinne für sich, dass die intersubjektive Verständigung über den thematisch interessierenden und vereinbarten sozialen Sachverhalt vorrangig im Medium der Fotografien stattfinden kann, sie sind dann das *geeignete* Medium der reflexiven sozialen (Selbst-)Aufklärung. Das kann – viertens – allerdings nur gelingen, wenn es einen vorgängigen Konsens über die Verwendung der Fotos gibt. Dieser besteht in den hier erörterten kommunikativen Kontexten in der präsenzgestützten Auseinandersetzung mit vereinbarten sozialen Problemen (was die Endeckung unerwarteter, aber interessanter Problemstellungen nicht ausschließt – wenn z. B. bei einer ästhetischen Felderkundung in einem Kaufhaus der rigide und entwürdigende Umgang des hauseigenen Sicherheitsdienstes mit einem »Ladendieb« erlebt und visuell dokumentiert wird). Dazu bedarf es auch formalästhetisch anspruchsvoller Fotos (vgl. dazu Kap. 3.1). Die Aufmerksamkeit wird aber fehlgelenkt, wenn diese formale Gestaltung sich von dem abgelichteten Sachverhalt ablöst und in der Auswertungssitzung nur noch über die Gestaltung *an sich* und nicht über die Gestaltung *von etwas Bestimmten* diskutiert wird. Das bedeutet aber auch, dass es nicht einfach offensichtlich, also präreflexiv zugänglich ist, *was* ein Foto eigentlich ausdrückt, zeigt, belegt, visuell erlebbar und erfahrbar macht. Ihre soziale und visuelle Tiefenstruktur erschließt sich auch dem erfahrenen Blick häufig nicht sofort (was z. B. bestimmte Berufskleidungen zu bestimmten Zeiten über die soziale Lage und Anerkennung ihrer TrägerInnen und deren Lebenseinstellungen dokumentieren), weshalb es immer wieder der systematischen und angeleiteten *Interpretation* der Fotos bedarf (vgl. dazu Kap. 3.2). Sie besteht in ihrem analytischen Zentrum darin, die sehr vielschichtigen Relationen zwischen dem Foto und dem abgelichteten Realitäts- und Wirklichkeitsausschnitt zu rekonstruieren, wobei zu beachten ist, dass diese eben weder gradlinig noch widerspruchsfrei sind. Weil das Foto immer auch eigene interpretierende Akzente setzt, entsteht eine spezifische Begründungspflicht: Warum die jeweilige aisthetische und ästhetische soziale Sichtweise legitim und vielleicht sogar innovativ-herausfordernd ist und warum es für die soziale Aufklärung sinnvoll ist, auf diese Weise eine eigene, ganz spezifische visuelle Welt zu schaffen, die von der realen bzw. unmittelbar erlebten Sozialwelt deutlich unterschieden ist. Diese Begründungspflicht ergibt sich auch aus der immanenten Gefahr jeder visuellen Rekonstruktion, dass diese nämlich der lebensweltlich-intersubjektiven Wirklichkeit und der objektiven Realität widersprechen kann: wenn z. B. ein »Stadtteil mit besonderem Erneuerungsbedarf« in kritischer und solidarischer Absicht so dunkel und »finster« fotografiert wird, dass die dort lebenden Menschen sich in ihrem Bemühen um ein dennoch angenehmes, zumindest aber erträgliches Leben diskriminiert und entwürdigt fühlen; oder umgekehrt: dass in der Fotoserie das hohe Lied von der »Kultur der Armut« angestimmt wird und damit die extremen psychosozialen Belastungen verharmlost oder sogar verleugnet werden.

2.2.2 Die Besonderheiten fotografisch-visueller Argumentationsweisen

Die Sozialfotografie verzichtet selbstverständlich nicht auf ästhetische Gestaltungs- und Interpretationsverfahren, aber in ihrem Zentrum steht die Dokumentation der objektiven Realitäten und der phänomenalen Wirklichkeiten, sie hat insofern einen *empirischen* und darüber vermittelt einen *wissenschaftlichen* Geltungsanspruch, will somit einen spezifischen Beitrag leisten zur Theorie der Sozialen Arbeit und einer wissenschaftlichen Aus-, Fort- und Weiterbildung und will so zur erweiterten und vertieften Professionalisierung beitragen. Was begründet diesen Anspruch, einen besonderen Beitrag zu leisten? Worin besteht die Spezifik visueller und speziell fotografischer Argumentationsweisen im Unterschied zu textzentrierten und diskursiven? Was macht die eigenständige Logizität des Bildlichen, insbesondere der Fotografie aus?

Als Antwort[5] ist – erstens – darauf zu verweisen, dass ein Foto wie jedes Bild einen Ausschnitt der Realität/Wirklichkeit erfasst und zugleich durch seinen Rahmen, seine *Rahmung* eine Differenz zwischen Realität/Wirklichkeit und seiner symbolischen Repräsentanz konstituiert, also zwischen Bildobjekt und Bildträger und so einen Bild-Raum, ein Bild-Feld schafft, das sich nach relativ eigenständigen Grundsätzen und Verfahrensregeln, nämlich ikonischen, gestalten und verstehen lässt. – Zweitens zeigen Bilder stets *etwas* und insofern gibt es ein *doppeltes* Zeigen: Sie zeigen etwas, was man als BetrachterIn (potenziell) auch real/wirklich sehen kann; und zugleich zeigen sie, *wie* man es sehen und fotografisch dokumentiert kann. Daraus resultiert ein Spannungsverhältnis von materieller und symbolischer Bildlichkeit (z. B. bezogen auf Stadtbilder in der Realität und in Reiseführern oder auf Postkarten). Zugleich wird dieses Zeigen *geordnet,* also *an-geordnet* entsprechend den leitenden Erkenntnisinteressen und Fragestellungen sowie des für relevant erachteten Gesehenen. Die in einer Lerngruppe u. ä. gezeigten Fotos stehen dann *für etwas,* mit ihnen soll etwas bewiesen, eine These belegt oder widerlegt, eine Aussage ausdifferenziert und konkretisiert werden usw. Sie verleihen theoretischen und konzeptionellen Überlegungen (z. B. bezüglich Straßensozialisation früher und heute) nicht nur eine symbolische Anschaulichkeit (im Unterschied zum direkten Anschauen der Realität/Wirklichkeit), sondern diese Art von Anschaulichkeit vermag abstrakte Erwägungen und Vermutungen immer auch kritisch zu hinterfragen (ob wir heute z.B von einem weitgehenden Bedeutungsverlust der Straße als Sozialisationsraum ausgehen müssen oder ob man diese These erheblich differenzieren muss). Oder anders formuliert: Fotos zeigen immer, was Sich-gezeigt hat, und sie zeigen zugleich, wie es gesehen und wie es dokumentiert wurde. Insofern gibt es einen, allerdings nicht gradlinig deterministischen, sondern über Wahrnehmungs-, Dokumentations- und Deutungsmuster vermittelten, gebrochenen Zusammenhang zwischen dem *Dargestellten* und der visuel-

---

5 Wir folgen hier direkt in einigen wichtigen Aspekten den Argumentationen von Heßler/Mersch (2009a) und Krämer (2009), soweit sie auch auf die Fotografie zutreffen; indirekt einbezogen wurden auch Arnheim (1996, Kap. 12, 15 u. 16), Goodman (1997, Kap. I, II u. VI), Pape (1997, Kap. 6), Seel (2003, Kap. IV), Weigel (2015, Kap. 1) und Wiesing (2000, Kap. I u. IV; ders., 2008, Kap. II).

len *Interpretations-* und *Darstellungsweise* (und darüber im günstigen Fall, also in einer gelungenen Sozialreportage, vermittelten diskursiven Deutungsweise).

Während im Diskurs Behauptungen im Rahmen einer dialektisch-dialogischen Erkenntnisbewegung in Frage gestellt und ausdifferenziert werden können, ist – drittens – das Foto von einer Alles-oder-Nichts-Logik bestimmt (man kann z. B. ein verfallenes Haus darstellen oder nicht darstellen, man kann es nicht darstellen und zugleich nicht darstellen, also negieren). Deshalb werden gesellschaftliche *Widersprüche* in Fotografien zu sozialen *Kontrasten/Gegensätzen* (wenn man z. B. ein Foto »schießt«, wie ein Banker einem Obdachlosen auf der Straße begegnet; oder wenn eine verfallene Industrieanlage zugleich mit einem postmodernen Bankgebäude zu sehen ist). Solche Kontrastdarstellungen in Einzelfotos (z. B. mit Hilfe von Gestaltdifferenzen, ineinander verschachtelten Figuren, Farbunterschieden und Figur-Hintergrund-Verschränkungen) beinhalten eine *simultane* Gegen-Setzung, also von »auf einen Schlag« erlebbaren Realitäts- und Wirklichkeitsaspekten und sind in gewisser Weise exkludierend und statisch, denn anders als Widersprüche haben sie keine *innere* Dynamik, die die Perspektive einer integrativen Lösung aufzeigt (also wie eine Not-zu-wenden ist – z. B. die Arm-Reich-Differenzen eingedämmt und perspektivisch überwunden werden können). Dies gelingt erst und in begrenztem Umfang synoptisch angelegten Fotoserien, -collagen oder -montagen mit unterschiedlichen Aspekten und Aspektwechseln, wobei diese dann allerdings entweder *synchron* existierende qualitativ unterschiedliche Bewältigungsversuche sozialer Probleme zeigen (z. B. die Ausstattung und Arbeit in verschiedenen Kindergärten, Schulen und Jugendzentren) oder *diachron,* wobei dann meist bestimmte Stationen, also *Intervalle* dokumentiert werden und nicht der *Prozess* in seiner Gesamtheit (z. B. wann ein Stadtteil wie ausgesehen hat und wie er sich von Jahrzehnt zu Jahrzehnt verändert hat und welche stadtplanerischen Initiativen darin zum Ausdruck kommen). – Damit hängt – viertens – zusammen die Dominanz des *Faktischen* gegenüber den *Möglichkeiten,* weil sich Fotos zur Realität/Wirklichkeit – anders als z. B. Architekturentwurfszeichnungen oder Computersimulationen von einem geplanten neuen Stadtteil[6] – nur begrenzt hypothetisch verhalten können. Auch Fotos, die anklagen und zur Aktion aufrufen (z. B. über die Lebensbedingungen in Altersheimen), tun dies in gewisser Weise *affirmativ,* denn die Tatsache der Menschenunwürdigkeit wird als solche eben nicht in Frage gestellt, sie wird quasi unwiderlegbar festgestellt und bildet so das empirische Fundament der Kritik. Dies ist der Grund für die spontanen, präreflexiven *Evidenzansprüche* von Fotos, die selbstverständlich hinterfragt werden

---

6 Vgl. zum Utopiepotenzial der klassischen Architekturzeichnungen Lampugnani (1982) und zu den Besonderheiten von computergestützten Architekturentwürfen Hinterwaldner (2012).

können. Aber dieser Zweifel ist – wie bei jeder Bild- und Textkritik – *begründungs-pflichtig*, ein pauschaler Verdacht, dass die Fotos immer »betrügen« oder dass es sich dabei meistens um Pseudoindizien handele, ist weder sach- noch theoriege-recht und deshalb unproduktiv. Sofern es für eine solche Kritik aber hinreichend Hinweise gibt, dann verlässt man (sofern es sich nicht um Fälschungen handelt) in gewisser Weise das Einzelfoto und konfrontiert es mit anderen nützlichen Ein-zelfotos, die zum gleichen Problemfeld etwas anderes oder sogar Gegensätzliches zeigen bzw. mit diskursiven Argumenten (z. B. Statistiken, Kontrollberichten der Behörden, wissenschaftlichen Begleitforschungsbefunden, Gesprächen mit Be-troffenen usw.). Durch die Kombination verschiedener Einzelfotos vermögen Fo-tos immer wieder auch gewisse Möglichkeitshorizonte als immanente Schichten der Realität/Wirklichkeit aufzuzeigen (z. B. die Perspektiven einer egalitär-plu-ralen Gemeinschaftsbildung durch eine bestimmte Architektur oder die Würde von Menschen, die unter extrem ungünstigen Bedingungen – etwa am Rande von Müllkippen – leben). Um diese in gewisser Weise realistischen bzw. wirklichen utopischen Potenziale eines Fotos zu erschließen, bedarf es allerdings zumeist be-sonderer ästhetischer Deutungskompetenzen.

Diese »Dynamisierung« des visuellen Wissens, die Verschränkung seiner *kri-tischen* mit der *konstruktiven* Argumentationslinie, kann (wie schon angedeutet) – fünftens – besonders dadurch gefördert werden, dass so etwas wie ein *fotogra-fisch-ikonischer Argumentationsraum* geschaffen wird. Hierbei geht es besonders um die Räume *zwischen* den einzelnen Fotos und die so herstellbaren *Relationen* zwischen einzelnen Bildern, die dann so gestaltet werden, dass ihre Anordnung und Muster die *topologischen* Strukturen der Sozialräume und Lebenswelten zum Ausdruck bringen – und zwar nicht nur im Sinne der Fortsetzung des bereits Be-kannten (oder noch extremer: als reine Illustration diskursiven Wissens), son-dern mit der Chance, durch die Art der Foto-Kombinationen Neues zu entdecken (z. B. in welch unmerklicher und schleichender Weise sich der zunehmende Ver-fall eines Dorfes vollzogen hat; oder wie durch eine schrittweise und bewohner-gerechte, flexible Modernisierung eine Großstadtsiedlung tatsächlich wohnlicher geworden ist). Die übergreifende Absicht besteht dann darin, durch die kombina-torische fotografische Darstellung, also eine spezifische Form der Gerichtetheit, der Verknüpfung, die objektive und intersubjektive Relevanz von einzelnen Häu-sern, Straßen und Plätzen usw. bzw. von Personengruppen in einem Betrieb, in einer Schule, auf einem Sportplatz, in einem Jugendzentrum usw. herauszuarbei-ten. Dazu dienen so unterschiedliche Darstellungsmittel wie *Abstände* (zwischen Wohnungen und Häusern oder zwischen einzelnen Personen), *Beziehungen zu-einander* (z. B. zwischen Einfamilienhäusern und solchen des Soziale Wohnungs-baus oder zwischen Mann und Frau und deren Beziehung zu den Kindern), *Po-sitionen* (wer wohnt wo in einem Miet- oder Mehrfamilienhaus) und *Bündelung*

(z. B. der verschiedenen Fanclubs in einem Fußballstadion oder der verschiedenen politischen Gruppierungen auf einer Demonstration bzw. gegensätzlichen).
Auf diese und ähnliche Weise entstehen durch Serien, Collagen und Montagen von Fotos immer komplexere ikonische Gebilde, also *Meta-Bilder*[7], die durch ihre Form-Wahrnehmung einerseits die Begriffsbildung anregen und andererseits das eingreifende soziale Denken sichtbar machen; so werden die Diskurse als ikonische lesbar, kann das soziale Wissen ikonische Präsenz erlangen. Oder anders ausgedrückt: Die visuellen Argumentationen (also auch die der Fotografie) sind wesentlich topologisch ausgerichtet und fundiert. Die Lernenden müssen diese also nicht nur *anschauen,* sondern die Kompetenz erwerben, diese zu *lesen,* also in ihnen etwas *wiedererkennen,* etwas Typisches, Verallgemeinertes *entdecken.* Es handelt sich dabei eben nicht um isolierte Bildprozesse, sondern um Visualisierungs-*Strukturen,* bei denen *etwas* gesehen wird· (z. B. eine verarmte Familie), *etwas als etwas* (diese Familie als Ausdruck des Rückzug des Sozialstaates) und *etwas in etwas* (nämlich in einem Foto von einer Obdachlosensiedlung). Und diese begrenzen sich nicht auf die Fotografie, sondern beziehen auch andere visuelle Argumentationsverfahren wie Schaubilder, Grafiken, Tabellen, Zeichnungen, Landkarten, Stadtpläne u. ä. ein. Daraus ergibt sich (wie besonders in Kap. 6 exemplarisch gezeigt wird) für die Sozireportage die Aufgabe, die Erkenntnis- und Darstellungspotentiale dieser *intervisuellen* und *intermedialen* Übersetzungsprozesse experimentierend zu beherrschen, zu nutzen und *als solche* lesen zu können (z. B. die Überlagerungen, Überlappungen und Verschränkungen der verschiedenen Formate). Die durch eine solche *Arbeit am Bild* zu schaffende *Ähnlichkeit,* Isomorphie zwischen den *logischen* und den *topologischen* Relationen, und damit die figürliche und farbliche Synthese der wahrgenommen und dokumentierten Realität/Wirklichkeit wird aber nur erreicht, wenn es eine Balance gibt zwischen dem Selbst- und Fremdbezug (Sachbezug) des Fotos bzw. der anderen Bilder und wenn die in jedem Medienwechsel implizierten Brüche mit der Struktur des jeweiligen Wissens beachtet, also deren Eigenarten berücksichtigt und bewusst aufeinander bezogen werden.

Es dürfe offensichtlich sein, dass die schon bisher skizzierten Anforderungen an die Erarbeitung von Sozialreportagen vielschichtige Lernanforderungen zum Erwerb der relevanten alltagspragmatischen sowie wissenschaftlich-ästhetischen

---

7   Während Mitchell (2008a, Kap. 6) unter diesen Begriff selbstreflexive (Einzel-)Bilder subsumiert (vgl. dazu auch die Fallstudien in Kemp 1985), verstehen wir hier darunter die verschiedensten Verfahren der Foto-Kombinatorik; man kann sie – in Anlehnung an die Bezeichnung der Bilder von Heinrich Vogeler (1872–1942) auch als fotografische *Komplexbilder* bezeichnen.

Kompetenzen verbunden sind. Diese haben Krämer/Bredekamp (2009, S. 18) unter dem etwas unglücklichen Titel »Kulturtechniken« so zusammengefasst:

> Das »sind (1) operative Verfahren zum Umgang mit Dingen und Symbolen, welche (2) auf einer Dissoziierung des impliziten ›Wissen wie‹ vom expliziten ›Wissen dass‹ beruhen, somit (3) als ein körperlich habitualisiertes und routinisiertes Können aufzufassen sind, das in alltäglichen, fluiden Praktiken wirksam wird, zugleich (4) aber auch die aisthetische, material-technische Basis wissenschaftlicher Innovationen und neuartiger theoretischer Gegenstände abgeben kann. Die (5) mit dem Wandel von Kulturtechniken verbundenen Medieninnovationen sind situiert in einem Wechselverhältnis von Schrift, Bild, Ton und Zahl, das (6) neue Spielräume für Wahrnehmung, Kommunikation und Kognition (sowie Emotion/Motivation; d.Verf.) eröffnet. Spielräume, (7) die in Erscheinung treten, wo die Ränder von Disziplinen durchlässig werden und den Blick freigeben auf Phänomene und Sachverhalte, deren Profil mit den Grenzen von Fachwissenschaften gerade *nicht* zusammenfällt.«

2.3 Repräsentation und Präsentation

Die Bestimmung der Kompetenzen zur Erarbeitung von Sozialreportagen verweist schon darauf, dass sie in einen größeren kulturellen Zusammenhang eingeordnet werden müssen, um einerseits ihre Quellen, ihre Gestaltungs- und Ausdrucksmittel zu verstehen bzw. diese themenspezifisch zu rezipieren und weiterzuentwickeln und um andererseits ihre gesellschaftlichen Funktionen im Rahmen der generellen sozialen Aufklärung über gesellschaftliche Verhältnisse und Interaktionsmuster näher bestimmen zu können.

2.3.1 Symbolische Bedeutungsrelationen als Repräsentationen

Die Lebenswelten werden nicht nur materiell, sondern auch symbolisch reproduziert (vgl. z. B. Stegmaier 2000). Diese Symbolwelten dokumentieren die außersymbolischen Realitäten/Wirklichkeiten, indem sie sie *re*-präsentieren, also aus der Distanz darstellen und den BetrachterInnen, den LeserInnen dann präsentieren. Dabei sind sie kein mehr oder weniger naives Abbild der Wirklichkeit, sondern Element und Ergebnis von sehr komplexen, in sich ungleichzeitig und ggf. auch widersprüchlich verlaufenden Erlebnis-, Erfahrungs-, Dokumentations-, Interpretations- und Präsentationsprozessen. Sie bedienen sich sehr unterschiedlicher visueller und sprachlicher Mittel. Für die Sozialreportage ist dabei das Verhältnis von Text und Bild von besonderer Bedeutung. Diesbezüglich unterscheidet Mitchell (2008a, S. 145) drei Kombinationsformen:

- *Bild/Text*: Sie ist Ausdruck und Element der Spaltung zwischen Bild und Text, wobei dann zumeist dem Text der Vorrang vor dem Bild eingeräumt wird, welches in seinem Erkenntnis- und Ausdruckgehalt stark eingeschränkt wird.
- *Bild-Texte*: Sie beziehen sich aufeinander, wobei zugleich deren Eigenständigkeit betont wird. Das geschieht in unseren Sozialreportagen besonders dann, wenn der Textteil und der Bildteil relativ deutlich von einander getrennt werden, wenn es also in den verschiedenen Abschnitten sehr deutliche Dominanzen entweder von Texten oder von Bildern gibt (vgl. z. B. die Reportage über Prag in Kap. 10).
- *Bildtexte*: In ihnen wird eine weitgehende und gleichberechtigte Synthese von Visuellem und Verbalem erreicht, sie sind sozusagen das »Ideal«, das die Sozialreportagen anstreben (und das wird von uns wohl am ehesten in der Reportage über das Elbehochwasser 2013 in Kap. 6 erreicht).

Zentral ist bei allen drei Formen die Einsicht, dass es keine reinen Bild- oder Textformate gibt, dass alle Medien in dieser oder jener Weise *gemischte Medien* sind (vgl. ebd., S. 152. Indem Mitchell das deutlich betont, schützt er als »Entdecker« des »Pictural Turns« vor dessen einseitiger und dogmatischer Interpretation, vgl. ebd., Kap. 4 sowie S. 136 f und 151 ff). Sie bringen allerdings Schwierigkeiten beim Lesen mit sich, weil die *fließende* Textlektüre durch die mehrfache, *sofort* das *ganze* Foto/Bild erfassende Betrachtung immer wieder unterbrochen und »gestört« wird, man sich als LeserIn immer in und zwischen zwei Symbolwelten bewegt.

Die Vielfalt der Erkenntnis- und Darstellungsprozesse wird dabei durch zwei Klammern zusammengehalten: Die eine besteht in dem gemeinsamen Bezug auf eine *Epoche,* aktuell den Epochenwechsel, der noch unterschiedlich bestimmt wird (z. B. als Übergang zum »digitalen Kapitalismus« [Böhnisch], zur »dienstleistungsgestützten Industriegesellschaft« [Dörre] oder zur »Zweiten Moderne« [Beck]). An dieser Stelle gibt es unmittelbare Bezüge zu Klafkis (1991, Zweite Studie) Konzept der Allgemeinbildung, bei der die *epochaltypischen Schlüsselprobleme* im Zentrum stehen (u. a. Krieg und Frieden, Demokratie und Diktatur, Naturzerstörung und Naturschutz, technischer und sozialer Fortschritt, Armut und Reichtum, Inklusion und Exklusion, Globalität und Lokalität, direkte und repräsentative Demokratie, die Relationen zwischen dem Eigenen, dem Anderen und dem Fremden, Glück und Leid). Sie bilden sozusagen das Reservoir an Themen, aus denen die Sozialreportagen schöpfen und an denen sich übergreifend ihre Lernangebote ausrichten (vgl. auch Kap. 1.6).

Die andere Klammer bilden die grundlegenden *erkenntnistheoretischen Relationen* (wie sie auch von Fleck herausgearbeitet worden sind; vgl. den Kasten auf S. 85). Es dürfte hinreichend deutlich geworden sein, dass sich die Sozialreportage einem *reflexiven* Realismus verpflichtet weiß[8]. Sandkühler (2009, z. B. S. 33 f) spricht – im Anschluss an Putnam (1991, S. 199 ff) – von einem *internen* Realismus und fasst die damit verbundenen Wissens-Relationen zwischen Fakten, Theorien, Werten und Interpretationen prägnant so zusammen (Sandkühler 2009, S. 116):

> »(1) Das Wissen von Fakten setzt ein Wissen von Theorien voraus.
> (2) Das Wissen von Theorien setzt ein Wissen von Fakten voraus.
> (3) Das Wissen von Fakten setzt ein Wissen von Werten voraus.
> (4) Das Wissen von Werten setzt ein Wissen von Fakten voraus.
> (5) Das Wissen von Fakten setzt ein Wissen von Interpretationen voraus.
> (6) Das Wissen von Interpretationen setzt ein Wissen von Fakten voraus.«

Dieses komplexe Erkenntnisgefüge bestimmt auch die Arbeitsweise der Sozialreportage mit ihren unterschiedlichen verbalen und visuellen Erkenntnis- und Darstellungsmedien und durch Entfaltung dieser Beziehungen will sie einen Beitrag leisten zur Produktion sozialen Wissens und seiner Verbreitung in den unterschiedlichen Formen und Arenen der Fachöffentlichkeiten, der zivilgesellschaftlichen Basisöffentlichkeiten, der vermachteten und verbürokratisierten sowie der relativ unabhängigen Öffentlichkeiten. Das bedeutet umgekehrt auch, dass sie in dem Maße, wie sie soziale Aufklärung fördert, auch – jenseits eines totalen Ideologieverdachts – konsequent verbale und visuelle *Ideologiekritik* betreibt an der hegemonialen Präsenz und Präsentation bestimmter, häufig stereotyper Bild- und Fototypen, also Kritik an der Produktion und Verbreitung strukturell falschen gesellschaftlichen Bewusstseins zur Rechtfertigung von gesellschaftlichen, sozialen und kulturellen Ungleichheiten, von Herrschaft und asymmetrischen Machtverhältnissen in lokalen, regionalen, nationalen, europäischen und globalen Räumen (dafür finden sich viele Beispiele in den Fallstudien des dritten Teils).

2.3.2 Die artifizielle Präsenz von präsentierten Fotos

Wir wollen uns nun näher mit der Bedeutung von Fotos im Rahmen der Präsentation von Arbeitsergebnissen beschäftigen, die im Kontext von Sozialrepor-

---

8   Vgl. zur Diskussion um einen »Neuen Realismus« neben der zitierten Arbeit von Sandkühler u. a. Abel (2004, Teil III), Benoist (2014) und Gabriel (2014); immer noch anregend Garz (1994) und Jung/Müller-Dohm (1993).

Ludwik Fleck über die soziale Dynamik und Strukturierung des Wissens

Ludwik Fleck (1886–1961)

In neuerer Zeit sind die wissenssoziologischen- und erkenntnistheoretischen Arbeiten des polnischen Mikrobiologen und Mediziners Ludwik Fleck stärker rezipiert worden (vgl. z. B. für die Philosophie Sandkühler 2009, S. 164 f und die visuelle Kulturforschung z. B. Rimmele/Stiegler 2012, S. 144 ff), dessen Kernüberlegungen hier dokumentiert werden, weil sie einen weiteren Beitrag zum Selbstverständnis der Soziareportage beitragen kann.

1. Die epochale Eingebundeheit des Wissens

Eine wissenssoziologische Analyse muss »*psychologische, soziologische* und *historische* Methoden umfassen. Ihr Gegenstand wird die Gesamtheit des Erkenntnislebens, dessen Organisation, zeitliche Fluktuationen und Entwicklungseigenheiten, lokale Merkmale, Die Eigenheiten seiner mannigfaltigen Formen; sie untersucht die *pädagogischen Methoden* vom Standpunkt der Theorie des Erkennens, sie findet Anknüpfungspunkte an die *Ökonomie*, die *Technik* (den Apparat!), die *Kunst* und sogar an die *Politik*. Sie berücksichtigt schließlich die *Mythologie* und Psychiatrie. *Eine so gefaßte Theorie des Erkennens ist die Wissenschaft von den Denkstilen.*« (»Das Problem einer Theorie des Erkennens«, 1936; Abdruck in Fleck 2011, S. 283)

2. Denkkollektive und Denkstile

Die sozialen Kontexte der Wissensentstehung und -verbreitung können in dreifacher Wiese ausdifferenziert werden:»Das erste ist *die Denkdifferenzierung der Menschen in Gruppen.* Es gibt Menschen, die sich miteinander verständigen können, d. h. irgendwie ähnlich denken, die gewissermaßen derselben Denkgruppe angehören, und Menschen; die sich nicht im mindesten einigen und verständigen können, als ob sie verschiedenen Denkgruppen angehörten.« (ebd., S. 263) »Das zweite grundlegende Phänomen… ist die Tatsache, daß *der Kreislauf eines Gedankens grundsätzlich immer mit dessen Umgestaltung verbunden ist.* (…) Wenn ich einen Gedanken von Erkenntnisinhalt für Mitglieder des eigenen Kollektivs formuliere, kann dies bezwecken: (1) seine *Popularisierung,* wenn es um Laien aus diesem Kollektiv geht, (2) die *Information* über ihn, wenn es um gleichwertige Fachleute geht, oder schließlich (3) seine *Legitimierung* im Rahmen des stilgemäßen Ideensystems, d. h. seine offizielle Formulierung, gültig für das Kollektiv als solches.« (ebd., S. 267 f) »Das dritte grundlegende Phänomen … ist *das Vorhandensein einer spezifischen historischen Entwicklung des Denkens, die sich weder auf eine logische Entfaltung der Denkinhalte noch auf ein einfaches Anwachsen der Einzelerkenntnisse zurückführen läßt.« (ebd., S. 272)* Dabei »gibt es drei Quellen, die den konkreten Inhalt jedes Denkstils bedingen: (1) die vorgeschichtliche Ideogenese aus der Zeit des Anfangs des Stils, aus der Zeit, als sich der Stil als Variante eines anderen Stils abspaltete. Hierher gehören die Urideen. (2) Veränderungen, hervorgerufen durch die dauernde Gedankenwanderung innerhalb des Kollektivs, diktiert durch die im Kollektiv wirkenden Kräfte: Stilisierung, Systematisierung, Legitimierung, Widerstand, Denkrevolution. (3) Die fortwährenden Einflüsse fremder Stile.« (ebd., S. 290)

3. Tatsachen und Denkstile

Tatsachen haben potentiell konzeptionelle und theoretische Rückwirkungen: »Jede empirische Entdeckung kann also als Denkstilergänzung, Denkstilentwicklung oder Denkstilumwandlung aufgefaßt werden. (…) So entsteht die *Tatsache: zuerst ein Widerstandsavisio im chaotischen anfänglichen Denken, dann ein bestimmter Denkzwang, schließlich eine unmittelbar wahrzunehmende Gestalt.* Und sie ist immer ein Ereignis denkgeschichtlicher Zusammenhänge, immer ein Ergebnis eines bestimmten Denkstils.« (Fleck 1980, S. 122 u. 124)

4. Soziale Formen des Wissens

»Die Auswirkung der allgemeinen Struktur der Denkkollektive besteht ... für die Wissenschaft zunächst im Gegensatz des *fachmännischen* und des *populären* Wissens. Die Reichhaltigkeit dieses Gebietes bringt es aber mit sich, daß auch innerhalb des fachmännischen esoterischen Kreises der Bezirk der speziellen Fachleute von dem der allgemeinen abzugrenzen ist. Wir wollen von der *Zeitschrift-* und *Handbuchwissenschaft* sprechen, aus denen sich die fachmännische Wissenschaft zusammensetzt. Da die Einweihung in die Wissenschaft nach besonderen pädagogischen Methoden geschieht, haben wir noch die *Lehrbuchwissenschaft* als vierte denksoziale Form zu nennen,..« (ebd., S. 148) – Alles dies hat Fleck dann sehr früh, nämlich 1947, in dem Beitrag »Schauen, Sehen, Wissen« auf die *visuellen* Denkstile angewendet, wie die Überschriften sehr schön deutlich machen: »I. Um zu sehen, muß man zuerst wissen« (in: Fleck 2011, S. 390) »II. Wir schauen mit den eigenen Augen, wir sehen mit den Augen des Kollektivs.« (ebd., S. 397) »III. Das Ablesen der Stellung von Zeigern.« (ebd., S. 404) »IV. Das Kollektiv als ›das Dritte‹« (ebd., S. 411).

tagen entstanden sind, also wie sie zu einer *sozialen Konstruktion des Sehens* und zu einer *visuellen Konstruktion des Sozialen* (im Sinne von Mitchell 2008a, S. 342) beitragen können.[9] In vielen Seminarveranstaltungen und Diskussionen wird ein ganz bedeutsamer Sachverhalt schnell übersehen und übergangen: Dass nämlich die Fotos nach der eigenen, phänomenalen Felderkundung diesen spezifischen Kontext verlassen und ab dann ein Eigenleben führen. Das kommt einerseits in der nachträglichen *Bildbearbeitung* alleine zu Hause, in den Arbeitsgruppen, im Fotoworkshop des Seminars u. ä. zum Ausdruck; dann in der *Auswahl* der zu zeigenden Fotos und schließlich in der *Präsentation* (im Seminar, in der Fachbereichs- und Hochschulöffentlichkeit oder auch in den kommunalen Basisöffentlichkeiten sowie der lokalen und/oder überregionalen Presse). Im Hinblick auf Sozialraum- und Lebensweltreportagen ist – erstens – an einen scheinbar banalen, aber doch sehr folgenreichen fotoästhetischen Sachverhalt zu erinnern: Die gesellschaftliche Wirklichkeit und Realität ist *dreidimensional* und das Foto *flächig;* wir Menschen sehen mit *zwei* Augen, aber die Kamera hat nur *ein* Objektiv. Nun sind aber die TeilnehmerInnen solcher Sozialraum- und Lebenswelterkundungen nicht nur *Ohrenzeugen* (dieser Aspekt findet vorrangig in den verbalen Teilen der

---

9 Es ist überraschend und ziemlich erstaunlich, dass sich Gruschka (2008) in seiner insgesamt anregenden Studie über das »Präsentieren als neue Unterrichtsform« ausschließlich auf verbale Präsentationsformen beschränkt und visuelle damit völlig ausklammert.

Sozialreportage ihren Niederschlag und indirekt, wenn sie auf diesem Wege Hinweise erhalten, zu wichtigen sichtbaren Sachverhalten[10]), sondern auch und besonders *Augenzeugen*. Um genau diese Seherlebnisse und -erfahrungen bildlich zu präsentieren, hat die europäische Kunst seit der Renaissance die Perspektive, speziell die *Zentralperspektive* entwickelt. Sie hat für die ästhetische Präsentation der Felderkundungserlebnisse folgende Bedeutung:

»Die Aussage eines Augenzeugens ist von dem Anspruch bestimmt, daß ausschließlich berichtet wird, was der Augenzeuge wirklich selbst gesehen hat – und nicht etwa nur angenommen oder sich ausgedacht hat. Aus diesem Anspruch ergibt sich, daß von einem Augenzeugenbericht nicht verlangt werden kann, daß er sehr detailliert und genau ist. Das einzige, was verlangt wird, ist, daß der Augenzeuge nur das berichtet, von dem er selbst weiß, daß er es gesehen hat – wenn dies wenig ist, berichtet er entsprechend wenig. (…) Wird ein zentralperspektivisches Bild zum Zeigen verwendet, dann wird das Bild den Ansprüchen gerecht, die man auch an einen Augenzeugenbericht stellt. Mit dem Bild wird dann ausschließlich das Sichtbare gezeigt, was jemand hätte von einem Standpunkt aus sehen können – womit auch gesagt wird, daß nicht das gezeigt wird, was jemand gesehen haben muß oder gesehen hat; und erst recht wird nicht gesagt, daß das Seherlebnis oder die Wirkung mit dem Bild gezeigt wäre. Die Rationalität des zentralperspektivischen Bildes besteht vielmehr darin, *nicht* etwas zu zeigen, was man *nicht* hätte sehen können; das Besondere ist die doppelte Verneinung …« (Wiesing 2013, S. 172) Oder positiv ausgedrückt (ebd., S. 179): »Die *Erfindung* der Zentralperspektive ist die *Entdeckung* eines Zeigzeugs.«

Damit dieses Zeigzeug Foto bzw. Fotoserie seine sozialdokumentarischen Qualitäten entfalten kann und damit das Niveau des Augenzeugenberichts immer mehr gesteigert werden kann, bedarf es eben der Entfaltung der dargestellten Lernprozesse im entwicklungsoffenen Spannungsfeld von Zeigen und Sehen. Und die Fotos sind dann so etwas wie eine Rückmeldung, wie weit diese Lernprozesse vorangeschritten sind.

Diese Präsentation von Fotos ist – zweitens – eine spezielle Form des *bildlichen Zeigens*, durch die die mediale Vermitteltheit mit der sozialen Wirklichkeit und Realität nochmals gesteigert wird. Es ist eine »Verkörperung der Entkörper-

---

10   Zumindest erwähnt werden soll an dieser Stelle aber »The World Soudscape Project«, welches eben die akustische Seite der Raumaneignung in den Vordergrund stellt; in diesem Zusammenhang ist auch auf den einfühlsamen Film »Lisbon Story« von Wim Wenders (1994) über die akustische Entdeckung von Lissabon hinzuweisen (wobei Wenders in dem Zusammenhang darauf hingewiesen hat, dass er früher Städte an ihren »Geräuschen« habe erkennen können, was aber heute durch die globalisierende Angleichung [fast] nicht mehr möglich sei).

lichung« (ebd., S. 125), weil hier das Foto ein immaterielles Medium (»Werkzeug«) des Zeigens ist, durch das eine künstliche und künstlerische Präsenz ohne
körperliche Anwesenheit erzeugt wird; deshalb spricht Wiesing (2005) pointiert
von einer »*artifiziellen* Präsenz«. Die sachliche und didaktische Relevanz des fotografischen Zeigens besteht (auch) darin, dass es eine sichtbare Probe auf die
Sichtbarkeit einer realen Sache, eines realen sozialen Problems darstellt, eine Art
Probehandlung, eine Aussehens- und Ansichtsprobe. Weil durch Fotos bzw. Fotoserien der gezeigte Gegenstand durch ein Bildobjekt substituiert wird, wird er
zugleich ersatzweise vergegenwärtigt, und es kann somit an dem Bildobjekt das
betrachtet werden, was real auch gesehen werden kann. Da *Bildobjekt* und *Real-
objekt* bestimmte sichtbare Eigenschaften miteinander teilen (sofern das Foto
den Tauglichkeitstest bestanden hat), deshalb können Fotos auch zur *Vorbereitung* von Felderkundungen – gerade in unbekannten Sozialräumen und Lebenswelten – verwendet werden. Angesichts der Vielschichtigkeit und Komplexität
der abgelichteten bzw. ablichtbaren Welt ist ein solches bildliches Zeigen immer
»nur« eine *exemplarische* Probe auf *bestimmte* Aspekte und Eigenschaften – und
zwar sowohl mit Bezug auf die Wirklichkeit/Realität selber als auch ihre Wahrnehmung und Deutung. In diesem Spannungsfeld entfaltet sich auch der *soziale
Sinn* von Fotos: Er resultiert sowohl aus dem erfassten Weltausschnitt wie auch
aus den – häufig in Regeln erfassten bzw. festgelegten – pragmatischen Umgangs-
weisen mit den Fotos (es ist dann eben ein Unterschied, ob sie z. B. für eine Semi-
nararbeit und damit als hochschuldidaktischer Leistungsnachweis, zur Ausgestaltung eines Studentencafes oder eine politische Aufklärungskampagne gemacht
bzw. verwendet werden). Unterstützt durch Fototitel, -unterschriften und -erläu-
terungen nimmt die Bildverwendung dann den Charakter eines Zeigeaktes an.
Dabei geben die FotografInnen bis zu einem gewissen Grade den Sinn vor, aber
sie können ihn nicht monopolisieren (so können z. B. Fotos von einem Einkaufszentrum, die die unterschiedlichen Lichtverhältnisse in den einzelnen Läden dokumentieren, aber eher zufällig in der Adventszeit geschossen wurden, auch als
Beleg der Kommerzialisierung des Weihnachtsfestes und als Kolonialisierung der
verbreiteten christlichen Volksfrömmigkeit gedeutet werden; vgl. dazu Kap. 9).
Womit auch gesagt ist, dass ein *gleiches* Foto in sehr *verschiedenen* sozialkommunikativen Zusammenhängen verwendet werden kann und dass sich dann auch der
Sinngehalt mehr oder weniger gravierend verändert (vgl. dazu auch Beispiele in
Kap. 6.2.3).

Das bildliche Zeigen gewinnt – drittens – dann nochmals eine neue Qualität, wenn die Fotos *archiviert* werden und das Archiv selber öffentlich zugänglich ist, insbesondere im Internet, wie das beim »Magdeburger bzw. Fuldaer Archiv für Sozialfotografie« (www.masof.de; www.fasof.de) der Fall ist. Es handelt
sich dann um ein Zeigen zweiter Ordnung, weil die Fotos nun *als Fotos* präsen-

tiert und in gewisser Weise auch inszeniert werden. Diese Art von Musealisierung kann durchaus skeptisch betrachtet werden, weil die Fotos damit natürlich aus den ursprünglichen Entstehungs- und Verwendungskontexten herausgelöst werden und durch die Neukontextualisierung auch einen anderen sozialen Sinn erhalten. Sie werden durch die Archivierung aus dem häufig didaktisch und/oder forschungsbezogenen Zusammenhang herausgenommen, sie treten in so etwas wie einen Verwendungs-Ruhestand, werden also von ihren didaktischen bzw. forschend-dokumentierenden Dienstaufgaben befreit – und können damit auf erweiterter Stufenleiter ihren sozialdokumentarisch-ästhetischen Gehalt entfalten. Was Wiesing (ebd., S. 190 f) über die Präsentation von Bildern in Kunstmuseen sagt, das gilt – so unsere These oder vorsichtiger Hypothese – im Grundsatz auch für die Archivierung von Fotos in einem digitalen Sozialarchiv bzw. für Dauerausstellungen von Fotos in pädagogischen Institutionen, in Behörden, in staatlich-politischen Einrichtungen usw.:

> »Der Sinn wird jeweils aufgehoben, das heißt eben nicht nur negiert, sondern auch konserviert. Beides findet im Museum statt. Daß ein Bild einen einzigen bestimmten Zweck hat, wird negiert, doch die Möglichkeiten des Zeigens mit einem Bild werden im Museum als Möglichkeiten der Verwendung dieses Bildes bewahrt. (…) Im Erfolgsfall kann man zu Recht – und das ist die dritte Bedeutung von *Aufhebung* – von einer Erhöhung des Sinnes des Bildes durch Musealisierung sprechen. Diese Erhöhung besagt: Kunstausstellungen zeigen nicht zeigende Bilder, sondern sie zeigen die Möglichkeiten, wie Bilder zeigen können. Nur der Betrachter im Museum bekommt gezeigt, daß das Zeigen mit Bildern eine sinnabhängige, nachträgliche Verwendung von Bildern ist. Deshalb ist die Aufhängung von Bildern in Kunstausstellungen eine Aufhebung des Bildes im Sinne eines einmaligen Vorgangs. Die Kunstausstellung ist der institutionelle Ort, der dem Betrachter erlaubt und ihn dazu auffordert, ein Bild nicht als ein wirkliches, sondern als ein mögliches Symbol zu sehen. Man sieht Bilder, die nicht etwas zeigen, denn man sieht immer nur Bilder, die etwas zeigen können, wenn sie nicht im Museum wären. Oder anders gesagt: Das im Kunstmuseum gezeigte Bild zeigt niemals nur etwas Bestimmtes. (…) Nichts widerspricht einem Museum mehr als Besucher, die meinen, sehen zu können, was die dort gezeigten Bilder zeigen. Denn das Gegenteil macht ein Kunstmuseum aus: Nirgendwo anders als im Kunstmuseum zeigt sich so deutlich: Was Bilder zeigen, zeigt sich nicht.«[11]

---

11 Vgl. zur Funktion von Ausstellungen, aber auch anderen öffentlichen Präsentationsformen als Teil der Kulturpolitik im Spannungsfeld von Darbietung einzelner Bilder, visuellen Traditionsbildungen und politisch-sozialen Hegemoniestrategien Berg/Gumbrecht (2010), Flusser (2009, Kap. 2 u. 5), Großklaus (2004, Kap. II u. VIII), Mitchell (2008b, 1. u. 3.Teil) sowie die wunderbare Sammlung photografischer Metaphern in Stiegler (2006).

Zweiter Teil:
Arbeitshilfen zur Erarbeitung von Sozialreportagen

Leitlinien zur sozialdokumentarischen Fotogestaltung und Fotointerpretation 3

Die Sozialreportage ist ein besonderes Verfahren der wissenschaftlichen Foto-Text-Kombination in der Disziplin und Profession der Sozialen Arbeit. Während die Be- und Verarbeitung von Texten in der Regel als Selbstverständlichkeit angesehen wird (z. B. bei der Erarbeitung von Konzepten für eine Einrichtung, bei der Vorbereitung einer Fallbesprechung, bei einem Bericht zu einem Hilfeplan), ist die Verwendung von Fotografien immer noch selten und allenfalls randständig. Das hat nicht zuletzt damit zu tun, dass den Texten eine hohe, meist unkritische Dokumentationsqualität zugesprochen wird (z. B. medizinischen und psychologischen Diagnosen, Berichten aus einem Polizeibericht), während gerade diese Qualität Fotos sehr selten zugestanden wird (noch am ehesten bei Verkehrsunfällen oder bei der Dokumentation des Zustandes eines Hauses bzw. einer Wohnung). Für diese extreme Skepsis gegenüber dem Wahrheitsgehalt von Fotografien gibt es aber keine tragfähigen Argumente, weshalb die Sozialreportage von dem Grundsatz ausgeht, dass an die Texte und an die Fotos die gleichen Kriterien der *Quellenkritik* anzulegen sind.

Daraus ist nun umgekehrt der Schluss zu ziehen, dass eben nicht nur bei der Interpretation, sondern auch bei der Produktion von Fotografien bestimmte Kriterien erfüllt sein bzw. werden müssen, damit sie der notwendigen Quellenkritik standhalten. Daraus ergeben sich nun eine ganze Reihe von Aufgaben, die in diesem Leitfaden benannt werden sollen. Dabei kann – wie angedeutet – eher formal zwischen *Produktion* und *Rezeption* von Fotos unterschieden werden. Es gibt selbstredend zwischen beiden Prozessen zahlreiche Überlappungen und dennoch verweisen sie auf unterschiedliche Phasen im Arbeitsprozess. Das kann an einem didaktischen Problem erläutert werden: In den verschiedensten Seminaren zur Sozialreportage haben wir zur Einführung in die Grundsätze der Foto-Gestaltung zunächst die Aufnahmen von *anderen* (»fremden«) FotografInnen verwendet (die also nicht Mitglieder der Seminargruppe, der Fortbildungsveranstaltung usw. waren). Das hat sich nicht hinreichend bewährt, weil sehr viele Probleme der Gestaltung erst deutlich werden, wenn man *selber* die Fotos schießt (ganz im Sinne der *aktiven* Aneignung entsprechender Kompetenzen). Aus diesem Grunde haben wir die Lernschritte diesbezüglich umgestellt: Wir stellen zunächst einige der Gestaltungsmittel dar, lassen die TeilnehmerInnen dann selbst im Feld fotografieren, machen diese Fotos dann zum Gegenstand einer entsprechenden Interpretation in der Gruppe (wobei die jeweiligen FotografInnen diese vorbereiten) und ziehen dann Schlussfolgerungen für die weitere fotografische Arbeit in der Veranstaltung. Genau so ist dieser Leitfaden aufgebaut: Zunächst werden die Gestaltungsschritte erläutert (Kap. 3.1) und dann die der Interpretation (Kap 3.2). Dabei werden im zweiten Teil bei bestimmten Arbeitsaufgaben nur noch knappe Hinweise gegeben, wenn diese Aspekte bei der Gestaltung schon ausführlicher behandelt worden sind[1].

---

1   Selbstverständlich ist es für die Gestaltung und Interpretation stets hilfreich, sich mit wichtigen Traditionen, Personen und Arbeits- bzw. Funktionszusammenhängen der Fotografie näher zu beschäftigen. Dazu hier einige Anregungen: Gute Übersichten über die gesamte Bandbreite fotografischer Aktivitäten und Richtungen finden sich in Brauchitsch (2012), Langer (2002), Mißelbeck (2005) und Stephan (1999); von Paul (2008/2009) werden ausführlich analysiert die Ikonen der Fotografiegeschichte des 20.Jahrhundert; die Traditionen des Fotojournalismus werden in Bisping (2010), Eveno u. a. (2001), Gaede (2006) und Yapp/Hopkinson (2012) dokumentiert; die legendäre Fotoagentur »Magnum« wird àusführlich dargestellt von Bott (2004) und Lardinois (2008); über die Besonderheiten der Sozialfotografie informieren Runge (2012) sowie Stumberger (2007/2010) und über die komplexen Anforderungen an die Sozialreportage exemplarisch das Werk von W. Eugene Schmith (2011); Einsichten in das Selbstverständnis wichtiger FotografInnen sind zu gewinnen bei Bleckwell (2009); ganz andere Einsichten ermöglichen entsprechende filmische Porträts, z. B. von Assouline (2012) zu Henri Cartier-Bresson (1908–2004) sowie die Dokumentation seiner Filme (Cartier-Bresson 2008), von Craig (2000) zu Alexander Rodtschenko (1891–1956), von Sèclier (2010) zu Robert Frank (* 1924), von Maloff (2011) bzw. Maloff Siskel (2013) zu Vivian Maier (1926–2009) und von Wenders/Salgado (2015) zu Sebatiao Salgado (* 1944); zu erwähnen ist hier selbstverständlich auch der legendäre Film »Blow up« von Antonioni (2005) und die aktuelle Ausstellung dazu (Moser/Schröder 2014); aus der Fülle der Handbücher seien hier – etwas willkürlich – herausgegriffen Feininger (1979) und Schmidt (2004).

3.1 Inhaltsbezogene und formalästhetische Arbeitsschritte der Foto-Gestaltung

3.1.1 Vorbereitung der eigenen Foto-Arbeit

Es geht bei einer Aufgabenstellung im Rahmen eines Seminar, einer Fortbildungsveranstaltung, eines Forschungsprojekt oder bei einer öffentlichen Präsentation nie um einen »Sozialraum bzw. Lebenswelt an sich und überhaupt«, sondern immer um die sozialräumlichen und lebensweltlichen *Entwicklungsprobleme*, die mit den analytischen und pragmatischen Methoden der Sozialen Arbeit schrittweise gelöst werden können und sollen (z. b. Verbesserung des ÖPNV für abgelegene Stadtteile, die Nahversorgung für ältere Menschen, die Verbesserung der Wohnumfeldqualität, die Schaffung von öffentlichen Begegnungsräumen für die verschiedenen jugendkulturellen, sozialen, ethnischen und religiösen Milieus). Zwar soll die fotografische Erkundung auch dazu beitragen, *neue* Probleme bzw. Problemsichten zu entdecken, aber dazu ist es erforderlich, sich das *vorhandene* sozialräumliche lebensweltbezogene Problemwissen zunächst einmal zu vergegenwärtigen. Dazu gehören besonders:

a) Vergegenwärtigung des vorhandenen diskursiven Wissens
Zunächst einmal gilt es, die unterschiedlichen *theoretischen* und *empirischen* Analysen zu einem Stadtteil, einer Stadt, einem Dorf, einer Region, bestimmten Milieus, Personengruppen, Einzelpersonen, ihrer alltäglichen Lebensführung, ihren Biografien, ihren Gesellungsformen, ihren politischen und kulturellen Orientierungen und Handlungsweisen entsprechend der vereinbarten Fragestellung bzw. des zu beginnenden Praxisprojektes zu sichten und durchzuarbeiten. Zu den Quellen gehören hier besonders Bericht in der Lokalpresse, politische Stellungnahmen der unterschiedlichen Akteure im Feld (Parteien, Verbände, Initiativen usw.), staatliche Einschätzungen und Programme (z. B. der Stadtverwaltung, der Landesregierung, der Bundesregierung) und wissenschaftliche Analysen. Dabei sind die Befunde usw. so zusammenfassend darzustellen, dass sie später in die eigene Sozialreportage an entsprechender Stelle aufgenommen werden können.

b) Einarbeitung in die vorhandenen »bildlichen« Darstellungsweisen und Befunde der Entwicklungsprobleme
Die unterschiedlichen, schon vorhandenen *ikonischen* Darstellungsweisen können bereits einen ersten »plastischen« Eindruck von den jeweiligen Sozialräumen und Lebenswelten vermitteln. So verraten z. B. Stadtpläne bei genauerer Betrachtung etwas über die unterschiedlichen Bebauungsdichten und räumlichen Nutzungsformen, Grundrisse etwas über die inneren Strukturen und die (wahr-

scheinliche) Funktion von Gebäuden, alte und neue Fotografien etwas über die Entwicklung des Sozialraumes, der Lebenswelten, der Milieus, der öffentlichen und halböffentlichen Gesellungsformen; bestimmte grafische Darstellungen von sozialstatistischen Daten (z. B. zur sozialen, altersmäßigen und ethnischen Zusammensetzung der Bevölkerung) etwas über die sozialräumliche Konzentration bzw. Entzerrung von Problemzonen, Zeichnungen von Kindern etwas über die Art und Weise, wie sie ihre alltägliche Umgebung erleben und erfahren, welche Wünsche und Ängste sie haben, Videofilme einer Jugendgruppe können spezifische sozialräumliche Aneignungsweisen zum Ausdruck bringen usw. Alles das dient dazu, den sozialräumlichen und lebensweltlichen Blick in ganz spezifischer Weise zu schärfen, bevor man selber fotografiert! Zugleich sollten auch diese Materialien schon so aufbereitet werden, dass man sie später in die eigene Sozialreportage einbeziehen kann.

c) Erste eigene Erkundung der Sozialräume und Lebenswelten
Die Sozialreportage hat sich stets in jene Tradition gestellt, die die Erlebnisse und Erfahrungen der *Ohren-* und der *Augenzeugen* aufnehmen und verarbeiten. Daraus folgt etwas scheinbar Banales, aber sehr Wichtiges: Bevor man fotografiert, muss man den jeweiligen Sozialraum und seine Lebenswelten und Milieus, aber auch einzelne Gruppen oder Personen – im ganz direkten Sinne – *in Augenschein* genommen haben. Man durchstreift – möglichst zu Fuß und am besten ohne Kamera (damit man nicht in Versuchung kommt »mal eben auch schon Fotos zu machen«) den Sozialraum in den verschiedensten Richtungen, wechselt mehrfach zwischen Zentrum und Peripherie, Zonen der Ruhe und der Hektik, man geht in die Häuser, betrachtet die Innenräume und dann von den verschiedenen Stockwerken die Außenräume (Innenhöfe, Plätze, Straßen usw.). Man muss auch Kontakt aufnehmen mit den interessierenden Gruppen (z. B. Schulklassen, Jugendgruppen, Peers, älteren und alten Menschen in einem Seniorentreff, Fußballspielern in ihrer Vereinskneipe, Mitgliedern einer Bürgerinitiative an einem Informationsstand), mit ihnen versuchen ins Gespräch zu kommen, das Anliegen des jeweiligen Projektes erklären und versuchen, sie von der Mitwirkung zu überzeugen, entsprechende Verabredungen treffen usw.) – und bei alledem sie schon genau beobachten und sich erste Gedanken machen, *wie* man diese Menschen wohl am besten fotografieren könnte. Oder anders ausgedrückt: Die Sozialreportage steht immer auch in der Tradition der *Reisefotografie* (oder allgemeiner: der Reiseliteratur) und deren methodisch kontrollierter Weiterentwicklung zur *ethnologischen Feldforschung:* Als ProjektteilnehmerIn o. ä. betritt man also in gewisser Weise ein »unbekanntes Land« (und das kann auch vor der eigenen Haustür liegen, wenn man es unter Aspekten betrachtet, die im eigenen Alltagshandeln keine Rolle spielten) und versucht sich davon »ein Bild zu machen«, es zu verstehen und

zu ergründen. Auf diese Weise erlebt man die örtlichen, sozialen und zwischenmenschlichen Verhältnisse und Beziehungen aus sehr unterschiedlichen Perspektiven und man sollte immer wieder nach neuen Betrachtungsstandorten suchen, um einen möglichst vielschichtigen sinnlichen Eindruck zu gewinnen, weil nur dann der fotografische Ausdruck erreicht werden kann, der die *Tiefenstrukturen* des Sozialraumes, der Lebenswelten und Milieus auch visuell in der Lage ist zu erfassen und zu thematisieren. So muss man sich z.B. Gedanken machen, in welchem öffentlichen, halb-öffentlichen oder privaten Raum man bestimmte Personen fotografieren will, welche Kleidung für sie charakteristisch ist, in welcher Interaktionsstruktur ihre Lebenseinstellungen am besten zum Ausdruck kommen – und über alles dies mit den interessierenden Personen sprechen und dabei etwa auch die Frage klären, ob sie in einer »natürlichen« Situation fotografiert werden möchten oder in einer von ihnen bewusst inszenierten, ob sie sich dafür besonders stylen möchten usw.

3.1.2 Festlegung der fotografischen Motive I: Die zu dokumentierenden Realitätsausschnitte

Das Motiv vermittelt zwischen dem *Realitätsausschnitt* (Sujet) und seiner spezifischen *ikonischen Darstellungsweise;* bezüglich des Sujets erfordert das folgende Arbeitsschritte:

a) Gesamtheit vs .exemplarische Teile der Sozialräume bzw. Lebenswelten
Man kann bezogen auf den *Sozialraum* formal unterscheiden, ob relativ *umfassend* der ganze Sozialraum erfasst werden soll (also möglichst viele Gebäude, Straßen, Plätze, Gärten, Parks, natürliche und bebaute Umgebung usw.), was am besten aus der Vogelperspektive zu erfassen ist (von hohen Häuser, Kirchtürmen oder auch vom Flugzeug aus); oder ob *einzelne* Gebäude- und Straßenkomplexe (oder sogar einzelne Häuser) aufgenommen werden sollen; oder ob es um bestimmte, also charakteristische *Details* geht (z.B. Graffitis, die etwas über das Lebensgefühl von Teilen der Jugend aussagen oder Türschilder, die die multikulturelle Zusammensetzung wie auch den Zustand eines Gebäudes verdeutlichen). – Vergleichbare Fragen stellen sich auch für die *lebensweltbezogene* Sozialfotografie. Dabei muss vorausgeschickt werden, dass sie in der Tradition der realistischen (aber nicht naturalistischen) Portraitfotografie steht, worunter ja nicht nur Einzelportraits (auch Selbstportraits) fallen, sondern auch Doppelportraits, Gruppenfotos – und dies nochmals differenziert nach alltäglichen (privaten, halb-öffentlichen und öffentlichen) Sozialräumen oder nach Sondersituationen (z.B. auf einer Verbandsveranstaltung – als TeilnehmerIn oder RednerIn – oder in einem Studio oder einer

vergleichbaren Situation außerhalb von Gebäuden). Dementsprechend muss man sich überlegen, ob man die jeweiligen lebensweltlichen Zusammenhänge in ihrer Gesamtheit erfassen will (z. B. Gruppenfotos der ganzen Peergruppe oder Schulklasse), ob man ausgewählte, manchmal sogar einzelne Personen ins Zentrums stellt (die für bestimmte Aspekte exemplarisch, also »typisch« sind, weil sie z. B. eine bestimmte »Körpersprache« verwenden), ob man bei ganz wenigen oder einzelnen Personen diese voll abbildet oder nur die Gesichter (um z. B. die Blickbeziehungen hervorzuheben) oder ob man von einer einzelnen Person nur das Gesicht oder nur die Hände zeigt.

b) Zeitpunkt der Aufnahme: Der richtige Augenblick
Wie schon erwähnt, kann man nicht alles zu jeder Zeit fotografieren; das gilt gerade für *Sozialräume,* die ja dem Rhythmus der *Tageszeiten* und der *Jahreszeiten* unterliegen, in denen sich Beständigkeit und Wechsel überlagern, die zugleich jeweils ganz unterschiedliche Facetten und Strukturen eines Raumes hervortreten lassen; z. B. löst ein Park jahreszeitlich eine sehr unterschiedliche Stimmung aus, wie auch eine Straße am Tag und in der Nacht (beleuchtet oder dunkel) einen sehr unterschiedlichen sozialen Aufforderungscharakter birgt (zwischen Anziehung und Flucht). Es geht dabei nicht darum, den jeweiligen Sozialraum nur dann zu fotografieren, wenn er »besonders schön« erscheint, sondern in der Weise, die den sehr unterschiedlichen Aneignungsweisen der Menschen gerecht wird (so sind für Nachtschwärmer andere Zeiten von Bedeutung als für Kinder oder RentnerInnen). Gerade hier wird deutlich, dass es an *einem* Ort (etwa einem Stadtteil) immer *verschiedene* Räume gibt, je nachdem, wie sie von welchen Menschen wann in welcher Ansicht und mit welchen Folgen genutzt werden. Das muss auch fotografisch dokumentiert und gedeutet werden. – Alles das gilt selbstverständlich auch für die *lebensweltbezogenen* Fotos. Auch hier muss man sich fragen, wann bestimmte Fotos überhaupt gemacht werden können; z. B. finden bestimmte gesellige Aktivitäten des Schrebergartenvereins nur an bestimmten Wochentagen oder zu einer bestimmten Jahreszeit statt; oder die Firmung bzw. Kommunion ist nur an ganz bestimmten Tagen im Jahr; oder die wahrscheinlich sehr konflikthafte, weil für den bisherigen Besitzer sehr belastende (u. U. sogar als Entwürdigung empfundene) Übergabe seines Bauerhofes an seinen Sohn oder der Vollzug einer Räumungsklage sind an einem ganz bestimmten Tag zu einer ganz bestimmten Uhrzeit, an dem man anwesend sein muss, um anhand solcher Situationsfotos strukturelle Problem deutlich zu machen.

c) Beachtung der Witterungsverhältnisse

Selbstverständlich gilt auch für die Sozialfotografie der alte Grundsatz, dass z. B. qualitätsvolle Architektur bei *jedem Wetter* schön ist; im Umkehrschluss bedeutet es eben auch, dass bestimmte sozialräumliche und lebensweltliche Entwicklungsprobleme bei einem bestimmten Wetter am besten zum Ausdruck gebracht werden können. Dass ist nun nicht in der oberflächlichen Weise zu verstehen, dass man z. B. einen problembelasteten Stadtteil am besten im Regen fotografiert oder belastende Familienverhältnisse in einem dunklen Raum, sondern so, dass z. B. die unterschiedlichen Entstehungszeiten der Gebäude und damit ihrer Baustile (z. B. eines Gründerzeithauses im historizistischen Stil und eines Büro- und Geschäftshauses im Bauhaus-Stil) und die Art und Weise, wie die Gebäude innerhalb des Sozialraumes miteinander auf durchaus konflikthafte Weise »kommunizieren«, bei einem bestimmten Wetter (und das kann dann auch ein regnerischer Tag sein) am besten deutlich werden. Oder dass man Konflikte in einer Schulklasse am besten zum Ausdruck bringen kann, wenn man sehr kontrastreiche Lichtverhältnisse aussucht (z. B. einen heißen Sommertag) Dazu muss man den Sozialraum und die Lebenswelt nicht nur gut kennen, sondern auch in der Lage sein, die Gunst der Stunde zu nutzen (wenn z. B. bei einem Gewitter genau zwischen den Gebäuden ein Blitz zu sehen ist oder er den Hintergrund eines Gruppenfotos bildet). Für eine umfassende fotografische Sozialraum- und Lebensweltanalyse ist es meist erforderlich, den Sozialraum bzw. die Lebenswelt in sehr unterschiedlichen Wetterlagen zu erfassen und zu deuten, weil auch diesbezüglich sehr unterschiedliche Aneignungsweisen durch die verschiedenen sozialen Gruppen zu beobachten und zu rekonstruieren sind.

d) Entscheidung über die angemessenen Lichtverhältnisse

Tages- und Jahreszeiten sowie das Wetter haben – wie schon angedeutet – immer auch einen Einfluss auf das *Licht;* und weil Fotografen immer »Lichtbildner« sind, deshalb muss auch begründet entschieden werden, bei welchen Lichtverhältnissen welche sozialen Problemschichten am besten zu erfassen sind (inwieweit z. B. gleißendes Sommerlicht die Leere und Ausdruckslosigkeit einer Stadtlandschaft oder umgekehrt das kalten Winterlicht die soziale Abgeschnittenheit, Gleichgültigkeit und Einsamkeit der Menschen zum Ausdruck bringt). – Ein besonders technisches Problemfeld sind stets Innenaufnahmen (z. B. bei Kinderfotos), weil für sie meist zu wenig Tageslicht zur Verfügung steht, weshalb lange Belichtungszeiten oder zusätzliche Lichtquellen (in der Regel ein Blitzlichtgerät; dann muss man auf störende Reflexe von Metallgegenständen u. ä. achten) notwendig werden. Hier ist zu berücksichtigen, dass die Helligkeitszonen nicht ausgefressen und bestimmte Raumzonen nicht unterbelichtet sind. Das ist besonders dann eine Herausforderung, wenn man Innen- und Außenraum in *einem* Foto erfassen will (um

z. B. den Kontrast einzufangen zwischen relativer infrastruktureller Verwahrlosung der Straßen, Gärten und Häuserfassaden einerseits und dem intensiven Bemühen, die eigene Wohnung dennoch »gemütlich« und »behaglich«, vielleicht
sogar modern und anspruchsvoll zu gestalten).

3.1.3 Festlegung der fotografischen Motive II:
Auswahl der ästhetische Gestaltungsmittel[2]

Nicht nur auf Ansichtskarten, in Reiseführern und entsprechenden Bildbänden,
sondern auch in der ausgesprochen professionellen Architekturfotografie finden
sich in der großen Mehrheit recht traditionelle Raumdarstellungen. Sie sind u. a.
bestimmt von parallelen Linien innerhalb des Fotomotivs, wie im Verhältnis zum
Rand; Frontalansicht, Verhinderung von Gegenlicht und Spiegelungen in Wasser-
flächen o. ä., Zentralperspektive und durchgängiger gestochener Schärfe; sofern
Menschen (einzeln oder in Gruppen) aufgenommen werden, bleiben sie den Gebäuden äußerlich, manchmal wirken sie wie Beiwerk oder Attrappen. Dadurch
werden die Relationen zwischen materieller und symbolischer Struktur des Raumes und die Art und Weise, wie sich die Menschen handelnd, erkennend und be-
wertend mit ihm auseinandersetzen, ausgeblendet, weshalb diese Art von Sozialraumfotografie – bei aller technischer Meisterschaft! – auf uns starr und leblos,
also statisch wirkt. Von daher ist für die Sozialraumfotografie, die zugleich für die
Thematisierung der lebensweltlichen Dimensionen offen ist, die noch junge Tradition der *dynamischen* Architekturfotografie von zentraler Bedeutung und deren Umgang mit den Linien, der Fläche, dem Körper und den Perspektiven. Denn
sie wird dem sich immer noch beschleunigenden sozialen Wandel, der ja auch ein
räumlicher und lebensweltlicher ist, eher gerecht; und in ihr spielen immer auch
Bildungsabsichten eine Rolle, nämlich das »*Neue Sehen*« als dem der Moderne angemessenen Wahrnehmen und Deuten, welches es zu fördern gilt, um auch ungewohnte Blicke auf vertraute sozialräumliche und lebensweltliche Strukturen an-
zuregen.

---

2   An dieser Stelle sei auf die Argumentationsweise von Arnheim (2002) hingewiesen, der in
     seiner Filmtheorie zunächst die formalen Gestaltungsmittel darstellt (ebd., Kap. II) und
     von daher die besonderen ästhetischen Ausdrucksmöglichkeiten des Films begründet (ebd.,
     Kap. III). Das gilt im Grundsatz auch für die dokumentarische Fotografie.

a) Linien, Flächen und Figuren

Wenn es die Absicht ist, nicht nur die Struktur und Funktion eines Raumes, sondern auch seine symbolische Ausdruckskraft, seine Stimmung zum Ausdruck zu bringen, dann sollten die Linien selber sich zu geometrischen Strukturen verdichten, denen zugleich eine bestimmte Aussagekraft eigen ist. So kann z. b. das Transparent einer Kinderrechts-Demonstration, welches sich diagonal durch das Bild zieht und im oberen Teil nur noch »die Masse« zeigt und im unteren Teil einzelne Personen und Personengruppen, die soziale Spannung zwischen Mitgliederorientierung und politischer Interessenorientierung in einem Kinder- und Jugendverband zum Ausdruck bringen; wobei im günstigen Fall innerhalb dieser Teile einzelnen figurative Formen miteinander kommunizieren (z. B. Körperbewegungen, unterschiedliche/gleiche Höhe der Luftballons, die »punktualistische« Darstellung der Personen in der »Masse« und ihre rechtwinklige Einfassung durch die Häuserfront an der Strasse). Solche geometrischen Ausdruckweisen können auch durch kontraststarke Gegenlichtaufnahmen gefördert werden (um z. B. die Massivität eines Gebäudes deutlich zu machen, welches die historisch gewachsene Bebauungsstruktur im Stadtteil »erschlägt«; und Spiegelungen im bewegten Wasser können das Verhältnis von bebauter und »natürlicher« Umwelt verdeutlichen. Weitere Gestaltungsmittel sind u. a. die genaue Abstimmung der Farben bzw. der Grauabstufungen bei Schwarzweissaufnahmen (von sehr harmonisch bis sehr kontraststark – als Ausdruck des relativ »friedlichen« oder konflikthaften sozialen Zusammenlebens); und die ausgeprägte Differenzierung zwischen scharfen und unscharfen Bildteilen lenkt den Blick auf wichtige, aber häufig übersehene Details und deren Zusammenspiel (z. B. die Vogelnester an einem gerade erst errichteten Bürohaus und die Spannungen zwischen der Oberfläche der Materialien der Nester und des Gebäudes). Nicht zuletzt sagen die Größenverhältnisse der Flächen (z. B. von Schaufenstern) nicht nur etwas über Struktur und Funktion, sondern auch über die symbolische Relevanz aus (z. B. »klein, aber fein« vs. »dick und protzig«). – Auch in der Portraitfotografie gilt der Grundsatz, dass ein ruhiger = statischer Ausdruck dadurch erreicht wird, dass alle Bildanordnungen parallel zum Bildrand verlaufen; und Dynamik, Bewegung, u. U. auch Flucht werden durch Diagonalen (z. B. die Blickrichtung oder Körperhaltung) erreicht (besonders von solchen, die von links nach rechts verlaufen). Gerade Linien (z. B. der Körperhaltung) stehen dabei für Bestimmtheit, Kraft, Beständigkeit u. ä., während geschwungene und gekrümmte Linien etwas eher Heiteres, Unbeschwertes, Spielerisches zum Ausdruck bringen. Um sich dies selbst zu verdeutlichen, sollte man von einer vertrauten Person eine Portraitserie mit ganz verschiedenen *mimischgestischen Ausdrucksweisen, fotografischen Sichtweisen* (Standpunkten, Blickrichtungen, Brennweiten, Beleuchtungsarten und -richtungen, Lichtstimmungen, An- und Ausschnitten – und deren harmonischen bis polarisierenden Beziehungen untereinander) und *ikonischen Darstellungsformen* anfertigen und deren lebensweltlichen Gehalt mit Hilfe des Leitfadens in Kap. 2 (am besten gemeinsam mit der/dem Fotografierten) hermeneutisch aufschlüsseln. Dabei sollte den anatomischen Details der Gesichtspartie (den Augen, der Stirn, den Ohren, den Haaren, der Nase, dem Mund, dem Kinn, der Hals- und Kopfhaltung und -drehung, ggf. den Brillen und/oder dem Schmuck), aber auch den Händen und Beinen besondere Aufmerksamkeit geschenkt werden. Auf diese Weise gewinnt man ein eigenes aktives, vieldimensionales, flexibles und reflexives Verhältnis zu den Tiefenstrukturen der Lebenswelten wie auch zu ihren Rekonstruktionsmöglichkeiten und -notwendigkeiten.

b) Perspektiven und Körper
Jede *Sozialraumfotografie,* die den räumlichen Charakter zum Ausdruck bringen will, muss sich mit dem Problem der Perspektive auseinandersetzen, um die erwünschte illusionäre Dreidimensionalität zu erreichen. Dazu ist in der westlichen Bildtradition die Zentralperspektive entwickelt worden. Sie ist aber – wie die moderne Malerei und Fotografie gezeigt hat – nur ein Sonderfall; so wie die statische Architekturfotografie in gewisser Weise nur ein Spezialfall der dynamischen ist. Letztere arbeitet gerade – mit z. T. extremen – Unter- und Obersichten; mit stürzenden Perspektiven; Gebäude werden schräg aufgenommen, um die Verzerrung der Perspektive (gerade bei der Verwendung von Weitwinkelobjektiven) zu vermeiden; zugleich können bestimmte Farbkombinationen bzw. Grauabstufungen sie nochmals betonen (gerade dazu kann die genau durchdachte Verwendung der beiden »Nichtfarben« Schwarz und Weiß erheblich beitragen). – Diese anzustrebende flexible, aber nicht willkürliche Verschränkung von Linien, Flächen und Perspektiven zu Körpern lassen den sozialen Raum als einen – metaphorisch gesprochen – »Organismus« entstehen, der durch spezifische Rhythmen und Kontraste bestimmt ist, die selber Ausdruck der spezifischen sozialen Dynamik des jeweiligen Raumes sein sollten. Oder anders und grundsätzlicher formuliert: erst diese dynamische Raumdarstellung steht im Einklang mit der Einsicht, dass die Räume von Menschen geschaffen wurden und werden, dass sie sie immer auch interpretieren (erkennen und bewerten) und auf dieser Grundlage auch verändern können. Insofern muss das Verhältnis von Mensch und bebauter Umwelt (im weitesten Sinne) auch bei solchen Fotomotiven zum Ausdruck kommen, wo keine Menschen anwesend sind (so impliziert ein Spielplatz, auch wenn keine Kinder auf ihm spielen, die Anwesenheit von ihnen; sind sie abwesend, dann belegt dies, dass er ihren Bedürfnissen nicht entspricht).

Damit sind auch wichtige Ausdrucksmittel der *Portraitfotografie* mit angesprochen und auch hier gilt der allgemeine Grundsatz: »Weniger ist mehr« (die meisten Fotos zeigen zuviel und das verweist darauf, dass der/die FotografIn sich nicht entscheiden konnte, was wie gewichtet werden sollte). Hier ist speziell darüber zu entscheiden, *warum* die Person(en) *wie* in der Bildfläche positioniert werden. Dabei geht es zum einen um die Größenordnungen: Welche Personen sollen wie groß dargestellt werden, in welcher Relation stehen somit diese Größen und in welcher Beziehung stehen diese zur Gesamtbildfläche. Wenn man z. b. bei einer Versammlung eines großen Wohlfahrtsverbandes die Hierarchie ausdrücken will, dann kann man die »bedeutenden«, also Leitungsmitglieder größer ablichten als die »weniger bedeutenden«, also die MitarbeiterInnen (wenn man das bewusst kritisieren will, kann man es genau umgekehrt machen, dann sieht man »die Großen« auf den Fotos fast gar nicht). Wenn man – um eine anderes Problem zu nennen – die demonstrative Wucht eines Körpers zeigen will (z. b. in einer Dokumentation eines erlebnispädagogischen Projektes in einem »sozialen Brennpunkt«), dann wird man die Person so groß darstellen, dass sie den Bildrahmen quasi sprengt (u. U. wird man die Person sogar nur »anschneiden«, also nicht vollständig zeigen und aus einer Untersicht fotografieren). Will man die Verlorenheit eines alten, vereinsamten Menschen dokumentieren, dann wird man ihn so klein darstellen, dass er auf dem Bild fast verschwindet. – Zum anderen muss man sich entscheiden, in welchem Verhältnis die Personen zu den ggf. auch im Bild vorhandenen Gegenständen dargestellt werden sollen. Wenn man z. b. verdeutlichen will, dass die Menschen von bestimmten Dingen = Umständen »erschlagen« werden können, z. b. von vollautomatisierten Produktionsstraßen, dann wird man diese sehr groß und die Menschen sehr klein darstellen. Man kann dieses Ungleichheitsverhältnis dadurch verstärken, aber auch relativieren, dass man die verschiedenen Mittelpunkte entweder zusammenlegt (in dem Fall liegt dann die Maschinenanlage im thematischen, geometrischen und perspektivischen Mittelpunkt; oder man verfährt genau umgekehrt: die relativ kleinen Menschen werden genau dort positioniert und damit würde gezeigt, dass letztlich doch der Mensch die Maschine beherrschen oder doch zumindest beherrschen kann und sollte. In ähnlicher Weise kann man verschiedene Personen an den verschiedenen Mittelpunkten platzieren und so die inneren Spannungen zwischen ihnen verdeutlichen. Und dies kann durch einen spannungsreichen Verlauf der Linien der Blickrichtungen und Körperachsen unterstrichen oder auch eingeschränkt werden (je nach dokumentarischer Darstellungsabsicht). – Alles dies kann dann durch Farb- und Tonwertauswahl, aber auch durch die Brennweitenauswahl verstärkt, relativiert oder in ein konflikthaftes Verhältnis gesetzt werden. Insgesamt sollte auch hier in einer durchdachten Weise experimentiert werden, um die sozialen Problemlagen und -dimensionen möglichst präzise zu erfassen.

3.1.4 Fotografische Herausarbeitung des Typischen und Verallgemeinerungsfähigen

So groß der Eigensinn der formalästhetischen Gestaltung auch immer sein mag, so sehr ist die in ihnen enthaltene Abstraktionsleistung immer eine *Abstraktion* und eine *Darstellung von* einem bestimmten sozialen Raum und einer bestimmten Lebenswelt, dessen innere Entwicklungslogik es gilt zu erfassen. Das kann besonders auf zweifache Weise geschehen; einmal durch die *Fotoserie:* Sie ist die einfachere Form der Verallgemeinerung, weil in ihr die verschiedenen Aspekte z. B. des jeweiligen Sozialraumes (etwa die verschiedenen Wohn- und Geschäftshäuser aus unterschiedlichen Bauepochen, die Straßen verschiedener Größe und Funktion, die ÖPNV-Anbindungen, die vielfältigen Auslagen in den Geschäften) aus verschiedenen Blickwinkeln, zu verschiedenen Jahres- und Tageszeiten, Wetterbedingungen usw. dargestellt werden. Bei den lebensweltbezogenen Serien ergibt sich hier die Möglichkeit, den zeitlichen Ablauf bestimmter Szenen darzustellen (z. B. die unerwartete – freudige oder sehr belastende – Begegnung von Menschen, die sich lange nicht gesehen haben); oder auch eine Biografie zu dokumentieren, und auf diese Weise deren Vielschichtigkeit, ggf. auch Widersprüchlichkeit zu erfassen (z. B. von einer Frau aus einem traditionellen Arbeiterherkunftsmilieu, die im Rahmen der Bildungsexpansion aufgestiegen ist, auf komplizierte Weise Familie und Beruf hat vereinbaren können, gleichzeitig zivilgesellschaftlich engagiert war und ist und die nun im Rahmen der neueren Weltwirtschaftskrise arbeitslos wird). Ein besonderes Darstellungspotenzial (welches aber erhebliche technische und ästhetische Kompetenzen erfordert, auch wenn es durch die Digitalfotografie erleichtert wird) ist das *Simultanportrait,* bei dem unterschiedliche Fotos z. B. des gleichen Menschen zur gleichen Zeit, des gleichen Menschen zu (sehr) unterschiedlichen Zeiten, von verschiedenen Menschen zu unterschiedlichen oder gleichen Zeiten in *einem* Foto verdichtet werden (z. B. durch Überblendung oder Überlagerung). Hier eröffnen sich dann fließende Übergänge und unterschiedlichste Kombinationsformen von dokumentarischer und »bildnishaftkünstlerischer« Sozialfotografie, die z. B. die Differenz zwischen äußerer Erscheinung und innerer Psychodynamik (etwa verstanden als Konflikt zwischen »Es, »Ich« und »Über-Ich«, Erwachsenendasein und kindlichen Bedürfnissen) durch dekonstruierte/fragmentierte und rekombinierte Gesichter, Körper und Umgebungen zum Ausdruck bringen und damit eine neue Tiefenstruktur der Lebenswelten erschließen.

So wenig das Ganze die Summe seiner Teile ist, so wenig ergibt sich aus einer Ansammlung von Fotos ein hinreichender, vertiefender Eindruck von einem Sozialraum. Die Fotos müssen also nicht nur inhaltlich aufeinander bezogen sein, sondern sie müssen auch in ihrer formalen Gestaltung miteinander so korrespondieren, dass die tiefer liegenden Strukturen erfasst werden; und sie müssen auch dementsprechend angeordnet werden (z. B. bei einer Fotoausstellung in einem Jugendzentrum, bei einer Reportage in einer Lokal- oder Stadtteilzeitung oder in einem studentischen Projektbericht eines Seminars).

Die andere Form ist das *typische Einzelfoto* (das Simultanfoto, was man auch von Sozialräumen machen kann, ist Serie und Einzelfoto in einem): Schon die Fotoserie darf nicht der Gefahr erliegen, möglichst viele Fotos zu präsentieren, um damit inhaltliche und formale Gestaltungsmängel kompensieren zu wollen (solche Serien ermüden die BetrachterInnen sehr schnell). Die Qualitätsansprüche werden allerdings nochmals erheblich gesteigert, wenn man sich bemüht, in nur ein oder zwei Fotos z. B. das soziale Klima einer Kleinstadt, in einem Mehrgenerationenhaus oder in einer Familie auch gegenüber Außenstehende überzeugend zu erfassen (z. B. durch eine charakteristische Szene auf dem wöchentlichen Bauernmarkt, die Begegnung eines kleinen Kindes mit einem unbekannten, ans Bett gefesselten älteren Menschen, die – missglückte – Geburtstagsfeier in einer Familie). Die Schaffung solcher Einzelfotos erfordert ein immer tieferes *Eindringen* in die sozialen Dynamiken des Raumes und in die formalen Gestaltungsmöglichkeiten; sie kann dadurch unterstützt werden, dass man sie *vergleicht* mit anderen charakteristischen lebensweltlichen Szenen im gleichen Sozialraum (z. B. beim Friseur oder in einer Schulklasse) oder mit solchen in anderen Sozialräumen (z. B. den Begegnungsformen auf einem Bauernmarkt in einer Großstadt). Manchmal mögen solche weitreichenden Bemühungen letztlich erfolglos bleiben; aber dann eigenen sich solche Fotos immer noch für einen exponierten Platz in der Fotoserie (z. B. kann man um ein besonders gelungenes, aber immer noch nicht befriedigendes Bild die ganze Serie herumgruppieren oder es ins Zentrum des Simultanfotos stellen).

Um dieses Problem der Verallgemeinerung handhabbarer zu machen, kann und sollte zwischen drei Funktionen des jeweiligen *Einzelfotos* im Rahmen einer visuellen und diskursiven *Gesamtargumentation* unterschieden werden:

a) *Primär* den Untersuchungsgegenstand bestimmende Fotos, also ihn konstituierend (z. B. die Segregation in einer Straße; die konflikthafte Begegnung von Jugendgruppen; die gleichzeitige Präsenz von Gebäuden aus unterschiedlichen historischen Epochen und ihren typischen Baustilen).

b) *Sekundär* den Untersuchungsgegenstand charakterisierende Fotos, also ihn weiter konkretisierend und spezifizierend (in den Beispielen von oben: Fotografischer Vergleich mit anderen Segregationsprozessen im Straßenraum oder sehr ähnlichen in anderen Straßen; visuelle Dokumentation von Konflikten zwischen einzelnen religiösen Gruppen oder verschiedenen Altersgruppen; Fotos zur monotonen Bebauung in einem Stadtteil).

c) *Veranschaulichung* der primären und sekundären Bestimmung des Untersuchungsgegenstandes als weitere Verdeutlichung des Erscheinungsbildes des
thematisierten Problems (wieder in den o. a. Beispielen: Fotos von anderen
Häusern in der Straße, wo zusätzliche Seiten der Segregation deutlich werden;
Fotos von einzelne Gruppenmitgliedern und wie sie sich in dem Konflikt verhalten; Fotos zu dem Mix von unterschiedlichen Baustilen und -materialien
aus unterschiedlichen Epochen in einem Haus).

3.2 Arbeitsschritte der sozialraum- und lebensweltweltbezogenen Foto-Interpretation

Dieser Abschnitt soll dabei helfen, den Erkenntnis- und Selbstaufklärungswert
von Fotos individuell und gemeinschaftlich zu erschließen. Er ist dabei darum
bemüht, eine entwicklungsoffene Balance zu halten zwischen den Ansprüchen
der Fotografie als einer Forschungsmethode, einer Lern-Lehr-Methode und einer
Handlungsmethode der Sozialen Arbeit. Dabei ist ausdrücklich darauf hinzuweisen, dass es bei einer (fotografischen) Bildinterpretation keine zwingende Reihenfolge der Analyseschritte gibt. In diesem Sinne haben auch die folgenden Fragestellungen Hinweis- und Anregungscharakter. Oder anders formuliert: Alle diese
Fragen sollten an einer bestimmten Stelle des Interpretationsprozesses gestellt und
so weit wie möglich beantwortet werden, aber wann das jeweils geschieht, ist relativ offen (wenn auch nicht völlig beliebig). Dabei ist auch zu beachten, dass eine
solche Fotointerpretation Zeit braucht. Entgegen der alltagskulturellen Gewohnheit, Texte zu lesen, aber Bilder nur flüchtig zu betrachten, erfordert die Erschlie-
ßung des dokumentarischen Sinngehalts selbst von einfachen Amateurfotos (sog.
Knipser-Fotos) in der Einzel- und Gruppenarbeit etwa drei Stunden oder sogar
noch länger, denn »mit den Augen sozial denken und fühlen zu lernen« ist ein für
viele überraschend aufwendiger Lernprozess. Zu ihm soll das nachfolgende Raster
anregen. Dabei sind die jeweiligen Fragen nicht »auf die Schnelle« zu beantworten, sondern bedürfen des genauen Hinsehens und der detaillierten Beantwortung. Damit die jeweiligen Antworten sich im Dialog und vielleicht sogar Diskurs
bewähren können, müssen die jeweiligen *Feststellungen* (z. B. *was* das eigentliche
Hauptthema eines Fotos ist) mit einer erläuternden *Begründung* versehen werden
(im Beispiel: weil der Gegenstand genau im geometrischen Mittelpunkt liegt). Damit dürfte auch deutlich sein, dass bei der Beantwortung über knappe »Ein-Satz-
Antworten« (weit) hinausgegangen werden muss.

Im Vorfeld der eigentlichen Interpretation gilt es, die Beziehungen des Fotos
zu den *externen* Entstehungs- und Verwendungsbedingungen des Fotos zu klären.
Das ist bis zu eine gewissen Grade dann leichter, wenn man die Fotos selber ge-

macht hat. Aber man täusche sich hier nicht: Nicht nur bei älteren Fotos (die man also vor vielen Monaten oder gar Jahren gemacht hat) fällt es einem häufig schwer, die genauen Daten zu präsentieren. Deshalb sei es geraten, sich bei den einzelnen Fotos oder Fotoserien stets Notizen zur Beantwortung der nachfolgenden Fragen zu machen. Und diese Fragen sind natürlich dann ggf. nur mit erheblichen Mühen zu beantworten, wenn man von Fotos von anderen FotografInnen und aus ganz verschiedenen Entstehungskontexten (»Knipser«-Fotos, engagierte Amateurfotos, professionelle Fotos – in privaten, halböffentlichen und öffentlichen Räumen und Situationen) und besonders aus sehr verschiedenen, eben auch wechselnden Verwendungskontexten (z. B. nur für den privaten Gebrauch, für die Verwendung in Vereinen, Initiativen, Verbänden Parteien, auf Flugblättern, in Zeitungen, Zeitschriften, Büchern, auf Postkarten – wobei seit dem letzten Jahrzehnt viele *private* Fotos in Büchern *veröffentlicht* werden – z. B. zu bestimmten Ereignissen wie etwa dem Ersten Weltkrieg oder thematischen Schwerpunkten wie der biografischen Darstellung ganzer Jahrgänge in einer Region, in einem Land) in die eigene Sozialreportage einbezieht (im Sinne von Kap. 3.1.). Folgende Angaben sind notwendig bzw. sinnvoll:

a) *Zeitpunkt der Aufnahme;* wie genau diese sein muss, hängt vom Fotoinhalt ab: geht es um einen allgemeinen Trend (z. B.. Zunahme und neue Formen der Armut), dann müssen sie nicht so präzise sein als wenn es um ein besonderes Ereignis geht – z. B. die Maueröffnung 1989 oder die Besetzung eines leerstehenden Hauses). Das gilt auch für

b) *Ort der Aufnahme;* soll z. B. das Gesamtbild einer Stadt dokumentiert werden oder die Entstehung einer neuen Siedlung oder der Zerfall bestimmter, historisch bedeutsamer Gebäude – dann werden die Genauigkeitsanforderungen immer höher.

c) Ergänzend sind auch hilfreich Angaben zu bestimmten *Ereignissen/Ereignisserien* (z. B. Anschläge auf Asylbewerberheime und Zerstörungen in verschiedenen Jugendzentren) und/oder besondere *Erlebnis-* und *Erfahrungskontexte* (z. B. angstbesetzte sozialräumliche Zonen oder die ausgelassene, aber trügerische Stimmung auf einem Volksfest) – gerade sie geben häufig Aufschluss darüber, *warum* die Fotos überhaupt gemacht wurden.

d) Gerade zur Beantwortung der Fragen a) und b) ist die nähere Betrachtung der *Fototechnik* sehr häufig hilfreich – gerade bei ziemlich alten Fotos (man kann dann eingrenzen, wann sie frühestens bzw. voraussichtlich spätestens gemacht worden sein können).

3.2.1 Der Alltagssinn des vorliegenden Fotos

Diese Aneignungsstufe des sozialdokumentarischen Gehalts der jeweiligen Fotografie ist bewusst noch *vorreflexiv,* um sich einen möglichst sozial und kulturell vorurteilsfreien und unzensierten Zugang zum Bildinhalt zu erschließen. Zugleich wird dabei das, was zu *sehen* ist, in *Worte* gefasst, also »übersetzt«. Dafür ist die Textgattung der *Erzählung* meist die am besten geeignete. Hierzu sind folgende Arbeitsschritte erforderlich:

a) Genaue Beschreibung der Bildinhalte
Das ist nur scheinbar banal, weil sie nämlich schon der alltäglichen Gewohnheit widerspricht Fotos (z. B. in der Tageszeitung oder auf Werbeplakaten) nur flüchtig anzusehen, also *nicht* zur Kenntnis zu nehmen, was alles zu sehen ist. In der Regel ist es für die Beschreibung hilfreich, nach dem Vorder-, Mittel- und Hintergrund zu unterscheiden. Sollte das nicht möglich bzw. sinnvoll sein, kann man das Foto auch in gleichmäßige Flächen aufteilen und diese zunächst einzeln und dann in ihrem Zusammenhang beschreiben.

b) Thematisierung der ersten, spontanen Eindrücke der Interpretierenden von dem Bild
Hier geht es um das bildhafte Erleben, die intuitiven Eindrücke vom Kontext, vom Thema, von der Atmosphäre, von der sozialen Aussage usw. der Fotografie. Damit soll einerseits eine noch unreflektierte Form der »ganzheitlichen« Interpretation angeregt und zugleich das Bemühen unterstützt werden, in einen Kommunikationsprozess mit dem Bild zu treten; das kann noch durch drei Fragen differenziert werden:

aa) Was möchte ich diese Menschen fragen (wobei nur solche Fragen sinnvoll sind, auf die aufgrund des Fotos eine Antwort möglich ist)?
bb) Möchte ich selber in dieser Landschaft, Stadt, Wohnung usw. leben?
cc) Möchte ich diese Menschen kennen lernen und möchte ich mit ihnen mittel- oder langfristig zusammen leben?

c) Selbsterfahrung mit der fotografierten Szene
Wenn Personen (einzelne oder in Gruppen) auf dem Foto zu sehen sind, dann sollten deren Haltungen usw. von den Interpretierenden »nachgestellt« werden. Damit kann der personale Erfahrungsbezug nochmals verdichtet und zugleich die lebensweltliche Interpretationsebene präzisiert werden, in dem die dargestellte »Körpersprache« mit den eigenen körperbezogenen Erfahrungen in einen

nicht-deckungsgleichen Zusammenhang gebracht werden. Gerade hier sind ge-
schlechtsspezifische Erfahrungs- und Interpretationsweisen zu erwarten.

d) Beschreibung der (möglichen) fotografischen »Inszenierung«
Wenn Personen zu sehen sind, dann sollten die spezifischen Interaktionsbezie-
hungen zwischen den Fotografierenden und den Fotografierten und deren mögliche Ritualisierung thematisiert werden (z. B. bei Kommunions- oder Hochzeitsfo-
tos oder bei Klassen- oder Mannschaftsfotos). Die Frage gilt auch umgekehrt: gibt
es Hinweise darauf, dass diese soziokulturell verankerten/tradierten Rituale explizit oder implizit durchbrochen werden (z. B. indem man eine »unangemessene«
Körperhaltung annimmt, einen ungewöhnlichen Gesichtsausdruck zeigt usw.). –
Sofern Lebenslagen im Zentrum des Fotos stehen (z. B. eine Mansarde), muss man
indirekt versuchen, diese Frage zu beantworten (ob es also eine Zustimmung zu
diesem Foto gab).

e) Erwartete, aber nicht vorhandene Bildinhalte
Hier geht es um so etwas wie den möglicherweise vorhandenen »imaginären
Schatten« eines Bildes, einen Verweisungszusammenhang, den man erwartet hat,
der aber nicht unmittelbar sichtbar ist (z. B. Personen in einem Wohnzimmer oder
Kinder auf einem Spielplatz), und wo man sich fragt, warum sie fehlen (z. B. weil
die Menschen vor Verfolgung fliehen mussten oder weil der Spielplatz so öde ist).

3.2.2 Der Ausdruckssinn des vorliegenden Fotos

Hier setzt die erste Stufe der *reflektierenden* Interpretation ein, denn nun geht es
nicht mehr nur darum, zu klären, *was* auf einem Foto zu erkennen ist, sondern
wie die jeweiligen Sachverhalte dargestellt werden. Damit ist die Frage nach dem
eigentlichen sozialen Sinngehalt des Bildes gestellt und dieser soll nun von der
ikonischen Darstellungsweise in eine schon abstraktere sprachliche »transformiert« und »übersetzt« werden. Damit treten *Bildwissen* und *(sprachliches) Textwissen* in ein spannungsreiches Verhältnis.

a) Der äußere Rahmen des Fotos bzw. der Fotoserie/-montage
Auch diese Dimension ist nur scheinbar nebensächlich, denn der Rahmen ist die
Grenzlinie zwischen dem *Inneren* des Bildes und dem *Äußeren* der natürlichen
und gesellschaftlichen Wirklichkeit. Schon damit wird einerseits deutlich, dass
das Foto immer nur ein Ausschnitt der Wirklichkeit sein kann (und dieser bewusst oder faktisch gewählt wird), und dass andererseits das Bild damit eine rela-

tiv eigenständige Dynamik erhält (darauf beruht die relative Autonomie des Fotos und sein Konstruktionspotenzial). Dabei ist es gar nicht selbstverständlich, dass die allermeisten Fotos rechteckig sind, denn dadurch werden die exzentrischen Achsen in den Vordergrund gerückt, während eine kreisförmige Rahmung das Zentrum hervorhebt. Durch die traditionelle rechteckige Rahmung werden z. B. ganze Personen zumeist im vertikalen Format abgebildet, während z. B. für Landschaften, Menschgruppen, Skylines u. ä. meist das horizontale gewählt wird (in der Architekturfotografie z. B. sind beide Formate relativ gleichberechtigt). Dabei wird die Rahmung manchmal auch erst nachträglich hergestellt (wenn Fotos z. B. mit einem Rahmen versehen oder aufgezogen werden – oder wenn FotografInnen, die »mit der Schere denken«, das Format immer wieder neu bearbeiten). – Also: Wie ist der Rahmen des vorliegenden Fotos (oder wie sind die unterschiedlichen Rahmen einer Fotoserie) beschaffen und welche Bezüge zu den vorikonografischen Befunden lassen sich schon jetzt herstellen?

b) Die Linienführungen

Wir sprechen nicht zufällig von Foto-*Grafie* und Ikono-*Grafie,* denn die Linien sind – mit den einzelnen oder mehreren Punkten – das elementarste Gestaltungsmittel (spätestens wenn man versucht ein Foto abzumalen, wird das evident). Damit stellen sich so Fragen wie: Sind in dem Foto (etwa durch Straßenfluchten, Horizontbegrenzungen oder Objektumrisse gebildete) horizontale, vertikale und/oder diagonale Linien vorhanden, gibt es Kurven, wird der Blick entlang einer Linie »geführt«, bilden die Linien bestimmte runde und/oder eckige Flächen aus (Dreiecke, Rechtecke, runde und/oder ovale Kreise usw.) – und wie verhalten sich diese Linien und Flächen zueinander? So strahlen z. B. gerade und waagerechte Linien Ruhe, Stabilität und Harmonie aus, während senkrechten Linien gewisse und auf- bzw. absteigenden Diagonalen (speziell bei extremen Unter- bzw. Obersichten) große Spannungen innewohnen und der Kreis für Vollkommenheit steht – Es gibt u. U. aber nicht nur manifeste Linien, sondern auch imaginäre (z. B. zwischen zwei oder mehreren symbolträchtigen Zeichen – etwa auf einem Demonstrationsfoto), und in welchem Verhältnis stehen dann die realen und die imaginären Linien zueinander und welches neue Element in der fotografischen Tiefenstruktur entsteht dadurch?

c) Die Raumkonstruktion

Dieser Arbeitsschritt zielt auf die entscheidende Spannung zwischen der *zweidimensionalen* Bildfläche und dem *dreidimensionalen* perspektivischen Bildraum und der damit verbundenen Differenzierung zwischen Vorder-, Mittel- und Hintergrund. Wie wird also im vorliegenden Foto durch den Zusammenhang zwischen den angeordneten Objekten eine *Tiefenstruktur* ausgebildet, wobei die Art der sachlichen und/oder personalen Ordnung (z. B. zwischen den Autos und den FußgängerInnen in einer schmalen Straße) nicht nur objektiv gegeben ist, sondern von den Fotografierenden – mehr oder weniger gewollt – hergestellt wird (um z. B. die Gefährdung der Fußgänger deutlich zu machen) –, so dass wir es hier immer mit einer fotografischen *An*-Ordnung zu tun haben. – Eine besondere Bedeutung hat dabei die ggf. vorhandene *Zentralperspektive.* Hier beruht das pragmatische Bildwissen darauf, dass wir die Verkürzung der Perspektiven gewohnt sind zu »übersetzen« und der Konvergenz und Divergenz der Linienführungen zu folgen. Gibt es also im dem Foto eine solche *Konvergenz* von Parallelen – etwa Straßen oder Bahngleise –, die sich im »Unendlichen« treffen; wird somit die deutende Wahrnehmung an diesem Fluchtpunkt, der ggf. auch außerhalb des Fotos liegen kann, ausgerichtet? Oder gibt es umgekehrt eine *Divergenz* (hier entsteht die Perspektive vom Fluchtpunkt hin zur/zum FotografIn/BetrachterIn)? Die jeweilige Linienführung impliziert die Größen(an)ordnung der Personen/Gegenstände. Zugleich erscheinen Rechtecke und Quadrate wie Trapeze und Kreise wie Ellipsen. – Selbstverständlich gibt es auch Fotos, wo auf diese »illusionäre« Dreidimensionalität verzichtet wurde (zumal sie auch von Teilen der modernen Malerei abgelehnt, »überwunden« wurde).

d) Die Bildmittelpunkte
Aus den verschiedenen Spannungsverhältnissen zwischen Zwei- und Dreidimensionalität resultieren auch zumindest drei verschiedene Arten von Mittelpunkten:

aa) Der eine ist der *geometrische,* er ist planimetrisch bestimmt.
bb) Ein weiterer ergibt sich aus dem schon erwähnten *Fluchtpunkt der Perspektiven.*
cc) Besonders in der Knipser-Fotografie dominiert – meist ungewusst – das *zentrale Bildmotiv* (z. B. ein altes Fachwerkhaus zwischen postmodernen Hochhäusern) als Bildmittelpunkt.

Zu klären ist aber auch, ob diese verschiedenen Bildmittelpunkte in einer harmonischen oder in einer konflikthaften Beziehung zueinander stehen, denn daraus ergibt sich ggf. eine weitere Schicht der fotografischen Tiefenstruktur.

e) Die Licht- und Farbrelationen
Licht – und sein Gegenstück: der Schatten – sind die konstituierenden Medien der Fotografie überhaupt. Das beinhaltet die Möglichkeit, vermittels unterschiedlicher *Tonwerte* und *Farben* eine bestimmte Ausdrucksqualität zu erreichen. Zu fragen ist somit zunächst: Welche Tonwerte dominieren, sind es die Mitteltöne (häufig transportieren sie die meisten Informationen), sind es sehr dunkle Töne (wie bei den sog. Low-Key-Aufnahmen) oder sehr helle (High-Key-Aufnahmen)? In wel-

cher Weise werden durch entsprechende *Kontraste* bestimmte Flächen, Räume, Muster, Figuren, Gegenstände und Personen besonders hervorgehoben und die Aufmerksamkeit auf bestimmte Bildbereiche gelenkt? Welche Bedeutung kommt beim jeweiligen Beleuchtungsstil dem Charakter einer Szene, ihrer Ausleuchtung und der darstellerischen Absicht der FotografInnen zu?

Seit den 1960er Jahren und spätestens seit dem »massenhaften«, im Alltag überall spürbaren Sieg der Digitalfotografie sind Farbaufnahmen zur Selbstverständlichkeit geworden (was umgekehrt bedeutet: wer heute Schwarz-Weiß-Fotos macht, hat sich dafür ganz bewusst entschieden, und deshalb ist dann auch zu fragen: Warum wurde das Foto in Schwarz-Weiß gemacht (um z. B. soziale Kontraste stärker hervorzuheben)? – Farbfotos sind – gerade im Sinne der Dokumentation – in gewissem Sinne einfacher zu machen und zu interpretieren (weil der aktive und interpretative »Übersetzungsprozess« von der Farbe in die Schwarz-Weiß-Skala entfällt; zugleich wird die Aufgabe auch komplexer, weil die Relationen zwischen den Farben gestalterisch und hermeneutisch zu begründen sind. Es stellen sich somit folgende Fragen: Welche Farben sind vorhanden, dominieren die klassischen Grundfarben Rot, Gelb und Blau oder eher die Sekundär- bzw. Komplementärfarben Grün, Violett (nicht mit Lila zu verwechseln) oder Orange? Welche Farbtöne (z. B. Blau, Gelb oder Grün) sind vorhanden und wie verteilt, wie stark ist deren Intensität/Sättigung und deren Helligkeit? Welche sozial und kulturell eingebundene symbolische Ausdruckwerte hat die Farbgestaltung? Zur Erläuterung dieser Frage: Rot ist eine sehr kräftige und dichte, deshalb dominante Farbe, sie wird mit Leidenschaft, Aggression und Gefahr assoziiert, aber auch mit Wärme und Geborgenheit. Gelb steht als hellste Farbe für Durchsetzungskraft, Schärfe, Eindrücklichkeit, für Lebenskraft (z. B. die Sonne). Blau ist eher eine Hintergrundfarbe und recht transparent (z. B. als Himmel) und wird mit Luftigkeit, Feuchtigkeit und Kälte in Verbindung gebracht. Grün (komplementär zum Rot) ist *die* Naturfarbe und symbolisiert Wachstum (und mit Gelb kombiniert Jugendlichkeit), aber auch Krankheit und innere Zerstörung. Violett (komplementär zu Gelb) verdeutlicht (z. B. in der Hierarchie der röm.-kath. Kirche) Größe, Macht und Mysterium. Das reine Orange, welches warm und ausdrucksstark ist, wird als Farbe der Nachmittagssonne wie des Feuers mit Hitze und Dürre einerseits und mit Festlichkeit und Feierlichkeit andererseits in Verbindung gebracht. – Und als letztes ist hier zu fragen, in welcher Beziehung die Farben zueinander stehen, ob diese eher harmonisch ist, weil sie in einer komplementären Relation stehen bzw. weil sie sich durch die Nähe innerhalb des Farbkreises einander ähneln (z. B. Gelb bis Rot oder Blau bis Grün); oder dominieren in bestimmten Teilen oder im ganzen Bild (z. B. durch Farbakzente) die Kontraste, die Spannungen und Widersprüche und in diesem Zusammenhang dann auch statt der gedeckten die leuchtenden, hellen, manchmal auch grellen Farben (z. B. bei der Kleidung) – und was soll damit jeweils zum Ausdruck gebracht werden?

f) Die Besonderheit der Sozialraum- und Lebenswelt-Relationen
Durch die Art, wie ein Raum durch die Perspektiven konstruiert und die Personen in ihm platziert werden, wird ein spezifischer sozialer Sinn konstituiert. Zu fragen ist somit:

aa) Wie werden die natürlichen, systemischen und/oder sozialen Räume dargestellt, welcher Stellenwert wird dem einzelnen Menschen, bestimmten Menschengruppen usw. in ihm zuerkannt, wer steht im Zentrum, wer steht am Rande, wer ist integriert, wer ist ausgegrenzt?

bb) Wie verhalten sich Raumgestaltung und Personen(an)ordnung zueinander, wer dominiert wen bzw. was (z. B. die Maschinen die Menschen, der Mensch – durch die Technik – die Natur) oder gibt es eine Balance (z. B. zwischen der geplanten und der realen Nutzung von Gemeinschaftsräumen in Stadtteilzentren oder Altenheimen)? Sind die An-Ordnungen eher statisch oder eher dynamisch, werden sie eher bejaht oder eher in Frage gestellt? Oder anders gefragt: Was ist der spezifische soziale Blick der Fotografin/des Fotografen auf die gesellschaftliche und lebensweltliche Wirklichkeit, also ihre »Welt-Anschauung«?

cc) Wie präsentieren sich die *menschlichen Körper* auf dem Foto, welche Haltungen nehmen sie ein, welche Mimik zeigen sie, mit welchen Gesten wollen sie was ausdrücken, mit welcher Art von Bekleidung drücken sie faktisch und/oder intentional was aus, in welchem Zustand des Wohlbefindens oder der »Krankheit« zeigen sie sich?

dd) Welche *zwischenmenschlich geteilten Lebenswelten* sind auf dem Foto zu erkennen, in welcher Weise »schauen« die verschiedenen Personen, wie sind ihre Blicke aufeinander bezogen oder von einander angewendet (hier geht es also um die verschiedenen Blickrichtungen), in welchem harmonischen und/oder konflikthaften Verhältnis stehen die Blicke, Mimiken, Gesten oder auch praktischen Handlungen zueinander (z. B. der Spieler bei einem Fußballmatch oder der TeilnehmerInnen bei einer Betriebsversammlung)? Welche direkten und/oder indirekten Hinweise gibt es auf die *soziale Lage* der Personen(gruppen), ist sie homogen oder vielfältig oder hierarchisch?

ee) Welche *übergreifenden Zusammenhänge* sind erkennbar zwischen den verschiedenen Ausdruckformen der lebensweltlich eingebundenen Körperlichkeit, den Interaktionsmustern und der sozialen Lage? Hat man diese Beziehungen erwartet (z. B. ein relative körperliche Verwahrlosung verknüpft mit nach innen gewendeten Blicken bei arbeitslosen Landarbeitern) und/oder von welchen ist man überrascht, weil man sie nicht erwartet hat (z. B. der stolze, selbstbewusste Blick eines Mädchen, welches sich in einem Elendsquartier am Rande einer Großstadt »stylt« und damit seinen personalen Eigensinn gegenüber dem sozialen Elend zum Ausdruck bringt)?

3.2.3 Der zeitdiagnostische Dokumentensinn des vorliegenden Fotos

Jetzt werden die Ebenen der Analyse im Medium des *Alltagsinns* sowie des *Ausdrucksinns* qualitativ überschritten, indem die immanenten Reflexionshorizonte überschritten werden und durch die theoriegeleitete Reflexion die gesellschaftshistorisch-epochalen Zusammenhänge erschlossen werden, in denen die jeweilige Fotografie oder Fotoserie entstanden ist, verbreitet wurde und gedeutet wird.

a) Das thematisierte epochaltypische (soziale) Schlüsselproblem
Hier ist daran zu erinnern, dass jedes Foto nur einen Wirklichkeits-*Ausschnitt* darstellt. Dabei geht es in der *Sozial*-Fotografie darum, epochaltypische soziale Probleme zu dokumentieren. Dabei lassen sich (ohne Anspruch auf Vollständigkeit, sondern nur zur Anregung) folgende Themenfelder unterscheiden:

aa) Gewalttätige, besonders kriegerische Austragungsformen (einschließlich Bürgerkriege) struktureller gesellschaftlicher Konflikte (z. B. zwischen Staaten, Nationen, Ethnien, religiösen Gruppen);

bb) gesellschaftliche Ungleichheiten (besonders zwischen Arm und Reich sowie Männern und Frauen);

cc) systemische Desintegrationsprozesse (z. B. Arbeitslosigkeit, Armut, Ausschluss von Bildungsgängen);

dd) normative soziale Desintegrationsprozesse (z. B. unmittelbare Gewaltanwendungen gegen soziale, ethnische oder religiöse Personengruppen – durch andere soziale, ethnische oder religiöse Gruppen oder private »Sicherheits«-Kräfte, die Polizei, das Militär usw.);

ee) expressive soziale Desintegrationsprozesse (z. B. symbolische Gewalt gegen jüdische MitbürgerInnen in Form von Hakenkreuzen oder die symbolische Schleuse am Eingang der Flag-Stores der großen Modelabels, die »untere« soziale Gruppen an deren Betreten hindern sollen);

ff) oder das genaue Gegenteil all dieser systemischen und sozialen Unterdrückungs- und Ausschlussprozesse, nämlich das Bemühen um die friedliche und demokratische Bewältigung und perspektivische Lösung der sozialen Probleme (z. B. in Form von Friedensmärschen, Arbeitslosen- und Beschäftigungsinitiativen, interkulturellen und interreligiösen Begegnungsstätten, Frauen- und Männergruppen, Runden Tischen, sozialen und politischen Protestbewegungen, Sozialstaatsprogrammen).

b) Einbeziehung notwendiger, fotoexterner Kontextinformationen
Dies ist eine notwendige, aber auch eine mit vielen Gefährdungen verbundene Aufgabenstellung: Denn einerseits geht es darum, den *immanenten* Sinngehalt des Fotos voll auszuschöpfen, also nicht vorschnell (und »bequemerweise«) auf andere, nichtfotografische Informationsquellen zurückzugreifen. Dieser Fehler ist besonders dann nahe gelegt, wenn die InterpretInnen beim Erlernen der hermeneutischen Fotointerpretation erst am Anfang stehen, denn sie werden erst im Laufe der Zeit die Erfahrung machen, *was* man *alles* durch eine rein immanente Interpretation erschließen und belegen kann. Dennoch kann und soll nicht bestritten werden, dass *dieser* Interpretationsrahmen schließlich *überschritten* werden muss, also ab einem bestimmten Punkt auf diskursives Textwissen (speziell aus wissenschaftlichen Untersuchungen, administrativen Planungen, politischen Programmen, ggf. auch aus der anspruchsvollen Presse) zurückzugreifen ist. Solche Kontextinformationen dürfen also – um es nochmals anders zu sagen – nicht für vorschnelle Deutungen missbraucht werden (»Eh klar, das kenne ich, das ist ein Fall von …« – z. B. von psychischer Verelendung in einem »abgehängten« Stadtteil oder jugendkulturellem Protest gegen die Symbolpolitik der Stadtverwaltung), denn damit würde die Gefahr sehr groß, den Dokumentationssinn und damit den ikonischen Erkenntnisgehalt des Fotos zu verfehlen. Es geht also genau um das Gegenteil von oberflächlicher Eindeutigkeit, nämlich um eine reflektierte Vielfältigkeit der Interpretationen: Denn jede Interpretationsvariante muss sich gegenüber anderen durch die bessere ikonologischen Deutung und diskursive Argumentationskette bewähren – oder dadurch entsprechend korrigieren lassen. Dabei gilt generell die *»Sparsamkeitsregel«*, d. h. eine Interpretation ist einer anderen überlegen, die mit weniger fotoexternen Informationen und Annahmen auskommt.

c) Die Erweiterung des sozialdokumentarischen fotografischen Wissens
Diesem ganzen Leitfaden liegt das Bemühen zu Grunde, das Erkenntnispotenzial der Fotografie für die pragmatische und die journalistische Sozialreportage und darüber hinaus für das sozialwissenschaftliche forschende Lernen sowie die Selbstaufklärung der Menschen zur Geltung zu bringen, denn sie wollen einen Beitrag leisten zur vertieften Analyse und Bewältigung epochaltypischer sozialer Entwicklungsprobleme. Dazu bedarf es eben nicht nur diskursiverer, sondern auch visueller Verallgemeinerungen. Dazu dienen besonders drei Verfahren der Einordnung der in einer Sozialreportage verwendeten Fotos (also der eigenen Fotos wie der aus anderen aktuellen und historischen Quellen und Zusammenhängen):

aa) Bei der *synchronen* Einordnung werden sie in Bezug gesetzt zu den Themen, Bildinhalten, Verwendungsweisen, AutorInnenschaften und Darstellungsweisen zu einer bestimmten, also *gleichen* Zeit (z. B. die Lebenslagen und Lebenswelten der verschiedenen Milieus und Klassen nach dem Ersten oder nach dem Zweiten Weltkrieg oder nach der Wende von 1989 in verschiedenen Regionen Hessens).

bb) Bei der *diachronen* Einordnung werden alle Fotos zu vergleichbaren Lebenslagen und Lebenswelten zu *unterschiedlichen* Zeiten (zunächst einmal vorrangig in *einem* Milieu) in Beziehung gesetzt (z. B. die Veränderungen der Facharbeitermilieus während der Phase der klassischen Industriegesellschaft und ihre Transformationen durch den aktuellen Übergang zum digitalen Kapitalismus – und dies ggf. unter vergleichender besonderer Berücksichtigung bestimmter Regionen, z. B. dem Frankfurter Großraum oder Osthessen).

cc) Bei der *kontrastierenden* Einordnung können nicht nur verschiedene Entstehungs- und Verwendungszusammenhänge hinsichtlich ihrer Unterschiede und Übereinstimmungen in eine Beziehung gestellt werden, sondern auch die verschiedenen sozialen, kulturellen, ethnischen und religiösen Milieus (z. B. die Veränderungen der Facharbeitermilieus zu denen der Bauernmilieus und der Jugendkulturen während der Weimarer Republik, in der »Alt-BRD« bzw. seit der Vereinigung der beiden deutschen Staaten; oder aber die Kontraste in den Sozialraumentwicklungen der letzten 20 Jahre im Frankfurter Großraum oder in den verschiedenen Stadtteilen von Frankfurt/M im Verhältnis zu den Segregationsprozessen in mittelgroßen hessischen Städten wie Fulda und Marburg oder Großstädten wie Wiesbaden, Darmstadt oder Kassel).

Die *qualitative* Seite dieser dreigeteilten Aufgabenstellung kann am besten dadurch realisiert werden, dass nach Fotografien gesucht wird bzw. solche ggf. aktuellen selber produziert werden, die eine Erweiterung unseres diesbezüglichen epochaltypischen visuellen Wissens durch die jeweilige Art der Integration erlauben. Dazu können – wie schon angedeutet – die verschiedensten privaten Fotos (z. B. in Familienalben), die halböffentlichen Fotobestände (z. B. von Wohlfahrtsverbänden) – und die vielen veröffentlichen Fotos (z. B. in Fotobänden, historischen und aktuellen Zeitschriften und Illustrierten) dienen.

Planungs- und Ordnungsraster für exemplarische Sozialraum- und Lebenswelterkundungen

4

Die *Vorbereitung, Durchführung, Dokumentation* und *Auswertung* von Sozialraum- und Lebenswelterkundungen zur Erarbeitung und *Präsentation* einer Soziareportage ist ein weites thematisches Feld. Damit aus dieser Komplexität nicht schiere Unübersichtlichkeit und damit Orientierungs- und Hilflosigkeit resultiert, haben wir in den verschiedenen Veranstaltungsformen unterschiedliche Raster entwickelt, erprobt und immer wieder überarbeitet. Einige davon sind eher abstrakt-allgemein, fast formal, andere speziell und recht konkret. Sie haben jeweils unterschiedliche Schwerpunkte und manchmal überschneiden sie sich und in manchen Fällen können sie auch kombiniert werden entsprechend dem Schwerpunkt des jeweiligen Untersuchungsgegenstandes. Wir haben keine Vollständigkeit angestrebt (es können also auch weitere entwickelt werden und die hier präsentierten als Anregung dienen) und ihre Reihenfolge impliziert auch keine Rangfolge der zu bearbeitenden Themen. Deren übergreifendes sind *soziale Probleme* in Geschichte, Gegenwart und Zukunft des gesellschaftlichen Zusammenlebens. Es hätte den Charakter dieser *»Arbeitsblätter«*, die auch wie eine Loseblattsammlung verwendet werden können, gesprengt, wenn wir näher erläutert hätten, was darunter genauer zu verstehen ist. Zur Begründung der theoretisch-konzeptionellen Hintergrundannahmen verweisen wir lediglich auf die knappe Problemskizze in Braun/Wetzel (2010, Kap. 2) sowie die zehnbändige Buchreihe »Deutsche Zustände« (Heitmeyer 2002–2012), deren Konzepte, Verfahrensweisen und z.T auch Befunde ebenfalls für Österreich von Relevanz sind.[1]

---

1 Ergänzend sei nur angemerkt, dass wir uns bei der Konzipierung der »sozialen Probleme« auf das von Durkheim (1983, fünftes Kapitel) entwickelte Theorem der *Anomie*, also der Aussetzung und Auflösung sozialer Regeln und damit des sozialen Zusammenhalts stützen, dessen Aktualität ausführlich in Heitmeyer (1997) sowie Heitmeyer/Imbusch (2005) erörtert worden ist.

4.1 Fotografische Stadt- bzw. Dorferkundung

Dieser Leitfaden formuliert in Stichworten einige zentrale Merkmale, die beachtet werden sollten, wenn man mittels Fotografien eine Großstadt (wie Magdeburg), eine mittelgroße Stadt (wie Schönebeck) oder Dörfer (wie in der Altmark) erkunden und dies dokumentieren will. Dabei sind zu beachten gewisse generelle Gesichtspunkte (Abschnitt 1), Regeln der Fotogestaltung (Abschnitt 2) und die Arbeitsstufen vom Zeigen bis zum Präsentieren (Abschnitt 3).

1. Stadt- und Dorferkundung ist ...

A. Leibliche Anwesenheit an einem geographischen Ort I: Durch ...

a) Sehen,
b) Hören,
c) Riechen,
d) Spüren (z. B. von Wind).

B. Leibliche Anwesenheit an einem geographischen Ort II: Durch ...

a) Stehen,
b) Gehen,
c) Fahren (mit den unterschiedlichsten Verkehrsmitteln),
d) Fliegen (oder andere »Vogelperspektiven«).

C. Wahrnehmung von Ungleichheiten:

a) Historischen (z. B. unterschiedliche Bauetappen, Architekturstile),
b) Funktionalen (wofür z. B. bestimmte Gebäude errichtet und genutzt werden),
c) Baulichen (z. B. Konstruktionsweisen, Material, Verhältnisse Innen-Außen),
d) Sozialen (welche sozialen Milieus sind z. B. in welchen Gebäuden und sozialen Räumen sowie Straßen und Plätze anzutreffen – und welche nicht).

D. Übergang vom geographischen Ort zum sozialen Raum: Wahrnehmung/Erkenntnis/Bewertung der spezifischen sozialen Atmosphäre einer gestalteten/bebauten/umbauten Umgebung. Diese beziehen sich auf:

a) Szenisch verankerte Stimmungen (z. B. heiter vs. melancholisch, ernst vs. spielerisch/verspielt, festlich vs. rau, erhaben vs. bedrückend, kühl vs. wärmend, kalt vs. feurig, tot vs. lebendig),

b) Kommunikative Situationen (z. B. langweilig vs. anregend, öde vs. spannend, ruhig vs. aufregend, feindlich, vs. einladend, abweisend vs. empfänglich, geborgen vs. verloren, gemütlich vs. bedrückend),

c) Bewegungsanmutungen (z. B. auffordernd vs. hemmend, offen vs. verschlossen, leer vs. voll, wohnlich vs. abstoßend, bedrückend vs. erhebend),

d) Milieubezogenen Deutungen (z. B. herrschaftlich vs. kleinbürgerlich, proletarisch vs. großbürgerlich, wohlanständig vs. deklassiert, reich vs. arm, bescheiden vs. luxuriös, dekadent vs. elegant, militaristisch vs. zivilisiert, mächtig vs. ohnmächtig, modern vs. traditionell, fortschrittlich vs. rückschrittlich).

2. Das fotografische Bild von einer Stadt oder einem Dorf: Motivsuche und -auswahl

A. Motivsuche/-auswahl I: Der Realitätsausschnitt.

Dieser bezieht sich bei einer Stadt besonders auf:

a) Die *Wege* (vom Feldweg und Trampelfahrt, über die kleinen und großen Verkehrsstraßen bis hin zu Umgehungsstraßen und Autobahnen, aber auch die Fußgängerzonen und andere Verweilzonen wie Parks).

b) Die *Ränder* (verstanden als Begrenzungen des einen gegenüber dem anderen Territorium, aber auch als Übergänge – dies sind häufig Wege und Straßen, Straßen- und Eisenbahnlinien, manchmal auch Mauern oder Wände von großen Industrie- oder Bürogebäuden oder auch Wohnblocks bei Blockrandbebauung).

c) *Bereiche* (welche zumeist bestimmt werden nach ihrer Funktion – z. B. Einkaufszone, Industrie- oder Gewerbegebiet, Freizeitgelände – oder auch [häufig damit verschränkt] nach der Art der aktuellen und/oder historischen Bebauung – z. B. Altstadt, Neustadt, Zentrum, Stadtrand, Zone im Umkreis einer Großstadt [»Speckgürtel«]).

d) *Brennpunkte* (diese können funktional bestimmt sein wie Verkehrsbrennpunkte, durch die Dichte der Bebauung [z. B. in der »kompakten Stadt«] oder durch eine Kumulation von Wohlstand [»Reichenviertel«, »Edelwohnlage«] oder Armut [»Sozialer Brennpunkt«, »Stadtteil mit besonderem Entwicklungsbedarf«] oder auch durch die Art der vorrangigen und intensiven Nutzung durch bestimmte Personengruppen [z. B. Drogenszene, Treff der Punks oder von Fußballfans oder Begegnungsorte der älteren und/oder alten Menschen oder von Kindern = Spielstraße]).

e) *Wahrzeichen,* die auffallen und die man sich eher merkt (das können sein z. B. schnell bemerkbare historische Gebäude wie ein Dom oder Kloster oder ein

ungewöhnliches modernes Gebäude etwa in der Jugendstil- oder Bauhaus-
tradition, eine bedeutsame Industrieruine mit Schornstein, eine neu gestaltete Flußpromenade, besonders alte bzw. neue oder ungewöhnliche öffentliche
und/oder private Verkehrsmittel).

B. Motivsuche/-auswahl: Die formalästhetische Gestaltung.

Diese bezieht sich auf die inhaltlich bestimmte prägnante Verwendung folgender
Gestaltungsmittel:

a) *Punkte* (vereinzelt, gehäuft usw.), *Linien* (horizontal, vertikal, diagonal, grad-
    linig, rund, gekrümmt usw.), *Flächen* (Rechteck, Quadrat, Trapez, Kreis usw.)
    und *Figuren,*
b) *Perspektiven* (z. B. Unter- oder Obersicht, stürzende Linien, betonte Drei- oder
    Zweidimensionalität, Zentrierung auf einen Mittelpunkt oder mehrere und
    Verbindung mit dem thematischen Mittelpunkt),
c) *Lichtverhältnisse* (hell, dunkel, dämmerig, grell, düster; real vorhandene und/
    oder bei der Bearbeitung herausgearbeitete/betonte),
d) *Farben* (schwarz/weiß vs. Farbe; welche Farben mit welchen kulturellen Be-
    zügen/Symbolqualitäten, ihr Verhältnis zueinander [z. B. harmonisch vs. kon-
    trastiv]),
e) Rahmen des Fotos (rechteckig, Hoch- oder Querformat, quadratisch, rund,
    oval usw.).

C. *Übergeordnete Regeln:*

a) Weniger ist mehr: auf den meisten Fotos ist zuviel zu sehen und deshalb recht
    wenig. Oder mit Robert Capa gesprochen: » Wenn dein Foto schlecht ist, dann
    warst du nicht nahe genug dran!«
b) Die formale Gestaltung muss den Inhalt zum Ausdruck bringen, sie darf ihn
    nicht ignorieren oder gar ihm widersprechen, sie muss ihn aber auch formal
    überzeugend herausarbeiten.

3. **Sozialreportage als sozialökologischer Lernprozess: Vom Zeigen zum Präsentieren**

Stadt- und Dorferkundungen enthalten (wie alle Sozialraum- und Lebenswelterkundungen) fünf Prozess-Elemente:

a) **Das Zeigen:** Der Veranstaltungs- bzw. Projektinhalt wird nicht diskursiv erörtert oder visuell präsentiert, sondern man ist in ihm leibhaftig anwesend. Da man aber bei der Präsenz in einem Sozialraum sehr viel Wichtiges, weniger Wichtiges oder gar Unwichtiges gleichzeitig wahrnehmen kann, wird gezeigt, was begründet wichtig ist. Das betrifft zum einen die *Auswahl* der Orte, die man aufsucht; und zum anderen wird die *Aufmerksamkeit* (auch) dadurch gelenkt, dass vor Ort (z. B. von der Projektleitung und oder einer ortskundigen Führerin) auf etwas gezeigt wird (z. B. ein Haus, ein Geschäft, eine Personengruppe).

b) **Das Sehen:** Kein Gegenstand, kein Mensch zeigt sich von selbst. Vielmehr muss man das Relevante als BetrachterIn *sehend erkennen*. Das bedeutet zum einen, dass man durch das Sehen etwas von der gegenständlichen und sozialen Realität/Wirklichkeit erfährt (hier besonders vermittels der Sehsinne, die aber auch durch das, was man hört, reicht und spürt, in ihrer Aufmerksamkeit gelenkt werden); und zum anderen ist es natürlich so, dass man mehr sieht, wenn man auch schon vorher mehr weiß – und umgekehrt: wer weniger weiß, sieht auch weniger.

c) **Das Fotografieren:** Hierbei geht es darum, das, was *gezeigt* und was *gesehen* wurde (beides hängt zwar zusammen, aber es kann trotzdem große Unterschiede geben!), in einem spezifischen visuellen Medium festzuhalten. Natürlich könnten auch andere verwendet werden (z. B. Videos oder Zeichnungen); hier wird die Fotografie bevorzugt, weil sie technisch einfach zu beherrschen ist, weil sie nicht per se große ästhetische Ansprüche stellt und weil sie immer auch Realitätsaspekte aufnimmt, die man im Moment des fotografischen Aktes so oder zumindest nicht in dieser Bedeutung wahrgenommen haben muss. Die entscheidende Herausforderung besteht darin, soziale Atmosphären als besondere Relationen zwischen Sozialraum und Lebenswelt, Lebenslage und Lebensgefühl, dinglicher und zwischenmenschlicher Beschaffenheit usw. fotografisch in typischen, charakteristischen Bildern zu dokumentieren. Deren *Verallgemeinerungsanspruch* resultiert zum einen aus dem jeweiligen *Einzelbild* (z. B. von einem Geschäft, von einer Einkaufsszene) und zum anderen aus ihrer Integration in eine *Fotoserie* (im Beispiel: aus dem visuellen Vergleich mit anderen Geschäften, anderen Szenen, Menschen aus anderen Milieus usw.).

d) **Das Präsentieren:** Die *Resultate* der Lern-*Prozesse* zeigen sich in einem bestimmten *Produkt*, hier besonders einer Fotoserie – oder allgemeiner: einer Fotoreportage über charakteristische soziale Atmosphären in der Stadt oder dem Dorf. Es ist ein *exemplarisches* Produkt, denn solche Fotoserien können auch von anderen Städten und generell von allen Sozialräumen und Lebenswelten gemacht werden. Immer stehen die AutorInnen solcher Sozialreportagen vor der Herausforderung, in anspruchsvollen Fotos wichtige Seiten der sozialen Realität/Wirklichkeit so zu erfassen, dass *andere* Personen, die in den Räumen (noch) nicht anwesend waren, *ihre* Sichtweisen und visuellen Erlebnisse und Erfahrungen nachvollziehend verstehen können. Dies ist ein ganz eigener Lernschritt der *reflexiven Verarbeitung* der *eigenen* bisherigen *Erlebnisse* und *Erfahrungen* mit dem jeweiligen Raum und seinen sozialen Atmosphären – das geht nicht einfach so, mal schnell nebenbei, denn die Bilder müssen auch das *tatsächlich* ausdrücken, was sie nach ihren Intentionen ausdrücken *sollen*.

e) **Das Reden und Schreiben:** Auch wenn das Zeigen und Sehen im Zentrum stehen (sonst wäre der ganze Aufwand eigentlich überflüssig), kann auf das Reden und Schreiben nicht verzichtet werden. Entscheidend ist, dass aber Reden und Schreiben nur eine *Begleitfunktion* haben, sie dürfen das Zeigen und Sehen nicht an den Rand drängen oder gar überflüssig machen. Das gilt insbesondere für das Schreiben: Bei der Präsentation müssen die Fotos und ihre serielle Anordnung so überzeugend sein, dass sie die entscheidenden Sachverhalte wirklich zeigen und dabei die Worte nur einige *ergänzende,* aber *notwendige* Hinweise geben. Es ist in jedem Fall zu vermeiden, dass die Fotos nur eine Illustration der verbalen Darstellung sind, denn dann würden sie in ihrem eigenen Erkenntniswert degradiert und verleugnet.

4.2 Übergreifende Erkundung großer aktueller Sozialräume

Selbstverständlich ist die Erkundung von kleineren Sozialräumen wie die eines Dorfes oder eines Stadtteils eine wesentliche Aufgabe der Sozialen Arbeit. Zugleich sind diese aber immer auch in größere sozialräumliche Zusammenhänge eingebunden und von diesen mehr oder weniger intensiv abhängig. Das gilt schon für eine mittelgroße Stadt wie Fulda, wenn man deren unmittelbares Umfeld dazu zählt. Es ist ganz offensichtlich, wenn man eine Großstadt wie Frankfurt/M. oder gar Berlin, Hamburg oder München im Blick hat. Zu erwähnen sind aber auch sozialräumliche Analysen, die ganze Regionen zum Gegenstand haben (wie z. B. Osthessen oder das ganze Bundesland Hessen). Entsprechend diesen übergreifenden Aspekten ist das nachfolgende Raster relativ abstrakt und in mancher Hinsicht auch formal. Das ist aber sinnvoll, um alle relevanten Dimensionen einer so angelegten Sozialraumerkundung in den Blick zu bekommen und dann schrittweise auch in einer Sozialreportage bearbeiten zu können. Das folgende Raster enthält Fragen zu den Arbeits- und Wirtschaftsräumen (Abschnitt 1), den Verkehrsräumen (Abschnitt 2) und zu den Wohnräumen (Abschnitt 3).

1. Arbeits- und Wirtschaftsräume

A. Wirtschaftssektoren

a) *Landwirtschaft*
aa) Nahrungsmittel (Pflanzen/Tiere)
bb) Gartenbau

b) *Industrie*
aa) Produzierende Sektoren
bb) Verarbeitende Sektoren
cc) Handwerk

c) *Dienstleistung*
aa) Banken
bb) Versicherungen
cc) Medien
dd) Handel
ee) Bildung und Erziehung, Betreuung und Erholung
ff) Verwaltung
gg) Hotels, Gaststätten usw.

B. Betriebsgrößen

a) Großbetriebe
b) Mittelständische Betriebe
c) Kleinbetriebe

C. Eigentumsformen

a) *Privatwirtschaftlich*
aa) Internationaler Konzern
bb) nationalstaatlicher Konzern
cc) Filiale eines internationalen oder nationalstaatlichen Konzerns
dd) Einzelbetrieb

b) *Genossenschaftlich*

c) *Staatlich*
aa) Bundeseigentum
bb) Landeseigentum
cc) Kommunales Eigentum

D. Sozialräumliche Platzierung

a) *Zentrum (»Innenstadt«)*
aa) City
bb) Altstadt
cc) Randlage der Innenstadt

b) *Peripherie*
aa) am Rande der Innenstadt
bb) Suburbane Zone (»Grüne Wiese«, »Speckgürtel«)

2. Verkehrsräume

A. Verkehrsarten (allgemein)

a) Durchgangsverkehr
b) Zielverkehr
c) Quellverkehr
d) Binnenverkehr

B. Verkehrsarten in der Stadt und dem Umland

a) *Individualverkehr*
aa) Personenverkehr
bb) Güterverkehr

b) *Öffentlicher Personennahverkehr*
aa) Bus
bb) Straßenbahn
cc) U-Bahn
dd) Flugzeug
ee) Schiff

c) *Verknüpfungen zwischen a) und b)*

C. Verkehrswege in der Stadt und im Umland

a) *Fußgängerwege*
aa) Trampelpfade
bb) befestigte eigenständige Wege
cc) Bürgersteige
dd) Fußgängerzonen
ee) Besondere Nutzungsqualitäten (z. B. für Rollstuhlfahrer)
ff) Verflechtung von aa) bis dd) ergibt das Fußgängerwegenetz
gg) Bezüge des Fußgängerwegenetzes *zu B)*

b) *Straßen*
aa) Übergeordnete Verkehrsstraßen (z. B. Ausfallstraßen, Durchgangsstraßen, Innenring- bzw. Außenringstraßen)
bb) Straßen zu Wohngebieten
cc) Wohnstraßen
dd) Straßen zu Arbeitsplätzen
ee) Straßen zu Geschäften
ff) Straßen zu Öffentlichen Einrichtungen (z. B. Behörden, Theatern)
gg) Straßen mit repräsentativer Bedeutung (z. B. »Prachtstraßen«)

c) *Plätze*
aa) Eigenständige Plätze am Rande von Straßen/Wegen
bb) In die Straßen eingegliederte Plätze
cc) Plätze mit ökonomischen Funktionen
dd) Plätze mit politischen (und historischen) Funktionen
ee) Plätze zur Erholung (z. B. Parks)

3. Wohnräume

A. Wohngebäude und ihre sozialräumliche Anordnung

a) *Ein- und Zweifamilienhäuser*
aa) Alleinstehend
bb) in einem Kleinsiedlungsgebiet

b) *Mehrfamilienhäuser*
aa) Alleinstehend
bb) in einem reinen oder vorwiegenden Wohngebiet

c) *»Mietskasernen«*
aa) Alleinstehend
bb) in großen Wohngebieten

d) *Komplexe Wohnbauten und Wohngebiete mit Versorgungs- und Bildungsein-
richtungen*

B. Eigentumsformen

a) Privateigentum
b) Genossenschaftliches Eigentum
c) Staatseigentum (meist kommunales)

C. Wohnungen/Wohngebiete und ihr städtebaulicher bzw. regionaler Kontext

a) *Soziale Zusammensetzung*
aa) Soziale Durchmischung
bb) Soziale Entmischung (»Zonen des Reichtums«, »Zonen des – prekären Wohl-
stands«, »Zonen der Armut«)

b) *Verhältnis bebaute und begrünte Fläche*
aa) Horizontale Gartenstadt
bb) Vertikale Gartenstadt
cc) Parkanlagen in erreichbarer Nähe
dd) ohne gut erreichbare Grünflächen

d) *Verkehrsanbindungen*
(siehe zur Differenzierung Abschnitt 2 » Verkehrsräume «)

e) *Relationen Arbeitsräume – Wohnräume*
aa) Enge Verbindung/Integration
bb) Gezielte sozialräumliche Trennung
cc) Differenzierungen nach Wirtschaftssektoren und Betriebsgrößen (siehe Abschnitt 1 » Arbeits- und Wirtschaftsräume «)

f) *Verortung im Gesamtsozialraum der Stadt bzw. der Region*
(Differenzierung nach Zentrum und Peripherie gemäß Abschnitt 1 » Arbeits- und Wirtschaftsräume «)

4.3 Wohnanlagen bzw. Wohnsiedlungen

Wohnanlagen sind immer schon ein Aspekt der umfassenderen Sozialraumerkundungen und deren Dokumentation (vgl. Kap. 4.2). Sie können und sollten aber auch zu einem relativ eigenständigen Gegenstand gemacht werden, weil sie einen wesentlichen Teil der alltäglichen Lebensbedingungen ausmachen und sich sozialer Wandel und soziale Ungleichheiten gerade auch in diesem Bereich niederschlagen und zeigen.

1) Wo ist die Siedlung im Stadtraum platziert?

2) Wie verhalten sich die Straßen bzw. Gehwege zu den Gebäuden bzw. Gebäudekomplexen?

3) In welchem Verhältnis stehen die Vorderfront und die Hinterfront zu den Straßen?

4) Wie sind die Gebäudekomplexe zueinander angeordnet?

5) Wo sind die Wohnfunktionen und die anderen Nutzungsfunktionen platziert und wie verhalten sie sich zueinander?

6) Wo und wie sind die Grünflächen angeordnet und in welchem quantitativen Verhältnis (ungefähr) stehen sie zu anderen Bodenflächen?

7) Welche Wohntypen gibt es (kann man z. B. an den Grundrissen erkennen)?

8) Wie sind die verschiedenen Wohntypen zueinander angeordnet?

9) Wie viele Personen können/sollten
   a) in den verschiedenen Wohntypen und
   b) in der ganzen Siedlung wohnen?

10) Wo liegen
   a) die privaten,
   b) die halböffentlichen und
   c) die öffentlichen Räume?

11) In welcher Hinsicht werden die privaten, halböffentlichen und öffentlichen Räume
   a) eher gleichmäßig/gleichförmig und
   b) eher unterschiedlich genutzt?

12) Wie verhalten sich zueinander
   a) die Linien,
   b) die Formen,
   c) die Räume,
   d) die Farben zueinander – und diese
   e) zur Konstruktion und
   f) zur Funktion der Gebäude?

13) Wo liegen
   a) die Geschäfte für den alltäglichen Bedarf,
   b) Cafés, Kneipen, Restaurants u. ä.,
   c) Behörden?

14) Wie ist die Anbindung an:

a) ÖPNV

b) den Regionalverkehr (Busse und Bahnen)

c) die wichtigsten Stadtstraßen

d) die überregionalen Straßen (einschließlich Autobahnen)?

15) Unter welchen Bedingungen würden Sie selber in der Siedlung leben wollen oder können?

4.4 Geschichte sozialer Räume

Sozialräume sind immer auch veränderbar, denn sie sind historisch geworden und haben sich seit ihrem jeweiligen Ursprung (Gründung einer Stadt oder eines Dorfes, Neubebauung eines Areals mit Industrieanlagen, Umnutzung ehemals landwirtschaftlicher Flächen in Bauland für eine Eigenheimsiedlung usw.) immer wieder verändert. Insofern sind diese historischen Veränderungen ein legitimer Gegenstand von Sozialreportagen.

1) Welche typischen Gebäude und Anlagen gibt es aus den verschiedenen **historischen Epochen des jeweiligen Sozialraums** – also aus der Zeit

a) der griechischen oder römischen Antike,

b) des Frühen Mittelalters (ab ca. 600 n. Chr.) – oder ggf. auch davor

c) des Späten Mittelalter bis zum 30 jährigen Krieg (ca. 1000 bis 1648),

d) der Entstehung der europäischen Nationalstaaten (1648) bis zur Gründung des deutschen Reiches (1871),

e) der Industrialisierung und Urbanisierung (ca. 1830–1918) und der Entstehung des Sozialstaates,

f) der Weimarer Republik bzw. der Ersten Republik in Österreich,

g) des deutschen bzw. österreichischen Faschismus,

h) der »Alt-BRD« und ihres erweiterten Sozialstaates bzw. DDR bzw. der Zweiten Republik in Österreich,

i) der Gegenwart der »erweiterten« BRD bzw. Österreich und des modernisierten, »digitalen« Kapitalismus im Vereinten Europa?

2) Wofür werden bestimmte **Flächen und Gebäude** (vorrangig) **genutzt**, also für

a) Landwirtschaft,

b) Industrie (Klein-, Mittel- und Großbetriebe),

c) Handwerk,

d) Handel (Klein-, Einzel- und Großhandel),

e) Verkehr (verschiedene Varianten von öffentlichem vs. privatem),
f) Wohnen (Einzel- und Mehrfamilienhäuser, Mietshäuser, Wohnanlagen),
g) öffentliche und private Bildung,
h) Freizeit/Erholung,
i) politische Veranstaltungen aller Arten?

3) Wo zeigen sich besonders die **ökonomischen und technischen Veränderungen** der letzten 60 Jahre (speziell seit 1990) – besonders mit Blick auf
a) Landwirtschaft,
b) Großbetriebe,
c) Handwerk,
d) Verkehr,
e) Siedlungsstrukturen (bes. Dorf vs. Stadt),
f) Wohnungen,
g) Produktions- und Verkehrstechniken?

1) Welche **sozialen Ungleichheiten** sind in den **verschiedenen Sozialräumen/ Stadtteilen** festzustellen – festgemacht z. B. an Größe und Zustand der
a) Produktionsanlagen,
b) Geschäfte,
c) Zustand der Häuser/Wohnanlagen,
d) Bildungs- und Sozialeinrichtungen,
e) Straßen, Wege und Schienennetz,
f) öffentlichen Plätze und Aufenthaltsorte?

4.5 Soziale Milieus

Es ist immer noch nicht selbstverständlich, das Milieukonzept mit den professionellen und disziplinären Ansätzen in der Sozialen Arbeit zu verknüpfen. Deshalb soll zunächst seine Besonderheit charakterisiert werden (Abschnitt 1) und dann eine zentrale Seite des Konzeptes, nämlich sein Verständnis von sozialen Konflikten, skizziert werden (Abschnitt 2).

1. Milieu als anwendungsorientiertes und praxisbezogenes Forschungskonzept – auch für die Sozialreportage

Wenn man von der relativen Verankerung des Milieukonzeptes in der Soziologie des späten 19. Jh. (Taine) und dem ersten Drittel des 20. Jh. (Durkheim, Scheler, Lepsius) einmal absieht, dann geht die eigentliche Milieudebatte auf Ansätze der Marktforschung zurück; das gilt insbesondere für den im Weiteren verwendeten

Ansatz der »*SINUS-Milieus*«: Dieser betrachtet die soziokulturelle und alltagsäs-
thetische Identitätsfindungen, die »hinter« Kaufentscheidungen stehen (z. B. für
ein Auto wie BMW) als ein strukturelles Merkmal von Gesellschaft, weil sie eingebunden ist in grundsätzliche Werte, Lebensziele, Einstellungen, Alltagsge-
wohnheiten, Umgebungsbedingungen usw. Sie gewinnen die Kriterien für die
Konstruktion unterschiedlicher Milieus (»Milieu-Indikatoren« genannt) aus der
intensiven, theoriegeleiteten Interpretation narrativer Interviews und aufwendi-
gen Fotodokumentationen der alltäglichen Lebensbedingung und -führungen der
verschiedenen sozialen Gruppen, Schichten und Klassen. Auf der Grundlage dieser qualitativen Forschungen wird dann in großen, quantitativ repräsentativen Be-
fragungen die gesamtgesellschaftliche Häufigkeit der jeweiligen Milieus erforscht
(mittlerweile sogar schon im globalen Maßstab). – Diese stark auf eine kommer-
zielle Indienstnahme der Milieuforschung durch Ausrichtung an Absatzmöglich-
keiten von Konsumgütern sollte aber nicht dazu führen, deren Bedeutung auch für
eine kritische Gesellschaftsanalyse zu ignorieren, sondern es sollte intensiv danach
gefragt werden, welche Einsichten dieses Konzept auch in die Voraussetzungen
und Folgen von Arbeitsansätzen der Sozialen Arbeit enthält. – Dies wird sehr gut
deutlich in *M. Calmbach u. a.: Wie Ticken Jugendliche? Lebenswelten von Jugendlichen im Alter von 14 bis 17 Jahren in Deutschland, Düsseldorf: Haus Altenberg 2012*
sowie *P. M. Thomas/M.Calmbach (Hrsg.): Jugendliche Lebenswelten. Perspektiven
für Politik, Pädagogik und Gesellschaft, Berlin-Heidelberg: Springer Spektrum 2013.*
    Aus diesem sozialpädagogischen Blickwinkel sind an dem Milieukonzept fol-
gende Aspekte besonders hervorzuheben:

1) Es handelt sich um einen Ansatz, der Einsichten in die *alltägliche Lebensfüh-
    rung* ermöglicht. Dies macht schon seine besondere Nähe zum Konzept des
    Sozialraumes und der Lebenswelt aus und deutlich.
2) Mit Milieus werden einerseits relativ stabile *objektive* soziale Lebenslagen er-
    fasst (Einkommen, Wohnung, langlebige Konsumgüter, Arbeitsverhältnisse,
    berufliche Stellung, Bildungsabschluss usw.), aber auch deren jeweils typi-
    schen und wiederum relativ stabilen *subjektiven* Be- und Verarbeitungswei-
    sen, Erfahrungsformen, Einstellungen, Wertorientierungen, Prinzipien der
    Lebensführung und Sinnentwürfe, Mentalitäten [berufliche, soziale, religiöse,
    ethisch-moralische, politische u. ä.] usw. – Anders ausgedrückt: Milieu ist ein
    relationales Konzept, es will die *Beziehungen* zwischen den objektiven Lebens-
    bedingungen und den zwischenmenschlichen, intersubjektiv geteilten Lebens-
    welten analysieren. Es ist also ein *synthetisch* ausgerichtetes Konzept, welches
    objektivistisch-deterministische (»nur die Lebenslage ist entscheidend«) wie
    subjektivistisch-intentionalistische Vereinseitigungen (»nur von meinen Ein-
    stellungen hängen meine Lebensmöglichkeiten ab«) überwinden will.

3) Milieus erfassen auf das Alltagsleben bezogen zwei verschiedene Aspekte der gesellschaftlichen Sozialstruktur:

a) Die *vertikalen* sozialen Ungleichheiten (besonders Einkommen/Besitz, Bildung, sozialer Einfluss) – im polaren Spannungsverhältnis von *arm* und *reich.*

b) Die *horizontalen* sozialen Ungleichheiten der Auseinandersetzung mit den gesellschaftlichen Normen – im Spannungsverhältnis von *Autoritätshörigkeit* und *Autonomie.*

c) Die Milieuforschung integriert diese Aspekte zu jeweils typischen Zusammenhängen und Übereinstimmungen in der Lebensführung von Individuen, fasst also Übereinstimmungen in den Beziehungen zwischen objektiver sozialer Lage und zwischenmenschlich geteilten Mentalitäten, Erfahrungen, Einsichten usw. zu Gruppenmerkmalen zusammen. Oder anders ausgedrückt: sie verallgemeinert die empirischen Ergebnisse zu typischen, gruppenbestimmenden Beziehungen zwischen äußeren Ressourcen und inneren Dispositionen. – Dabei wird – das ist schon Ergebnis – u. a. deutlich, dass diese Übereinstimmungen innerhalb der Milieus bedeutsamer sind als andere Übereinstimmungen (z. B. die der Altersgruppe, der Stadt- und Regionszugehörigkeit, der nationalen Zugehörigkeit usw. – auch wenn diese jeweils einen gewissen Stellenwert haben und die zentralen Übereinstimmungen in gewisser Weise modifizieren und überformen. – Dazu finden sich viele Anregungen und neuere Befunde im Anschluss an die SINUS-Forschungen in *H. Bremer/A. Lange-Vester (Hrsg.) (2006): Soziale Milieus im Wandel der Sozialstruktur, Wiesbaden: VS-Verlag.*

2. Strukturelle soziale Konflikte als Voraussetzung und Folge der dynamischen Aufteilung der Gesellschaft und der Sozialräume in Milieus

Die Entwicklungsdynamiken und Konflikte der Milieus und deren objektive Seite (der Sozialräume) und deren intersubjektive Seite (der Lebenswelten) sind keine »Naturprozesse«, sondern das Ergebnis von sozialen und politischen Auseinandersetzungen – und damit auch die Voraussetzung nicht nur für innovative Sozialpolitik, sondern auch für eingreifende Soziale Arbeit. In diesen Auseinandersetzungen geht es immer auch um die Bewältigung von bestimmten strukturellen (also nicht rein zwischenmenschlichen oder eher beiläufig bzw. zufällig auftretenden) Konflikten. – Diese lassen sich zunächst einmal wie folgt differenzieren:

A. Konfliktarten:

a) *Rangordnungskonflikte:* Hier geht es um soziale Positionen, besonders zwischen benachbarten Positionen.

b) *Verteilungskonflikte:* Hier geht es um knappe Güter (besonders Arbeitsplätze, Wohnungen, Steuermittel) – und durch sie können soziale Positionen in Frage gestellt werden.

c) *Regelkonflikte:* Bei ihnen geht es um Normen und Werte.

B. Soziale Krisen:

Zu *krisenhaften* Zuspitzungen kommt es, wenn die unter A. genannten Konflikte regressiv, also durch Ausschluss (und Vereinnahmung) gelöst werden (versucht werden zu lösen); d. h.:

a) Es kommt zu *Deprivationsprozessen,* wenn die Verteilung der gesellschaftlichen Güter nicht mehr dem Prinzip der Fairness gerecht wird.

b) Es kommt zu einem *Mangel an Normenakzeptanz,* wenn der Ausgleich unterschiedlicher Interessen nicht gelingt, also Solidarität und Gerechtigkeit nicht mehr handlungs- und entscheidungsleitend sind.

c) Es kommt zu *Verunsicherungen,* wenn die sozialen Beziehungen nicht mehr (hinreichend) Rückhalt gewähren und Identität stiften, also Liebe, Zuwendung und Aufmerksamkeit nur unzureichend erfahren und praktiziert werden.

C. Krisenfördernde Trends:

Solche krisenhaften Zuspitzungen gibt es nie nur bei den jeweiligen *gesellschaftlichen Minderheiten,* sondern auch bei den gesellschaftlichen Mehrheiten, weshalb stets das *Wechselverhältnis* der jeweiligen Mehrheiten und Minderheiten zu beachten ist; diese werden in dem Maße krisenhaft, wie folgende Trends bestimmend sind:

a) *sozioökonomische Segmentierung* (oder auch schon Polarisierung) – besonders bezogen auf Einkommenshöhe sowie Einkommens- und Arbeitsplatzsicherheit;

b) *soziodemografische Entdifferenzierung* – besonders bezogen auf die Wohlstandsentwicklung in den verschiedenen Lebens- und Wohnformen (z. B. den unterschiedlichen Haushaltstypen);

c) *soziokulturelle Heterogenisierung* – besonders als Pluralisierung der Lebensstile, selektive Nachfrage nach bestimmten Wohnräumen/-formen, als demonstratives, symbolisches, u. U. auch provokatives und zusätzlich konflikterzeugendes Zur-Schau-Stellen dieser Unterschiede (z. B. in Form von Wohlstandssymbolen – wie etwa Autos);

d) *sozial-räumliche Segmentierung* (oder auch Polarisierung), die das Ergebnis (Sieger vs. Verlierer) von Konflikten um Lokalisationsprofite ist und differenziert werden kann (für die Sieger) als Zunahme der Situationsvorteile (Nähe/Distanz zu [un-]gewünschten Personen/Dingen), Raumbelegungsprofite (Qualität des verbrauchten Wohnraumes und seines ökologischem Umfeldes) und Positions- oder Rangordnungsprofite (z. B. renomierte Adresse als Konkurrenzvorteil).

e) Zu unterscheiden ist dabei jeweils zwischen verschiedenen Konflikttypen und deren Bearbeitungsweisen *innerhalb* des jeweiligen Milieus sowie *zwischen* den – sozial und/oder geografisch – mehr oder weniger benachbarten bzw. weit voneinander entfernten Milieus.

4.6 Soziale Schlüsselprobleme – unter besonderer Berücksichtigung der Entwicklungsbedingungen von Kindern/Jugendlichen

Zur allgemeinen Orientierung: Soziale Probleme und ihre – möglichst präventive – Bewältigung sind zentrales Aufgabenfeld der Sozialen Arbeit. Sie resultieren grundlegend aus drei zusammenhängenden Sachverhalten:

- Es werden relevante Bevölkerungsgruppen von der Integration in die gesellschaftlichen *Großsysteme* ausgeschlossen. Diese sind besonders der Arbeitsmarkt, das Bildungssystem, die sozialen Sicherungssysteme und die politischen Institutionen, Vereinigungen und Bewegungen.

- Es werden relevante Teile der Bevölkerung von den verschiedenen Formen der *Sozialintegration* ausgeschlossen, also weder kulturell (z. B. mit ihren spezifischen Traditionen) noch kognitiv-moralisch (z. B. hinsichtlich ihrer Gerechtigkeitsvorstellungen) noch expressiv-emotional (z. B. hinsichtlich ihrer Ansprüche an ein schönes und gutes Leben) integriert.

- Die *Abstimmung* zwischen den verschiedenen Institutionen und Formen der Systemintegration und der Sozialintegration sind unzureichend (so werden z. B. Familien mit der Bewältigung sozialer Probleme durch Arbeitslosigkeit und Verarmung überlastet, weil die sozialen Sicherungssysteme ihre Leistungen abbauen bzw. nicht den neuen Herausforderungen anpassen).

Soziale Entwicklungstrends werden – wie Kap. 4.5 skizziert – dann zu sozialen Problemen, wenn die innerhalb und zwischen den Milieus auftretenden sozialen Strukturkonflikte (Rangordnungs-, Verteilungs- und Regelkonflikte) nicht (hinreichend) bearbeitet werden und auf diese Weise das soziale Konfliktpotenzial steigt wie auch das Ausmaß der manifest werdenden Konflikte (z. B. in Form von Kleinkriminalität, von Steuerhinterziehungen, von Gewalttaten gegen einzelne Gruppen, von sozialen Protestbewegungen). – Soziale Probleme erfordern immer auch eine gesamtgesellschaftliche Analyse und Bearbeitung, weil sie gesamtgesellschaftlich erzeugt werden. Das gilt besonders in Bezug auf den Umbau der Arbeitsgesellschaft als einer der zentralen Voraussetzung für die Erneuerung und Erweiterung der Möglichkeiten der System- und der Sozialintegration. Von dieser Problematik geht dieser Leitfaden aus (Abschnitt 1), charakterisiert dann die wesentlichen inneren und äußeren sozialräumlichen Spaltungen (Abschnitt 2) und schenkt den sog. »Sozialen Brennpunkten« besondere Aufmerksamkeit (Abschnitt 3).

1. Entwicklungsoffene Relationen zwischen Arbeit und Bildung

Die Gesamtheit der pädagogischen Arbeit mit Kindern und Jugendlichen steht angesichts der arbeitsgesellschaftlichen Rahmenbedingungen vor der Herausforderung, statt blockierender Entgegensetzungen *Perspektiven eröffende Balancen* zwischen folgenden *Entwicklungspolen* zu schaffen:

- Zwischen *Arbeit* und *Arbeitslosigkeit* bzw. Ausbildung und Ausbildungslosigkeit;
- zwischen *Erwerbsarbeit* und *anderen* Formen sinnstiftender und gesellschaftlich nützlicher wie interpersonal anerkannter Tätigkeiten;
- zwischen berufsfeldbezogenen bzw. berufsfeldübergreifenden *fachlich-sozialen* Kompetenzen und der *allgemeinen* Fähigkeit zur Entwicklung einer stabilen alltäglichen Lebensführung;
- zwischen der Bewältigung *aktueller* Lebens- und Berufsaufgaben und der Ausbildung eines reflexiv immer wieder neu einzuholenden *biografischen* Entwurfs eines gelingenden Lebens (unter Einschluss berufsbezogener Humankompetenzen);
- zwischen einer breiten *Allgemeinbildung* und zeitlich begrenzt bedeutsamer und sich immer wieder neu anzueignender *beruflicher* Bildung (»passgenaue« Berufsbildung kann es nur noch für einen kleinen Teil der Jugendlichen in besonders qualifizierten Kontexten geben, also besonders nicht für die mit besonderem Förderbedarf); erst auf Grundlage dieser breiten Allgemeinbildung können die beruflichen Flexibilitätserfordernisse so berücksichtigt

werden, dass zugleich eine Akkumulation der beruflichen Kompetenzen erreicht wird;

- zwischen *unterrichtlichen* und *außerunterrichtlichen* Entwicklungs- und Lernangeboten *in* der Schule;
- zwischen *schulischen* und *außerschulischen* Lernorten;
- zwischen *Selbstbildungsprozessen* der Kinder und Jugendlichen und *pädagogischen* Anregungen, Förderungen und Herausforderungen;
- und nicht zuletzt zwischen normativ und/oder (bildungs-)theoretisch begründeten *Konzepten* und *empirisch gehaltvollen* und *erfahrungsgesättigten Beschreibungen* der faktisch geförderten und vollzogenen Entwicklungs- und Lernprozessen.

Mit diesem letzten Punkt sind schon zentrale Fragestellungen und Themen für eine Reportage über soziale Probleme in einer bestimmten Region (z. B. in Kärnten mit seinen mittelgroßen Städten und vielen kleinen Dörfern) angesprochen: Nämlich genau zu beobachten und in verschiedensten Formen von Gesprächen und durch die Analyse von sozialstatistischen Daten zu klären, welche konkreten Entwicklungs-, Lern- und Bildungsmöglichkeiten in den verschiedenen Sozialräumen und Milieus vorhanden sind, welche strukturellen Angebotsdefizite es gibt und wo schon Ansatzpunkte vorhanden sind bzw. sich abzeichnen, diese Defizite schrittweise abzubauen.

2. Ausgewählte soziale Problemlagen

Es sollte in entsprechenden Erkundungen und Reportagen besonders folgenden Problemlagen Aufmerksamkeit geschenkt werden:

A. *Innere sozialräumliche Spaltungen*

Damit sind gemeint

a) die verschiedenen »Fahrstuhleffekte« (»alle haben mehr, aber die Ungleichheiten ändern sich nicht«),
b) die selektive Mobilität,
c) die soziale Entmischung,
d) die intergenerative Entmischung (junge vs. ältere/alte Bevölkerungsanteile), Ehen mit vs. ohne Kinder, Familien mit 1–2 vs. mit mehr Kindern,
e) materielle Benachteiligung vs. Bevorzugung (z. B. große vs. kleine, preisgünstige vs. teuere/überteuerte Wohnungen),
f) gute vs. schlechte öffentliche und »private« Verkehrsanbindungen,
g) fördernde vs. verhindernde Sozialisationsprozesse,

h) hohe vs. geringere Bildungschancen (gerade auch unter Beachtung der Verbreitung der neuen Kommunikations- und Bildungsmedien),
i) symbolische Integration vs. Ausgrenzung,
j) geringe vs. hohe Kriminalitätsrate (tatsächliche und strafrechtlich relevante bzw. polizeilich/gerichtlich verfolgte [selektive Kriminalisierung]), intensive vs. geringe polizeiliche Kontrolle (z. B. durch Videoüberwachung, Polizeistreifen usw.),
k) viele vs. wenige Sport- und Spielmöglichkeiten,
l) hohes vs. geringes Empowermentpotenzial,
m) hohe vs. niedrige politische Aktivierungsmöglichkeiten,
n) hoch- vs. geringentwickelte Urbanität und Weltoffenheit, positives vs. negatives Image im sozialen Umfeld/in der Stadt/in der Region.

Es gehört nun zu den Besonderheiten der neuen Sozialraumentwicklungen, dass diese *inneren* Spaltungen zunehmend in *äußere* Spaltungen umschlagen.

B. Äußere sozialräumliche Spaltungen

Hier ist zu verweisen auf

a) Spaltungen zwischen wachsenden und schrumpfenden Stadtteilen, Städten und Regionen (eine besondere Form davon ist die Suburbanisierung, also das Entstehen und Wachsen von »Speckgürteln« rund um die größeren Städte und besonders die Großstädte),
b) die Trennung der verschiedenen Funktionen (z. B. Wohnen vs. Arbeit vs. Konsum),
c) die von zentraler und dezentraler politischer Entscheidungskompetenz,
d) sozialräumliche Differenzierungen durch Spaltungen innerhalb der Städte (Enklaven des Reichtums, gentrifizierte Bezirke in den Innenstädten bzw. Vororten, Mietwohnungsgebieten der Innenstädte und der Peripherie, ethnische Enklaven, Ghettos).

3. Stadtteile/Quartiere mit besonderem Entwicklungsbedarf (»soziale Brennpunkte«)
Sie sind eine besondere Folge der sozialräumlichen Spaltungen durch Verdichtungen der dargestellten negativen Entwicklungsfaktoren und -trends, also der verstärkten Abspaltung, Problemkonzentration und Verunsicherung, die zu systemischen und sozialen Desintegrationsarealen führen. Hier sind unzureichend vorhanden

a) die sozioökonomischen Basissicherheiten,
b) die sozialpolitischen Sicherungsmaßnahmen,
c) die sozial-kooperativen Netzwerke,
d) die sozialökologischen Entwicklungs- und Erholungsmöglichkeiten,
e) die sozialkommunikativen Verständigungsfähigkeiten und -bereitschaften,
f) die Sicherheit des Wohnraumes und
g) die Versorgung mit sozialen und Bildungs- sowie Freizeiteinrichtungen.

4.7 Ausstellungsbesuche

Fotos (wie auch andere Bilder im weiten Sinne) erhalten eine eigenständige Qualität, wenn sie losgelöst vom ursprünglichen Entstehungs- und Verwendungszusammenhang gezeigt werden. Das ist ganz offensichtlich, wenn diese Fotos bzw. Bilder selber historischen Charakter haben und auf diese Weise historische Sozialräume und Lebenswelten (re-)präsentieren. Das gilt aber auch für aktuelle Fotos bzw. Bilder, denn nun werden die BetrachterInnen dazu angehalten, sich mit dem intensiv zu beschäftigen, was sie auf den Fotos/Bildern sehen, und mit sonst nichts. Nun integrieren Sozialreportagen nicht nur aktuelle und historische Fotos/Bilder, sondern es macht auch einen guten Sinn, entsprechende Veranstaltungen und Einrichtungen zu besuchen, um sich diese Fotos/Bilder anzusehen, sich so Anregungen für die eigene Erkundungs- und Dokumentationsarbeit zu holen bzw. über diese Ausstellungen zu berichten.

4.7.1 Ausstellungen mit einer generellen Thematik

Hier ist zu denken an Ausstellungen, die ein Thema haben, was zumindest implizit auf Problemlagen in den Sozialräumen und/oder Lebenswelten verweist (z. B. der soziale Wandel einer Stadt und seiner sozialen Einrichtungen, die Dokumentation wichtiger historischer Etappen – z. B. die Industrialisierung – oder wichtiger historischer Ereignisse – z. B. die Bombardierung einer Stadt wie Frankfurt/M. am 18. und 22. März 1945 – oder der Wandel der bäuerlichen Lebens- und Produktionsweisen in den letzten 150 Jahren). Von Interesse sind auch Ausstellungen, wo das Thema eher weiter gespannt oder ganz anders gelagert ist (z. B. die Geschichte eines Kaufhauses oder des Friseurhandwerks oder der Eisenbahn oder von Autos und Motorrädern), denn sie enthalten häufig indirekt auch interessante Information zu Fragen, die die Sozialarbeit beschäftigen (z. B. welche dominanten »Fortbewegungsmittel« die verschiedenen sozialen Klassen und Milieus in den unterschiedlichen Epochen nutzen konnten – weil sie z. B. [ausreichend] da waren und sie sie bezahlen konnten). Der nachfolgende Leitfaden will (ohne Anspruch auf Vollständigkeit!) Hilfen geben, wie Ausstellungen der unterschiedlichsten Art unter spezifisch sozialarbeiterischen Gesichtspunkten betrachtet, interpretiert und schließlich dokumentiert werden können.

1) Welche sozialen Probleme bzw. für die soziale Lage relevanten Probleme werden in der Ausstellung thematisiert?
2) Welche sozialen Probleme haben Sie besonders beeindruckt?
3) Was wissen Sie selbst über diese Phase aus Erzählungen der (Groß-)Eltern, von Verwandten und Bekannten, aus dem Schulunterricht usw.?
4) Welche Sachverhalte waren Ihnen unbekannt?
5) Haben Sie sich die sozialen Probleme diese Zeit schlimmer, genau so oder weniger schlimm vorgestellt?
6) Welches Lebensgefühl kommt in den Fotos zum Ausdruck?
7) Was fanden Sie an den einzelnen erläuternden Texten, am Begleittext zur gesamten Ausstellung, an den Führungen, an den Erzählungen der Zeitzeugen u. ä. besonders interessant bzw. überraschend?
8) Welche Fotos haben Sie besonders beeindruckt – und warum?
9) Welche der Fotos waren nur mit Hilfe der begleitenden Texte zu verstehen?
10) Welche vergleichbaren Darstellungen (Fotos/Texte) von diesen Sozialräumen und Lebenswelten und aus anderen Städten, Dörfern, Regionen und Ländern kennen Sie? Was ist ähnlich, was ist (sehr) verschieden?

4.7.2 Zille-Museum in Berlin

Die Arbeiten von Heinrich Zille (1858–1929) sind ein besonders exponiertes Beispiel für die Thematisierung der Sozialen Frage in der Bildenden Kunst. Der nachfolgende Fragebogen dient der Erkundung des Berliner Zille Museums – entweder alleine oder in Gruppen, mit oder ohne zusätzliche Führung. Er kann gewiss auf andere, thematisch ähnlich ausgerichtete Museen bzw. Ausstellungen gut übertragen werden. (zur Bedeutung von Zilles Arbeiten für die Sozialreportage vgl. K.-H.Braun/K.Wetzel: Sozialreportage – Zur kommunikativen Aneignung von historischen Sozialräumen. In: U. Deinet (Hrsg.): Methodenbuch Sozialraum, Wiesbaden 2009, Kap. 3.3).

1) Als globale Übersichtsfragen, die sich auf alle Aspekte beziehen:
   a) Was ist an diesen Fotos, Zeichnungen usw. für die Spezifik von sozialen Problemen allgemein gültig?
   b) Welche sozialen Probleme sind für die damalige Zeit (Epoche) typisch?
   c) Welche der gezeigten sozialen Probleme gibt es im wesentlichen auch heute noch?

2) Welche Bedeutung haben in den Bildern (im ganz weiten Sinne) die Häuserfassaden, die Hinterhöfe, die Mietskasernen mit: Vorderhaus, Seitenhaus, Hinterhaus – und dies nochmals nach den Stockwerken differenziert?

3) Wie ist der jeweilige Wohnungszuschnitt und die Wohnungsausstattung?

4) Worin besteht die offene oder verdeckte »Ordnung der Wohnung«?

5) Welche Bedeutung haben Hausarbeit und Heimarbeit in der Wohnung?

6) Wer wohnt »so alles« in der Wohnung?

7) Wie sind die Geschlechterverhältnisse in der Privatsphäre und in der Öffentlichkeit dargestellt?

8) Sind die Kinder hier Fluch oder Segen?

9) Wie leben die Kinder? Was kann man den Bildern über das Kinderleben und den Stellenwert der Kinder im gesellschaftlichen Leben entnehmen?

10) Was war an Lebensmitteln im weiten Sinne (Nahrungsmittel, Brennholz usw.) zu besorgen und wer war dafür verantwortlich?

11) Was kann man den Bildern über das Verhältnis von Wohnen und Arbeiten entnehmen?

12) Welche Hinweise gibt es auf die somatischen und psychischen Verarbeitungsformen der ständigen sozialen Belastungen?

13) Welche Bedeutung hat die Kneipe als Ort und der Alkohol als »Lebensmittel«?

14) Wie gestaltet sich das Zusammenleben im Wohngebiet – und welche Rolle spielt dabei die »Obrigkeit«, besonders die Polizei?

15) Wie und warum wird die Prostitution dargestellt?

16) Ist das alles extreme Armut oder das ganz normale, »durchschnittliche« Elend gewesen?

17) Was sind hier (klein-)bürgerliche und was proletarische Wohnwelten bzw. Sozialräume?

18) Verharmloste Zille (manchmal) das soziale Elend – oder könnten es seine BetrachterInnen als einen »exotischen« Ausflug in das soziale Elend ihrer Zeit rezipieren?

19) Worin besteht (bei ausgewählten Bildern) für Sie die Dokumentationsqualität der Fotografien und die Ausdruckskraft der Zeichnungen?

20) Wie ist das Verhältnis von Bild und Text? Oder anders gefragt: Brauchen die Bilder die Bildunterschrift?

21) Welche Bilder würde Sie in eine Sozialreportage über die sozialen Probleme im Berlin um 1900 aufnehmen – und warum?

22) Eigene Bemerkungen, Überlegungen, Anregungen usw.

4.8 Katalog der Angaben für die eigenen sozialdokumentarischen Fotos/Fotoserien

Wenn im Rahmen von Sozialreportagen auch selber Fotos gemacht werden, dann ist es sinnvoll, im strengen Sinne sogar notwendig, dass die für eine spätere Fotointerpretation nützlichen bzw. notwendigen Angaben festgehalten werden (sie sind dann Teil eines »Tagesbuchs« über die Erstellung der Sozialreportage, der in diese selbst entweder in die laufende Darstellung integriert werden oder als Anhang angefügt werden kann).

Hinweis: Nicht alle Fragen sind für alle Fotos/Fotoserien wichtig/beantwortbar

1) Straße: **Ortsangaben** (»Wo wurde das Foto gemacht/Was zeigt das Foto?«)
   a) Stadt/Stadtteil/Dorf:
   b) Hausnummer (wenn ein einzelnes Gebäude Fotogegenstand ist):
   c) (wenn wichtig) Besonderheit der Straße/des Gebäudes:
   d) (wenn wichtig, z.B. bei Wohnungen) Stockwerk, Vorder- oder Rückseite, Straßen- oder Hofseite:
   e) (wenn wichtig) Angabe des Standortes, von dem aus das Foto gemacht wurde:

2) **Zeitangaben** (»Wann wurde das Foto gemacht?«)
   a) Jahr und Monat:
   b) (Wochen-)Tag:
   c) Tageszeit:

3) **Ereignisangaben** (»Welche soziale[n] Tatsache[n] wird/werden in dem Foto festgehalten?«)
   a) Welches Ereignis wird dokumentiert (z. B. ein Hausabriss, ein Verkehrsunfall, eine Betriebsversammlung)?
   b) Welche Personen sind (besonders) daran beteiligt?
   c) Wie lange dauerte das Ereignis?

4) **Erlebnis- und Erfahrungsangaben** (»Welche Erlebnisse/Erfahrungen hat die Fotografin/der Fotograf bei der Aktion gemacht?«)
   a) Was war die ursprüngliche Absicht bei dem Foto (oder der ganzen Aktion)?
   b) Wie ist das Foto konkret zustande gekommen?
   c) Welche positiven/negativen Erlebnisse gab es dabei und wie werden sie nachträglich eingeschätzt?
   d) Welche Zusatzinformationen sind für das Verständnis des Fotos wichtig, ihm aber nicht (hinreichend) zu entnehmen?

5) **Technikangaben** (»Mit welcher Technik wurde das Foto aufgenommen?«)

4.9 Rückmeldebogen zum Prozess der Erstellung einer Sozialreportage

1) Worin sehen Sie die gesellschaftliche (ökonomische, politische, kulturelle) Relevanz des von Ihnen ausgesuchten/bearbeiteten sozialen Problems? (bitte ausführlich erläutern)

2) Wie vertraut waren Sie mit dem ausgewählten Thema (z. B. persönliche Erfahrungen, ehrenamtliche oder hauptamtliche Arbeit bzw. SFJ in dem Feld)?

3) Welche Recherchen haben Sie im Rahmen der Themenbearbeitung unternommen (z. B. empirisches Matetrial gesichtet, mit VertreterInnen von Einrichtungen und Behörden bzw. im Feld arbeitenden SozialarbeiterInnen gesprochen, mit in den im jeweiligen Sozialraum lebenden Menschen gesprochen bzw. mit ihnen Interviews durchgeführt)?

4) In welchen Schritten/Stufen haben Sie gearbeitet, um in den einzelnen Fotos und in der Fotoserie das von Ihnen gewählte Thema *prägnant* zum Ausdruck zu bringen? Wie zufrieden sind Sie mit dem Ergebnis?

5) Haben Sie mit den zur Verfügung gestellten Leitfäden gearbeitet?
   a) *Wenn ja:* Mit welchen? Wie hilfreich waren sie? Wie sollten sie verbessert werden?
   b) *Wenn nein:* Warum nicht (weil es z. B. zum eigenen Thema einen solchen nicht gab, weil sie zu anspruchsvoll oder zu leicht waren, weil die darin vorgesehenen Arbeitsschritte zu groß oder zu klein waren)?

6) Welche besonderen Schwierigkeiten hatten Sie bei der Erarbeitung der Sozialreportage – speziell bezogen auf
   a) die Analyse des selber ausgewählten sozialen Problems,
   b) die Suche nach bzw. Produktion von angemessenen und anspruchsvollen Fotos,
   c) die Abfassung des begleitenden Textes,
   d) die inhaltlich und ästhetisch anspruchsvolle Foto-Texte-Montage.
   e) Würden Ihnen Beispiele von Sozialreportagen zum gleichen/zu einem ähnlichen Thema geholfen haben?

Dritter Teil:
Exemplarische Projekte

Didaktische Vorbemerkung

Wir hatten in den einleitenden Bemerkungen zu Kap. 2 bereits darauf hingewiesen, dass sich individuelles und kollektives *Lernen* begreifen lässt als Verwirklichung von *Entwicklungsaufgaben;* oder anders und dezidiert bildungstheoretisch ausgedrückt; dass es der Förderung der Fähigkeiten und Bereitschaften zur personalen Selbstbestimmung und Selbstreflexion, der Mitbestimmung und Mitgestaltung der näheren und weiteren Umwelt, der Solidarität mit den Ausgegrenzten, Schwachen und Armen und der Gestaltung von immer gerechteren, freiheitlicheren Verhältnissen und immer humaneren Beziehungen dient. Das wird sich nur erreichen lassen, wenn eine Symmetrie erreicht wird zwischen dem Recht auf Selbst- und Mitbestimmung und der Pflicht zur Solidarität und Verantwortungsübernahme. Eine solche Perspektive steht nicht – wie von manchen VertreterInnen in der Profession und Disziplin der Sozialen Arbeit immer noch geargwöhnt wird – in einem Gegensatz zur dezidiert *pädagogisch* durchdachten Förderung und Absicherung dieser Prozesse. Und genau das ist Aufgabe einer erziehungswissenschaftlichen Teildisziplin und -profession, nämlich der *Didaktik.* Wie schon mehrfach in den laufenden Darstellungen angedeutet, steht für uns dabei das Prinzip des *exemplarischen* Lernens und Lehrens im Zentrum der Begründung der Sozialreportage als Lernkonzept. Dessen Grundanliegen lässt sich mit Klafki (2007b, S. 143) so bestimmen:

»Bildendes Lernen, das die Selbständigkeit des Lernenden fördert, also zu weiterwirkenden Erkenntnissen, Fähigkeiten, Einstellungen führt (– zu ›arbeitendem Wissen‹ im Sinne Hugo Gaudigs –), wird nicht durch reproduktive Übernahme möglichst vieler Einzelerkenntnisse, -fähigkeiten- und -fertigkeiten gewonnen, sondern dadurch, daß sich der Lernende an einer begrenzten Zahl von ausgewählten Beispielen [Exempeln] aktiv allgemeine, genauer: mehr oder minder weitreichend verallgemeinerbare Kenntnisse, Fähigkeiten, Einstellungen erarbeitet, m. a. W.: Wesentliches, Strukturelles, Prinzipielles, Typisches, Gesetzmäßiges, übergreifende Zusammenhänge. Mit Hilfe solcher allgemeinen Einsichten, Fähigkeiten, Einstellungen können jeweils mehr oder minder große Gruppen strukturgleicher oder ähnlich strukturierter Einzelphänomene und -probleme zugänglich bzw. lösbar werden. Man kann die Wirkungsweise der jeweils an einem Beispiel oder einer kleinen Zahl ausgewählter Beispiele gewonnen allgemeinen Erkenntnisse, Fähigkeiten, Einstellungen ›kategorial‹ nennen. Dieser Begriff meint einen einheitlichen Vorgang, der zwei konstitutive Momente enthält: Der Lernende gewinnt über das am Besonderen erarbeitete Allgemeine Einsicht in einen Zusammenhang, einen Aspekt, eine Dimension seiner naturhaften und/oder kulturell-gesellschaftlich-politischen Wirklichkeit, und zugleich damit gewinnt er eine ihm bisher nicht verfügbare neue Strukturierungsmöglichkeit, eine Zugangsweise, eine Lösungsstrategie, eine Handlungsperspektive.«

Diese bildenden Lernprozesse entfalten sich dabei – und das haben wir bei der Zusammenstellung der nachfolgenden Fallstudien ebenfalls berücksichtigt – im Spannungsfeld von *Elementarem* und *Fundamentalem*:

Der Begriff des »Elementaren« meint »die didaktisch-konstruktive hervorzubringende ›Gestalt‹, die Strukturierung eines Gegenstandes, Problemzusammenhangs, Verfahrens (›Themas‹), durch die die Vermittlung (oder ein Vermittlungs*schritt*) zwischen kindlichen/jugendlichen (aber auch erwachsenen; d.Verf.) Interessen, Fragestellungen, Zugangsweisen, Ausgangsvoraussetzungen einerseits und der ausgebildeten, differenzierten, komplexen, ›objektiven‹ Endgestalt des betreffenden ›Gegenstandes‹, Problemzusammenhanges, Verfahrens, Themas in der ästhetischen, wissenschaftlichen, gesellschaftlichen, politischen Erwachsenenwelt in Lernprozessen ermöglicht werden soll (oder den Erwachsenen zu deren eigener Bildung dient; d.Verf.). – Der Begriff des ›Fundamentalen‹« bezeichnet »eine grundlegende Schicht dieser Beziehungen von ›objektiven‹ Sachverhalten und Problemzusammenhängen und dem lernenden Subjekt, m.a.W. die allgemeinsten Strukturprinzipien und Grunderfahrungen, durch die wir auf dem jeweils erreichten Stand der geschichtlichen Bewußtseinsentwicklung ›Bereiche‹ bzw. ›Dimensionen‹ der Beziehung von Mensch und Wirklichkeit auffassen und gliedern, also z.B. die wirtschaftliche, die gesellschaftliche, die politische, die ästhetische, die exakt-naturwissenschaftliche, die technische Wirklichkeitsbeziehung usw., und ggf. generelle Relationen *zwischen* solchen Bereichen und Dimensionen, etwa zwischen Ökonomie, Gesellschaft und Politik.« (ebd., S. 152)

Die nachfolgenden Kapitel enthalten in diesem Sinne solche exemplarischen Fälle, an denen wesentlichen Strukturen von Sozialräumen und Lebenswelten entdeckt, und erkannt werden können; oder anders herum: sie geben Beispiele dafür, wie anhand bestimmter Fragestellungen und dafür angemessenen Interaktionsformen im Rahmen des forschenden Lernens verallgemeinerbare topologische Erfahrungen gemacht und Einsichten erarbeitet werden können. Dabei wird nicht nur ein sehr breites Themenspektrum vorgestellt, sondern auch sehr unterschiedliche Anforderungsniveaus deutlich gemacht[1]. Zugleich sind die einzelnen Kapitel in sich abgeschlossen, d. h. sie können auch ganz selbständig gelesen werden. Die Bezüge zum ersten und zweiten Teil dieses Buches werden bewusst nur angedeutet, sie bilden also den notwendigen, aber nicht explizierten Argumentationshintergrund, um zu zeigen, *wie* diese konkret *angewendet* werden können – und sollten.

---

1 Weitere Beispiele sind Braun/Elze (2013; 2015) und Braun/Wetzel/Bokalic (2015).

Aneignung und Krieg

Eine historische Sozialreportage über die zweimalige Zerstörung Magdeburgs

5

Wir sind heute in der Sozialen Arbeit in unmittelbarer und vielfältiger Weise mit den Folgen von Krieg konfrontiert, besonders bei der Betreuung von (Bürger-) Kriegsflüchtlingen. Es gibt aber auch eine sehr vermittelte Präsenz von Kriegsfolgen in den aktuell vorfindlichen Sozialräumen: Wer sich heute als Besucher z. B. der Stadt Magdeburg annähert, empfindet im Stadtzentrum eine bedeutende Leere, die als sozialräumliche Großzügigkeit fehl interpretiert wäre, weil sie die Folge der zweimaligen Zerstörung von Magdeburg (1631 und 1945) ist, die im kollektiven Stadt- bzw. Sozialraumbewusstsein tief verankert sind[1]. Die Möglichkeiten und Grenzen der gestaltenden Sozialraumaneignung sind also in diesen und ähnlichen Fällen nicht ohne die Kriegsgeschichte verständlich. Mehr noch: Da Aneignungskonflikte immer auch Macht- und Herrschaftskonflikte sind, deshalb ist eben auch der Krieg selber, wenn auch eine extrem destruktive Form der Sozialraumaneignung, d. h. eine Form, bei der die vertikalen Vergesellschaftungsprozesse zerstörerisch in die horizontalen eingreifen[2]. Damit bekommt die allge-

---

1   Sie sind nicht nur Gegenstand zahlreicher Publikationen (auf einige werden wir zurückgreifen), sondern z. B. auch von neueren Ausstellungen im Magdeburger Kulturhistorischen Museum (vgl. Puhle 1998; 2011). Ganz aktuell sei hier verwiesen auf das Hörbuch »Die Magdeburgische Hochzeit«: Hierbei handelt es sich um einen Roman von Gertrud von le Fort (2015), der die Zerstörung Magdeburgs am 10. 5.1631 schildert und erstmals 1938 veröffentlich wurde; an der neuesten Produktion beteiligten sich nicht nur namhafte Schauspieler, sondern auch die politische Stadtprominenz (z. B. der ehemalige und der aktuelle Oberbürgermeister).

2   Bezogen auf die sozialräumlichen Strukturen der Städte haben eine vergleichbare Funktion auch die primär von ökonomischen und bürokratischen Interessen geleiteten urbanen Umbauprozesse, die in der ehemaligen BRD dazu geführt haben, dass in der 1950er und 1960er Jahren mehr Gebäude und historische Bausubstanz, ja ganze Stadtteile vernichtet wurden als im Zweiten Weltkrieg (in den ostdeutschen Bundesländern erleben wir das seit ca. 1994 in abgeschwächter Weise auch).

meine Einsicht, dass System- und Sozialräume nicht nur Resultat, sondern eben auch Voraussetzung menschlichen Handelns sind, einen ganz bestimmten, historisch spezifischen Inhalt, dass nämlich – mit Bourdieu (1997) gesprochen –, die Toten die Lebenden packen können – und es in diesem Fall auch tun: Die Vergangenheit regiert über die Gegenwart und absehbare Zukunft, es besteht – als Aspekt der strukturellen Entfremdung – eine erhebliche *Asymmetrie* zwischen der *objektiven Bestimmtheit* und der *subjektiven Bestimmung* der Sozialraumaneignung. Diese geschichtliche Bestimmtheit ist aber auf eine ganz besondere Art unsichtbar und es besteht für die aneignungstheoretische Rekonstruktion mittels einer Sozialreportage somit die Aufgabe, diese unsichtbar gewordenen Raumstrukturen wieder sichtbar zu machen, um die Geschichtslosigkeit als Teil der entfremdeten und entfremdenden Raumgeschichte verständlich zu machen. In den nachfolgenden Argumentationsketten sind historische *Bilder,* die Magdeburg zu unterschiedlichen Zeiten und in verschiedenen historischen Ereigniszusammenhängen zeigen, zentraler Bezugspunkt. Diese werden mit *Erzählungen* von Zeitzeugen verknüpft und die darin enthaltenen Widersprüche der Aneignungsprozesse *diskursiv* herausgearbeitet und auf diese Weise auch der Aneignungsbegriff ausdifferenziert[3]. Diese Argumentationslogik ist auch deshalb geboten, weil die individuelle und kollektive *Erinnerung* in hohem Maße *bildhaft* ist: Wir erinnern uns an Ereignisse und Prozesse vorrangig in Bildern – real wahrgenommen und/ oder vorgestellten – und erst in zweiter Linie in Worten (wir stellen uns dann zu solchen Texten immer auch Bilder vor oder beziehen Bilder in unsere Rekonstruktionsbemühungen mit ein). Genau das geschieht in dieser Fallstudie, die sich insofern auch als ein methodischer und didaktischer Vorschlag zur kommunikativen Aneignung historischer Sozialräume und Lebenswelten versteht[4].

---

3   Vgl. zum aneignungstheoretischen Raumverständnis Deinet/Reutlinger (2014) und darin
    auch den Beitrag von Braun/Elze (2014).
4   Dieses Verfahren nimmt dabei auch Überlegungen und Konzepte aus der »Visual History«
    auf, deren Aufgabenstellung Paul (2006, S. 27) so bestimmt hat: »Der Begriff Visual History umschreibt ... drei Ebenen: die Erweiterung der Untersuchungsobjekte der Historiker in
    Richtung der Visualität von Geschichte und der Historizität des Visuellen, das breite Spektrum der Erkenntnismittel im Umgang mit visuellen Objekten sowie schließlich die neuen
    Möglichkeiten der Produktion und Präsentation von Forschungsergebnissen.«

5.1 Die erste Zerstörung Magdeburgs im Dreißigjährigen Krieg (1618–1648)

5.1.1 Die Vorgeschichte: Magdeburg als bedeutsame mittelalterliche Großstadt

Vor der ersten Zerstörung war Magdeburg eine der 12 größten deutschen Städte (mit ca. 35 000 EinwohnerInnen) und deshalb ist es auch kein Zufall, dass sie Eingang in die »Weltchronik« von Hartmann Schedel aus dem Jahre 1493 gefunden hatte (Schedel 1493, S. CLXXX). Da diese Darstellung sich aber zu weit vom realen damaligen Stadtbild entfernt hatte, haben wir einen Kupferstich aus dem Jahr 1623 ausgewählt und den Reisebericht des Studenten Michael Franck vom Juli 1590 hinzugefügt, der sich wie eine erste Bildbeschreibung liest (**Abb. 1**).

Diskursiv ist – erstens – darauf hinzuweisen, dass Bild und Erzählung in dem Sinne sehr voraussetzungsreich sind, als Magdeburg als Siedlungsort damals schon auf eine ca. 700jährige Geschichte zurückblickte: Während es erste Besiedlungen dieser Region in der späten Weichsel-Eiszeit (um 15 000 v. Chr.) gab (die frühesten Faustkeilfunde sind etwa 150 000 Jahre alt) und dieses Gebiet während der neolithischen Linienbandkeramik (um 5 400 v. Chr.) von Stämmen der Donauländischen Kultur besiedelt wurde, wird der Name Magdeburg (bzw. Magadoburg oder Magathaburg) erstmals 805 urkundlich erwähnt. Es lag also nicht nur außerhalb der Wirtschafts- und Staatsräume des (West-)Römischen Reiches, sondern auch des Frankenreiches unter Karl dem Großen (769–814). Erst unter Otto I. (912–973) – genannt »Otto der Große«, weil er 962 der erste Kaiser des neu gegründeten »Römischen Reiches deutscher Nation war« – findet die Stadt als Grenzort Anschluss an komplexe Vergesellschaftungsstrukturen. Dies schlug sich institutionell nieder in der Gründungs einer Kaiserpfalz (um 940) und ihre Erhebung zum Erzbistum (968). Die damit verbundene Expansion der europäischen Zentralmächte gegen Osten (als »Christianisierung« oder zutreffender als »Ostkolonisation« bezeichnet) wurde auch stark gefördert durch die zahlreichen Klostergründungen, Einrichtung neuer Bistümer und die erste großen Welle der deutschen Stadtgründungen ab 1000. Die Einbindung der städtischen Sozialräume entwickelte sich dabei im Spannungsfeld »Abhängigkeit von den übergreifenden Wirtschafts- und Staatstrukturen« – »relative Autonomie der städtischen Entwicklung« (Magdeburg besaß seit 1188 das Stadtrechtsprivileg). Sie kommt – wie in Bild und Erzählung gut zu erkennen – besonders zum Ausdruck in den Stadtmauern, die nicht nur räumlich die Stadt begrenzten und militärisch schützten, sondern als Rechtsraum auch eigenständige Formen der Vergesellschaftung hervorbrachten, was in dem bekannten Motto »Stadtluft macht frei« u. a. zum Ausdruck kam. Das Magdeburger Stadtrecht wurde von vielen anderen Städten

Abbildung 1: Der anerkennend-repräsentierende Blick auf die »Freie Reichsstadt« Magdeburg um 1620

aus: Asmus 1999, S. 302.

Zeitzeugenbericht I: der situative und beschreibende Aneignungsblick eines Reisenden (in der damaligen Sprache)

»Diese Stadt war auch schön und wohlerbauet, mit schönen, hohen Steinhäuern, wie vornehmlich in der alten Stadt zu sehen; am Marckt siehet man auch den großen Ruhlandt auffgerichtet stehen, wie an vielen Orten zu finden. Auf dem Rathaus war auch eine Singeuhr, wie in den Seestädten gebräuchlichen /.../ Die Bürgerschafft führet einen großen Handel zu Wasser und Lande, denn der Elbfluß ihnen sehr dazu dienet; auf Hamburg, und von der See werts wird er ihnen drauff zu bringen; zu Lande wird von vielen schönen Getraide dahin gebracht, denn es liegt an einem fruchtbaren Boden, wie in einer Schmalzgruben. Sie brauen auch zweyerlei gutes Bier allda, weißes und rothes, das rothe wird Filz genanndt, macht manchen zum Folz; sonderlichen wird das Wermuthbier allda auch insgemein getruncken.

Es hat auch wohlgeziertes Volck und freundliches Weibesvolck allda, die Frauen und Jungfrauen tragen ihre Röcke mit vielen Streifen bis an den Gürtel hinauff, die Cränzel hangen auf die Seiten, haben ihre Gewohnheiten, dass sie zu Sommerzeiten für die Stadt heraus auf den Marß /Stadtmarsch/ spazieren fahren und gehen und auf einen grünen lustigen Plaz, allda sie tanzen und sonsten allerley kurzweilige Spiel treiben. Es sind uns am Sontage, als wir hineinkommen, die Frauen und Jungfrauen, Männer und Junggesellen hauffenweiß

*begegnet, hinauszuspatzieren, dass einer nur seine Lust siehet. Ist sonsten nicht gar hoffär-
tig aber güttig und ein freundlich Völcklein /.../*

*Es ist die Stadt auch ein festes Haupt mit tiefem Graben, starcken Mauen, dicken Schut-
ten und Wällen, mit Pateyen wohl verwahret, auch täglich mit Soldaten und Knechten besetzt und alß Festung bewachet derowegen sie für einen geringen Feind sich nicht sehr
entsezzt /.../*

*Bey dieser Stadt fleust auch hinweg das schiffreiche Wasser, die Elbe, welche allda groß
und breit ist, und giebt der Stadt viele und gute Fische, frische Laxe, Karpen und Hechte. Es
gehet auch von der Stadt eine lange hölzerne Brücken über die Elbe, neben der Stadt hat es
auch auf der Elbe viele Schiffsmühlen zum Proviant der Stadt. Auch hat es schöne Eichen-
wälder herumb, darinnen die Landherren und Bauern viel Viehes und Eichelschweine in der
Mastung erhalten und aufziehen können; dahero es auch viel guten Speck, Knackwürste
und geräuchert Fleisch giebt, welch feine starcke sächsische Kerlß machet.« (zitiert nach
Asmus 1999, S. 517)*

übernommen und ging wesentlich in den 1220 verfassten und bis 1794 gültigen
»Sachsenspiegel« ein. – Die Städte versuchten ihre Abhängigkeit von Reich, Kaiser und Papst durch den Zusammenschluss der Hanse (der Magdeburg spätestens seit 1295 angehörte) und besondere Städtebündnisse (gerade im Raum des
damaligen Sachsen) zu relativieren. Dieser Konflikt kommt – zweitens – indirekt
dadurch zum Ausdruck, dass im Text das Bürgertum hervorgehoben wird, während im Bild die Stadtkrone eindeutig vom Dom, dem Kloster und den Kirchen
bestimmt wird, deren ökonomischer und politischer Macht sich das Bürgertum in
wichtigen Aspekten meistens untergeordnet hat (das erwähnte Rathaus ist fast gar
nicht zu erkennen).

Drittens betonen Bild und Text die engen ökonomischen Stadt-Land-Bezie-
hungen, denn Madeburg war dank seiner geografischen Lage nicht nur ein bedeutsamer Handelsplatz, sondern als »Kornkammer der Hanse« auch ein wichtiger Produzent von Lebensmitteln (im 19. Jh. wurde eine überregional bedeutsame
Lebensmittelindustrie aufgebaut). Sehr interessant ist – viertens –, dass die Vor-
städte Sudenburg (links) und Neustadt (rechts) gänzlich fehlen. Sie lagen stets
außerhalb der Stadtmauern (was häufiger falsch dargestellt wird) und wurden
nicht nur aus Verteidigungsgründen im 16. und 17.Jh. mehrfach abgerissen (zuletzt im Spätherbst 1625/Frühjahr 1626) und wieder aufgebaut, sondern waren
der »Altenstadt Magdeburg« als ökonomische Konkurrenten stets ein Dorn im
Auge. – Die Erzählung geht – fünftens – über das Bild insofern hinaus, als sie auch
Aspekte der Lebensweise erwähnt – und so ein etwas idyllisches Bild zeichnet,
denn die Stadt war auch vor dem Dreißigjährigen Krieg mehrfach in militärische

Auseinandersetzungen einbezogen gewesen (besonders durch die große Belagerung von 1550/51), die sie allerdings weitgehend unbeschadet überstanden hatte.

5.1.2 Die kriegerische Neuordnung Europas und ihre Folgen für Magdeburg: Der Übergang von den feudalen Territorialstaaten zu den Nationalstaaten

Die mit dem Anschlag der 95 Thesen an die Schlosskirche im nahe gelegenen Wittenberg am 31.10.1517 durch Martin Luther (1483–1546) einsetzende *Reformation* war nur vordergründig eine kulturelle Infragestellung der katholischen Lehre und der kirchlichen Organisation der christlichen Religion, sie gründete (auch ihren Erfolg) auf einer zunehmenden Unabhängigkeit nicht nur der Städte, sondern auch der Grafschaften und Herzogtümer von der kaiserlichen und päpstlichen *Zentralmacht*. Dadurch wurden aber in ganz Europa die herrschenden Strukturen nicht nur der Staatsräume, sondern auch der Wirtschaftsräume nachhaltig verändert. Dieser politisch-ökonomische Grundsatzkonflikt fand im Dreißigjährigen Krieg seinen militärischen Ausdruck. Er nahm seinen Ausgang im Aufstand der utraquistischen Stände Böhmens gegen die habsburgisch-katholischen Landesherren (»Prager Fenstersturz« im Mai 1618) und die Wahl des protestantischen Kurfürsten Friedrich von der Pfalz zum Gegenkönig (1619), womit der Konflikt eine deutsche Dimension annahm und die 1609 gegründete katholische Liga nach Böhmen eindrang. Da sich daran auch spanische Truppen beteiligten, gewann der Krieg schnell europäische Ausmaße. Er wurde bestimmt von zwei Hauptlagern: den österreichisch-spanischen Habsburgern und den verschiedenartigen Bündnissen zwischen Frankreich, England, den Niederlanden und später auch Schweden. Wegen der politischen und militärischen Schwäche des Deutschen Reiches wurde der Krieg vorrangig auf deutschem Boden ausgetragen und Magdeburg in besonders dramatischer Weise in ihn hineingezogen. Dies ist der Inhalt von **Abb. 2.**

Auch dieses Bild hat – erstens – selbstverständlich eine Vorgeschichte: Zwar war Magdeburg die erste Stadt, die zur Reformation überging (am 17.7.1524), und begann auch 1623 mit eigenen Rüstungen, aber dennoch wollte die herrschende Ratsaristokratie die Reichsfreiheit nicht durch eine Verschärfung der Konflikte mit der übergreifenden Staatsmacht gefährden und versuchte deshalb zu lavieren. Das wurde erst problematisch, als nach einer relativ ruhigen Phase in der 2. Kriegsphase dieser europäische Krieg auf den mittelelbischen Raum übergriff – und die von Wallenstein (1583–1634) und Tilly (1559–1632) befehligten Truppen die kaiserliche Macht wieder herstellten konnten und deshalb der Kaiser (im Mai 1629) auch von Magdeburg die Rückgabe der konfiszierten kirchlichen Besitztümer forderte.

**Abbildung 2: Der militärische Aneignungsblick auf Magdeburg im April 1631:
Die Erwartung von Eroberung und Plünderung**

aus: Puhle 1998, S. 242

Nachdem erste Belagerungen und Eroberungsversuche (zuletzt Mai bis September 1629) abgewehrt werden konnten (nicht zuletzt dadurch, dass Magdeburg die ökonomischen Kosten für die kaiserlichen Truppen direkt und indirekt – in Form von Plünderungen und Blockade des Handels – mittrug), spitzte sich die Lage ab 1630 immer mehr zu. Nach dem Sturz der alten, aristokratischen Ratsmehrheit ging die neue im Juli/August 1630 mit den Schweden unter Gustav Adolf ein Bündnis ein (dieser war mit seinem Heer 1629 in Stralsund gelandet, weshalb Wallenstein die Blockade Magdeburgs im Oktober 1929 aufgegeben hatte), was zur erneuten Belagerung Magdeburgs – nunmehr unter Tilly – ab Herbst 1630 führte.

Der Kupferstich von 1659 über die Endphase dieser Belagerung zeigt – zweitens – vom ostelbischen Ufer aus im Vordergrund die Truppen Tillys, die zum Teil schon die Zollschanze erstürmt haben (rechter Teil). Den mittleren Teil bildet die Elbe mit der Zollbrücke (deren Joch später gekappt wurde, um ein Eindringen des Feindes zu verhindern). Im Hintergrund sehen wir die befestigte Stadt (es waren neue Schanzen u. a. mit den provokatorischen Namen »Trotz Kaiser«, »Trotz Tilly« und »Trotz Pappenheim« [kaiserlicher Feldmarschall] errichtet worden). Links und rechts sind die Sudenburg bzw. Neustadt zu erkennen, die (wiederum) angezündet worden waren, um den Truppen der kaiserlichen Liga die Annäherung an die Festungswälle zu erschweren (das hatte allerdings – wie schon erwähnt – auch den» Vorteil«, unliebsame ökonomische Konkurrenten zu schwächen, denn beide Städte durften auf Betreiben Magdeburgs nach dem Westfälischen Frieden nicht wieder aufgebaut werden). – Drittens bringt das Bild unmissverständlich die militärische Überlegenheit der Truppen des Kaisers und der katholischen Fürstenliga zum Ausdruck (sie umfassten 33 000 Söldner zu Fuß und 9 000 Reiter [andere Angaben sprechen insgesamt von 26 800 Soldaten]), während die Stadt nur 2 000 Söldner [Fußsoldaten] und maximal 5 000 waffenfähige Bürger [2 000 Bürger und 3 000 Bürgersöhne] sowie 250 Reiter aufbrachte). – Viertens wird hier eine besondere Ausrichtung des *Aneignungs*-Blicks deutlich, die selten *so* thematisiert wird[5]: Es ist der Blick der *Eroberung* und zumindest der *Plünderung* (sie war bei den Söldnerheeren die besondere Form der» Entlohnung«), wobei eben auch die (weitgehende) *Zerstörung* nicht ausgeschlossen wird. An dieser Stelle wird deutlich, dass die Staats- und Wirtschaftsräume in bestimmten historischen Konstellationen eben nicht nur *Existenz sichern* sind, sondern sie auch *bedrohen* und *vernichten* – und zwar im vorliegenden Fall dadurch, dass nicht nur die militärischen, sondern auch die staatlichen Relationen von einer grundlegenden Asymmetrie bestimmt waren: Da die Schweden nicht zur Unterstützung und Entlastung der mit ihnen verbündeten Stadt eingriffen (die mit 17 430 Soldaten Tilly unterlegene Teilstreitmacht von König Gustav Adolf stand bei Potsdam), war sie weitgehend hilflos der kaiserlichen Macht ausgeliefert.

Die Folgen dieser strukturellen Unterlegenheit zeigt ein Kupferstich von 1640–46 oder 1721–1726 (**Abb. 3**). Auch wenn die städtebaulichen Details eher ungenau bis falsch sind, wird hier der Prozess der Eroberung und Zerstörung wie in einer» Nahaufnahme« fassbar: Zu erkennen sind – erstens – im Vordergrund rechts ein Fahnenträger, ein Trommelschläger und General Tilly sowie seine die Wälle erstürmenden und ohne merklichen Widerstand durch die Tore strömenden Truppen (links). Der Zeitzeugenbericht II kann gelesen werden wie ein Erlebnisbericht aus der Perspektive eines siegreichen Truppenführers; es handelt sich um einen *positionalen* Aneignungsblick (also aus der Beobachtungsperspektive), weil nur die militärische Perspektive der Eroberung thematisiert wird (nachdem es den Truppen Tillys nicht gelungen war, die Stadt im Frontalangriff von der Land- und Wasserseite zu nehmen, griffen sie von Süden und von Norden, also über die Neustadt an, wo der Zeitzeuge Beteiligter war). – Im Unterschied dazu bezieht sich Zeitzeugenbericht III – zweitens – implizit auf jene Bildteile, die die Flucht der Besiegten und das Morden der Sieger (Mittelgrund) und den sich rasch ausbreitenden Brand (Hintergrund) thematisieren. Durch seinen strikt *lebens-*

---

5   Diesen militärischen Aneignungsblick arbeiten Baier/Reinisch (2006) anhand der historischen Darstellungen von Befestigungsanlagen Gärten heraus.

Abbildung 3: Aneignung als Eroberung und Zerstörung:
Magdeburg am 10. 5. 1631

aus: Puhle 1998, S. 164

Zeitzeugenbericht II: Der *positionale* Aneignungsblick auf die Ereignisse

Kapitän Georg Ackermann, der im Dienst von Feldmarschall Pappenheim stand, erinnerte sich in folgender Weise:»In der Eroberung wurde ich mit 200 Mann zum ersten Sturm kommandiert; sobald die Hauptbatterie in der Neustadt Losung geschossen hatte, waren wir sogleich am Wall und hoben die Sturmpfähle, die alle untergraben waren, aus, kamen geschwind auf den Oberwall, der mit Schanzkörben und in die 400 Mann /.../ wohl besetzt war. Da war ein solches Donnern und Krachen von Musketen, Feuermörsern und Kartaunen, dass niemand weder hören noch sehen konnte, und da uns Nachschub häufig folgte, so dass der ganze Wall schwarz von Volk und Sturmleitern bedeckt war, brachten wir endlich, nachdem etliche 100 Mann /der Verteidiger/ gefallen waren, über den Oberwall ein und

rieben die übrigen in die Flucht zum Stücktor/für die Geschütze an der Bastion bei der heutigen Lucaklause/nach der Lakenmacherstraße hinein. In diesem Gefecht hat unser Volk an die 400 Sturmleitern über den Wall an die Mauer gebracht. Wir aber gingen mit den Flüchtlingen zum gemeldeten Tore in die Stadt hinein.« (zitiert nach Asmus 1999, S. 558).

Zeitzeugenbericht III: Der *lebenslagenbezogene* und *lebensweltliche* Aneignungsblick auf die Ereignisse

Der Sohn des Oberstadtschreibers Daniel Friese hatte die Eroberung und Zerstörung als Kind erlebt und erinnerte sich später so daran (wir zitieren in der historischen Schreibweise): »Es gieng aber also mit der Eroberung so daher. Den 9. May Abends zuvor gieng ich mit meinem Vater seel. /verstorbenen Vater/ auf den Wall, gegen der Neustadt am Lackenmacher Thore, biß an das Elb-Thor herum, und war selbige Nacht das /Losungs-/ Wort: Engel. Auf dem Wall und allen Posten war die Wache wohl bestellt. Und hätte man sich nimmermehr vermuthet, dass des morgenden Tages die Stadt gewonnen werden sollen ... Nichts desto weniger aber, des Morgens früh 7 Uhr, als wir Kinder kaum aufgestanden, und aus dem keller darin wir wegen der Feuer-Kugeln und anderm Schießen der Kayserlichen, gekrochen waren, erhub sich ein für alle maßen großes Schießen. Nun waren wir dessen fast gewohnet, denn die Kayserlichen über 4. Mahl gestürmet hatten, aber allezeit abgeschlagen worden. Allein dieser Sturm wurde je länger je hefftiger. (…) Indessen war der Vater auch vom Rathause gegangen, und weil man wegen des übergroßen ungewöhnlichen Schießens leicht praesumieren kunte, dass es sehr gefährlich, als wollte er daheim ein wenig Anstalt machen, biß der Sturm fürrüber. Wir Kinder aber beteten unterdessen, und rufften flehentlich zu Gott, daß er uns gnädiglich erhalten wolte. (…) Als aber das Schießen immer mehr und mehr überhand nahm, geschahe endlich eine große und erschreckliche Salve, welche zugleich loß gieng, und darnach kein Schuß mehr gehöret wurde, daraus Jedermänniglich abnehmen kunte, dass die Stadt erobert wäre. Inmaßen denn solches die flüchtigen Bürger genugsam zu verstehen gaben, welche mit ihrem Gewehr /Waffen/ gelauffen kamen, und Ach und Weh schrien. Jedermann machte die Haus-Thüren zu und verwahreten sich aufs beste. (…) Nicht lange hernach schrien die Kayserlichen Soldaten in allen Gassen. All gewonnen! All gewonnen! Und schlugen an die Thüren, wie lebendige Teufel. Wir armen Leute hätten für Angst in den Häusern sterben mögen, beteten und rufften zu Gott um gnädige Errettung. Inmittelst pochten sie auch bey uns an. Unser Praeceptor /Hauslehrer/ Johann Müller, ein Student, sahe oben hinaus und ruffte: Quartier! Aber bald geschahen zwey Schüsse nach ihm, und droheten die Soldaten, dass, wo wir nicht würden aufmachen, und sie hinein kämen, so wollten sie keine Seele leben lassen, wir musten sie hinein lassen, bald fielen sie den Vater an sammt Mutter und begehrten Geld. (…) Wir Kinder hiengen uns wie Kletten um die Soldaten*

herum an, und schrien, weineten, sie sollten uns nur den Vater und die Mutter leben lassen. Und wie sehr wir uns anhungen, und an ihnen zerreten, so hat uns Gott doch behütet, dass uns Kindern kein Soldat im geringsten nichts gethan, gestoßen oder geschlagen hätte; Vielmehr wurden die Furien beweget, dass sie etwas nachließen, in die Eltern zu wüten, diesen Gästen gaben wir nun ein Theil des Geschmeides und andere Pretiosa /Wertstücke/«. (zitiert nach Asmus 1999, S. 559–561)

weltbezogen Aneignungsblick (also seine Beteiligten- und Betroffenenperspektive) macht dieser Kommentar deutlich, welche zwischenmenschlichen und psychischen Folgen eine solche gewaltsame Zerstörung der Sozialräume (die Keller sind der letzte sozialräumliche Schutzraum) durch übergeordnete Machtinstanzen für die Lebenslage und Erlebniswelt der Menschen haben: Sie bringen sie in den Zustand völliger Wehrlosigkeit, totaler Abhängigkeit und Demütigung, sie sind hilflos allen Gewalttaten ausgeliefert und das Überleben hängt von vielen Zufällen ab. Es wurden bei der Eroberung und anschließenden Plünderung (sie war auf Befehl für drei Tage erlaubt) nach zeitgenössischen Angaben ca. 30 000, nach aktuellen 15 000 bis 20 000 BürgerInnen getötet bzw. ermordet und von 1 900 Häusern blieben nur 139 relativ verschont. Dies war das größte Einzelmassaker des Dreißigjährigen Krieges und ist als »*Magdeburgsieren*« in die (Militär-)Geschichte eingegangen (es gab insgesamt über 200 Flugschriften und über 40 illustrierte Flugblätter, die dieses Ereignis festhielten[6]).

Nach dem Westfälischen Frieden (1648 abgeschlossen im katholischen Münster und protestantischen Osnabrück) sah nicht nur Magdeburg anders aus (es verlor auch seinen reichsfreien Status und wurde dem Kurfürstentum Brandenburg zugeschlagen), sondern auch Europa, denn nun begannen sich schrittweise die späteren europäischen Nationalstaaten (als *neue* Wirtschafts- und Staatsräume) herauszubilden: Norwegen, Schweden, Dänemark, Niederlanden, Polen, Russland Frankreich, Spanien, Schweiz und in besonders langwierigen Prozessen bis in die 2. Hälfte des 19. Jh. Italien und Deutschland.

Haben die politischen Instanzen und Entscheidungsträger aus dieser ersten Katastrophe Magdeburgs gelernt und »den Krieg wenn auch als letztes Mittel der Politik« grundsätzlich in Frage gestellt? Nein, denn bereits 1666 wurden auf Befehl des Kurfürsten von Brandenburg 15 000 Soldaten in Magdeburg stationiert, die Befestigungsmauern wieder aufgebaut und die Gesamtanlage dann weiter ausgebaut zur stärksten Festung Preußens mit einer Fläche von 200 ha (die Stadt

---

6   Eine Ausahl findet sich in dem Ausstellungskatalog von Puhle (1998, Teil II).

selber hatte eine von 120 ha). Seit 1866 war hier das Hauptquartier des IV. Ar-
mee-Korps des Norddeutschen Bundes und ab 1871 des Deutschen Kaiserreiches[7].
Darüber hinaus wurde Magdeburg im Rahmen der Industrialisierung zu einem
Zentrum der Rüstungsproduktion, und das war zumindest auch eine Ursache für
die zweite Vernichtung Magdeburgs am 16.1.1945.

5.2 Die zweite Zerstörung Magdeburgs im Zweiten Weltkrieg (1939–1945): Der Übergang von den Nationalstaaten zur (bipolaren) europäischen Neuordnung

5.2.1 Der Weg des Industriestandortes Magdeburg in den Faschismus

Neben die Traditionslinie als bedeutsame Handelsstadt und schwer bewaffnete
Festungsstadt tritt ab ca. 1830 die der Stahl- und Lebensmittelproduktion als immer bestimmenderem Wirtschaftssektor (vgl. Asmus 2005, S. 212 ff). Hier ist u. a.
zu verweisen auf die Gründung der Baumwollspinnerei und -weberei Pfeiffer und
Schmidt (1828), der Magdeburger Dampfschifffahrts-Companie (1828), der Maschinenfabrik Alte Bude (1829), der Zichorien- und Schokoladenfabrik J. G. Haus-
waldt (1833), der Maschinenfabrik Buckau (1838), der Diamant-Brauerei (1841),
des Mess- und Armaturenwerks Schäfer & Budenberg (1850), der Maschinenfabrik
& Schiffbauwerkstatt H. Gruson (1855; 1893 von Krupp »feindlich« übernommen),
der Maschinenfabrik R. Wolf (1862), der Magdeburger Straßen-Eisenbahn-Gesell-
schaft (1876), des Magdeburger Armaturenwerkes (1885), des Chemiewerks Fahl-
berg-List (1886), der Königlichen Eisenbahnhauptwerkstatt (1887; später Reichs-
bahnausbesserungswerk), des Papierverarbeitungswerkes H. Bestehorn (1902),
der Kaffeefabrik Röstfein (1908) und der Magdeburger Mühlenwerke (1910). Zugleich wurde Madeburg durch die Eingemeindung von Sudenburg (1867), Neustadt (1886), Buckau (1887), Rothensee (1908) sowie Cracau, Prester, Fermersleben,
Lemsdorf, Salbke und Westerhüsen (alle 1910) zur Großstadt und konnte nach
Aufhebung der militärisch überholten Festungsbestimmungen (1912) auch in unmittelbarer Nähe der Altstadt expandieren und verdichtet bebaut werden.

---

7   Es ist hier nicht der Platz, um die verschiedenen historischen Legitimationsmuster für Krie-
    ge (in der Neuzeit) darzustellen; vgl. dazu Münkler (2002, Kap. 3–7).

Abbildung 4: Das Rote Magdeburg ist braun geworden

aus: Asmus 2005, S. 564 u. 575 und Hattenhorst 2010, S. 135 (Ausschnitt wie Deckblatt)

Die Fotocollage (**Abb.** 4) dokumentiert visuell drei gesellschaftlich-politische Entwicklungen, die schließlich zur zweiten Vernichtung Magdeburgs führten[8]: Bild 3 (**B3**) zeigt rechts von den mehrstöckigen Häusern aus der Gründzeit das Rathaus mit dem Alten Markt, der von einer großen Menschenmenge gefüllt ist (mit

---

8   Vgl. zur Entwicklung Magdeburgs zum und im Faschismus Asmus (2005, S. 502 ff) und Hattenhorst (2010).

einem Spalier – Bildmitte links); auch auf dem Balkon wie auch auf der Dachbrüs-
tung befinden sich Personen. Alle zeigen den Hitlergruß. Es handelt sich hierbei um die Besetzung des Rathauses am 11.3.1933. Bereits am 8.3.1933 hatte die
SA die sozialdemokratische Stadtregierung (die SPD dominierte die Kommunalpolitik seit 1918) gezwungen, die Hakenkreuzfahne und die Fahnen der Nationalen Rechten auf dem Rathaus zu hissen. Jetzt drang die SA in die Amtszimmer ein,
beschimpfte und misshandelte Oberbürgermeister Reuter und seinen Stellvertre-
ter Goldschmidt (letzter wurde öffentlich gezwungen mit dem Hitlergruß die Hakenkreuzfahne zu grüßen). Diese Ereignisse lagen zwischen der Machtergreifung
der NSDAP und ihrer Organisationen durch die Ernennung Hitlers zum Reichs-
kanzler (am 30.1.1933) und der Reichtagswahl vom 5. März 1933 (bei der die Fa-
schisten 43,9 % erreichten) einerseits und der Kommunalwahl vom 12.3.1933 (bei
der sie in Magdeburg auch »nur« 40,7 % erhielten) und dem Ermächtigungsgesetz
(vom 24.3.1933) zur Ausschaltung aller demokratischer Verfahren, Instanzen und
Organisationen anderseits. Man kann diese sich in den anschließenden Monaten
vollziehende totale Machtübernahme deshalb als einen *politischen Aneignungspro-
zess* deuten, weil damit die entscheidenden Instanzen der Staatsraumgestaltung
in den Händen der faschistischen Organisationen und Personen lag. Das zeigte
sich im konkreten Sozialraum u. a. bei massenwirksamen symbolischen Aktionen wie der Einweihung eines SA-Denkmals (eine 18m hohe Säule mit einer vier
Meter hohen Figurengruppe eines Adlers mit SA-Männern). Dass man sich dafür den Domplatz ausgesucht hatte (**B1**), hatte nicht nur mit der Platzgröße zu tun
(es nahmen am 26.2.1936 10 000 Uniformierte der NSDAP und der Wehrmacht
daran teil), sondern auch mit dem Versuch, sich in die »deutsche«, genauer: die
»germanische« Tradition zu stellen (immerhin war Magdeburg im Mittelalter das
»letzte Bollwerk« gegen »die slawischen Völker« gewesen und Ausgangspunkt ihrer Eroberung). Noch wichtiger war die Tatsache, dass es in der evangelischen
Kirchs einflussreiche und schließlich dominante Strömungen nicht nur zur Dul-
dung, sondern auch zur aktiven Unterstützung des Faschismus gab, die dessen
Militarismus und die damit unverhüllt verbundenen Expansionspläne – gerade
nach Osten – billigten. Konsequenterweise wurde von der Domgemeinde die pa-
zifistische Barlach-Holzskulptur »Mahnmal für die Gefallenen des Ersten Welt-
krieges« 1934 aus dem Dom entfernt – nachdem sie schon unmittelbar nach ihrer
Enthüllung 1929 dagegen aufbegehrt hatte.

Die enge Verzahnung von politischen und ökonomischen Prozessen und Ent-
scheidungen dokumentiert exemplarisch **B2**, nämlich die offizielle Einweihung
der Braunkohle-Benzin-AG (BRABAG) in Magdeburg-Rothensee (1937). Dies war
Teil des faschistischen Aufrüstungsprogramms und in dieses war die Magdeburger Industrie sehr intensiv einbezogen (weshalb man hier von einer Militarisie-
rung der Wirtschafts- und Sozialräume sprechen kann). Es war mit den Krupp-

Gruson-Werken, den Junkers-Flugzeug-Werken, der Munitionsfabrik Polte und der BRABAG eines der Rüstungszentren des faschistischen Deutschlands – und wurde deshalb auch seit 1940 bombardiert[9].

5.2.2 Magdeburg und der alliierte Bombenkrieg

Der totalen Zerstörung Magdeburgs am 16.1.1945 gingen zwei Bomberangriffe 1940 und 1941 und einer 1943 voraus. Sie waren eine unmittelbare Reaktion der englischen Streitkräfte auf die Bombardierung englischer Städte (besonders von London und Coventry), die Teil der 1940 begonnenen und dann 1941 aufgegebenen »Luftschlacht um England« waren. Sie wurden dann verschärft: 1944 wurde Magdeburg 13mal und 1945 20mal bombardiert. Die **Abb.** 5 zeigt diesen Prozess hin zur fast völligen Vernichtung der Altstadt in einer mehrdimensionalen Foto-Text-Montage. Um verständlich zu machen, wie hier Prozesse der *vertikalen,* systemischen Vergesellschaftung im gar nicht mehr metaphorischen Sinne in die *horizontalen,* sozialräumlichen und lebensweltlichen Prozesse ein- und durchschlagen und sie »platt machen«, ist – erstens – hervorzuheben, dass nicht nur die Foto-Anordnung, sondern auch der Text einen Montagecharakter hat[10], denn auch er arbeitet mit ganz unterschiedlichen Textsorten (besonders der Erzählung der Erlebnisse, der Darstellung der Ereignisse und Abläufe sowie existentiellen Selbstreflexionen). Dabei verweisen – zweitens – die Fotomontagen und der Text wechselseitig aufeinander und in gewisser Weise interpretieren sie sich auch wechselseitig. Sie sind einerseits aus sich selbst heraus verständlich und zugleich wird ihr Sinngehalt durch diese Montagetechnik vertieft. Diese Verschränkung verbaler und visueller Medien hat das Ziel, die sozialräumlichen und lebensweltlichen Tiefenstrukturen dieser Ereignisse und Erlebnisse deutlich(er) zu machen. So dokumentiert – drittens – die bildliche Darstellung den Prozess hin zum 16.1.1945 und die unmittelbaren Folgen. Wie im Text erwänt, hatte man sich an die Bombenangriffe längst gewöhnt, sie waren zur Normalität geworden, man war auf sie in gewisser Weise eingestellt (**B1**), sie waren Teil der Alltagsroutine (hier: die Küche in Ordnung bringen und in den Luftschutzkeller eilen; **B2/3**). Allerdings ahnt die Zeitzeugin schon, dass es diesmal nicht »so gut« ausgehen wird, man also nicht halbwegs erträglich »davonkommen wird«, so wie bisher.

---

9   Vgl. zu den Hintergründen und den Ergebnissen des alliierten Bombenkrieges jetzt umfassend und sehr kritisch Overy (2014, bes. Teil Drei) und speziell zu Magdeburg (ebd., S. 444 u. 695 f).

10 Vgl. zum hier verwendeten Montageverständnis die Erläuterungen von Eisenstein (2011), die sich nur vordergründig auf den Film beschränken, vielmehr insgesamt die Montagemöglichkeiten visueller und narrativer Ausdrucksformen begründen.

Abbildung 5: Die tiefenstrukturelle Relation zwischen sozialräumlicher Entwurzelung und existenzieller Verzweiflung

Zeitzeugenbericht IV: *Ella Wolf schildert ihre Erlebnisse der zweiten Zerstörung Magdeburgs in einem Feldpostbrief vom 19.1.1945 an ihren Sohn, der als Feldwebel in Norwegen ist:* »*Am Dienstag, 16.1., Mittag, war schon ein Angriff auf Magdeburg, der hauptsächlich in Wilhelmstadt /Stadtfeld/ Schaden angerichtet hatte. Am Abend um 9 Uhr gab es wieder Alarm, u. zwar gleich Vollalarm. Großvater lag schon im Bett, ich war im Morgenrock, hatte so lange in der Küche gearbeitet. Ich zog mir das erste Beste an, was auf dem Stuhl lag, zog zum Glück noch gute Schuhe u. den Norw /eger/ Pullover über; dann konnte ich noch meine Tasche mit den Papieren greifen, einen halbvollen Koffer u. einen Beutel mit Schuhen, da krachten schon die Bomben. Wie ich in den Keller gekommen bin, weiß ich gar nicht. Großvater mussten wir nun seinem Schicksal überlassen, es war ja ihm und mir oft gesagt worden, daß sich im Ernstfall keiner um ihn kümmern würde u. sein Leben auf's Spiel setzten würde. Im Keller ging das Licht aus, u. nun ging es Schlag auf Schlag. Einmal zitterte das Haus /Otto-v.-Guericke-Str.10/ in allen Fugen, da wussten wir, jetzt hat's uns getroffen. Ca. 45 Minuten dauerte der Angriff, dann ließ das Getöse nach. Die Männer ... gingen raus, um zu sehen, ob wir raus konnten. Da hieß es: ›Bei Wolfs brennt es‹ Wir rauf, da brannte es im Eßzimmer. Und Großvater stand im Nachthemd im Zimmer u. rief nach mir! Der Brandherd konnte bald gelöscht werden, aber wie sah die Wohnung aus! Ein Trümmerhaufen! Ich rief nun Großvater zu: ›zieh Dich an‹, lief nach vorn u. raffte aus meinem Kleiderschrank etliche Klamotten zusammen in eine Decke. Da rief mir Herr Schwabe zu: Lassen Sie alles stehn u. liegen u. retten Sie sich u. den Vater, es brennt die ganze Stadt. (…) Draußen schrie alles: ›ins Freie, aus der Stadt raus!‹ (…) Als ich ein bisschen zur Besinnung kam, sah ich, dass Großvater unter seinem Mantel nur sein Nachthemd anhatte! und die Hose! keinen Schal, keine Weste, keinen Hut! Was hat der alte Mann gefroren! Rings um uns nur Feuer u. Qualm u. Staub von den zusammenbrechenden Häusern! (…) Als es hell wurde, bin ich dann nach unserem ehemaligen Haus gegangen u. habe mir die Trümmer angesehen! Bis auf die Grundmauern alles weg. Vom Hasselbachplatz bis Kaiser-Wilhelm-Platz, Breite Weg, Alter Markt, wohin du schaust, Ruinen u. angebrannte Mauerreste. Nun bin ich umhergelaufen, um Rat zu finden, wo ich den Großvater erst einmal unterbringen könnte, damit er ins Warme käme, kein Mensch konnte mir einen Rat geben, jeder sorgte nur für sich. Da lief mir schließlich Herr Schwabe in den Weg, dem ich mein Leid klagte. Der gab mir den Rat, den Vater nach Margarethenhof /am Herrenkrug/ zu schaffen, da wäre /ein/ Auffanglager. Nun habe ich mich bemüht um eine Fahrgelegenheit, denn Großvater konnte nicht mehr. Endlich fand sich ein Auto, wo noch ein Platz frei war. Da habe ich gebeten, Großvater bis Margarethenhof mitzunehmen, was mir auch versprochen wurde. (…) Als ich mich ein wenig erholt hatte, bin ich runter zum Margarethenhof. Aber mein Schreck! Margarethenhof existierte nicht mehr, abgebrannt! Wo war nur der Vater geblieben? Ich war ratlos! (…) Andern Morgen /18. Januar/ habe ich mir ein Rad geborgt ... u. bin wieder nach dem Margarethenhof gefahren ... Aber niemand wusste was von dem alten Mann. Man wies mich*

dann nach Heyrothsberge, wo eine Auffangstelle für Flüchtlinge wäre. Da bin ich bei eisi-
gem Sturm hingefahren. Nach langem Umfragen sagte mir dann eine Frau von der /NS-/
Frauenschaft, dass gestern ein alter Mann /da/beigewesen wäre, der nicht fortgewollt hätte.
Er wäre wahrscheinlich nach Zerbst gekommen, wo ihn die NSV /Nationalsozialistische
Volksfürsorge/ schon unterbringen würde. Der alte Mann hat keinen Ausweis bei sich, kei-
nen Pfennig Geld, ich bin halb verrückt bei dem Gedanken. Aber es ist keine Möglichkeit, im
Augenblick dahin zu kommen. Ich muß ja mich auch darum kümmern, ob noch was aus
dem Keller zu retten ist. (…) Morgen will ich mal zu Wolters, etwas Sachen holen, hoffent-
lich ist noch alles da! Dann will ich zur Kreisleitung /der NSDAP/, Vater anmelden, dass sie
sich darum kümmern, wo er ist, damit ich ihn dann aufsuchen kann. Wenn ich ihn nur
noch mal wieder sehe! Wäre es nicht besser, er hätte schon ein Ende gefunden? Daß er nun
das noch durchmachen muß! Hätte er sich doch evakuieren lassen! Aber nun ist es zu spät.
Ach, lieber Junge, daß man soviel Leid ertragen kann! Nie wieder werde ich ein eigenes
Heim haben! Und hatte mir so schön alles angeschafft, war so stolz auf alles. Und nun alles
dahin! Wenn ich nicht an Dich dächte, ich machte ein Ende! Was soll mir noch das Leben?
(…) Lebe wohl, hoffentlich sehen wir uns noch mal wieder, ich bin jetzt auf alles gefasst. In
Liebe deine unglückliche Mutter.« (zitiert nach Asmus 2005, 608–610)

Die ganze Ambivalenz der Bewältigung dieser Extremsituation wird – viertens –
bei dem Verhältnis zu ihrem Großvater deutlich: Einerseits haben ihr auch andere
bestätigt, dass sie ihn nicht beschützen konnte (er hätte also auch unter den Toten
sein können[B7]), aber wie durch ein Wunder überlebt er und sofort lässt sie ihm
ihre ganze persönliche Fürsorge zukommen. Zugleich versucht sie, Personen und
Institutionen zu finden, die sich um ihn kümmern können, denn sie selber muss ja
auch noch die möglichen Restbestände ihres Hab und Guts suchen (B5). Sie sucht
aber nicht nur nach in ihrem Sozialraum präsenten Resten der sozialstaatlichen
Fürsorge (B6), sondern reaktiviert auch bürokratische Erwartungen und Regeln
(Ausweis und Geld).

Je mehr sie zur Besinnung kommt, wird ihr – fünftens – die tiefe eigene emotionale Verunsicherung deutlich. Das bezieht sich zunächst auf ihr Mitleid mit
dem Großvater: Einerseits ist sie froh, dass er überlebt hat, andererseits weiß sie
gar nicht so recht, ob das gut für ihn ist. In gewisser Weise entsteht bei ihr eine
Stimmungslage, die an eine Formulierung aus der Friedensbewegung der 1980er
Jahre erinnert: »Die Lebenden werden die Toten beneiden«. Die aufkommende
Verzweiflung wird gegen Ende des Briefes dominant, wo sie selber nicht weiß, ob
ihr Leben jetzt noch einen Sinn hat bzw. macht. Der totale Verlust ihrer geliebten
Gegenstände und vertrauten »vier Wände«, also ihres schützenden und heimeli-

gen privaten Sozialraumes (B4), also ihre fast totale sozialräumliche Entwurzelung bringt bei ihr das Gefühl der existentiellen Verzweiflung hervor. Die Aneignungstheorie analysiert also nicht nur Prozesse der positiven, emanzipatorischen, subjektfördernden Sozialraumgestaltung als einer zentralen Dimension der Selbst- und Mitbestimmung sowie der solidarischen Verantwortungsübernahme, sondern eben auch das genaue Gegenteil: Wie *Menschen* (Personen, Instanzen, Mächte) andere Menschen in eine ausweglose, erniedrigende, also *unmenschliche* Situation zwingen und bringen, indem sie deren Sozialräume und Lebenswelten (fast) total zerstören, damit den Menschen ihren sozialräumlichen Rückhalt nehmen und sie traumatisieren (dies begegnet uns heute auch in vielen Gesprächen mit Bürgerkriegsflüchtlingen – z. B. aus Syrien).

Das Elbehochwasser 2013 im Magdeburger Raum

Eine sozialökologische Reportage

6

Das zweite »Extremhochwasser« nach 2002 (den beruhigenden und entlasten-den Ausdruck »Jahrhunderthochwasser« traut sich niemand mehr zu verwenden) zeigt nicht nur die Naturbedingtheit unserer Lebensweise, sondern auch die sich verschärfende *ökologische* Krise mit weit reichenden *sozialen* Folgen. Das ist in der Sozialen Arbeit seit Ulrich Becks Theorie der »Risikogesellschaft« immer wieder erörtert worden (vgl. Beck 1986, Erster Teil), aber Flutkatastrophen wie die vom Juni 2013 machen das sehr handfest und auch augenscheinlich – und stellen für Sozialreportagen eine vieldimensionale Herausforderung dar[1]. Wie diese bewäl-tigt werden können, soll in diesem Kapitel gezeigt werden.

---

1   Eine erste Reportage haben wir unmittelbar nach den Ereignissen erstellt (vgl. Braun/Elze 2013a).

Visueller Prolog

Abbildung 1: Post-Postalische Ansichten von Magdeburg

Abbildung 2: Alte Botschaften und temporäre Umdeutungen

Abbildung 3: Eine Infrastruktur taucht ab

Abbildung 4: Chaotische Aussichten

6.1 Die sozialökologischen Prozesse und Kontexte

6.1.1 Der Ablauf der Ereignisse

Das Ausmaß übertraf jegliche Erwartungen und forderte den Helfern sowie Betroffenen Vieles ab. Es reicht nicht, sich nur auf die Überschreitung der Pegelstände entlang der Elbe zu beziehen, weil das Hochwasser ein meteorologisches Phänomen darstellt. Die Wassermassen wirkten innerhalb der topografischen Rahmenbedingungen der Elbegebiete und variierten in Ausmaß, Bedrohungsgrad und Folgeerscheinungen. Dieses »Rekordhochwasser« 2013 begann mit einem unverhältnismäßig langen, kalten und niederschlagsreichen Winter und Frühling. Die Schneemassen reichten vom Gebirge bis ins Flachland und waren häufig nur durch Räumfahrzeuge kontrollierbar. Der Frühling 2013 verlief in Deutschland kühl, geprägt durch zahlreiche Niederschläge und mit wenig Sonnenschein. Abgesehen von ein paar milden Tagen Anfang März, dominierte im Frühjahr bis in den April hinein nasses und kühles Wetter mit wenig Sonnenstunden. Die Folge waren extrem feuchte Bodenverhältnisse in den Niederungen und im Flachland.

Niederschlagsreiche Tiefdruckgebiete prägten die mitteleuropäische Wetterlage von Mai bis Anfang Juni 2013 und endeten in einer 10tägigen Niederschlagsperiode.Diese als Omegalage 5b bezeichnete Wettersituation führte warmfeuchte Luftmassen aus dem Süden Europas mit kühlerer Luft aus dem Nord-Osten zusammen. Eine nördliche Anströmung hielt diese Tieflage lange an den Nordrändern der Mittelgebirge und auch in den Alpen. Die berechnete Niederschlagsmenge lag bei 22 750 000 000 000 Liter[2] von denen der Großteil am 30./31. 5. sowie am 1./2. 6. niederregneten. Aufgrund des nass-feuchten Mai waren in vielen Regionen die Böden bereits mit Wasser gesättigt. Rekordwerte des Jahrhunderts ergaben sich mancherorts hinsichtlich der in 90 Stunden gefallenen Niederschlagsmenge.»So floss viel Wasser oberirdisch ab und ließ kleine Bäche und Flüsse sehr schnell anschwellen. Ein weiterer Faktor im Süden war die zeitgleiche Schneeschmelze in den Alpen ... «[3]

---

2 Vgl. DWD (2013): Juni-Hochwasser im Süden und Osten Deutschlands. In: http://www.dwd. de/bvbw/appmanager/bvbw/dwdwwwDesktop?nfpb=true&_pageLabel=dwdwww_menu2_ presse&T98029gsbDocumentPath=Content%2FPresse%2FPressemitteilungen%2F2013% 2F20130606__HochwasserJuni__news.html, abg. am 10. 04. 2014.

3 Vgl. DWD (2013): Juni-Hochwasser im Süden und Osten Deutschlands. In: http://www.dwd. de/bvbw/appmanager/bvbw/dwdwwwDesktop?nfpb=true&_pageLabel=dwdwww_menu2_ presse&T98029gsbDocumentPath=Content%2FPresse%2FPressemitteilungen%2F2013% 2F20130606__HochwasserJuni__news.html, abg. am 10. 04. 2014.

Zu den »Wassermassen« kam die Schneeschmelze aus den Gebirgen hinzu, die aufgrund des langen Winters erst relativ spät einsetzte und noch bis weit in die Frühlingsmonate hinein die Flusssysteme mit Schmelzwasser ansteigen ließ. Der plötzliche Temperaturanstieg beschleunigte die Restschmelze und das alljährliche Schmelzhochwasser, das für gewöhnlich durch eine flache Scheitelwelle gekennzeichnet ist, führte mehr Wasser in kürzerer Zeit aus den Gebirgen und erhöhte somit die Scheitelwelle in den ableitenden Flüssen. In diesem Zusammenhang ist auch der Einfluss der 312 Talsperren im Einzugsgebiet der Elbe mit einem Stauraum von 4,12 Mrd. m³ zu berücksichtigen. Davon sind 62,2 Prozent im tschechischen Einzugsgebiet der Elbe und deren Steuerung entscheidet maßgeblich über das Ausmaß der Hochwasserwelle.[4] Um Zeit für Hochwasserschutzmaßnahmen wie Evakuierungen zu gewinnen, wurden vielerorts die Wassermassen zunächst zurückgehalten. Dies führte zum Stau des Hochwassers und somit zur Erhöhung der Scheitelwelle.

Durch das Zusammentreffen von Schneeschmelze und den andauernden Regenfällen aus der Omegawetterlage waren die Hochwasserwellen der einzelnen Flüsse größer als sonst, aber zu diesem Zeitpunkt noch nicht für ansässige Ortschaften derart bedrohlich, dass von einem weiteren »Jahrhundertereignis« ausgegangen werden musste. Folgt man dem Verlauf der Wasserströme aus den Gebirgen, aus Gletschern und Quellen, treffen diese Kleinstflüsse in den flacheren Gefilden zusammen und münden in die großen »Bundeswasserstraßen« (Großflüsse, die durch Frachtkähne befahrbar sind) wie Rhein, Donau, Elbe und Mulde. Vom topografischen Standpunkt aus sind Flachlandgebiete wie Sachsen-Anhalt als »Sammelbecken« dieser Ströme im Nachteil, weil dort die großen Flüsse ineinander münden und die Fließgeschwindigkeit aufgrund des fehlenden Gefälles abnimmt. Die vergleichsweise schnellen Ströme wie die Mulde stauen sich auch bei Flusskreuzungen, an denen unterschiedlich schnelle Gewässer ineinander fließen. Für die Schifffahrt ist dieser Umstand von Vorteil und macht den Schifftransport von Waren gegen die Strömungsrichtung erst möglich. Die Nachteile zeigen sich vor allem am Beispiel der Stadt Dessau-Roßlau, in der Mulde und Elbe ineinander münden und durch das Rückstauen immer wieder Hochwassersituationen entstehen. Hierbei kommt es leicht zum Übertritt des Flussbettes und im Extremfall zur Überschreitung der Rückhaltemenge von Deichen, Auffangbecken und Auen. Das waren die wichtigsten Ursachen zur Entstehung des Hochwassers, doch wie nahmen die Wassermassen ihren Lauf?

---

4 Vgl. Simon, M. (2012): Hydrologische und wasserbauliche Besonderheiten der Elbe. In: http://de.dwa.de/tl_files/_media/content/PDFs/Abteilung_BiZ/BUTA%202012/pp-Simon.pdf, abg. am 12.04.2014.

Die erste Hochwasserwelle traf das Wesergebiet (Fulda 26.5., Weser 28.5.). Dann folgten die Flussgebiete des Rheins (Oberrhein ab 31.5.), der Donau (Inn 1. bis 3. 6.) und der Elbe (ab 2. 6. an der deutsch-tschechischen Grenze).[5]

Die aus Tschechien kommende Hochwasserwelle (**Abb. 5**) der oberen Elbe nahm die Hochwasserwellen der Moldau, Saale und Mulde (Mitteleuropas schnellstes Fließgewässer) in sich auf und schloss sich zur größten Hochwasserwelle der »Flut« zusammen, die folglich als Elbe-Hochwasser 2013 bezeichnet wird. Das Elbe-Hochwasser war in Höhe und Länge bereits deutlich über dem bekannten Ausmaß und hatte bereits erste Schäden verursacht. Durch den Zusammenschluss betrugen die Ausmaße der Hochwasserwelle in der mittleren Elbe eine Länge von über 250 km mit einem durchgehenden Rekordhöhenniveau der Pegelstände. In Sachsen-Anhalt traf das Elbe-Hochwasser zunächst auf Bitterfeld-Wolfen und kurz danach auf die Zweistromstadt Dessau-Roßlau. Die Schäden waren weit unter den Erwartungen des Hochwassers von 2002. Aufgrund der erfolgreichen Hochwasserabwehr vor Ort führte dieser positive Umstand zum Nachteil für Magdeburg. Die Hochwasserwelle stieg flussabwärts immer stärker an, und ohne eine Entlastung durch Ableitung der Wasserströme in Baggerseen oder durch Deichbrüche, erreichte die »Jahrhunderthochwasserwelle« das Magdeburger Umland und in Folge dessen Magdeburg. Das Gebiet nahe der Elbe bei Magdeburg wird auch als »Ostelbien« bezeichnet und war vom Ausmaß der Hochwasserwelle besonders betroffen. Aufgrund der Fließgeschwindigkeit der Mulde lief sie mit ihrem Scheitel am 04. Juni der Elbewelle etwa 3 Tage voraus. Dennoch vergrößerte dies das Abflussvolumen der Elbe nachhaltig.

Aus der vorigen Grafik wird ersichtlich, wie sich am 06. und 07. 06. 2013 die Hochwasserwellen zu einem Scheitelpunkt summierten und dieser im Raum Magdeburg mit Abstand am stärksten ausfiel.

Die Vorläufer der Mulde kündigten sich mit einem konstanten Höchstpegel an der Strombrücke in Magdeburg an. Mit einem Höchstpegel von 7,46 m an der Strombrücke und 7,51 m in Magdeburg Buckau gehört der Raum Magdeburg zu den schwerst betroffenen Gebieten. Aus der oben aufgeführten Tabelle wird ersichtlich, dass der dW-Wmax-HHW-Wert während des Flussverlaufs der Elbe im Bereich 300–400 Kilometer die Maximalabweichung der bekannten Höchstmarken aufweist. Mit bis zu 74 cm über den historischen Hochwasserhöchstmarken traf es Magdeburg-Buckau im besonderen Maße. Im weiteren Verlauf dieses Kapitels wird sich diesem Stadtteil umfassend gewidmet, weil er als repräsentatives

---

5   Vgl. BfG (2013): Das Juni-Hochwasser des Jahres 2013 in Deutschland (Bericht BfG-1793). In: http://rees-magazin.de/wp-content/uploads/2013/06/2013_06_26_pm_bericht.pdf, abg. am 10. 04. 2014.

Abbildung 5: Die Hochwasserwelle der Elbe im Juni 2013

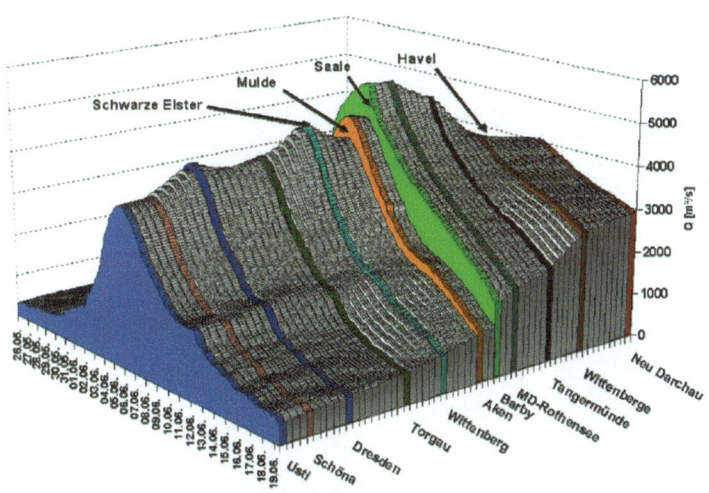

HHW-Überschreitungen beim Juni-Hochwasser 2013 an der Elbe (Daten: WSV)

Pegelname	km	Wmax	dW Wmax-HHW	HHW(alt) W	HHW(alt) Datum
COSWIG	236,31	766	12	754	18.08.2002
VOCKERODE	245,62	794	13	781	18.08.2002
ROSSLAU	257,84	692	18	674	18.08.2002
DESSAU	261,16	745	29	716	18.08.2002
AKEN	274,75	790	24	766	19.08.2002
BARBY	294,82	761	28	733	03.04.1845
MAGDEBURG-BUCKAU	325,39	751	74	677	19.08.2002
MAGDEBURG-STROMBRÜCKE	326,67	746	45	701	18.02.1941
ROTHENSEE	333,12	901	57	844	19.08.2002
NIEGRIPP AP	343,60	983	62	921	19.08.2002
TANGERMÜNDE	388,26	836	68	768	20.08.2002
SANDAU	416,06	825	55	770	20.08.2002
SCHARLEUK	447,22	769	46	723	20.08.2002
WITTENBERGE	453,98	785	51	734	20.08.2002
MÜGGENDORF	463,94	780	42	738	20.08.2002
SCHNACKENBURG	474,56	779	28	751	21.08.2001
LENZEN	484,70	793	46	747	02.04.1895
HITZACKER	522,92	817	47	770	22.01.2011
NEU DARCHAU	536,44	792	-33	825	24.03.1888
BOIZENBURG	559,46	727	37	690	23.01.2011

Oben: Ablauf der Hochwasserwelle der Elbe vom Juni 2013 unter Berücksichtigung der Aufhöhung aus Nebenflüssen; entnommen aus: DWD (2013): Das Juni-Hochwasser des Jahres 2013 in Deutschland. S. 37. Koblenz, den 27.06.2013.

Unten: Entnommen aus: DWD (2013): Das Juni-Hochwasser des Jahres 2013 in Deutschland. S. 55. Koblenz, den 27.06.2013.

Abbildung 6: Ungewohnte Mobilitätsarten

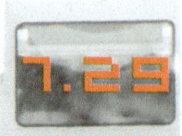

Extrem des Junihochwassers 2013 auf verhältnismäßig kleiner Fläche alle zuvor dargelegten Faktoren vereint und die Begegnung von Natur- und Sozialraum erfahrbar macht (**Abb. 6**).

Vor allem im Bereich Magdeburg-Buckau zeigte sich eine Art Verdrossenheit hinsichtlich der bekannten Hochwassergefahr. Betrachtet man diesen Stadtteil zu Zeiten der DDR, war die Elbseite Magdeburg-Buckaus in erster Linie ein Verladehafen oder Anlegestelle für Boote aller Art. Wohnhäuser fand man in unmittelbarer Elbnähe nicht. Die exzessive Bebauung des Elbufers und der Auengebiete begann erst vor wenigen Jahren. Penthouse-Immobilien und Loftwohnungen mit Elbblick locken Investoren mit günstigen Eigentumswohnungen. Es scheint, als wäre man sich sicher, durch Bautechnologie der Hochwassergefahr ebenbürtig zu sein. In einem sehr kritisch formulierten Artikel der Stuttgarter Zeitung »Viele Probleme sind selbst gemacht« von Harald Lachmann heißt es: »Zu Ostzeiten (gemeint sind die DDR-Jahre; d. Verf.) habe man eben konsequent nicht in die Flussauen gebaut, sagt mancher. Auch die Landwirte pflügten seiner Zeit nicht so dicht an die Dämme in ihrem Beritt; und die Flussmeistereien beschäftigten überdies Bisamratten-Jäger. Die stellten den Nagern nach, die ihre Bauten gern in eben diese Dämme trieben. Doch all das sei Geschichte – und mancher Damm nun perforiert wie ein Schweizer Käse, unkt man entlang des Elb-Nebenflusses Mulde.«[6]

Aufgrund der historischen Pegelüberschreitungen der Elbe während der Flut 2013 ist dieses Ereignis schon jetzt Geschichte und Teil einer kollektiven Vergangenheit. Neben den höheren Pegelständen war auch die Verweildauer des Hochwassers in den betroffenen Gebieten von historischem Maßstab und führte zum Kollaps vereinzelter Hochwasser-Schutzanlagen, deren Konstruktion sich an den vergangenen historischen »Jahrhunderthochwassern« orientiere. Der problembehaftete Begriff einer »Jahrhundertflut« ist aus historischer Sicht zutreffend und sogar beschönigend. Alte Deichanlagen zum Beispiel bei Fischbeck gaben auch aufgrund ihres Alters und neuer Rekordbelastungen nach und waren einem »Jahrtausendhochwasser« (gemeint ist die Abweichung vom Elbpegel die statistisch innerhalb der letzten 1000 Jahre dokumentiert wurde) nicht gewachsen. **Abb. 7** zeigt, wie die Pegelstände des Hochwassers aus dem 15. Jh. mit dem Elbe-Hochwasser von 2013 übereinstimmen. Das macht die historische Dimension dieses Ereignisses nachvollziehbar. Dieser Wandinstallation kann man entnehmen,

---

6   Der Artikel erschien in der Stuttgarter Zeitung am 05. 06. 2013. Das Erscheinungsdatum liegt mitten in der Hochwasserphase und wurde unter der Kategorie Panorama veröffentlicht. Die Kritik richtet sich im Weiteren auch an Bürgerinitiativen, die aufgrund ästhetischer Bedenken sich gegen den Bau von Schutzwände formierten und den Bau nach 2002 somit verhinderten.

Abbildung 7: Höchststände im historischen Vergleich

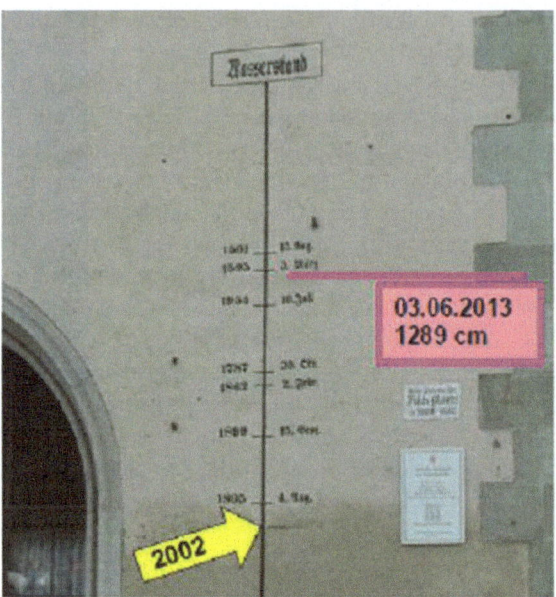

Abb. 5.4:   Historische Hochwassermarken in Passau

Entnommen aus: DWD (2013): Das Juni-Hochwasser des Jahres 2013 in Deutschland. S. 52. Koblenz, den 27. 06. 2013.

dass sich Siedlungsräume trotz des prekären Standortfaktors nicht zurückziehen. An der Wasserstandskala sieht man, dass dieses Gebäude über die Jahrhunderte hinweg immer wieder von Hochwassersituationen heimgesucht wurde und dennoch keine Rückbaumaßnahmen eingeleitet wurden. Wie man im Bild erkennen kann, liegt das Elbe-Hochwasser 2013 auf dem Niveau von 1595. Die Skala beweist darüber hinaus, dass auch der technische Fortschritt die *Überwältigung des Sozialraumes* (Siedlung bzw. Haus im Bild) *durch den Naturraum* (Elbe) in der Vergangenheit und gegenwärtig nicht verhindern konnte bzw. kann.

Mit dem Bruch des Deiches bei Fischbeck erreichte das Hochwasser 2013 seinen Zenit und die mediale Berichterstattung der Ereignisse rund um Fischbeck und Klein Rosenburg, schufen Ikonen des Elbe-Hochwassers 2013. In diesen Orten richteten die einströmenden Wassermassen den höchsten Schaden an und zogen das mediale Interesse auf sich. Diese Ereignisse kennzeichneten den Wendepunkt des Hochwassers. Durch den Abfluss auf Ackerflächen und das Eindringen in die genannten Ortschaften senkte sich der Pegel um etwa 35–40 cm und bewahrte den Raum Wittenberge und flussabwärts gelegene Ortschaften vor der »Jahrhundertkatastrophe«.[7] Zurück blieben vielerorts die vom Wasser herangetragenen Stoffe wie Schlamm, Chemikalien, Öl, Krankheitserreger, Müll und Wasserschäden. Im Folgenden geht es darum, die regenerativen und degenerativen Schadensarten näher zu erläutern.

6.1.2 Schadensbilanz

Das Schadensausmaß (**Abb. 8**) variierte zunächst je nach Quelle und war daher nur einzugrenzen. Diese Werte sind nur unter Vorbehalt anzuführen, weil die Schadensmeldungen von Betroffenen und die tatsächliche Schadenssumme teilweise deutlich voneinander abweichen. Erwartungsgemäß war der Schaden höher als 2002, was aufgrund der neuen Rekordpegel nicht verwundert. Angesichts einer Katastrophe diesen Ausmaßes wurden die Schadensprognosen hoch angesetzt und blieben nach den abschließenden Bilanzen deutlich hinter diesen Befürchtungen zurück. Mit rund 6,68 Milliarden Euro Gesamtschaden (Mitte Juli 2013 von den Ländern an den Bund gemeldet)[8], liegt das »Jahrhunderthochwasser« 2013 bei ca. 0,25 % gemessen an 2644,2 Mrd. Euro Bruttoinlandsprodukt von 2012.[9] Eine nachhaltige Schädigung Deutschlands als Volkswirtschaft kann daher ausgeschlossen werden. Angesichts wiederkehrender Hochwasser seit 2002 verwundert diese Zahl jedoch. Nach der »Flut« von 2002 wurden neue Schutzmaßnahmen versprochen, um die Schadenpotentiale für die Zukunft zu senken. Die neuen Rekordzahlen von 2013 zeugen vom Scheitern dieser Vorhaben. Volkswirtschaftlich gesehen ist das Junihochwasser 2013 in Deutschland eine Kommastelle in der Bilanz und kann auch nicht durch die Veröffentlichung der Ernteerträge des Deutschen Bauernverbandes e. V. in Fakten und Zahlen abgebildet werden. Laut der Pressekonferenz des Deutscher Bauernverband e. V. vom 22.08.2013 in Berlin lag die Getreideernte mit 46,8 Millionen Tonnen Getreide und 5,6 Millionen Tonnen Raps gut 3 Prozent oberhalb des Vorjahresergebnisses der Getreideer-

---

7   Vgl. BfG (2013): Das Juni-Hochwasser des Jahres 2013 in Deutschland (Bericht BfG-1793). In: http://rees-magazin.de/wp-content/uploads/2013/06/2013_06_26_pm_bericht.pdf, abg. am 10.04.2014.

8   Vgl. Flutschäden geringer als befürchtet. In: Handelsblatt. Nr. 135, 17. Juli 2013, ISSN 0017-7296, S. 9.

9   Vgl. http://www.auswaertiges-amt.de/DE/Aussenpolitik/Laender/Laenderinfos/01-Laender/Deutschland.html, abg. am 5.04.2014.

Abbildung 8: »Tand, Tand, Tand ist das Gebilde von Menschenhand«

träge und knapp 17 Prozent über dem Niveau der Rapsernte von 2012.[10] Somit sind, angesichts des mehrjährigen Durchschnitts der Jahre 2008 bis 2012, die Ernteerträge trotz der »Jahrhundertflut« 2013 vergleichsweise hoch. »Mit einer Spitzenernte war schon lange nicht mehr zu rechnen. Insofern können wir mit 46,8 Millionen Tonnen Getreide zufrieden sein. Allerdings darf dieser Wert nicht darüber hinwegtäuschen, dass einzelne Betriebe aufgrund der starken Regenfälle und des Hochwassers erhebliche Einbußen erlitten haben«[11], kommentiert Wolfgang Vogel, Vorsitzender des DBV-Fachausschusses für Getreide und andere pflanzliche Qualitätsprodukte.

6.1.3 Strukturelle Hintergründe der Hochwassersituation in Sachsen-Anhalt

Extremhochwasser, wie das der Elbe 2013, werden als seltenes Phänomen wahrgenommen und durch Begriffe wie »Jahrhunderthochwasser« verklärt. Bei genauer Betrachtung der Sachlage sind solche »Hochwasserextreme« jedoch nicht so selten, wie es zunächst scheint. Die Konstellation von geschädigten Böden (**Abb. 9**), Wetterextremen und dem Bodenverbrauch führte zu den Hochwasserereignissen von 2013 und wird auch in Zukunft dazu beitragen. Im Verlauf der eigenen Recherche zu diesem Thema und durch fotografische Ortsbegehungen kamen immer wieder Zweifel an dieser Einmaligkeit des Jahrhundertereignisses Hochwasser 2013 auf. Betrachtet man sich die Ackerflächen bei Fischbeck, sieht man, wie der Ackerbau Teil des Problems ist. Nicht zuletzt sind diese Zweifel dem Umstand geschuldet, erst vor 11 Jahren eine »Jahrhundertflut« miterlebt zu haben, die dazu auch noch viele Parallelen zu aktuellen Ereignissen aufweist. Aufgrund dessen sollen an dieser Stelle Umweltbedingungen herausarbeitet werden, die als konstante Gegebenheiten schon im 15. Jahrhundert zu extremen Überschreitungen der Pegelstände beigetragen haben und sich durch den Einfluss des Menschen zunehmend verschärfen.

Wie bereits dargestellt, ist das Hochwasser der Elbe auch immer ein meteorologisches Ereignis. Ohne extreme Niederschläge führt die Elbe auch bei der Schneeschmelze nach einem langen harten Winter nicht genug Wasser, um diese Pegel zu erreichen. Es besteht weitgehend Konsens in der Wissenschaft, dass es eine globale Erderwärmung gibt und die Folgen seit Jahren messbar und erfahrbar

---

10 Vgl. Vogel, M./Deutscher Bauernverband e. V. (2013): Ernte-Pressekonferenz 2013. In: http://media.repro-mayr.de/67/583967.pdf, abg. am 7. 04. 2014.
11 Bauernverband e. V. (2013): »Wir dürfen mit der Ernte zufrieden sein«. In: http://www.bauernverband.de/erntebericht-2013, abg. am 08. 04. 2014.

Abbildung 9: Bodenerosion

Foto von einem Acker bei Fischbeck. Der lehmhaltige Boden scheint keine Muttererde zu be-
inhalten und wirkt wasserabweisend.

sind. Das führt nicht nur zum Anstieg von Temperaturen, sondern auch des Mee-
resspiegels und verändert Golf – und Luftströmungen. Dr. Andreas Becker vom
Weltzentrum für Niederschlagsklimatologie des DWD, stellt in einer Pressemittei-
lung nach dem Hochwasser 2013 Folgendes heraus: »Anders als bei den Hochwassersituationen 1997 und 2002 handelte es sich diesmal nicht um eine klassische
Großwetterlage des Typs Vb (»Fünf b«), sondern um eine dieser Wetterlage ähnlichen Typs »Tief Mitteleuropa (Tm)«, das ebenfalls beträchtliche Niederschläge
bringen kann. Die heftigen Regenfälle der zeitweise ortsfesten Tiefdruckgebiete
»Dominik« und »Frederik« kamen auch nicht unerwartet. Öffentlichkeit, Medien
und Einrichtungen des Katastrophenschutzes waren vorgewarnt.«[12] Somit wird

---

12 DWD (2013): Juni-Hochwasser im Süden und Osten Deutschlands. In: http://www.dwd.
de/bvbw/appmanager/bvbw/dwdwwwDesktop?nfpb=true&_pageLabel=dwdwww_menu2_
presse&T98029gsbDocumentPath=Content%2FPresse%2FPressemitteilungen%2F2013%
2F20130606__HochwasserJuni__news.html, abg. am 10.04.2014.

deutlich, dass mit dem Elbe-Hochwasser nicht nur als alljährliches Phänomen der Schneeschmelze gerechnet werden musste. Die meteorologische Ausnahmesituation war bereits im Vorfeld bekannt. Das einzig Überraschende war die späte Reaktion des Krisenstabs.

Ausgehend von einer meteorologischen Herleitung des Elbe-Hochwassers 2013 ist der Klimawandel als entscheidende Treibkraft hinter den Ereignissen im Juni 2013 anzuführen. Experten verweisen, dass die Wetterlage wie im Frühjahr nur der Anfang bzw. ein Merkmal des Klimawandels ist, welcher ein neues »Normalwetter« darstellt. »Es stellt sich natürlich die Frage, ob die Berechnungsgrundlage solcher Wiederkehrzeiten angesichts des Wandels unseres Klimas noch stimmt«.[13]

Ausgehend von den Ausführungen des DWD und eigenen Wetterbeobachtungen ist von einer neuen Realität bzw. Normalität auszugehen. Der DWD fordert eine Anpassung des Hochwasserschutzes an die »neuen« und konstant voranschreitenden Veränderungen von Temperaturen, Wind, und Niederschlägen. Für DWD-Vizepräsident Dr. Paul Becker ist klar: »Gerade beim Hochwasserschutz in Deutschland dürfen wir nicht innehalten.«[14]

Der Klimawandel (**Abb. 10**) wird in der öffentlichen Diskussion auch als Globale Erwärmung dargestellt. Zudem muss darauf verwiesen werden, dass die Temperaturen über den Globus verteilt leicht angestiegen sind, es aber wenige Regionen gibt, in denen ein anhaltender Temperaturabstieg verzeichnet werden kann (vgl. Fry u. a. 2010, S. 360 ff).

Die Verschiebung und Extremisierung der Jahreszeiten und auch die Jahreszeitenwende haben dazu geführt, dass Frühling und Herbst verhältnismäßig kurz ausfallen, während Sommer und Winter immer länger werden. 2013 war durch ein »Winterhalbjahr« geprägt mit einem kurz darauf folgenden Sommer mit neuen Hitzerekorden. Die Folgen sind vielseitig und in ihrer Gänze kaum darstellbar. Für die Entwicklung des Hochwassers können einige damit verbundene Mechanismen herausgearbeitet werden. Extreme Winter und Sommer gibt es in Deutschland seit einigen Jahren. Oft weichen sie vom arithmetischen Mittel statistisch gesehen kaum ab, zeigen aber Wetterextreme im Kleinen. Der Regen, der für gewöhnlich im Mai und Juni relativ gleichverteilt fällt, konzentriert sich nun in einem Zeitraum weniger Tage. Die Menge verändert sich kaum, aber die punktuelle Belastung nimmt zu. Hitzewellen, Kälteperioden, Stürme und Rekordnieder-

---

13 DWD (2013): Juni-Hochwasser im Süden und Osten Deutschlands. In: http://www.dwd. de/bvbw/appmanager/bvbw/dwdwwwDesktop?nfpb=true&_pageLabel=dwdwww_menu2_ presse&T98029gsbDocumentPath=Content%2FPresse%2FPressemitteilungen%2F2013% 2F20130606__HochwasserJuni__news.html, abg. am 10.04.2014.
14 Ebd.

Abbildung 10: Klimawandel

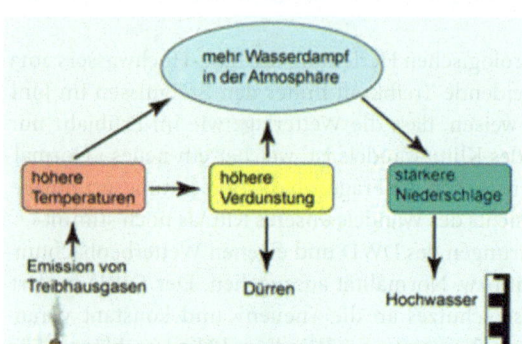

Entnommen aus: http://wiki.bildungsserver.de/klimawandel/upload/thumb/Wasserkreis-lauf.gif/320px-Wasserkreislauf.gif, abg. am 12.04.14.

schläge sind Wendepunkte im Übergang von einer in die nächste Jahreszeit und belasten die kompensatorischen Möglichkeiten der Naturräume.

Der Einfluss des Menschen auf den Klimawandel wird maßgeblich durch den CO_2-Ausstoß bestimmt. Abgase aus Verkehr, Industrie und Wohnen produzieren mehr CO_2 als in Wäldern (die durch Abholzung reduziert werden) gebunden werden kann. Die Folge ist der Treibhauseffekt, der auf lange Sicht den Kollaps des Weltklimas kennzeichnet.

Für das Hochwasser sind die Einflüsse des Klimas auf Böden und Niederschlagsmengen von primärer Relevanz (**Abb. 11**). Extreme Temperaturen machen den Boden spröde. Winter wie Sommer trocknen ihn aus und machen ihn anfällig für Wind und Wetter. Die konzentriert auftretenden Niederschläge können in der kurzen Zeit, in der sie fallen, nicht von Böden und Flüssen abgeleitet werden. Die daraus folgende Überforderung dieses »Wasser-Ableitsystems« führt zum Ausfall, den wir als Hochwasser wahrnehmen können.

Verschärft werden diese Aspekte durch eine zusätzliche Versiegelung der Böden durch den Menschen. Das Hochwasser in Sachsen-Anhalt und Magdeburg ist ein gutes Beispiel dafür, wie stark der Mensch in das System der Natur eingreift und welche Nebenwirkungen daraus resultieren. Wie zuvor dargestellt traf es Sachsen-Anhalt besonders stark (siehe **Abb. 5** u. **7**). Dieser Umstand kann zum

Abbildung 11: Bodenbeschaffenheit und Wasserabfluss

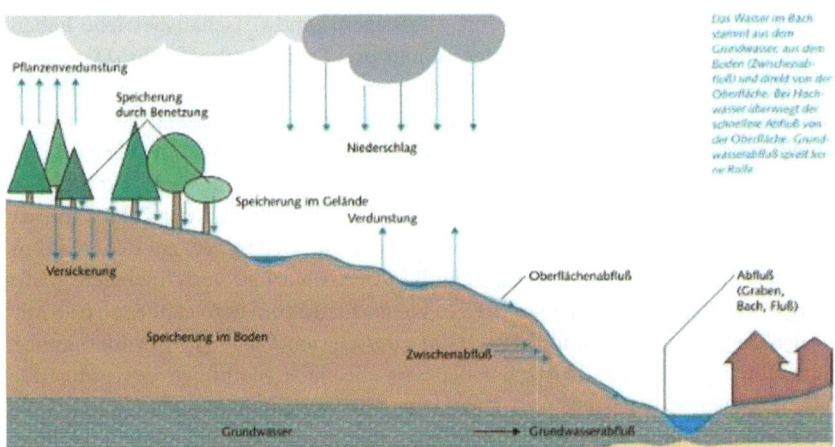

Entnommen aus: http://www.lfu.bayern.de/wasser/hw_entstehung/pic/198412_gr.jpg, abg. am 12. 04. 14.

In der Grafik erkennt man den Zusammenhang von Gelände und Bodennutzung auf das Hochwasser. Während im Gelände (Wald/Wildnis) die naturbelassenen Böden viel Wasser aufnehmen können, sind die Böden in Siedlungsnähe durch Versiegelung dazu nicht in der Lage. Die Folge ist der Oberflächenabfluss von Niederschlägen in die Flüsse. Die »Einspeisung« von Niederschlägen in das Wasserkreislaufsystem läuft beim Oberflächenabfluss deutlich schneller ab als beim Wasserzulauf durch das Grundwasser. In Sachsen-Anhalt findet man eine Situation vor, die der rechten Hälfte des Bildes entspricht. Folglich sind die kompensatorischen Möglichkeiten bei Starkregen begrenzt und die Hochwasserwahrscheinlichkeit erhöht.

einen auf die Niederschläge zurückgeführt werden, die weite Teile Deutschlands betroffen haben, und auf individuelle topografische und infrastrukturelle Gegebenheiten der Bodennutzung. Für Sachsen-Anhalt ist der Boden die Basis des Kapitals. In kaum einem anderen Bundesland wird derart viel Land- bzw. Feldwirtschaft betrieben. Im nächsten Abschnitt soll dieser Umstand hinsichtlich des Einflusses auf das Junihochwasser 2013 näher ergründet werden.

6.1.4 Regionale Defizit-Standortfaktoren bei Hochwasserlagen in Sachsen-Anhalt und deren Folgen

Der Bereich Ostelbien und die dort ansässigen Landwirtschaftsbetriebe haben hinsichtlich des Hochwasserschutzes einen prekären Standortfaktor. Das Landniveau sinkt durch Ackerbau ab und führt zum Verlust an Mutterboden, während die Pegelstände von Elbe und Donau durch Verengung der Wasserstraßen steigen. Durch Bestellung der Felder wird die Schicht an Muttererde immer flacher. Das Durchpflügen, Düngen, Bewässern, Ernten, die Verdichtung des Ackerbodens durch Einsatz schwerer Maschinen und die Windanfälligkeit der Felder führen zu irreversiblem Verlust an Mutterboden. Er ist die Grundlage, auf der Pflanzen wachsen und durch Wurzeln ihre Standkraft erhalten und verschiedenen Witterungseinflüssen standhalten können. In Deutschland sind bereits über 30 000 km² Boden degradiert, dies sind mehr als 9 % der Gesamtfläche (vgl. Lynden 2000). Betroffen sind alle Landwirtschaftsflächen, die nach Methoden des industriellen Massenanbaus bestellt und auf denen Monokulturen angebaut werden. In Deutschland sind diese »unvermeidbaren« Begleiterscheinungen des Ackerbaus bekannt und sollen durch diverse Gesetzesvorschriften wie der Bundesbodenschutzverordnung (BbodSchV), dem Wasserrecht, dem Kreislaufwirtschafts- und Abfallgesetz (KrW-/AbfG) und der Düngemittelverordnung reduziert werden.[15] Die Eindämmung dieses Prozesses, an dessen Ende die Desertifikation steht, kann den prekären Trend nicht aufhalten. Mit der Herstellung einer durchwurzelbaren Bodenschicht (Rekultivierungssubstrat), wie in der Projektstudie der BaeR®, der Agentur für Bodenaushub GmbH, wird versucht, diesen Effekt umzukehren. Vor allem im Hinblick auf die ökologischen und landwirtschaftlichen Folgen von Hochwasserschäden (**Abb. 12**) ist die Rekultivierung unabdingbar. Das »Jahrhunderthochwasser« von 2002 führte dazu, dass diesem Forschungsfeld mehr Aufmerksamkeit und finanzielle Unterstützung zugute kamen und 11 Jahre später effizientere Rekultivierungstechnologien zur Verfügung stehen.[16] Die Kosten sind jedoch hoch und belaufen sich auf ca. 300 Euro je m². Durch Rückbau, Entsiegelung und Rekultivierung kann ein naturnaher Zustand zwar wiederhergestellt werden, jedoch sind viele ökologische Funktionspotenziale irreversibel geschädigt. Heimische Arten sind unter Umständen ausgerottet, der Boden ist als Grundwasserleiter nachhaltig gestört.

---

15 Vgl. Dörfelt, D. (2004): Vortrag zum DGAW-Regionaltreffen Mitteldeutschland »Klärschlämme«. In: http://www.dgaw.de/files/uploaded/events/netzwerk/download/regio11_mitteldtl_doerfelt_1287067519.pdf, abg. am 21.04.2014.
16 Vgl. ebd.

Abbildung 12: Zerstörte Bodenkulturen

Degradierten Boden wieder herzustellen ist eine Herausforderung für die Zukunft. Die derzeit verfügbaren Technologien, die auf gereinigten Klärschlamm, grobkörnige Kohleböden und Humus aus Großkompostierung setzen, stellen keine langfristige Rekultivierung und nachhaltige Landwirtschaft dar. Eine präventive Vorgehensweise in der Bestellung von Feldern ist möglich und kann auch ohne große finanzielle Investitionen realisiert werden. Einige »Naturbauern« nutzen Maschinen, die den Boden nicht umpflügen und dadurch die nährstoffreichen Humusschichten schützen. Bringt man die Humusschicht wie in der konventionellen Feldarbeit an die Erdoberfläche, ist der Mutterboden schutzlos Sonne, Wind, Eis und Regen ausgesetzt. Dieser Umstand kommt insbesondere dann zum Tragen, wenn Ackerböden lange Zeit zwischen der letzten Ernte und der neuen Saat offen liegen. Wolfgang Vogel teile in der Pressekonferenz zum Erntebericht 2013 mit: »Durch den langen und kalten Winter starteten die Kulturen mit einer Verzögerung von zwei, regional sogar vier Wochen in das Frühjahr«.[17] Dadurch haben sich vielerorts die Erntezeiten um 10–14 Tage nach hinten verschoben. »Deswegen sind viele meiner Berufskollegen derzeit auch noch voll mit der Ernte beschäftigt.« Die Böden konnten während des ungewöhnlich langen Winters nicht bestellt werden, und waren jeder Form von Verwitterung ausgesetzt. Bezüglich der Zahlen des Ernteberichtes ist dieser Umstand der »Winterproblematik« zunächst nur in Hinsicht auf die Verzögerung der Erntezeiten von Relevanz.

Führt man diesen Umstand gedanklich fort und bedenkt welche Folgen dies über Jahrzehnte haben kann, erschließt sich eine andere, nämlich langfristige »Winterproblematik«. Während der immer längeren und kälteren Winter in Mitteldeutschland verwittert der Boden und die Mikroorganismen, die den Boden fruchtbar machen, sterben ab. Der Winter 2012/13 setzte vor allem jenen Feldern zu, die im Winter frei von Bewuchs offen liegen. Ohne ein Wurzelwerk, das den Boden zusammenhält, liegt der Boden lose auf dem Feld und wird vom Frost aufgebrochen und vom Wind fortgetragen. Die langfristige Folge ist die Bodendegradation und der fast unwiderrufliche Verlust an Ackerfläche. Sachsen-Anhalt ist mit 62,7 Prozent Landwirtschaftsfläche, gemessen an der Gesamtfläche, besonders stark betroffen.[18] Landwirtschaftsflächen nehmen signifikant weniger Niederschläge auf als vergleichbare Naturböden. Betrachtet man in diesem Zusammenhang die Landwirtschaft entlang Moldau, Donau und Elbe, ist bei übermäßigem Niederschlag und den versiegelten Böden von einem wasserabweisenden »Lotus-

17 Bauernverband e. V. (2013): »Wir dürfen mit der Ernte zufrieden sein«. In: http://www.bauernverband.de/erntebericht-2013, abg. am 08. 04. 2014.

18 Vgl.Koll, H./Murschel, B. (2005): Landwirtschaft in Deutschland. In: http://www.ima-agrar.de/fileadmin/redaktion/download/pdf/materialien/Agraratlas_Web_neu.pdf, abg. am 23. 04. 2014.

Abbildung 13: Geschädigte Agrikulturen

Überschwemmte Äcker (links Kartoffeln, rechts Zuckerrüben).
Quelle: ZAMF Braunschweig, DWD.

Entnommen aus: DWD (2013): Das Juni-Hochwasser des Jahres 2013 in Deutschland. S. 16.
Koblenz, den 27.06.2013.

blüteneffekt« auszugehen. Die Felder sind schnell vom Niederschlag gesättigt und nehmen kein Wasser mehr auf (**Abb. 13**). Auf den flachen Böden kann das Wasser aufgrund weniger Barrieren wie Wälder und Wiesen ungehindert in Richtung des tiefsten Punktes fließen. Die Schwerkraft zieht das Wasser entlang der Neigung im Boden zur Talsohle, die meist von einem Fluss oder Bach durchzogen ist. Diese Kombination begünstigt die Entstehung von Hochwasser und wird durch einen weiteren Umstand zur potenziellen sozialen Katastrophe: Seit je her siedelt der Mensch an Wasserläufen. Er war und ist auf die Nähe zum fließenden Wasser als Versorgungsweg und Nahrungsquelle angewiesen.[19] Siedlungsstandorte in Flussnähe oder in Auenlagen werden durch Bebauung und Flächenversiegelung einem höheren Hochwasserrisiko ausgesetzt. Gleichzeitig steigt durch diese Entwicklung auch das Schadenspotential der jeweiligen Extremereignisse. Versiegelung und Verdichtung hydrologisch bedeutsamer Bodenflächen durch Siedlungs- und Verkehrsflächenausdehnung verhindern die Grundwasserneubildung. Dies

---

19 Die expandierenden Siedlungs- und Verkehrsflächen, die auch zu Bodenabtrag, Verdichtung und Versiegelung führen, zerstören biologisch-ökologisch aktive Böden, auf denen die Leistungen des Naturhaushalts stark eingeschränkt bzw. vollständig unterbunden werden. Die historisch bedingte Siedlung an agrarischen Gunststandorten wie z. B. in Flussauen wie Dessau-Roßlau zerstören Böden, die ein besonders hohes ökologisches Leistungsspektrum bieten.

kann auf lange Sicht zu einer Verknappung der Trinkwasserbestände in Deutschland führen, welches ein ernstzunehmendes Versorgungsproblem darstellt.

Die Nähe zum Wasser ist zugleich die Nähe zum Hochwasser, welches immer auftreten kann und in der Zeit der Schneeschmelze normal ist. Die Begradigung der Wasserstraßen, die weiten wasserabweisenden und verdichteten Böden wie Asphaltflächen, Betonflächen und degradierte Böden wirken wie ein Trichter, der in Richtung Fluss offen ist und mit beachtlicher Fließgeschwindigkeit die Wassermassen durch und an Ballungszentren vorbei leitet. Das hat zur Folge, dass sich bei Starkregenereignissen die Hochwassergefahr signifikant erhöht. Laut Auenzustandsbericht des BfN 2012 sind in den letzten 200 Jahren 90 Prozent der natürlichen Überflutungsflächen der industriellen Bebauung gewichen. Dadurch wurde die potentielle Versickerungsmenge der Auengebiete massiv reduziert und wird durch den Hochwasserschutz zusätzlich geschädigt. Dieser Widerspruch erschließt sich als folgerichtig, wenn man sich allein die Deichbaumaßnahmen an der Mittleren Elbe genauer betrachtet. »Durch diese 1 300 km Deiche wurde die ehemalige Überschwemmungsfläche von 4 300 km² um 3 285 km² (76 %) reduziert.«[20] Durch diese baulichen Maßnahmen, die nach der Flut 2013 noch stärker vorangetrieben werden sollen, sind Städte und Kommunen zwar vor den Wassermassen geschützt, aber nur wenn alle Dämme und Deiche halten. Die Einengung der Elbe durch Deiche funktioniert wie eine Rutsche. Wenn das Wasser weder versickern, noch zu den Seiten ablaufen kann, verbleibt es in dieser künstlichen Führung, die das Wasser zunehmend beschleunigt. Die »Rutsche« beginnt also im höher gelegenen Tschechien an der Moldau. Hier geraten Schmelzwasser aus den Mittelgebirgen und Niederschläge aus den verdunstenden Wassermassen der Schmelze mit dem Quellwasser zusammen und speisen durch zahlreiche Bachläufe die großen Flüsse.

Das Hochwasser der Elbe ist kein rein deutsches Problem. Ohne Hochwasser aus der Oberen Elbe entstehen selbst bei sehr hohem Zufluss aus den Nebenflüssen der Mittleren Elbe, wie Schwarze Elster, Mulde und Saale in der Mittleren Elbe keine bedeutenden Hochwasserwellen. Dabei kommt es in der Regel zu keinen nennenswerten Hochwasserständen.[21] »Große Elbehochwasser entstehen in den Mittelgebirgen auf dem Gebiet der Tschechischen Republik mit 73 % der Höhenlagen über 400 m ü. NN im Einzugsgebiet der Elbe. Der Zufluss der Moldau ist von entscheidender Bedeutung. Die größten Elbehochwasser in Dresden sind

---

20 Simon, M. (2012): Hydrologische und wasserbauliche Besonderheiten der Elbe. In: http://de.dwa.de/tl_files/_media/content/PDFs/Abteilung_BiZ/BUTA%202012/pp-Simon.pdf, abg. am 12.04.14.

21 Vgl. Simon, M. (2012): Hydrologische und wasserbauliche Besonderheiten der Elbe. In: http://de.dwa.de/tl_files/_media/content/PDFs/Abteilung_BiZ/BUTA%202012/pp-Simon.pdf, abg. am 12.04.14.

in der Regel Moldauhochwasser. […] Ohne Hochwasser aus der Oberen Elbe entstehen selbst bei sehr hohem Zufluss aus den Nebenflüssen der Mittleren Elbe, wie Schwarze Elster, Mulde und Saale, in der Mittleren Elbe keine bedeutenden Hochwasserwellen.«[22]

Das Hochwasser ist ein Phänomen der Mittelgebirge, wo es jedoch nicht zu extremen Folgen kommt. Betroffen sind die unteren Flussläufe wie Untere Elbe oder die Regionen an Mehrstromkreuzungen, an denen mehrere Gewässer aufeinander treffen. Wie bei einer »Rutsche« ist die kinetische Energie der Wassermassen und die Geschwindigkeit zum Ende hin am höchsten. Die Transformation von potenzieller Energie in den Hochlagen sowie Mittelgebirgen hin zu kinetischer Energie in tiefen Lagen wie in Sachsen-Anhalt hat in den letzten 200 Jahren massiv zugenommen. Deutlich wurde dieser Umstand an den Deichbruchstellen wie in Fischbeck. Obwohl die kinetische Energie in Strömungsrichtung am größten ist, reichte sie aus, um insbesondere an älteren Deichen derartige Schäden anzurichten, dass diese nach wenigen Tagen nachgaben. Die Flut 2013 war durch eine sehr langgezogene Scheitelwelle gekennzeichnet. Das führte zu einer relativ langen Einwirkzeit auf die Deiche, welche erst langsam durchtränkt und dann partiell aufgebrochen wurden. Dabei traf es »das schwächste Glied in der Kette« und somit alte Deichanlagen, die auch nach 2002 nicht erneuert worden waren.

6.1.5 Das Hochwasser als ein von Menschenhand verursachtes Naturereignis

»Natur« und »Natürlichkeit« werden oft im Kontext von Harmonie dargestellt. Das natürliche Gleichgewicht eines Systems, das es vor dem Menschen gab und wohl auch nach ihm existieren wird. Die Flut 2013 in Mitteldeutschland zeigte die Natur von ihrer mächtigen und zerstörerischen Seite. Wie zuvor dargestellt, waren Niederschläge und Schneeschmelze dafür verantwortlich, dass im funktionierenden System zu viel Wasser im Umlauf war. Die Ereignisse entlang der Elbe legten die relative Machtlosigkeit des Menschen gegenüber solchen Ereignissen offen. Das System Natur triumphierte über das System Mensch und Gesellschaft. Der Zusammenbruch von künstlich geschaffener Infrastruktur und der Verlust von Kontrolle über den Alltag kennzeichneten den Ausnahmezustand, der auch als Katastrophe bezeichnet wurde. Die Folgen des Hochwassers wurden beziffert, um den Schadensbegriff darzustellen, der mit einer Katastrophe einhergeht. Es sind die Dinge, die zählbar sind, die das Ereigniss schriftlich manifestieren.

---

22 Ebd.

Die Flut erreichte und übertraf Pegelhöchstmarken von vor 500 Jahren. Extrem-
niederschläge führten dazu, dass innherhalb von 10 Tagen 22 750 000 000 000 Liter[23] Wasser niederregneten. Eine 250 km lange Hochwasserwelle überschwemmte
knapp 499 000 Hektar, wie das Bundeslandwirtschaftsministerium mitteilte. Am
stärksten betroffen war Sachsen-Anhalt mit 117 000 Hektar.[24] Durch die Bundesländer der BRD wurden 6,68 Milliarden Euro Gesamtschaden an den Bund gemeldet[25]. Die Große Flut 2013 war eine Tschechische-Schweizerische-Deutsche
Katastrophe und forderte in allen Ländern Opfer. In Deutschland wurde die Zahl
der Todesopfer mit acht Personen beziffert.[26] Acht ist auch die Zahl der Bundesländer, die von den Fluten im unterschiedlichen Maße betroffen waren (**Abb. 14**).
Die mit Abstand am stärksten in Mitleidenschaft gezogenen Länder waren Sachsen, Sachsen-Anhalt und Bayern.[27] Sachsen-Anhalt war am stärksten vom Hochwasser betroffen. Das äußert sich auch in der vorhergehenden Grafik, die den
Schadensanteil der Bundesländer an der Gesamtsumme verbildlicht. Zugleich ist
Sachsen-Anhalt auch eines der strukturschwachen Bundesländer und somit sind
die Belastungen gegenüber den Kommunen und Privathaushalten prozentual größer als in Bayern. Die asymmetrische Betroffenheit durch das Hochwasser traf mit
Sachsen-Anhalt ein Bundesland, dass diesem wenig entgegenzusetzen hat. Alle
Zahlen und Grafiken deuten auf eine Problematik hin, die nicht Teil des öffentlichen Diskurses ist. Eine erneute Überlastung des Wasser-Kreislauf-Systems durch
Starkregenfälle während der Schneeschmelze wird aller Voraussicht nach wieder
zum Kollaps und zu einer Katastrophe führen. Der vermeintliche Schutz und der
generelle Umgang mit der Natur am Beispiel Sachsen-Anhalts und der Elbe zeigen, dass bisher keine der existierenden Vorschläge zur Hochwasserprävention
angewandt wurden. Auch bei der Suche nach dem technischen Fortschritt fahn-
det man vergebens nach Spundwänden aus Metall oder intelligenten Schleusen-

---

23 Vgl. DKKV (2013): Hochwasser in Deutschland – Experten des Deutschen Komitees Kata-
    strophenvorsorge im Interview. In: http://www.dkkv.org/upload/editor/DKKV%20Exper-
    teninterview.pdf, abg. am 18.04.2014.
24 Der Tagesspiegel/Funk, A. (2013): Wie die Bundesländer von der Flut betroffen sind. In:
    http://www.tagesspiegel.de/politik/hochwasser-2013-wie-die-bundeslaender-von-der-flut-
    betroffen-sind/8416310.html, abg. 23.04.2014.
25 Flutschäden geringer als befürchtet. In: Handelsblatt. Nr. 135, 17. Juli 2013, ISSN 0017-7296,
    S. 9.
26 Badische Zeitung (2013): Insgesamt 8 Tote bei Hochwasser – Weiter Gefahr von Deichbrü-
    chen. In: http://www.badische-zeitung.de/panorama/insgesamt-8-tote-bei-hochwasser-wei-
    ter-gefahr-von-deichbruechen--72691971.html, abg. am 11.04.2014.
27 Funk, A. (2013): Wie die Bundesländer von der Flut betroffen sind. In: http://www.tagesspie-
    gel.de/politik/hochwasser-2013-wie-die-bundeslaender-von-der-flut-betroffen-sind/8416310.
    html, abg. am 11.04.2014.

Abbildung 14: Schadenbilanz im bundesdeutschen Ländervergleich (Anteile am Aufbauhilfefond)

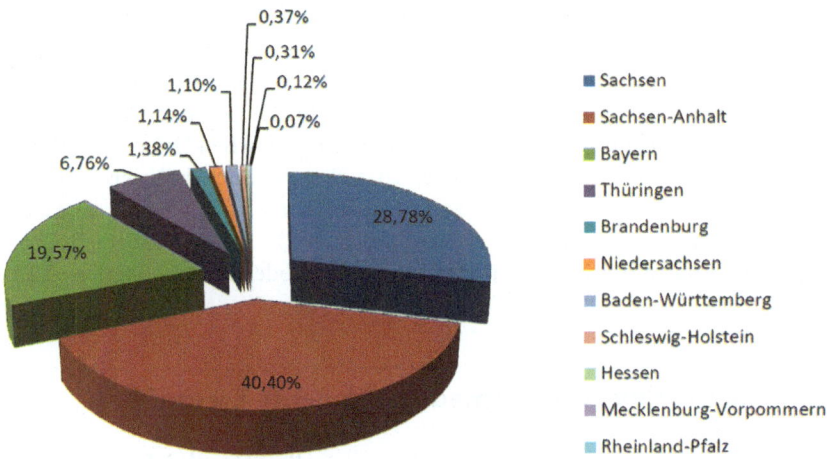

PDF des Wiederaufbaustabs Sachsen »Der Wiederaufbau im Freistaat Sachsen nach dem Hochwasser im Juni 2013« Herausgeber: Sächsische Staatskanzlei; Verantwortlich: Dr. Fritz Jaeckel; Redaktion: Susann Wiesbaum. Redaktionsschluss: 20. 09. 2013. S. 31

systemen. Am Ende liegt es am Menschen und seiner Schaffenskraft, gegen die von ihm mit verursachten Hochwasser zu bestehen.

Im Jahr 2013 waren fast 75 000 Einsatzkräfte bundesweit im Einsatz. Das Hochwasserereignis war somit der größte Feuerwehreinsatz seit dem Bestehen der Bundesrepublik.[28] Das Technische Hilfswerk (THW) unterstützte mit über 16 000 Einsatzkräften und stellte wie die Deutsche Lebens-Rettungs-Gesellschaft (DLRG) technisches Equipment, »Menpower« und »Knowhow« zur Verfügung.[29] Die Anzahl der Helfer setzte sich aus unzähligen Großorganisationen wie Deut-

---

28 DFV (2013): Größter Feuerwehreinsatz der Bundesrepublik. In: http://www.dfv.org/presse-news-detailansicht.html?&tx_ttnews%5Btt_news%5D=642&tx_ttnews%5BbackPid%5D=17 &cHash=7273feddb213780ddaa7ed1a073b3016), Deutscher Feuerwehrverband, dfv.org, abg. am 10. 04. 2014.

29 THW (2013): Flusshochwasser 2013 – Alle THW-Einsätze sind abgeschlossen. In: http:// www.thw.de/SharedDocs/Meldungen/DE/Pressemitteilungen/national/2013/07/pressemit-teilung_003_hochwasserbilanz.html, abg. am 01. 04. 2014.

sches Rotes Kreuz, kleinen Vereinen und Handwerksbetrieben sowie Freiwilligen zusammen. Insgesamt waren Hunderttausende im Einsatz und halfen dabei, die Flut bzw. Überflutung abzuwehren. Alle statistisch erfassten, quantifizierten und faktorisierten Daten sind Teil eines Ereignisses, das sich in der öffentlichen Wahrnehmung weitgehend unabhängig von wissenschaftlichen Erklärungsmodellen dargestellt hat. Es stellt sich die Frage, was im eigentlichen Sinne die Flut zur Katastrophe macht. Die Zahlen offenbaren einen logischen Zusammenhang aus finanzieller Belastung und Rettungspaketen. Im Dunkeln verbleibt bei dieser Art der Darstellung der kausale Zusammenhang zwischen Ursache, Wirkung und Darbietungsform. Das Hochwasser 2013 richtete einen höheren finanziellen Schaden an als das Hochwasser 2002. Jedoch kann dadurch keine valide Aussage getroffen werden, ob es auch so empfunden wurde. Das Realereignis vollzog sich zum Großteil jenseits der medial inszenierten oder dokumentierten »Flutgeschichten«.

6.2 Elbehochwasser als medienrelevante Ereignisse

6.2.1 Elbehochwasser im historischen visuellen Vergleich

Eine Steintafel von 1374 aus der ehemaligen Erfurter Stadtmauer soll als erstes Dokument erwähnt werden (**Abb. 15, links**). In dieser Epoche waren Printmedien kaum entwickelt, selten und teuer. Für das Erinnern waren die Schrift auf Papier und die Malerei auf Leinwand ungeeignet, weil dadurch »das Volk« nicht erreicht werden konnte. Die Steinmetzkunst war im Mittelalter hingegen weit verbreitet und für jedermann ersichtlich. Im öffentlichen Raum konnte jeder die Skulpturen und Inschriften sehen, wenn auch nicht zwangsweise verstehen. Mit der Steintafel wurde ein typisches Medium dieser Zeit gewählt. Sie ist die adäquate Umsetzung visueller Dokumentation und Erinnerung in dieser Zeit und diese Steintafel hat die Jahrhunderte überdauert. Auch 400 Jahre später (**Abb. 15, rechts**) hat sich die Form der öffentlichen Erinnerung kaum geändert. Eine Steintafel vom Elbehochwasser 1784 in Pirna wurde auf Höhe des damaligen Wasserstandes in der Nähe des Steinplatzes angebracht. Die Position in 2,50 Meter Höhe an einem öffentlichen Platz im Siedlungskern ist für diese Art des Erinnerns typisch und zeigt erneut den Zusammenhang von Naturereignis und dem Eindringen in die vom Menschen geschaffene Umwelt. Das nächste Bildnis (**Abb. 16**) zeugt vom technischen Fortschritt, der sich zwischen der Steintafel von 1784 und 1845 vollzog. Zwar kommt die 1830 erstmals angewandte Fotografie noch nicht zum Einsatz, jedoch können durch neue Drucktechniken Postkarten, Zeitungen und Hefte vom Hochwasserereignis berichten. Damit vollzieht sich auch ein *Wandel in der Erin-*

Abbildung 15: Steinerne Erinnerungen

Links: 1374 Sandsteinplatte mit lateinischer Inschrift, erinnert wird an das schwere Hochwasser der Gera am 6. Februar 1374, das Kleindenkmal befand sich ursprünglich an der Erfurter Stadtmauer (Nähe Herrmannsplatz), eine Kopie ist an der äußeren Stadtmauer angebracht worden (bei der Straßenbahnstation »Brühler Garten«) (Foto: M. Deutsch).
Entnommen aus: http://www.matdeutsch.de/galerie_juni2010/page-0015.htm.

Rechts: Pirna: Hochwassermarke des Elbehochwassers von 1784. Die Inschrift lautet: »31. März 1784 ist die Elbe gegangen bis an diesen Strich« (links unten erkennbar). Die von einer Putte gehaltene Markierung befindet sich am Haus Steinplatz Nr. 20 in einer Höhe von etwa 2,5 m über dem Fußweg. Die Inschrift ist (leider) seit der »Jahrhundertflut« 2002 weitgehend unleserlich.
Entnommen aus: http://de.wikipedia.org/wiki/Hochwasser_und_Naturkatastrophen_in_ Sachsen.

Abbildung 16: Gezeichnete Erinnerung – in dokumentarischer Absicht

Hochwasser der Elbe im März 1845 in Dresden (Sachsen) (Quelle: Sammlung Deutsch).
Entnommen aus: http://www.matdeutsch.de/galerie_juni2010/page-0032.htm.

nerungskultur. Das öffentliche Erinnern in Form von Monumenten oder Statuen wurde um die Komponente des Berichtes ergänzt. Im Zuge der Zeitgeschichte und mit Hilfe damals revolutionärer Drucktechniken berichten Zeitungen von der Hochwasserkatastrophe und machen sie als visuelle Reproduktionen über die Landesgrenzen hinaus nachvollziehbar. Während Mahnmale wie Steintafeln nur vor Ort vom historischen Schicksal berichten und erinnern, konnten mit Printmedien mehr Menschen relativ zeitnah informiert werden. Die Zeichnung »Die Elbbrücke zu Dresden am 31. März 1845 früh nach 1/2 10 Uhr« suggeriert eine dokumentarische Präzision (vgl. zum Kontrast **Abb. 17**). Mit der eng gefassten Zeitangabe wird eine dokumentarische Genauigkeit eines kurzen Moments beschrieben, die von der Szene eines zusammenstürzenden Brückenpfeilers visuell getragen wird. Aufschäumende Wellen und ein Kind im unteren rechten Bildrand, das die Flucht zu ergreifen scheint, unterstützen die dramaturgische Gestaltung.

Abbildung 17: Eine Pseudo-Dokumentation

Dieses Bild ist bewusst nicht Teil des historischen Vergleichs. Es zeigt die gleiche Szene wie in der Zeichnung von 1845, vermutlich wenige Minuten später. Die Brücke ist teilweise in sich zusammengestürzt und die machtlosen Soldaten (Garde) betrachten noch immer die kritische Hochwassersituation an der Elbe-Brücke. Diese Aussage ist aber falsch. Zu sehen ist ein Bild der eingestürzten Steinernen Brücke (heute Ludwigsbrücke) in München, während des Donau-Hochwassers von 1813. Die frappierende Ähnlichkeit der Bildkomposition, kann dabei nicht als Zufall abgetan werden und verweist auf die Adaption von Gestaltungsmitteln bis hin zur Imitation.

Entnommen aus: http://www.hnd.bayern.de/ereignisse/layout/historisch2.jpg.

Während sich der zusammenstürzende Brückenpfeiler im Zentrum des Bildes befindet und den geometrischen als auch thematischen Bildmittelpunkt in sich vereint, scheint das Kind in Richtung des perspektivischen Bildmittelpunktes zu tendieren, der sich weit rechts außerhalb des Bildes befindet. Von sich gestreckte Extremitäten der schemenhaft gezeichneten Figuren auf der Brücke scheinen ebenfalls die Flucht in Richtung perspektivischer Bildmittelpunkt zu ergreifen. Im Verhalten der abgebildeten Personen wird symbolisch der Gefahrencharakter des Hochwassers aufgegriffen, der durch die unten rechts abgebildeten Soldaten (Uniform und mit Schwert bewaffnet) nicht abgebildet wird. Entgegen der Zivilisten auf der Brücke verharren die drei Soldaten, wobei der Erste von links seinen rechten Arm erhebt, während sich der Linke in die Hüfte stützt. Mit der Verlagerung der Längsachse auf das rechte Bein entsteht der Eindruck einer bequemen Körperhaltung. Diese Gestik erinnert an eine Beratersituation. Dadurch wirken die

Vertreter der Staatsmacht furchtlos und suggerieren eine Form von Kontrolle. Die Begegnung von *Krise* und *Mensch* führt in diversen historischen und aktuellen Dokumenten zu zwei Interaktionsmustern: Zum Einen gibt es das Opfer, dass im Chaos versinkt und zur Hilfe auffordert und zum Anderen den Helfer, der sich als Gegenpart durch seine Gestik behauptet und Sicherheit vermittelt.

An diesem Beispiel historischer Dokumente zum Thema Hochwasser zeigt sich erneut die Verbindung von *Wasser* und *Siedlungsnähe,* die durch die Brücke und Menschen aufgegriffen wird. Hinzu kommen die ästhetischen Gestaltungsmittel, die sich mit der Anordnung von Bildinhalten befassen und Linien, Bildmittelpunkte und Aufteilung der Bildareale bewusst einzusetzen verstehen. Im Vergleich zu den Steintafeln ist dieses Bild deutlich detaillierter und auch ohne Sprachkenntnisse verständlich. Bei den Steintafeln reduziert sich das nonverbale Verständnis lediglich auf die Stelle, wo diese installiert wurden. Der Betrachter muss sich mit Hilfe seines Vorstellungsvermögens das Wasser und das damit einhergehende Chaos dazudenken. Mit der Zeichnung von 1845 wird die Notsituation direkt aufgezeigt und dadurch die Aussage präziser und emotionaler.

Ein weiteres Dokument (**Abb. 18**) vom selben Hochwasser verzichtet auf die zentralisierte Darstellung am Bildmittelpunkt und ist auch hinsichtlich der eingesetzten dramaturgischen Gestaltungsmittel zurückhaltend neutral dargestellt. Weder geometrischer noch thematischer oder perspektivischer Bildmittelpunkt lenken den Blick des Betrachters. Auf die Darstellung von Wellen wurde verzichtet und auf der ruhig anmutenden Wasseroberfläche inmitten der Stadt Meißen vollziehen sich diverse Kleinstszenen, die es vom Betrachter zu erkunden gilt. Nur mit Booten werden die Häuser erreicht und verhelfen dem Stadtbild Meißen dazu, an Venedig zu erinnern. Die Abkehr vom Normalzustand ist der Leitgedanke, der durch das Haus bzw. Dach im Bild rechts versinnbildlicht wird. Im Unterschied zu Venedig, wo Wasser in den Straßen den Normalzustand kennzeichnet, zeigen die Häuser in der Stadt Meißen keine Anlegestellen, Brücken und Stege und offenbaren den Ausnahmezustand. Das bis zum Dach versunkene Haus lässt den Betrachter erahnen, was sich noch unter dem erhöhten Wasserspiegel befindet. Ganz anders verhält es sich in einem anderen Dokument (**Abb. 19**): Auch diese Zeichnung von 1858 zeigt das Hochwasser in Siedlungsnähe bzw. die Begegnung von Fluss und Stadt (Meißen). Der thematische Rahmen der Szene ist, wie in allen vorhergehenden Bildnissen, die Begegnung von *Sozialraum* und *Naturraum.* Dieses Aufeinandertreffen ist von zerstörerischer Natur und wird durch die dramatische Gestaltung kenntlich gemacht: Zu sehen ist ein Haus im Vordergrund, aus dessen Fenster Menschen mit Flaggen und Pistolenschüssen auf sich aufmerksam machen, während andere zu fliehen versuchen. Die aufschäumende wellige Wasseroberfläche mit Treibgut und ein eingestürztes Haus im Hintergrund illustrieren die Kraft und Gefahr des Hochwassers. Aus dem zweiten Fenster von rechts wird

Abbildung 18: Jenseits der Normalität ...

Quelle: Deutsche Fotothek

Meißen. Roßplatz und Neugasse, Hochwasser vom 31. 03. 1845 (Stadtarchiv Meißen). Entnommen aus: http://de.wikipedia.org/wiki/Hochwasser_und_Naturkatastrophen_in_ Sachsen.

ein Kind zu Wasser gelassen und von einer im Wasser befindlichen Person entgegen genommen. Rechts unten im Bild sieht man, wie eine Person auf den Schultern einer anderen Person fortgetragen wird. Die Darstellung von Hilfebedürftigkeit und Hilfestellung wurde schon durch die Soldaten in der Zeichnung von 1845 symbolisch dargestellt. Im Bild von 1858 hilft sich die Zivilbevölkerung untereinander und greift das Thema von Macht und Ohnmacht bzw. Hilfestellung und Hilfebedürftigkeit erneut auf.

Eine Besonderheit dieses Bildes liegt in der sehr detaillierten Darstellung, durch welche auch die Gesichter der Personen sehr klar zu erkennen sind. Die Gestik erinnert an die vorhergehenden Zeichnungen. Aus einer scheinbaren Bewegung heraus gezeichnet, weisen sie auf Fluchtverhalten und Tatendrang hin und lassen keinerlei Lethargie oder Gelassenheit erkennen. Die Mimik verrät darüber hinaus, anhand hochgezogener Augenbrauen und offener Münder, welche Angst dieses Ereignis bei den Betroffenen ausgelöst haben muss. Die Frau im ersten Fenster von rechts betet in Richtung Himmel und versinnbildlicht die Hilflosigkeit, während nur noch ein Wunder zu helfen scheint.

Abbildung 19: ... die emotionale Dramatik der Bedrohung

Bild S. 507 in »Die Gartenlaube«, 1858.
*Entnommen aus: http://de.wikipedia.org/wiki/Hochwasser_und_Naturkatastrophen_in_*
Sachsen.

Im Vergleich mit den vorangegangenen Hochwasserzeugnissen zeigen sich diverse Übereinstimmungen. Die Kultur des Menschen und seine Art zu Leben werden durch Siedlungen oder einzelne Häuser stilisiert, die umschlossen von Wasser deplatziert wirken und dem Menschen keinen Schutz vor der Katastrophe bieten. Es zeigt sich, wie die Darstellungsqualität und Präzision von Epoche zu Epoche zunehmen und ein *dokumentarisch* anmutender Charakter etabliert wird. Ausgehend vom Hochwasser als *Ereignis* zeigen die Bilder in den späteren Epochen eher kleine Szenen von *individuell betroffenen Menschen* und wie sich diese in einer Notsituation verhalten. Die individuellen Schicksale und Bewältigungsstrategien ähneln sich in den Darstellungen meist sehr und laden zum Verallgemeinern ein. Aufgrund der realistisch anmutenden Zeichnungen, die sich fast auf dem Niveau des Fotorealismus befinden, wird der objektive Dokumentationsanspruch verdeutlicht. Die Fotografie steckte noch in den »Kinderschuhen« und war als Dokumentationsverfahren noch nicht entwickelt.

Erst Ende des 19. Jahrhunderts waren Reproduktionsverfahren so weit fortgeschritten, dass die Vorteile der *Fotografie* als präzise abbildendes Medium die Möglichkeiten der *Malerei* überflügelten. In kurzer Zeit konnten relativ exakte Abbilder der materiellen und sozialen Umwelt erstellt und durch diverse Vervielfältigungsverfahren einer »breiten Masse« via Tageszeitung oder Postkarte zugänglich gemacht werden. Aus den vorhergehenden Bildnissen und Zeichnungen lässt sich die Tendenz zum Bericht bzw. der Dokumentation erkennen. Die Zeichnungen vermitteln den Eindruck, als *Zeitzeuge* im entscheidenden Moment dabei gewesen zu sein, und machen die Ereignisse nachvollziehbar. Mit dem Medium der Fotografie wurde sich vom Künstler als Subjekt distanziert und dessen Gedächtnisdarstellungen (Zeichnungen) durch Lichtbilder ersetzt, welche tatsächlich in diesem Moment entstanden sind.

Die Fotografien (**in Abb.** 20) von 1890 (Hochwasser) und 1904 (Niedrigwasser) nutzt die noch junge Fotografie als Dokumentationsmedium. Zu diesem Zeitpunkt waren die Fotoapparate noch fußballgroße Holzkisten mit einem trägen lichtempfindlichen Material (Kollodium-Nassplatte) und vergleichsweise trüben Linsen. Die Belichtungszeit war oftmals minutenlang und Bewegungsunschärfen somit vorprogrammiert. Den vorliegenden Fotografien kann jedoch ein technisch relativ hohes Niveau bescheinigt werden und eine Bildschärfe, die in dieser Zeit mehr als angemessen war. Es war zu dieser Zeit noch üblich, dass Unschärfen im Foto durch das Nachzeichnen von Konturen während der Entwicklung retuschiert wurden. Diese Technik ist auch bei der vorliegenden Fotografie nicht auszuschließen. Die scharfe Darstellung legt diese *Mischform* von *Zeichnung* und *Fotografie* nahe und stellt somit den Übergang der Darstellungstechniken dar. Die zuvor aufgeführten Zeichnungen wurden immer präziser bis hin zum *Fotorealismus* und infolge dessen durch die Fotografie abgelöst. Dieser Prozess brachte Mischformen hervor, welche die Vorteile der optischen Schärfe von Zeichnungen mit der naturnahen Darstellungsqualität der Fotografie kombinierten und so das Maximum an Darstellungsqualität generierten.

Obwohl die Mobilität aufgrund der Dimensionen und des Gewichts der Fotoapparate noch eingeschränkt war, konnte durch die Fotografie *visuelle Zeitgeschichte* geschrieben werden. Die Vorteile liegen in der Dokumentation des Moments und in der Anzahl der abbildenden Zeugnisse. Somit können unter Umständen kausale Zusammenhänge rekonstruiert werden und ein Überblick über die Ereignisse erstellt werden.

Als Vergleich stellt die obige *Montage* zwei Fotografien dar, welche zu einem Bild zusammengefügt wurden. Es werden dabei zwei Extremzustände der Wasser-

Abbildung 20: Fotomontage als Vergleichsverfahren

1890 Hochwasser der Elbe in Dresden (Sachsen) im September 1890, im Bild links Niedrig-wassersituation im Sommer 1904 (Quelle: Sammlung Deutsch); entnommen aus: http://www.matdeutsch.de/galerie_juni2010/page-0038.htm.

situation der Elbe illustriert, die im absoluten Gegensatz zueinander stehen. Nied-rigwasser und Hochwasser an der Augustusbrücke messen sich an den Dimen-sionen der Brücke und geben Auskunft, wie stark der Elbepegel variieren kann. Bezugnehmend auf die bereits aufgeführten historischen Bildnisse verschiedener Hochwasser im Elbegebiet, findet erneut eine bildhafte Begegnung von Mensch und Natur im Siedlungsgebiet statt.

Das Motiv der Brücke als von Menschenhand geschaffener Triumph über den Fluss Elbe verliert zum einen an Bedeutung und wird zum anderen in Frage ge-stellt. Die linke Seite zeigt eine extreme Niedrigwassersituation, wodurch die Brü-cke überdimensioniert wirkt und an Notwendigkeit einbüßt. Durch das Niedrig-wasser kann das Flussbett der Elbe durchschritten werden, wodurch die Brücke ihre Funktion verliert.

Die rechte Fotografie zeigt eine Hochwassersituation und wie die Augustus-brücke nur wenige Meter aus dem Wasser ragt. Sie wirkt klein und das davor be-findliche Treibgut zeugt von einer chaotischen Bedrohungssituation. Auf dieser Seite wirkt die Augustusbrücke als Verbindung und Fluchtweg zur Außenwelt. Gegenüber dem linken Foto wird der Nutzen der Brücke betont anstatt degradiert.

Es zeigt sich, wie zwei Fotografien, die aus nahezu einer Perspektive mit vergleichbarer Fototechnik aufgenommen wurden, einen Vergleich zweier Zustände zulassen. Der Normalzustand ergibt sich aus der Kombination beider Fotos und wird bei diesem Vergleich außenvor gelassen. Der Normalzustand ist der indirekte Bezug aller Hochwasserbildnisse. Der fotografische Vergleich der zuvor beschriebenen Fotomontage zeugt von der Darstellung des »Besonderen«. Bilder und Fotos im Allgemeinen beziehen sich häufig auf Ausnahmeerscheinungen und lassen den trivialen Realitätsbezug zum Alltag eher außenvor. Allen historischen Hochwasserbildnissen ist gemein, dass sie die Kenntnis über den Normalzustand implizit voraussetzen.

Die Fotodokumentation von extremen Einzelschicksalen und konkreten Beispielen wie der Augustusbrücke fungieren als *repräsentative* Zeugnisse einer Katastrophe und vereinen somit die *allgemeine* Betroffenheit und Anteilnahme in sich. Dieser fotografische Vergleich verweist somit nicht nur auf die Ereignisse rund um die Augustusbrücke, sondern stellt Extremsituationen der Elbe an einem Beispiel dar und wie der Mensch im Allgemeinen diesen Ereignissen begegnet. Das hier aufgeführte Beispiel zeugt in erster Linie von der Hilflosigkeit und lässt die dargestellten Passanten als passive Teilnehmer der Szene erscheinen. Die Darstellung von Machtlosigkeit wird auch in den nachgestellten Beispielen immer wieder aufgezeigt und ist somit eine traditionelle Darstellungsform und ein zeitloses Thema in der Katastrophen-Berichterstattung.

6.2.2 Das »Hochwasser 2013«: Vom Realereignis zum Medienereignis

Die »Jahrhundertflut« 2013 ist die zweite ihrer Art innerhalb von 11 Jahren. In zahlreichen Onlinelexika und Magazinen finden sich dazu Definitionsansätze. Ein Jahrhunderthochwasser ist demnach die Überschreitung der Pegelhöhe oder Abflussmenge eines Gewässers, die im statistischen Mittel einmal alle 100 Jahre erreicht oder überschritten wird.[30] Ein »Jahrhunderthochwasser« erlebt man demnach in seinem Leben eigentlich nur einmal. Nachdem der Begriff erst vor 11 Jahren verwendet wurde und somit in Konkurrenz zum Junihochwasser 2013 steht, wurde dieser Ausdruck im öffentlichen Diskurs vermieden. Auch Experten nahmen sich dieser Thematik an und verweisen auf den durchaus dramatischen Hintergrund, vor dem diese »Namensdebatte« ausgetragen wurde. Der Präsident des Gesamtverbands der Deutschen Versicherungswirtschaft Alexander Erd-

---

30 Zeit Online (2013): Die Flusspegel steigen weiter. In: http://www.zeit.de/gesellschaft/zeitgeschehen/2013-06/hochwasser-katastrophenalarm--chemnitz/seite-2, abg. am 14.04.2014.

land warnte vor dem leichtsinnigen Sprachgebrauch. Dieser suggeriere, dass nun 100 Jahre Ruhe sei. Retrospektiv sei dieser Begriff zwar treffend, weil zum Beispiel in Passau die Pegelstände gut 500 Jahre nicht mehr derartig hoch waren, jedoch sind die dazu notwendigen Regenfälle häufiger geworden und werden nicht erst in 100 Jahren wieder auftreten.[31] Nach einiger Kritik an den Massenmedien der Boulevardpresse, die oft zu überspitzten Darstellungen tendieren, wurde zunehmend vom Hochwasser 2013 oder der Flut berichtet.

Wenn von einer Notsituation oder Katastrophe wie dem »Jahrhunderthochwasser« 2013 gesprochen wird, distanziert man sich vom Alltag und den damit einhergehenden Prozessen. Diese Annahme des Stillstands und der zwanghaften Umstrukturierung wird auch durch die Medien suggeriert. Sie berichteten von besonderen Ereignissen und *Extremen* während des Elbehochwassers und ließen das *alltägliche* Geschehen außen vor. Diese Art der Berichterstattung erzeugt Zuspitzungen und erweckt die Annahme, alles sei anders als zuvor, und vernachlässigt die Tatsache, dass es zu Zeiten einer Notsituation vor allem darum geht, den *Alltag aufrecht zu erhalten.* Der dazu notwendige Aufwand und die Abkehr von Routinen ist das, was den Menschen Sorgen und Mühe bereitet. Durch Routinen halten die Menschen ihre alltäglichen Anforderungen unter Kontrolle, indem sie sie »automatisch« umsetzen. Jedoch zeigte sich schon beim Ausfall von Verkehrsmitteln während der »Flut«, wie anfällig diese »Automatismen« für Störimpulse sind. Dabei deutet der Krisenbegriff schon auf ein ernsthaftes Problem hin, dass nämlich die Erwartung in gewisser Weise vom Realereignis trennt: Die Alltagsroutinen müssen bis zu einem gewissen Grade unterbrochen werden, es muss ein Sonderprogramm in Gang gesetzt werden, um genau die bisherigen Routinen zum Teil zu erhalten und zum Teil nach einer Übergangszeit wiederherzustellen. Dieses »Not-Programm« wird durch die mediale Berichterstattung mit Input versorgt, der die Notwendigkeit der Umstrukturierung unterstützt. Die Darstellung von Chaos und Bedrohung hält nur wenige Alternativen für den Konsumenten bereit, der sich dazu genötigt fühlen muss, sein Verhalten anzupassen. Die »*Panikmache*« war aus Sicht der »Offiziellen« und Hilfskräfte eines der großen Probleme während des Elbe-Hochwassers 2013. Viele Informationen wurden daher vor der Presse zurückgehalten, weil man überspitzte Darstellungen befürchten musste.

Das Problem dieser Art von Berichterstattung ist die Suche nach dem *Sensationellen* und dessen andauernde sowie wiederholende Darstellung (im historischen Abriss wurde bereits exemplarisch darauf eingegangen). Auffällig ist die Ähnlichkeit der Themen und Inszenierung von Gefahr, im Zuge derer Ikonen ge-

---

31 Der Tagesspiegel/Gennies, S. (2013): Wie schlimm war die Flut wirklich? Eine Hochwasser-Bilanz 2013. In: http://www.tagesspiegel.de/politik/hochwasser-bilanz-2013-wie-schlimm-war-die-flut-wirklich/8416770.html, agb. am 15.04.2104.

schaffen werden, welche die Extreme des Hochwassers im Bild manifestieren. Es ist die Illustration der Krise und wie der Mensch davon betroffen ist bzw. welche Bewältigungsstrategien er entwickelt. Obgleich Krisen eher selten eintreten, ziehen sie in der Regel sehr viel Aufmerksamkeit auf sich, weil sie ein Szenario der *Bedrohung* und *(Selbst-)Alarmierung* entfalten.

Durch diese einseitige Berichterstattung etabliert sich allmählich ein Zerrbild, welches in das kollektive Gedächtnis der Bevölkerung eingeht. Auch im Nachhinein vermittelt eine Medienrecherche zum Junihochwasser 2013 das etablierte Bild einer zerstörerischen Katastrophe und wie darauf mit Hilfsmaßnahmen reagiert wurde oder welche verheerenden Schäden entstanden sind. Das Realereignis Elbehochwasser 2013 stellt somit eine Initialzündung dar, den Startpunkt des Medienereignisses, das den Anspruch der Berichterstattung verkörpert. Jedoch stellt sich zunehmend der Eindruck ein, dass *Realereignis* und *Medienereignis* zweierlei Sachverhalte sind, die zwar Ähnlichkeiten und Kontaktpunkte aufweisen, sich aber im Lauf der Zeit zunehmend voneinander entfernt haben. Was bleibt ist die Verklärung aufgrund einseitiger Berichterstattung und verselbstständigter Interpretation. Als Konsument bzw. Rezipient kommt man unweigerlich zu pseudo-plausiblen Urteilen über Ausmaß und Geschehen der Flut. Informationen außerhalb des Defizitblickwinkels bzw. sensationeller Einzelschicksale fehlen. Außerhalb des medialen Interesses vollzieht sich das Realereignis. Ursachen, Folgen, Fakten oder Geschichten, welche sich nicht verkaufen lassen, werden ausgeblendet und gehen in der medialen Zirkulation unter. In der Berichterstattung geht es nicht nur darum, die Ereignisse zu spiegeln und in Form von Text und Foto einer breiten Öffentlichkeit zugänglich zu machen. Es geht auch um Konkurrenz und Verkauf; und um dabei erfolgreich zu sein, muss die Aufmerksamkeit auf eine bestimmte Nachricht, ein bestimmtes Medium, eine bestimmte Fernseh- oder Nachrichtensendung, eine bestimmte Zeitung, Zeitschrift oder Illustrierte gelenkt werden – und das hat häufig eine entsprechende »Aufbereitung« zur Folge, die bis hin zur Verfälschung reichen kann (und das auch nicht selten tut). Bilder werden aus ihrem ursprünglichen Zusammenhang gerissen und erscheinen unter diversen Unterschriften oder in Artikeln, die nicht immer mit dem Bild konform gehen. Fotos sind Eye-catcher und animieren zum Kauf von Zeitungen und Zeitschriften und Schlagzeilen locken den Betrachter an und rufen in ihm ein Wahrnehmungs-, Deutungs- und Bewertungsmuster auf, ob es sich überhaupt lohnt einen Blick in eine Zeitschrift zu wagen bzw. sie zu kaufen. Diese Auswahlverfahren sind nicht nur beim Rezipienten anzutreffen, sondern auch bei den Verlegern, die den Sender darstellen.

Diese Selektion führt in gewisser Weise zur Vereinheitlichung der Berichterstattung, weil es oft an Sensationsbildern fehlt und die wenigen existenten von verschiedenen Zeitungen abgebildet und somit wiederholt werden. Die Verknappung der Schlagzeile, um möglichst groß schreiben zu können, trägt auch zu einer inhaltlichen Verknappung bei, wodurch Schlagworte und Neologismen entstehen. Das »Jahrhunderthochwasser«, »Die Flut« oder »Katastrophe« gehen somit in den gesellschaftlichen Diskurs ein und werden anhand von Foto-Ikonen öffentlich diskutiert und damit verknüpft. Das Medienereignis ist kein Spiegelbild des Realereignisses, sondern eine Art »*kollektiver Realitätsentwurf*«.

In einer Montage, die aus Schlagzeilen der Tageszeitung Magdeburger Volksstimme zum »Junihochwasser« 2013 erstellt wurde, soll sowohl die mediale Wahrnehmung und Interpretation als auch die verknappte Darstellung exemplarisch gezeigt werden: Die erste Montage (**Abb. 21, oben**) der Schlagzeilen und Titelbilder der Magdeburger Volksstimme vom 5. bis 19. Juni 2013 thematisiert die Helfer und Hilfsaktionen während der »Flut«. In der zweiten Montage (**Abb. 21, unten**) dominieren neben den Luftaufnahmen, die auch in der ersten Montage zu sehen waren, zwei Fotografien. In der Mitte links ist eine Familie zu sehen, die laut Schlagzeile ausgeflogen wird. Rechts oben sieht man ein Foto von der mit alten Schiffen geflickten Deichbruchstelle bei Fischbeck; diese Schiffe wurden nach der Flut weggesprengt. Auffällig ist das Bild darunter. In das Bild zweier Personen, die auf einer grünen Wiese liegen, wurde in weißer Schrift »Der Sommer kommt« geschrieben. Die Überschrift des darunter befindlichen Artikels lautet »Aufatmen! Die Lücke ist fast dicht«. Mit der Ausgabe vom 18. Juni 2013 bricht die Volksstimme mit der dominierenden »Katastrophen-Berichterstattung« und weist mit der Artikelüberschrift unmissverständlich darauf hin, dass das Elbe-Hochwasser 2013 vorbei ist.

Die Titelbilder und Schlagzeilen zeigen in ihrer Gesamtheit, wie sich die Bevölkerung des Magdeburger Umlands gegen das Hochwasser zur Wehr gesetzt hat. Das Hochwasser wird mit den Beiworten der Schlagzeile zusätzlich charakterisiert. Die Aussagen, dass die Flutspitze heranrollt (erste Montage), die Pegel auf Rekordniveau schnellen (erste Montage), die Elbe Dörfer flutet (erste Montage) und die Lage kritisch bleibt (zweite Montage), unterstreichen das »Gewaltpotential« des Wassers und geben den statischen Fotografien eine zusätzliche Dynamik.

An diesen wenigen Beispielen kann man die Verdichtung des Realereignisses exemplarisch aufzeigen. *Tatsachen* werden durch eingesetztes Vokabular und Fotografien zugespitzt. Das Resultat sind *Urteile* zur Notsituation, die sich auf Extreme stützten und nur bedingt die Faktenlage berücksichtigen. Durch Regelmäßigkeiten der Wahrnehmung und des Denkens und damit einhergehender Routinen der Vereinfachung kommt es zum gedanklichen Zusammenschluss von Bildern und den damit einhergehenden *Ereignissen*. Die Katastrophe ist nun in den Köpfen und jede Form der Reproduktion selektiert Informationen anhand ihrer Priorität. Bilder und Gegebenheiten, die schockieren, haben einen starken »Reizfaktor« und prägen sich besonders gut ein. Diese sind Bestandteil des

Abbildung 21: Berichterstattung als »kollektiver Realitätsentwurf«

Oben: Magdeburger Volksstimme vom 5. bis 11. Juni 2013; eigene Montage.

Unten: Magdeburger Volksstimme: Schlagzeilen und Titelbilder der Magdeburger Volksstimme vom 12. bis 19. Juni 2013; eigene Montage.

»*Sensationsjournalismus*« und werden als wichtig erachtet und gern in Text, dem gesprochenen Wort oder in Bildern wiedergegeben. Durch eine stetig zirkulierende Zitation dieser Gegebenheiten werden Bilder und Zeugenaussagen in unterschiedlichen Kontexten dargestellt und der ursprüngliche Informationsgehalt geht verloren. Diese Unschärfen sind Bestandteil eines Einigungsprozesses in der Gesellschaft. Was als gesellschaftliche Konvention erscheint, suggeriert, wahr und richtig zu sein, und scheint selten hinterfragt zu werden. Schon während der Flut waren diese verselbstständigten Informationsflüsse derart verbreitet, dass zum Beispiel Gerüchte bezüglich einer absichtlichen Flutung Rothensees kursierten. Videoaufnahmen und widersprüchliche Zeugenaussagen, die immer wieder in unterschiedlichen Formulierungen wiederholt wurden, sowie Bilder der Überflutung Rothensees schienen dieses Gerücht als Tatsache zu bestätigen.

Betrachtet man nun diese letzten Aussagen an dem Beispiel Magdeburg-Rothensee: Eine wissentliche und taktisch geplante »Not«-Flutung Rothensees konnte nicht bestätigt werden. Im Nachhinein kristallisierte sich ein eher als trivial erscheinender Grund für die Ereignisse in Rothensee heraus. Fehlinformationen der Pegelstände und ungenaue Prognosen bedrohten das Umspannwerk Rothensee und somit die Stromversorgung für Großteile Magdeburgs. Letzten Endes wurden kurz vor der Überflutung die sogenannten »Big-Packs« (Großsandsäcke aus PUT mit ca. 4,5 m³ Sand) von Großfahrzeugen und Helikoptern entfernt. Dieser mutwillige Akt war entgegen mancherlei Vermutungen keine Sabotage, sondern lediglich der Versuch, das Unvermeidbare noch etwas zu koordinieren und die Wassermassen zu steuern. Somit wurde der unabwendbaren Überflutung Rothensees vorgegriffen. Letzten Endes wurde dadurch eine Springflut vermieden. Folgerichtig führten diese Flutung und der Deichbruch bei Fischbeck zu einer Senkung des Elbepegels im gesamten Hochwassergebiet.

Magdeburg-Rothensee wurde während und nach dem Elbehochwasser 2013 zum Politikum. Es ging um Opfer und Täter und wie sich Oberbürgermeister Lutz Trümper in der öffentlichen Wahrnehmung positionieren konnte. Der Vorwurf lautete, dass falsche Prognosen und Fehlinformationen für späte Notevakuierungen und deutlich mehr Sachschäden als 2002 sorgten. In einem Interview mit der Magdeburger Volksstimme räumt Oberbürgermeister Lutz Trümper Fehler ein (**Abb. 22**): Bezugnehmend auf die zuvor beschriebenen Ereignisse in Rothensee und dessen mutwilliger Flutung spricht Trümper von vermeidbaren Fehlern. Als Sprachrohr für den Krisenstab und den LHW wurden die Aussagen von Lutz Trümper kritisiert. Laut öffentlicher Wahrnehmung versprach Trümper, dass die Deiche sicher seien. Trümper nimmt dazu Stellung und leugnet gegenüber der Volkstimme, dies behauptet zu haben. Er gibt an, dass er sich auf Angaben des Landesbetriebs für Hochwasserschutz (LHW) gestützt habe und auch die unkonkreten Pegelangaben darauf zurückzuführen sind. Trümper wurde zur Last ge-

Abbildung 22: Öffentliche Aufarbeitung der kommunalpolitischen Katastrophenbewältigung

legt, durch irreführende Angaben eine Erwartungshaltung etabliert zu haben, die eine falsche Sicherheit inszeniert hat. Die späten Evakuierungen durch den nicht-prognostizierten Deichbruch bei Rothensee werden ihm zur Last gelegt. Trümper entgegnet diesen Vorwürfen: » Wir haben gesagt, wir verbreiten nicht so harte Botschaften. Das halte ich immer noch für richtig. Die Menschen hätten dann anders reagiert, weil dann immer zuerst jeder auf sein Eigentum schaut. Dann holt sich jeder Sandsäcke und baut sie um sein Haus, die Allgemeinheit ist dann erst mal nicht so wichtig. Das war 2002 so.«

Aus Trümpers Äußerungen gehen zwei elementare Punkte hervor: Indem er vom » Wir« spricht, distanziert er sich als Individuum und deutet auf einen kollektiven Irrtum hin. Im Anschluss spricht er von der » Allgemeinheit« und entpersonalisiert dadurch die Seite der Betroffenen. Dadurch wird das Kommunikationsverhältnis von Sender und Rezipient auf das Wesentliche der zwei Seiten reduziert. Es entsteht der Eindruck des Dialogs von Zivilbevölkerung und leitender Obrigkeit bzw. den Repräsentativorganen der kommunalen Regierung. Dadurch wird die Schuld im Sinne vermeidbarer Fehler verteilt und die Kritik im Ganzen entschärft.

Die Form des Interviews und die neutral gehaltene Anwaltschaft des Reporters, der die Themen und Anliegen der »Allgemeinheit« in seinen Fragen aufgreift, zeugt von der Rolle des Vermittlers. Das Foto zum Artikel greift diese Atmosphäre stilistisch auf (**Abb. 23, oben**): Während die beiden Redakteure Rainer Schweingel (links) und Robert Richter (rechts) nur zum Teil mit dem Oberkörper zu sehen sind, ist Lutz Trümper in der Mitte mit nicht verdecktem Oberkörper abgebildet. Beide Redakteure sind im Seitenprofil, leicht mit dem Rücken zur Kamera zugewandt zu sehen. Während Trümper den Blickkontakt zum Reporter links im Bild hat, hält der andere Reporter einen Stift mit Blick auf Hand und Papier. Trümper stützt sich mit dem rechten Arm auf seinen Oberschenkel und weist mit der linken flachen Hand zum rechten Bildrand. Seine Gestik zeugt von einer erklärenden Haltung und einer vermutlich bildhaften Beschreibung zum Sachverhalt Elbehochwasser 2013. Der Eindruck eines kontrovers geführten Gespräches im Sinne einer Auseinandersetzung entsteht nicht. Mit zwei Kaffeetassen (eine dritte rechts verdeckt) und einem Handy im Vordergrund und der Elbe samt grünem Elbufer und Passagierschiff im Hintergrund zeugt die Szenerie von einer friedlichen und bequemen Atmosphäre. Der Fokus liegt auf Trümper und der Hintergrund liegt außerhalb des Schärfebereichs und weist daher eine geringe Schärfentiefe auf. Die linke Hand des Reporters rechts im Bild weist ebenfalls eine leichte Unschärfe auf und lässt auf eine leichte Tele-Einstellung und eine relativ offene Blende schließen. Zudem kann davon ausgegangen werden, dass es sich um einen Vollformatsensor handelt, mit dem ein Unschärfeeffekt auch bei einer kurzen Belichtungszeit (kaum bzw. keine Bewegungsunschärfe auf linker Hand Trümpers) gut realisierbar ist. Diese qualitative Anmutung unterstreicht den handwerklichen Anspruch der Journalisten bzw. der Volksstimme und verweist auf die allgemeine Professionalität dieses Interviews. Das unscharf abgebildete Schiff im Hintergrund befindet sich zwischen dem Kopf Trümpers und dem des Redakteurs Rainer Schweingel. Der thematische Strang des »Vier-Augen-Gespräches« zwischen Trümper und Schweingel scheint visualisiert zu werden. Das Schiff fährt wieder und beweist indirekt, dass die Krise durch das Hochwasser überstanden ist. Die Nähe zum Kopf erinnert an Gedanken- und Sprechblasen aus Comics und knüpft an die Lese- und Sehgewohnheiten des Menschen an. Die Menschen haben durch den Konsum von Zeitschriften auch die inhärente Logik in sich aufgenommen, wie diese zu lesen und zu verstehen sind.

Im Bild zum Interview lassen sich einige dieser Gestaltungstraditionen erkennen und deuten auf die bewusste Gestaltung des Bildes und den impliziten und expliziten Umgang mit Bildern hin: Als Repräsentant der Obrigkeit wird Oberbürgermeister Trümper in der Mitte des Bildes platziert. Optischer Fokus, thematischer Fokus bzw. Bildmittelpunkt und geometrischer Bildmittelpunkt lassen ihn als klare Priorität innerhalb des Bildes erkennen.

Der Goldene Schnitt in Form der Drei-Drittel-Regel (vereinfachte Regel zur Gestaltung mit dem Goldenen Schnitt) findet in der Horizontalen sowie Vertikalen Verwendung.

Anhand der dunkelgrünen Linien, die sich an vier Punkten (hellgrün) kreuzen, lässt sich die vertikale und horizontale Dreiteilung erkennen. Jedem der drei Interview-Beteiligten wird in der Vertikalen ein Drittel zugeordnet. Trümper ragt vom mittleren Drittel bis ins linke und lässt den engen Gesprächsbezug zwischen ihm und Rainer Schweingel näher erkennen. Der Reporter rechts im Bild wirkt zwar als Teil des Interviews aber außerhalb der Szene. Zwischen dem mittleren und rechten Drittel gibt es zudem keine Überschneidung der Akteure. Dies hat zur Folge, dass es trotz drei beteiligter Gesprächspartner ein bilateraler Dialog ist. Wie der zuvor beschriebene Dialog zwischen Obrigkeit und Allgemeinheit, vollzieht sich auch an dieser Stelle die Kommunikation

Zwischen zwei Seiten. Diese Kommunikationsbeziehung ist auch anhand des Fotos exemplarisch darstellbar: In der nachstehenden Montage wird Lutz Trümper während des Interviews gezeigt (**Abb. 23, untere Reihe**). Das Augenmerk liegt eindeutig auf der Mimik und Gestik. Unter den klein abgebildeten Fotografien sind kurze wörtliche Zitate eingefügt. Somit wird jedem der drei Fotos und Gesichtsausdrücke eine Aussage zugeordnet. Die Sachebene von Trümpers Aussagen wird auf diese Weise mit dessen Verhalten kombiniert. Dadurch wird eine erfahrbare Nähe zum Magdeburger Oberbürgermeister suggeriert und die Distanz zwischen Lutz Trümper und Zeitungsleser verkürzt.

Abbildung 23: Mit Fotos Politik machen – eine visuelle Analyse

„In der Schrecksituation war Rothensee zunächst nicht der Schwerpunkt, weil man das in der Brisanz nicht gesehen hat."

„Wer an der Elbe baut, muss so bauen, dass er das Wasser auch vertragen kann."

„Schulden aufzunehmen für eine Investitionsmaßnahme halte ich für vertretbar."

6.2.3 Paradoxe lebensweltliche Bewältigungsversuche

Außerhalb des Medienfokus stellt sich die Frage nach den Banalitäten wie Einkaufen, Gaststättenbesuche und dem gewohnten Leben während des Elbehochwassers 2013. Der Alltag hat stattgefunden und diverse Bewältigungsstrategien führten dazu, dass es keine Demoralisierung der Bevölkerung gab. Die Selbstorganisation der Hilfe war jedoch nur vereinzelt ein Thema für die berichtenden Instanzen. Während der »Flut« dominierten Berichte, die Anteilnahme, Angst und Trauer erwecken sollten. Im Rundfunk wurden O-Töne ausgesandt, in denen die betroffene Zivilbevölkerung von ihren Ängsten sprach und somit die Bedrohungssituation verdeutlichte. Einige Fotografien, die nicht die Dramatik der »Flut« zeigten, fanden dennoch ein mediales Echo. Diese Fotografien sind paradox, weil sie nicht zu dem passen, was durch etablierte Massenmedien suggeriert wird. Es sind Bilder wie dieses Foto, die einen Blick zulassen, der Merkwürdiges oder Absurdes erkennen lässt. Im Zuge der Krise hatte sich eine neue Normalität etabliert. Dadurch wurden Alltagshandlungen neu bewertet.

Das Mähen des Rasens (**Abb. 24**) wirkt in Anbetracht der drohenden Überflutung unnötig und in aller Gänze abwegig, zeigt aber eine gänzlich triviale Handlung. Getragen wird dieser Widerspruch durch die vertikale Zweiteilung des Bildes. Der Gegensatz wird somit auch ikonografisch durch das Arrangieren des Bildausschnittes verkörpert. Die Trennlinie ist eine Hochwasserschutzwand aus Metall, die Natur und Mensch, Normalität und seltenes Naturereignis voneinander trennt.

Dieses Paradoxon ist eng mit einer erlernten Logik verbunden und scheint dieser zu widersprechen. Jedoch zeugt auch dieses Hochwasserfoto von der Begegnung von Natur – und Sozialraum und greift somit die Tradition der Hochwasserberichterstattung teilweise auf.

Das Foto eines Radfahrers in Magdeburg (**Abb. 25**) zeigt ebenfalls eine Alltagshandlung. Die dargestellte Szene wirkt abwegig und entspricht nicht der allgemeinen Erwartungshaltung.

Es scheint abnormal zu sein, mit dem Fahrrad durch eine stark überflutete Straße zu fahren. Es ist jedoch nicht bekannt, ob dieses Foto eine Zwangslage zeigt und der Fahrradfahrer aus seiner Wohnung fliehen musste und keine Evakuierungshilfe zugegen war. Die Zigarette verkörpert die Gelassenheit, die auch durch den Sonnenschein suggeriert wird. Inhalt und Ausdruck dieses Fotos widersprechen sich in Teilen und erwecken einen paradox anmutenden Eindruck.

Abbildung 24: »Ordnung muss sein«

Entnommen aus: http://www.spiegel.de/panorama/augenblick-hochwasser-in-niederoes-
terreich-a-904004.html, abg. 25.03.2014.

Abbildung 25: »Locker bleiben«

Entnommen aus: http://www.mdr.de/sachsen-anhalt/magdeburg306_v-standardBig_zc-3ad1f7a1.jpg?version=7164, abg. 25. 03. 2014.

Ein Widerspruch der anderen Art wird in den Fotos von **Abb. 26** vermittelt: Das Thema der Hochwasserhilfe wird nicht durch die Abbildung einsatzbereiter und uniformierter Soldaten oder Einsatzkräfte der Feuerwehr dargestellt, sondern durch einen Rollstuhlfahrer in zivil (**Abb. 26, oben**). Dieser gehbehinderte Helfer vom Gimmritzer Damm in Halle wurde von der Bildzeitung zum Helden stilisiert und seine »Schicksalsgeschichte« publiziert (**Abb. 26, unten**). Der Widerspruch greift auf die Erwartungshaltung des Betrachters zurück. Indem wir Menschen mit Behinderungen als hilfebedürftig wahrnehmen, verlernen wir, dass auch sie helfen können. Tausende alte wie junge, gesunde und kranke Menschen haben während des Elbehochwassers 2013 mitgeholfen. Somit stellt die Hilfe des Rollstuhlfahrers für sich genommen nichts Besonderes dar. Dennoch wurde dieses Bild aufgrund des inhärenten Widerspruchs zum Leitbild moralischen Verhaltens. Während einer Krise ist mediale Schaffung von »Heldenfiguren« ein fester Bestandteil der Berichterstattung. Diese Tradition greift auf Helden- und Mythengeschichten zurück und steht für die Hoffnung der Gesellschaft ein, durch gute Taten das Schicksal ins Positive zu kehren. Als Leitbilder verkörpern sie Mut und Opferbereitschaft und dienen als Vorbild.

In dem Sonderheft »Die große Flut« des Lokalblatts Magdeburger Volksstimme, wird auf Seite 62 im Großformat der Fischbecker Fischer Gernot Quaschny gezeigt (**Abb. 27**). Die Doppelseite widmet ihm einen ganzen Beitrag und titelt »Der gute Mensch von Hohengöhren«. Damit wird auch eine Forderung geltend gemacht, wie man sich im Idealfall zu verhalten habe. Die Fotografie zeigt ein klassisches Portrait-Arrangement mit einer Blickrichtung aus dem Bild heraus nach oben rechts. Dieser Blick ist ein typisches ikonografisches Mittel der Inszenierung von Helden bzw. Leitfiguren und nimmt auf diese Weise die ikonologische Tradition auf. Als »Gutmensch« ist ihm im Bild ein Hund zur Seite gestellt. Er wirkt liebenswürdig und freundlich. Damit geht auch der moralische Anspruch gegenüber der Gesellschaft und deren einzelner Mitglieder einher. Die »Heldenthematik« war ein wesentlicher Bestandteil der Berichterstattung des Elbehochwassers 2013 und verweist auf ein bewusst inszeniertes Medienereignis.

Jeder, der kann, soll helfen und zu Zeiten des Katastrophenalarms kann dieser Anspruch auch per Gesetz eingefordert werden. In einem Online-Artikel der TAZ äußert sich Feuerwehrverbands-Präsident Hans-Peter Kröger. Seinen Äußerungen zufolge können Einsatzleiter jede mindestens 16 Jahre alte Person zum Anpacken heranziehen. »*Katastrophentourismus ist ein ernstzunehmendes Problem. Schaulustige blockieren mit ihren Autos Zufahrtsstraßen und Aufstellplätze, stehen Einsatzkräften im Weg, beeinträchtigen die Sicherheit von Deichen und bringen sich auch selbst in Gefahr.*«[32]

---

32   TAZ (2013): Gaffern droht Zwang zur Mithilfe. In: http://www.taz.de/!117749/, abg. am 26.03. 2014.

Abbildung 26: »Heldengeschichten I«

Oben:
Entnommen aus: http://www.bild.de/regional/leipzig/hochwasser/hallenser-gimmritzer-
damm-facebook-30728992.bild.html#, abg. am 25. 03. 2014.

Unten:
Entnommen aus: http://bilder.bild.de/fotos-skaliert/mit-zeitung-32845316_mbqf—3073
9818/2,c=0,h=554.bild.jpg, abg. 25. 03. 2014.

Abbildung 27: »Heldengeschichten II«

Die Diskussion über Helden, Schuldige und Schadenbilanzen dominierte in der späten Phase des Hochwassers die Berichterstattung.

Das Medienereignis distanzierte sich zunehmend vom Realereignis und im medialen Konsens verstummten persönliche Schicksale. Eine sachlich geführte retrospektive Diskussion wurde zugunsten kontrovers geführter Kampagnen in Kauf genommen.

Bei genauer Betrachtung des Sonderheftes »Die große Flut« der Volksstimme fiel ein Bild und dessen Bildunterschrift auf, die mit eigenen (M. Elzes) Erfahrungen nicht konform gehen (**Abb. 28, oben**): Das Foto zeigt, laut integriertem Textkasten, Hilfskräfte, die mit Booten unterwegs waren. Bei genauer Betrachtung kommen jedoch Zweifel auf, dass es sich dabei um eine koordinierte Hilfsaktion spezieller Hilfskräfte handelt. Erstes Indiz für die Vermutung sind die Schaufeln, welche als Paddel genutzt werden. Sie lassen sich viel schwerer als Paddel bewegen und stellen kein Ausrüstungsmerkmal vorbereiteter Hilfskräfte dar: Die Körperhaltung der blonden Frau deutet auf einen hohen Kraftaufwand hin und das Fehlen jeglicher Art von Kennzeichnung (Aufdruck, Uniform, Signalwesten) bestärkt die Vermutung einer spontanen Hilfs- bzw. Rettungsaktion mit provisorischen Mitteln. Die spontane und chaotische Organisation von Hilfskräften aus der Zivilbevölkerung deckt sich auch mit den Äußerungen eines Online-Artikels in der Magdeburger Volksstimme (**Abb. 28, unten**). In dem Artikel »Flut treibt Leute aus ihren Häusern« vom 10. 06. 2013 heißt es: »Wohnungsverwalter (Post und Energie) fahren mit dem Boot ihr Büro an, um Akten zu sichern«. Dasselbe Foto wurde somit nachweislich mindestens zwei unterschiedlichen Kontexten zugeordnet. Von einem fahrlässigen Umgang mit Fotos im Journalismus kann an dieser Stelle nicht die Rede sein. Jedoch zeigt dieses Beispiel, welche Wege eine Fotografie nehmen kann, und dass Bildinhalt und journalistische Darstellung nicht immer in einem Wahrheitsbezug dargestellt werden.

Im Zuge der eigenen Fotoreportage war ich zum gleichen Zeitpunkt vor Ort und kann daher vom tatsächlichen Sachverhalt berichten: Dieses Foto (**Abb. 29**) entstand unmittelbar nach dem Foto der Volksstimme und zeigt die blonde Frau nach dem Sichern der Unterlagen. Die wichtigen Papiere waren bereits nass und nicht mehr komplett. Das eingegangene Risiko, die überfluteten Büroräume trotz Evakuierung zu betreten, zeugte von der Not der Betroffenen. An diesem Beispiel zeigt sich auch die allgemeine Verletzbarkeit der eigenen Existenz. Wer man ist und was im Leben erreicht wurde, können Menschen in Deutschland nur anhand wichtiger Dokumente beweisen. Der Verlust von Zeugnissen, Belegen oder Wertpapieren gefährdet das eigene Leben in direkter und indirekter Form. Das Foto zeigt keine Schlüsselszene der Flut in Magdeburg. Die Tragweite der falschen Darstellung ist zugegebenermaßen gering. Dieses Beispiel weist jedoch auf ein grundlegendes Problem hin: Fotografien werden häufig mehrfach verwendet und zu-

Abbildung 28: Willkürliche Einordnung (Kontextualisierung) eines Fotos ...

Am 10. Juni sind insgesamt 15 000 Magdeburger von Evakuierungen betroffen. In Buckau (Foto unten) sind Hilfskräfte mit Booten unterwegs. In der Zollstraße auf dem Werder (Foto oben) und auf der Seite zur Alten Elbe droht ein Wassereinbruch, der große Teile des Werders überschwemmen würde. Auch die Cracauer sind in Gefahr und müssen ihre Wohnungen verlassen.

Magdeburg Buckau

Einwohner des Stadtteils Gottesgnaden in Calbe beginnt die Evakuierung +++

Die große Flut   **31**

Entnommen aus: Sonderheft »Die große Flut« der Magdeburger Volksstimme 2013.

www.volksstimme.de/nachrichten/sachsen_anhalt/1089572_Flut-treibt-Leute-aus-ihren-Haeusern.html

Trotz alledem wurden am Abend des Sonnabends weitere Straßenzüge leergezogen (300 Betroffene), da auch hier der Strom abgeschaltet worden war. Gleichzeitig versuchte die Bundeswehr mit Hubschraubern, das Leck mit Sandsackpaketen zu schließen. Entwarnung konnte aber nicht gegeben werden. Denn am Sonntagmorgen kam es zu einem Durchbruch an anderer Stelle der Hochwasserschutzwand in der Altstadt. "Das Wasser drückt derart gegen die Schutzwände, dass diese ins Rutschen geraten und dann manchmal nicht mehr dem Wasser standhalten. Sickerstellen sich zum Großfluss auswachsen", sagte Schönebecks Stadtsprecher Hans-Peter Wannewitz.

Bleckenburger Straße Buckau Hochwasser Wohnungsverwalter (Post und Energie) fahren mit dem Boot ihr Büro an, um Akten zu sichern | Foto: D. Wrüske.

Gewerbe- und Sachsen-Anhal
Immobilienmark
Immobilien in S

Fahrzeugangebote in S

Auto, Motorrad
Sie ein neues F
KFZ-Markt für S
Sie die aktuelle
KFZ-Anzeigen
finden

Trauerfälle in Sachsen-

Traueranzeigen
Nachrufe und G
Trauerfällen in S
Sie in unserem
Traueranzeigen

Abbildung 29: ... und nach der Dekonstruktion die reale Kontextualisierung

meist nur als Beiwerk zum Text. Es zeigt sich, wie unabdingbar die Option einer Gegendarstellung ist, um die Kriterien einer neutralen und wahrheitsgemäßen Berichterstattung zu garantieren.

Das Sonderheft »Die große Flut« der Magdeburger Volksstimme dient in diesem medialen Exkurs als Beispiel für die Interessen, die mit dem Fotojournalismus einhergehen: Neben dem Abbilden dessen, was war oder ist, geht es auch um Verkaufen, Anlocken, Begeistern und um das Bedienen der Nachfrage. Diese marktwirtschaftlichen Rahmenbedingungen spitzen die Art der Darstellung zu und verändern den originären Kontext von Fotografien. Aufmerksamkeit zu generieren ist von elementarem Interesse. Letzten Endes arbeiten die Reporter, um ihr Einkommen zu sichern. Zu verkaufen ist somit nicht nur im Interesse der Verleger, sondern auch der Angestellten. Als Rezipienten bzw. Medienkonsumenten wollen wir wissen, was passiert, und überrascht werden. Dieser Mechanismus wird durch Bilder bedient, die im Bruchteil einer Sekunde eine Assoziation zwischen eigenem Erleben und medialer Darstellung herstellen können. Oft sind es Bilder, die besondere Emotionen auslösen, welche als »Aufmacher« den Betrachter anlocken. Sie bleiben eher in Erinnerung und stiften zum Meinungsaustausch an.

Visueller Epilog: Rene Krügers Fotobuch in eigener Sache*

* *Dieses Fotobuch entstand während der Flut und zeigt Bilder, die von dem ambitionierten Amateurfotografen René Krüger geschossen wurden; er hat uns dankenswerter Weise einige dieser Fotos für diese Publikation zur Verfügung gestellt.*

Graffitis als jugendkulturelle Besetzung (halb-)öffentlicher Räume

7

Abbildung 1: Graffiti-Kultur zwischen Lebens-Stilen und Kunst-Stilen*

* Mit diesem Bildtitel wollen wir generell darauf verweisen, dass der sinnstiftende Charakter der Graffitikulturen nicht zuletzt darin besteht, einen entwicklungsoffenen, aber nicht beliebigen Zusammenhang herzustellen zwischen Lebens-Stilen und Kunst-Stilen (vgl. zur kulturgeschichtlichen und kulturwissenschaftlichen Verortung des Stilproblems Gumbrecht/ Pdfeiffer 1986, Teil III u. IV).

Wie aus einem Film entsprungen wartet das obige Foto mit Stereotypen über die Graffitiszene auf. Ein Tonne im Vordergrund, die als Feuerstelle genutzt wird, ein Einkaufswagen im Hintergrund, wie er von Obdachlosen genutzt wird, um schwere Besitztümer zu transportieren, laden zum Fantasieren über das nächtliche Treiben ein. Weiter im Hintergrund ist ein Graffiti »Ghetto Funk« zu lesen und gibt einen Einblick, wie der Begriff Ghetto bzw. Ghettoisierung, bezogen auf abgesonderte Stadtteile, mit der Graffitiszene als Kunstform aus der »Gosse« verbunden ist. Die Schrägstellung der Fotografie verweist auch auf soziale Schieflagen, die dieser Szene angedichtet werden, und wiederstrebt der fotografischen Stringenz, das Bild am Horizont ausrichten müssen. Der Widerspruch der Graffitiszene gegen die dominierende Mehrheitsmeinung ist in dieser Fotografie ein Spiel mit den Vorurteilen und vermeintlich szenetypischen Verhaltensmustern. Das Bild entstand in der Aerosolarena in Magdeburg. An diesem Platz ist das Sprühen von Graffiti erlaubt. Die Tonne dient als Mülleimer für entsorgte Sprayflaschen und der Einkaufswagen als »Werkzeugkoffer« für Leitern etc.

*Das einzige, was bleibt, ist die Erkenntnis, etwas zu erkennen, ohne es überprüft zu haben. Wie in diesem Bild muss auch im globalen Kontext davon ausgegangen werden, dass dieses stereotype Verurteilen der Graffitikultur zur »Unrechtssprechung« und Defamierung von Randgruppen führt, was in unzähligen Graffiti thematisiert wird. (siehe auch **Abb. 5** u. **7**)*

Die Sozialreportage kann (auch) als eine Verfahrensweise der *pädagogischen Hermeneutik* verstanden und ausgestaltet werden, denn diese analysiert die Tiefenstrukturen einerseits von *Texten* (i. e. S. d. W.), andererseits von *Bildern* und nicht zuletzt von *Dingen* (Rittelmeyer/Parmentier 2006, Kap. 2). Indem sie deren Sinndimensionen herausarbeitet, ermöglicht sie den interpretierenden Subjekten zugleich einen *Bildungsprozess,* weil die aktive Auseinandersetzung mit allen drei Sektoren und Schichten der Realität und Wirklichkeit die Fähigkeit und Bereitschaft fördern kann und will zur Selbstreflexion und Selbstbestimmung, zur Mitbestimmung und Mitgestaltung des näheren und weiteren sozialen und gesellschaftlichen Umfeldes, die Solidarität mit den »Mühseligen und Beladenen« und zur Verantwortungsübernahme zur Gestaltung einer ökologisch und ökokomisch nachhaltigen, sozial gerechten, politisch demokratischen und zwischenmenschlich humanen Gesellschaft. Bezogen auf die Graffitikulturen stehen dabei die politisch vermittelten Wechselbeziehungen zwischen *dinglicher* Realität und soziokulturell verankerten *Zeichen* und *Symbolen* im Zentrum der Aufmerksamkeit[1]. Diese selbst sind keineswegs neu, wie zunächst knapp deutlich gemacht werden soll.

---

1   Dabei schließen wir an unsere Untersuchungen in Braun/Elze/Wetzel (2015) an.

Abbildung 2: Die unsichtbaren Jugendlichen werden wieder sichtbar: »Supergau« für die kommunale Ordnungspolitik?

7.1 Sozialräumliche Präsenz von Zeichen und Symbolen – eine lange Tradition

Graffitis sind spezielle Zeichen- und Symbolsysteme und -formen und ihre eigene Tradition[2] begann in der Renaissance mit der öffentlichen Kennzeichnung auf italienischen Palästen (»Il graffito«), später auch von archäologischen Ausgrabungsstätten, und setzte sich u. a. fort in den geheimen Inschriften auf Gefängnismauern u. ä. Als Medium der Raumbesetzung spielten sie in Los Angeles in den 1930er Jahren eine wichtige Rolle, weil sie die Macht-Reviere der verschiedenen Gangs markierten. Ihre jüngste Geschichte ist eng mit der jugendkulturellen Hip-Hop-Bewegung (speziell in New York) ab den frühen 1970er Jahren verbunden, wo Jugendliche aus den Ghettos sich *sichtbar* machen wollten **(Abb. 2)** und deshalb

---

2   Vgl. Reinecke (2012, Kap. 3), Stahl (2009, S. 24 ff, 214 ff u. 270 ff) und Walde (2012).

z. B. Züge, die durch die ganze Stadt fuhren, mit ihren Zeichen und Symbolen besprühten – natürlich illegal). Diese Jugendkultur erreichte ein Jahrzehnt später auch Europa und auch Deutschland (man denke hier an das prominente Beispiel der Berliner »Mauerkunst«; vgl. Gründer 2007). Sie ist bis in die Gegenwart ein (groß-)städtisches Phänomen geblieben und das verweist auf einen besonderen Verwendungszusammenhang und damit auch Bedeutungsgehalt.

Schon immer haben die Menschen Zeichen im Sozialraum platziert[3], deren Tiefengrammatik symbolische Verallgemeinerungen der Lebenserfahrungen und Lebenserwartungen zum Ausdruck brachten (**Abb. 3**). Das gilt bereits für die Höhlenmalereien, setzt sich fort über die Wandmalereien in den Totenstädten des Alten Ägypten, in den Villen des Römischen Reiches und den bildlichen Darstellungen der biblischen Botschaft für die des Lesens unkundigen BesucherInnen in den mittelalterlichen Kirchen – etwa den Totentänzen. In der Moderne wurde die Tradition der Wandmalerei fortgesetzt (z. B. von der russischen Avantgarde in den 1920er Jahren oder von Diego Rivera [1886–1957] mit seinen »Murales«) und zugleich kamen neue Medien hinzu: Zu verweisen ist hier u. a. auf die Plakate zu Kunstausstellungen, für politische Ideen und Aktionen und nicht zuletzt mit Werbeinhalten, die sich auch grafischer Techniken sowie Verfahrensweisen der Text-Bild-Montage bzw. Collage bedienten und bedienen und sie z. B. als Kunstprojekte zeitlich begrenzt an bestimmten, genau ausgesuchten Plätzen des Sozialraumes (z. B. U-Bahnstationen oder Verkehrskreuzungen) platzieren. Alle diese symbolhaltigen Zeichen bzw. Zeichensysteme sind heute ein selbstverständlicher Bestandteil der öffentlichen und halb-öffentlichen Sozialräume[4], die den Zeitgeist *zeigen* und etwas über die Zeit *sagen* (wie es z. B. historische Designanalysen deutlich machen).

---

3   Vgl. dazu die Übersicht von Lorenz (2009) und die ausführlichen exemplarischen Analysen von Alberro u. a. (2010), Aynsly (2000), Peschlow-Bindokat (2003), Salm (2012), Tiradritti (2007) und Wildung u. a. (2005); zu ihrer Bedeutung im Kontext des aneignungstheoretischen Sozialraumverständnisses auch Braun/Elze (2014, Kap. 2 u. 3).

4   Das macht indirekt auch die Fallstudie von Schroeder/Schönig (2008), gerade weil es nicht ihr Thema ist.

Abbildung 3: Zeichen und Symbole im Sozialraum: von den Höhlenmalereien zur aktuellen Jugendkultur*

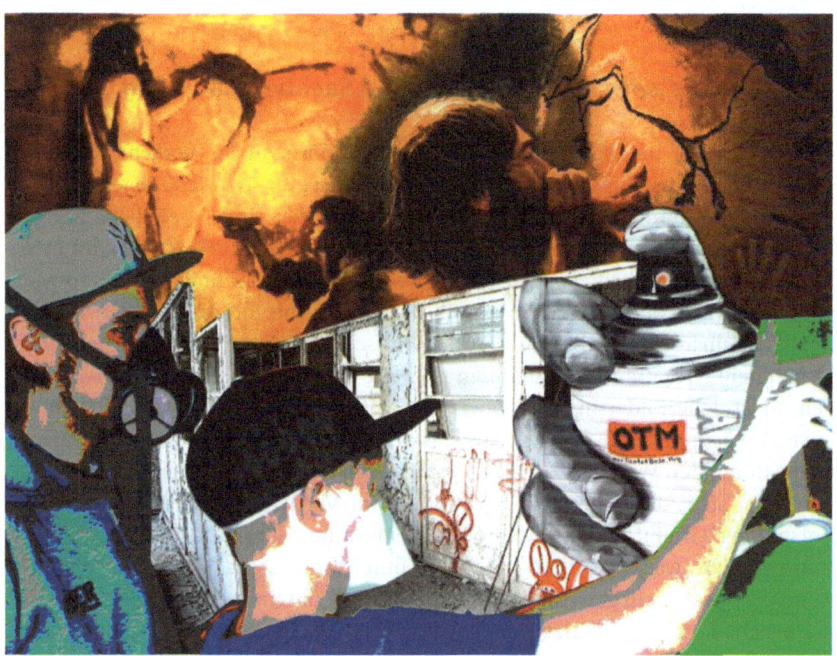

* Unter Verwendung eines Stills aus dem Film von Baur/Schuler (o. J.).

7.2   Graffitis – eine andere »Ästhetik des Verschwindens«

Paul Virilio (1986) hat in den 1970er/1980er Jahren anhand der neusten Entwicklungen des Transport- und Verkehrswesens sowie der Tendenzen zur Beschleunigung des Alltagslebens und den daraus resultierenden Herausforderungen für die Wahrnehmung, die reflexive Verarbeitung von Erlebnissen und die Gedächtnistätigkeit – gerade auch mit Blick auf die neuen Informationsmedien – von einer »Ästhetik des Verschwindens« gesprochen. Wir verwenden diese pointierte wie treffende Charakterisierung hier in einem ganz anderen Sinnzusammenhang: Wir wollen damit das Phänomen begrifflich fassen, dass Graffitis in der Öffentlichkeit stark umstritten und von relevanten Personengruppen und Machtinstanzen nicht geduldet und ihre AutorInnen in dieser oder jener Weise an ihrer künstlerischen Arbeit gehindert werden. Dies sei zunächst anhand der rechtlichen Problematik deutlich gemacht.

7.2.1 Graffitis zwischen Kunstwerk und Sachbeschädigung

Graffiti werden im öffentlichen Raum meist dominant an Verkehrsschildern, Hauswänden oder Zügen präsentiert. Dabei variiert der Aufwand jener gesprühten Bilder. Während die eilig gesprühten »Tags« (dies sind persönliche Markierungen, vergleichbar mit einer »Unterschrift«) oder »Bombings« (das sind meist zweifarbige Großschriftzüge) als ästhetisch minderwertig und nicht schützenswert angesehen werden, verhält es sich bei Graffiti mit fotorealistischen Darstellungen, mehrfarbigen Schriftzügen und politisch motivierten Äußerungen anders. Neben dem Arbeitsaufwand und den teilweise enormen finanziellen Aufwendungen, um solche Bilder in einer gewissen Größe und Qualität herzustellen, steht auch der ästhetische Anspruch zur Diskussion. In Deutschland werden Kunstwerke durch den Werksbegriff zu schützenswerten Kulturgütern erklärt (**Abb. 4**).

Dabei steht das Kunstwerk als Produkt im Vordergrund, aber nicht dessen Entstehung. Graffiti werden meist ohne Zustimmung der Besitzer an deren Eigentum gesprüht, was als Sachbeschädigung unter Strafe steht. Was passiert jedoch, wenn ein Sprayer ein gewisses ästhetisches Niveau in sein Werk einbringt und dieses urheberrechtlich schützen möchte? Das Urheberrecht soll das »geistige und künstlerische Gut des Urhebers« wahren. Jedoch kommt kein illegal agierender Graffitikünstler auf die Idee, sich als Privatperson der Öffentlichkeit und damit auch der Strafverfolgung auszuliefern.

Die Rechtslage erkennt ein Graffiti prinzipiell als schützenswertes Gut nach dem Urheberrecht an (vgl. BGH Urteil v. 23.02.1995, Az I ZR 68/93 = BGH NJW-RR 1995, 1556 ff), wenn die sogenannte »Schöpfungshöhe« – auch »Gestaltungshöhe« genannt – erkennbar ist (§ 2 I Nr.4, II UrhG.). Wenn ein Graffiti also über einen individuellen künstlerischen oder geistigen Wert verfügt, kann auch ein illegal erstelltes Wandgemälde unter Urheberrechtsschutz gestellt werden, unabhängig vom Schöpfungsprozess. Dabei geht es nicht darum, ob etwas als schön empfunden wird, sondern ob der Ausdruck bzw. die inhaltliche Tiefe des Bildes über das Triviale hinausgeht (objektive Eigenartigkeit). Der »talentierte« Sprayer kann nach deutscher Rechtssprechung also zum Künstler erhoben werden und rein theoretisch diese Rechte auch einfordern. Jedoch muss dabei in Betracht gezogen werden, dass nach § 303 II StGB das unerlaubte besprühen von Häusern, Zügen oder Ähnlichem grundsätzlich eine Rechtsverletzung darstellt. Der Graffi-

Abbildung 4: Graffiti als Kunstwerk

Dieses Foto zeigt das Dach des Messgerätewerks in Magdeburg – Buckau.
*In der linken Hälfte ist »Werk« als Rest vom Originalschriftzug zu lesen. Rechts im Bild
sieht man ein Graffiti und ein Tag (handschrftl. Graffiti) das titelt: »Wie dreist der Scheiß!«*
*Dies kann zum einen so verstanden werden, dass es rücksichtlos ist, dort oben ohne Er-
laubnis zu sprühen. Es kann aber auch zu verstanden werden, dass er dreist ist, wie ableh-
nend mit der Graffitikunst in der Gesellschaft umgegangen wird, obwohl einige Graffiti als
Kunstwerke anzusehen sind und somit über einen hohen künstlerischen und geistigen Wert
verfügen und dennoch als Kulturgut nicht anerkannt werden. »Werk« steht dabei für den
Werksbegriff im deutschen Urheberrecht. Wird ein Graffiti als Werk anerkannt, ist es urheberrechtlich schützenswert.*

tikünstler missachtet die Rechte einer Person, indem er dessen Eigentum umgestaltet. Bei Gegenüberstellung der Rechtslage wird deutlich, dass sich in diesem Fall die Rechte des Sprayers aus §§ 14, 25 UrhG und die Rechte des Eigentümers aus Art. 14 GG bzw. §§ 823, 1004 BGB entgegen. Sollte der unwahrscheinliche Fall eintreten, dass ein Sprayer Urheberrechtsansprüche seines illegal erstellten Graffiti vor einem Gericht geltend machen möchte, so droht ihm eine strafrechtliche Verfolgung unabhängig davon, ob sein Graffiti als urheberrechtlich schützenswert eingestuft wird oder nicht. Sollte es sich nicht um ein absolutes »Ausnahmekunstwerk« handeln, so wird nach dem Urhebergesetz verlangt, das der entstandene Schaden mit dem künstlerischen Wert aufgewogen wird, was in der Regel zugunsten der geschädigten Eigentümer ausgeht.

Aus diesem Konflikt ergibt sich eine erste Facette des »Verschwindens der Graffiti-Ästhetik«: Zum einen dadurch, dass sie auf Geheiß der Eigentümer bzw. der Gerichte entfernt und damit vernichtet werden. Zum anderen dadurch, dass sich die Graffitikünstler – um der Strafverfolgung zu entgehen – auf soziale Räume ausweichen, deren Eigentumsverhältnisse unklar sind bzw. wo sich die Eigentümer um ihr Eigentum nicht kümmern (z. B. alte Fabrikanlagen, leerstehende Wohnhäuser u. ä.); damit verschwinden sie aus dem allgemein zugänglichen Sozialraum. Es gibt aber noch eine weitere Konsequenz.

7.2.2 Der Sprayer zwischen soziokultureller Anerkennung und Flucht

Pseudonyme (Decknamen) markieren die Trennlinie zwischen der Privatperson und dem Sprayer als Künstler. Als Person des »öffentlichen« Lebens sind Graffitikünstler oder Crews (Kleingruppen aus Sprayern, die unter einem Label sprühen) bemüht, durch übergroße Wandgemälde oder Tags auf sich aufmerksam zu machen, und im gleichen Zuge wird durch Sprühaktionen unter dem Deckmantel der Nacht und durch Masken versucht, anonym zu bleiben, um strafrechtlicher Verfolgung zu entgehen und die Privatsphäre zu schützen. In **Abb. 6** sind Aufnahmen eines Graffitikünstlers zu sehen, die einen Einblick in die typische Vor-und Nachbereitungsphase geben und den fragilen Schutzraum nächtlicher Graffitiaktionen zwischen Flucht und Selbstdarstellung aus Sicht eines Sprayers zeigen. Was dabei nur indirekt deutlich wird, ist die Rückwirkung der Bedrohungssituation auf das Selbstwertgefühl des Spayers (dazu **Abb. 5**) und den künstlerischen Prozess selber: Eben weil die Sprayer (meist) nicht die notwendige Zeit haben, um ihre ganze Kompetenz bei der Gestaltung eines Graffitis zur Geltung zu bringen, also die von ihnen erstrebte Ausdruckskraft und Prägnanz auch bei sehr viel Erfahrung nicht erreichen, deshalb wird die künstlerische Kompetenz bis zu einem gewissen

Abbildung 5: Bedrohte Künstler-Identität

Dieses Foto zeugt vom Einsatz von Pseudonymen zum Schutz der eigenen Identität. Der fotorealistische dargestellte Sprayer mit 3 Gesichtern und einer Malerrolle auf dem Rücken, fungiert als Sinnbild für den Zusammenhalt der Szenen bzw. »Crews« und dem handwerklichen Schöpfungsprozess durch die Malerrolle. Dies zeugt vom ambivalenten Verhältnis von Anerkennung und Flucht. Die 3 Gesichter zeigen offenbar junge Sprayer, die zwar fotorealistisch und somit detailgenau dargestellt wurden, aber perspektivisch stark verzerrt worden sind. Für eine zweifelsfreie Identifikation reicht das nicht aus. Die verschiedenen Graffitisprayer sind meist nur innerhalb der Szene als Privatperson bekannt und tun alles, damit das so bleibt. Dieses Foto wurde in Magdeburg in der Aerosolarena aufgenommen. Dieser Ort ist für Sprayer ungefährlich und darf mit Graffiti gestaltet werden. Dennoch zeigen die anonymisierenden Sicherheitsmaßnahmen, dass die Zweifel Ängste vor einer strafrechtlichen Ahndung auch in diesem »Pseudo-Schutzraum« überwiegen.

Abbildung 6: Ein Graffiti-Künstler bei der Arbeit

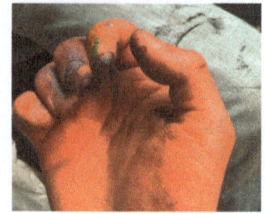

Grade zum Verschwinden gebracht. Pointiert formuliert: Es wird von der Kritikern der Graffitikunst immer deren mangelnde Qualität beklagt; würde man den Künstlern mehr Zeit lassen, dann wären ihre Werke deutlich besser und schöner. Das ist aber häufig nicht beabsichtigt – und so kommt wiederum ein Stück Ästhetik zum Verschwinden. Davor werden sie am ehesten noch bewahrt, wenn noch funktionstüchtige Gebäude(komplexe) nicht mehr genutzt werden, weil mit den Graffitis ihre Verwendungsmöglichkeiten überhaupt nicht eingeschränkt werden – wie in **Abb.** 8 deutlich wird.

Abbildung 7: Selbstdeutung eines Sprayers als kultureller Außenseiter

Dieses Graffiti titelt »Kulturshok« und vermittelt offenbar den Eindruck, wie sich der Sprayer durch den gesamtgesellschaftlichen Blick selbst wahrnimmt. Ablehnung aufgrund eines Szenarios der Bedrohung durch vermeintlich gemeingefährliche Sprayer, die in der Nacht Häuser und Züge beschmieren und Drogen konsumieren. Dafür könnte zumindest der Joint bzw. die Zigarette stehen, die vom roten Skelett rechts im Bild geraucht wird, während die Augen gläsern und abwesend wirken. Ergänzt wird das Graffiti durch einen Spruch links im Bild. »Kunst die Entsteht um Allen zu Gefallen ist Künstlich.« (Groß-und Kleinschreibung wurde übernommen)

Durch diese Ergänzung nimmt der Sprayer bzw. Urheber zu seinem Werk Bezug. Die Darstellung, welche an einen Horrorfilm erinnert, soll ganz bewusst Ablehnung durch Ekel erzeugen und erschrecken. Kunst kann, aber muss nicht durch die breite Masse unterstützt werden und auf Wohlgefallen stoßen und dennoch einen berechtigten Platz in der Gesellschaft einnehmen. Graffiti sind längst ein fester Bestandteil der »Alltagswelt« und werden dennoch kontrovers diskutiert, als wären sie eine neuzeitliche Bedrohung heimischer Kulturgüter. In diesem Zusammenhang kritisiert der Titel den Kulturbegriff. Die Angst und Ablehnung, die Graffitibewegung als Teil der gemeinsamen Kultur zu akzeptieren, widerspricht dem Kulturbegriff, der abgeleitet vom lateinischen cultura »Bearbeitung, Pflege, Ackerbau« im weitesten Sinne alles von Menschhand erschaffene potentiell mit einschließt.

Abbildung 8: Graffiti und Funktionssicherheit: Kein Widerspruch

Dieses Foto zeigt ein Gebäude, das nicht mehr genutzt wird. Jedoch liegt dies nicht an den zahlreichen Graffiti im Vordergrund, die sogar eine imprägnierende Wirkung haben und das Gemäuer vor Feuchtigkeit schützen. Der starke Kontrast zwischen dem vorderen bunt gestalteten Gebäude und dem graubraunen Block im Hintergrund wirft die Frage auf, inwiefern die Ästhetik oder der Funktionsumfang durch Graffiti beeinträchtigt wird. In diesem Zusammenhang ist anzumerken, dass Graffiti häufiger an verlassenen unbewohnten Orten zu finden sind und somit Orte umgestalten, die von der Kommunalpolitik und Sanierungsmaßnahmen vergessen wurden.

7.3 Jugendkulturelle Präsenz und staatlicher Ordnungswille: Kommunalpolitische Machtkonflikte

Die Konflikte um die öffentliche Präsenz von Graffitis, die periodisch zu ihrem Verschwinden führen, werden aber nicht nur juristisch, sondern auch politisch ausgetragen. Recht früh haben Häußermann/Siebel (1987, Kap. 2, 4 u. 6) darauf hingewiesen, dass im Laufe der 1980er Jahre die wohlfahrtstaatlich ausgerichtete Stadtpolitik für alle Stadtteile und soziale Milieus immer deutlicher abgelöst wurde von einer Politik, die den städtischen Sozialraum immer deutlicher (mittlerweile kann man sagen: vorrangig) als Wirtschaftsraum sieht, bestimmte Stadtgebiete privilegiert und andere vernachlässigt und sich zunehmend und mittlerweile dominant an sozialen Elitemilieus und an den einkommensstarken, zumindest aber in sicheren finanziellen Verhältnissen lebenden Teilen der respektablen Volksmilieus ausrichtet. Dazu gehörte auch die »Entdeckung« oder Neugewichtung der *weichen* Standortvorteile in der Städtekonkurrenz (also die »Stadt als Erlebnisraum«) und damit auch die »Entsorgung« der öffentlichen städtischen Sozialräume von jenen, die dieses Bild »stören« (vgl. Simon 2001, Kap. 2 u. 4). Opfer dieser immer umfassenderen Kontroll- und Disziplinierungspolitik (mit Hilfe von Polizei, privaten Sicherheitsdiensten und umfassender Videoüberwachung; vgl. Blum 2003, 30 ff) sind nicht nur die Deklassierten, sondern auch die Jugendlichen und Jugendgruppen, die sich nicht angepasst haben, die mit ihren Formen der Präsenz das marktgerechte Stadtbild »stören«. Das thematisieren die Collagen in **Abb. 9**: Solche Jugendgruppen werden Gegenstand der präventiven Überwachung, einer Art »aufsuchenden Heimsuchung«, wie auch die Aufmachung einer großen Reportage aus dem Lokalteil einer Regionalzeitung exemplarisch deutlich macht. Die implizite Logik einer derartigen jugendbezogenen Sicherheitspolitik zeigt sie ebenfalls: Es ist ein »jugendfreier« Sozialraum, die Jugendlichen sind *unsichtbar* geworden. Dies ist eine krasse Form der *Missachtung,* also der anerkennungsverweigernden öffentlichen Diskriminierung[5]. Da die Jugendlichen aber weiterhin auch in einer Stadt wie Magdeburg leben, kann nicht ausgeschlossen werden, dass sie doch – vielleicht an anderen, unerwarteten Orten wieder auftauchen. Im lokalen Sozialdiskurs wurden sie massiv davor gewarnt, das zu tun – genau das soll die Fotomontage von **Abb. 2** wiederum zeigen[6]. Sie

---

5   Vgl. zur anerkennungstheoretischen Deutung der »Unsichtbarkeit« den Titelessay Honneth (2003); ohne (expliziten) Bezug auf diesen Ansatz hat Reutlinger (2003, Kap. 4) für solche Gruppen von Jugendlichen das Konzept der »*unsichtbaren Bewältigungslandkarte*« entwickelt (welches aber auch für andere »unsichtbare« Bevölkerungsgruppen fruchtbar gemacht werden kann).

6   Selbstverständlich ist das nur eine exemplarische Auswahl; ein sehr gute, auch visuell eindrückliche Darstellung der unterschiedlichen Jugendmilieus bietet Calmbach u. a. (2012)

Abbildung 9: Der Sozialraum als staatlicher Kontrollraum

Montage unter Verwendung eines Beitrages aus der Magdeburger Volksstimme vom 11. 4. 2011

verschweigt allerdings bewusst einen weiteren Sachverhalt, nämlich die Unsichtbarkeit von Kindern und Jugendlichen aus deklassierten Milieus. Diese *können* (z. T. aus finanziellen Gründen, weil sie durch Jobs zum Familieneinkommen beitragen müssen) oder *wollen* (weil sie die Missachtung durch die anderen Heranwachsenden spüren) sich diesen Jugendgruppen nicht anschließen, sie sind deutlich seltener in öffentlichen und halb-öffentlichen Sozialräumen anzutreffen (was im Übrigen auch die Platzierung ihrer Graffitis an geheimen, also wieder fast *unsichtbaren* Orten zeigt).

7.4 Graffitis als öffentliche und halb-öffentliche jugendkulturelle Aneignungs- und Ausdrucksmedien

Wir schon erwähnt, ist das Stadt-*Bild* voller Zeichen und Zeichensysteme als Folge einer symbolischen Stadtpolitik oder – mit Häußermann/Siebel (1987, 209) ge- sprochen – einer *Ästhetisierung* der Stadtpolitik, die wesentlich bestimmt ist durch ein Verschweigen, eine *Dethematisierung* der ungelösten ökologischen, ökonomi- schen und sozialen Probleme (vgl. auch Blum 2010, Kap. 1–3). Die besonders von verschiedenen Jugendszenen, aber auch Einzelpersonen getragenen Graffitikul- turen (**Abb.** 10)[7] nehmen einerseits diese Ästhetisierungselemente auf, geben ih- nen aber andererseits einen widerständigen Sinn, weil sie sie zu Recht als eine Selbstermächtigung durch symbolische Raumaneignung verstehen. Sie wollen mit dieser Sozialraum-*Besetzung* die herrschenden Sinn-Strukturen der öffentli- chen Räume durchkreuzen und ihnen einen neuen Sinn verleihen. Dabei können – aber müssen nicht – auch politische Inhalte transportiert werden, allerdings geht es insgesamt um eine öffentlich präsente *alternative* Kommunikationskultur mit ökonomie- und politikunabhängigen Kommunikationskanälen. Daraus resultiert die unübersichtliche Vielfalt der Graffitis auch in einer Stadt wie Magdeburg. Wir wollen zum besseren Verständnis der städtischen Graffiti-Landschaft nun versu- chen, einige ordnende Aspekte herauszuarbeiten. Während die Text- und Bild- hermeneutik das Unsichtbare eben durch Bilder und Geschichten sichtbar ma- chen will (vgl. Fröhlich/Stenger 2003), beabsichtigt die Sozialraum-Hermeneutik, die sozialen Verdeckungszusammenhänge quasi »vor Ort« aufzudecken, also sie zu zeigen und über sie »im Angesicht« zu sprechen. Die Ergebnisse einer solchen Spurensuche – in diesem Fall des Alltagslebens von Kindern und Jugendlichen in öffentlichen und halb-öffentlichen Räumen – und deren öffentliche Präsentation sollen dazu beitragen, die personalen und gemeinschaftlichen Barrieren der so- zialen Unkenntnis zu überwinden und die Mauern des sozialen Schweigens und Verschweigens zu durchbrechen und immer mehr abzubauen.

---

7   Wir greifen hier und an späteren Stellen einige Überlegungen von Schmidt (2009) auf – ergänzt um das Bildmaterial in Jakob (2014), die sich zwar unmittelbar auf Funktions- bestimmung und Trends der Street Art beziehen, die aber auch für die Graffiti-Kulturen charakteristisch sind (zumal es vielerlei Wechselbeziehungen zwischen beiden gibt); vgl. zur übergreifenden Einordnung der aktuellen Kunstdiskurse in die allgemeinen neueren Gesell- schaftsdiskurse Boltanski/Chiapello (2006, Teil 3).

Abbildung 10: Graffitis als Stimmungsausdruck

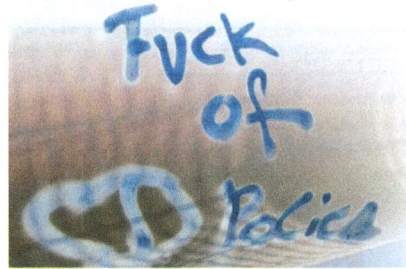

7.5 Graffitis im öffentlichen Raum: Ein immer bedrohter »Etappensieg« mit sozialen Folgekonflikten

Graffitis sind heute auch in deutschen (Groß-)Städten eine Selbstverständlichkeit. Dass sie das sind, ist aber selber keine Selbstverständlichkeit, denn sie mussten sich diese öffentliche Präsenz erst »erobern«. **Abb.** 11 zeigt zwei einfache Formen dieser Raumpräsenz: Das obere Foto steht für die Tatsache, dass Werbeplakate ein omnipräsentes Zeichensystem darstellen, *gegen* die sich Graffitis durchsetzen müssen. Das untere Foto belegt wiederum eine andere Tendenz, nämlich bisher zeichenlose Mauern, Wände, Brücken usw. zu nutzen, sofern sie von den Stadtbewohnern ohnehin in den Blick genommen werden (z. B. eben Wände, die im Blickfeld von Fußgängern bzw. Autofahrern liegen).

Zur sozialen Tiefengrammatik der Graffiti-Kulturen gehört auch die Tatsache, dass das Bemühen um Präsenz im öffentlichen Raum zwischen den verschiedenen Szenen, aber auch Einzelpersonen immer wieder Konflikte auslösen kann – und es auch tut. **Abb.** 12 visualisiert diesen Sachverhalt: Der untere Teil zeigt eine Missachtung, indem ein Graffiti durch ein anderes übermalt wurde: Die »Verhöhnung« des Urhebers, der mit dem Wort »THC« vermutlich auf das Gift im szenetypischen Cannabis anspielt, durch das Wort »Toy«, was für »Nichtkönner« steht (wobei der Untergrund beider Graffitis noch ein drittes, noch früheres zeigt.). Im mittleren Teil kommt eine streng genommen szenenexterne politische Kontroverse um das Verhältnis zu ausländischen MitbürgerInnen zum Ausdruck (denn *diese* Schrift kann jedermann lesen). Der obere Teil enthält wiederum so etwas wie eine privatisierte Botschaft und kann als Versuch verstanden werden, sich im

Abbildung 11: Die alltägliche Selbstverständlichkeit von Graffitis in (groß-)städtischen Räumen

Abbildung 12: Soziale Machtkonflikte um die öffentliche Präsenz innerhalb der Graffiti-Jugendkultur

»Geheimen« sichtbar zu machen; wobei die verwendeten Zeichen dennoch keine rein privaten, sondern allgemein zugängliche, aber subjektiv gedeutete sind. Diese Montage macht aber noch etwas anderes deutlich: Dass die Graffiti-Kulturen so etwas wie eine doppelte Sozialraumerkundung implizieren: Einmal suchen sich die Sprayer, Writer usw. in den meisten Fällen nicht nur die Wände, sondern auch die Orte sehr genau aus, wo sie ihre »Spuren« hinterlassen; und es bedarf von daher umgekehrt einer intensiveren Beschäftigung mit den jeweiligen Sozialräumen, sie zu entdecken.

Trotz ihrer Allgegenwart sind die Graffitis – übrigens anders als die Street Art – keineswegs ein allgemein anerkanntes Medium der städtischen Selbstpräsentation. Vielmehr gibt es auch weiterhin mächtige Stimmen in den vermachteten und verbürokratisierten Öffentlichkeiten, die sie aus dem Stadtraum verbannen wollen (deshalb sprechen wir von einem immer bedrohten Etappensieg). Das kann man nicht nur an den erwähnten verschiedensten Kriminalisierungsversuchen und -aktivitäten gegenüber Writers, Schablonen-SprüherInnen, PlakatkleberInnen und anderen Gruppen der meist illegalen Urban Artists-Gruppen erkennen – meist verbunden mit horrenden Schadensersatzforderungen (z. B. für bemalte Züge und Straßenbahnen), sondern auch an den öffentlichen Debatten. **Abb. 13** sagt und zeigt das anhand von Schlagzeilen aus der Lokalpresse, nämlich der »Magdeburger Volksstimme« (wo relevante Stimmen sie immer noch nur für Schmierereien und Vandalismus halten).

7.6 Graffitis zwischen ästhetisch-politischer Autonomie und kommerzieller Indienstnahme

Nun wird in den **Abb. 14** und **15** noch eine andere Konfliktlinien deutlich, die die soziale Tiefengrammatik der Graffiti – Kulturen zunehmend bestimmen: nämlich zwischen eigensinniger, subkultureller und teilweise illegaler Provokation, gezielter politischer Aufklärung und kommerzieller Indienstnahme für die Ästhetisierung der Stadtpolitik mit neuen, den Jugendkulturen entnommenen, »entsprungenen« Zeichensysteme.

Dies zeigt die Herausforderungen, mit denen diese Form der symbolischen Raumaneignung durch Jugendliche konfrontiert ist: Sie steht zumindest teilweise in der Gefahr, in die städtische Image-Politik integriert zu werden, womit die Graffitis ihren lebensweltlichen Erfahrungsgehalt und ihren sozialen Rückhalt verlieren und zu frei schwebenden, tendenziell unverbindlichen Zeichensystemen ohne Botschaft werden. Es wird mit ihren Formen gespielt, sie werden in soziale und (kommunal-)politische Verwendungszusammenhänge integriert, die ihnen eigentlich fremd sind (wenn nicht sogar feindlich). Ihre Verfremdung gängiger

Abbildung 13: Graffitis im lokalen Sozialdiskurs: Pro und Contra

Abbildung 14: Die Graffitikultur im Widerspruchsfeld von subkultureller Provokation, politischer Aufklärung …

Abbildung 15: ... und kommerzieller Vereinnahmung

Röstfein Magdeburg – Auftragsgraffiti Links oben im Bild ist Manufaktur zu lesen, die im engeren Zusammenhang zweifelsfrei mit Röstfein als Betrieb und dessen Geschichte verbunden ist.

Weiter gedacht und unter Zuhilfenahme der lateinischen Wortherleitung, bedeutet lat. Manus »Hand« und facere »machen, herstellen« und kann daher auch für das Graffiti an sich betrachtet werden. Dieses »Produkt« ist echte deutsche Handarbeit. Ein Prädikat, das international von Bedeutung ist, aber im gesellschaftlichen Diskurs zum Thema Graffiti nicht beachtet wird.

Symbole des herrschenden Marketings wird zur Selbstentfremdung durch nachhaltigen Bedeutungsverlust. Ähnlich wie die Soziale Arbeit dem Widerspruch zwischen Hilfe und Kontrolle nicht willkürlich entfliehen kann, sondern ihn dialektisch in Bewegung setzen muss, so können die Graffiti-Kulturen aus dem Spannungsfeld von Eigensinn und Indienstnahme dann nicht aussteigen, wenn sie um öffentliche Anerkennung ringen – und darauf sollte keineswegs verzichtet werden. Um aber dem aufklärerischen Eigensinn dieser sozialen Bildgrammatiken bei aller Eingebundenheit eine relative künstlerische Autonomie zu sichern, bedarf es alltagspraktisch einerseits einer engen Zusammenarbeit mit anderen Formen, Methoden und Projekten der Sozialraumaneignung von Kindern und Jugendlichen[8]; und zum anderen der *zivilgesellschaftlichen Rückendeckung* auch für diese Form des Ringens um eine neue urbane Kultur. Die *kritische* Stoßrichtung unseres Konzeptes von (sozialraumbezogener) Tiefenhermeneutik besteht diesbezüglich gerade darin, den inneren Verweisungszusammenhang von Erkenntnisgehalt der Zeichen und Symbole und ihren konkreten sozialen, in Macht- und Herrschaftskonflikte eingebundenen Entstehungs-, Verbreitungs-, Präsentations- und Rezeptionsweisen deutlich zu machen und damit auch die nicht zuletzt politischen Voraussetzungen einer nachhaltigen Erneuerung der demokratischen Alltagskulturen.

---

8   Vgl. dazu die Projektberichte und -anregungen in Deinet u. a. (2009), Kessl/Reutlinger (2013) und May/Alisch (2008).

Ein Döner-Treff als familiäre Gemeinschaft[1] 8

In allen hoch entwickelten Ländern des Westens stellen wir eine deutliche Zuname der gesellschaftlichen Ungleichheiten fest. Das betrifft insbesondere die Regionen, die in der klassischen Industriegesellschaft eine besondere Blüte erlebt haben und durch die Prozesse der De- und Neoindustriealisierung nachhaltig verändert worden sind (was sich auch fotografisch gut rekonstruieren lässt; vgl. Hamm/Sieferle 2003). Damit stellt sich für die Soziale Arbeit und die Sozialpolitik die Frage, wie in derart gespaltenen Gesellschaften soziale Integration überhaupt noch möglich ist. Und die betrifft in besondere Weise die europäischen Städte, die über lange Zeit das Paradigma einer zwar schwierigen, aber dennoch gelingende Integration waren (vgl. Siebel 2004, Teil I/IV). Alle diese Prozesse haben sich in Ostdeutschland besonders schnell und drastisch vollzogen. Dafür ist Magdeburg und speziell Magdeburg-Bukau ein Beispiel.

Wir wollen in dieser Sozialreportage der Frage nachgehen, welche Inklusionschancen ein sozialer Treffpunkt wie ein Döner-Imbiss unter diesen Bedingungen hat[2]. Dabei schließen wir an jene Formen der Sozialberichterstattung an, die – z. B. im Zusammenhang mit der Evaluation des Programms »Soziale Stadt« (vgl. z. B. Holl 2002) – diskursive und fotografische Analyse- und Darstellungsweisen kombinieren, und geben zugleich einige Hinweise zur Gestaltung einer Sozialreportage[3].

---

1 Überarbeitete und ergänzte Fassung des Beitrages von Braun/Elze (2011).
2 Alle Interviews und die meisten der Fotos entstanden im Rahmen der Bachelorarbeit von M. Elze im April/Mai 2010. Die Gäste des Döner-Treffs waren darüber informiert, haben dem Fotografieren zugestimmt und sich auch zu den Interviews bereit erklärt. Dafür danken wir ihnen sehr herzlich. – Alle Tatsachenfeststellungen beziehen sich auf den Erhebungszeitraum.
3 Dabei greifen wir auf Überlegungen von Frizot (2006) zurück.

8.1 Magdeburg-Buckau: ein abgehängter und gespaltener Stadtteil

Das Leinenweberdorf Buckau geht auf eine slawische Siedlungsgründung aus dem Jahre 937 zurück und wurde seit den 1830er Jahren zu einem der Zentren der Industrialisierung in Preußen und der Rüstungsproduktion bis 1945 (vgl. Asmus 2005, S. 241 ff) Dazu gehörte die Gründung der Maschinenfabrik Buckau (1838, zur DDR-Zeit in VEB Schwermaschinenbau Georgij Dimitroff umbenannt), des Mess- und Armaturenwerkes Schäfer&Budenberg (1950; später VEB Messgerätewerk »Erich Weinert«), der Maschinenfabrik & Schiffsbauwerkstatt H. Gruson (1855; 1893 von Krupp »feindlich übernommen«; seit 1969 Stammwerk des Schwermaschinenkombinat Ernst Thälmann [SKET]) und der Maschinenfabrik R. Wolf im südlicher gelegenen Salbke (1862; 1970 zum Stammwerk des Schwermaschinenkombinat Karl Liebknecht [SKL] umgewandelt).

Diese Industrialisierung (vgl. **Abb.** 1) war auch mit einer nachhaltigen Urbanisierung verbunden. So stieg die Einwohnerzahl von 9 700 (1871) über 16 000 (1885) auf 24 151 (1910). 1858 hatte Buckau die Stadtrechte erhalten, wurde aber 1887 von Magdeburg eingemeindet, das nunmehr über seine alten Stadtgrenzen hinaus expandierte und 1905 auch die südlich gelegenen Industrieorte Salbke und Fermersleben – mit mehr oder weniger großem ökonomischem und politischen Druck – in die neu entstehende »industrielle Großstadt Magdeburg« integrierte (vorher war es nur als preußische Garnisonsstadt von überregionaler Bedeutung). Diesen Charakter behielt Magdeburg und seine südlichen Stadtteile auch in DDR-Zeiten: 1954 waren von den 140 000 Beschäftigten 80 000 im Schwermaschinenbau tätig (vgl. Amus 2009, S. 343 ff u. 385 ff). – Die Wende brachte dann eine drastische Deindustrialisierung mit sich: Von den Großbetrieben blieb nur der SKET Maschinen- und Anlagenbau übrig (mit ca. 2 000 Beschäftigten statt 12 400, davon waren ca. 8 500 in der direkten Produktion). Neu errichtet wurde seitdem lediglich 2005 ein Instandhaltungswerk der Deutschen Bahn.

Von Seiten der Stadtverwaltung gibt es seit 1992 ein Sanierungsprogramm, welches sich besonders auf die Neubebauung des Elbufers und die Restaurierung einiger Kleinquartiere bzw. Straßen konzentriert und dadurch auch gewisse Verbesserungen des Sozialraumes erreicht hat (vgl. Walter 2007). Nicht zu übersehen ist aber, dass es innerhalb von Buckau vielfältige *kleinräumige* Segregationsprozesse gibt; und dass alle diese Verbesserungen den *großräumigen* Segregationsprozess innerhalb der Stadt Magdeburg nicht hat aufhalten können: So lag im Jahr 2009 die Altenquote 45 %, der Anteil der sozialversicherungspflichtig Beschäftigten 14 % und die PKW-Quote 19 % unter dem Stadtdurchschnitt; die Jugendquote 2 %, der Ausländeranteil 56 %, der Arbeitslosenanteil 15,9 % und der Anteil der Hartz-IV-EmpfängerInnen 51 % über dem Stadtdurchschnitt (vgl. Landeshaupt-

Abbildung 1: Buckau in der Industrialisierungsgeschichte

1   2   3   4

5   6   7

Bei der chronologischen *Darstellung eines Entwicklungsprozesses empfiehlt sich eine serielle Anordnung der Fotos. Die obere Reihe dokumentiert den Aufstieg Buckaus zu einer industriellen Stadt: Bild 1* **(B1;** *aus Asmus 2002, S. 124) zeigt das Dorf Buckau in einem Gemäldeausschnitt von 1790,* **B2** *(aus ebd., S. 306) die erste, noch scheunenartige Produktionsanlage der Buckauer Maschinenfabrik von 1851 und* **B3** *(aus Kretschmann 2007, S. 7) den Großbetrieb um 1900; in* **B4** *von 1965 (aus ebd., S. 119) ist die Verschränkung von traditionellem Arbeiter-Produzentenstolz (ein Spulenflansch für eine Verseilmaschine) und Bedrohung der Menschen durch die Technik erkennbar.*

Die untere Reihe erfasst den widersprüchlichen Prozess von radikaler Deindustrialisierung **(B5),** *dem Versprechen aus Buckau einen attraktiven Wohnort zu machen* **(B6)** *und Ansätzen zur Neoindustrialisierung im ehemaligen SKET-Werk* **(B7).** *Die formalästhetische Gestaltung bringt unsere Einschätzung zum Ausdruck: Der unübersehbare Zerfall, die Fragwürdigkeit der Wohnprojekte (die stürzenden Linien zeigen, dass da viel »auf Sand gebaut« wird) und die lichte, leichtgewichtige Aussicht des Wiedererstarkens als Industriestandort. Die »Logik« dieser Entwicklung wird dadurch unterstrichen, dass die Fotoserie den tradi-*

tionellen westlichen Lesegewohnheiten folgt: Von links nach rechts (was durch die Symbolik des Filmstreifens nochmals unterstrichen wird) und von oben nach unten.

Die sozialräumlichen Strukturen wurden durch die Verschränkung von Industrialisierung und Urbanisierung bestimmt, d. h. den Werksgründungen (mit Fabrikations- und Verwaltungsgebäuden) folgte auch die werksnahe Schaffung von meist sehr minderwertigem Wohnraum in Mietskasernen für die Arbeiter. Das änderte sich erst teilweise mit der in ganz Deutschland bekannten Verschränkung von sozialem Wohnungsbau mit moderner Architektur; die entscheidenden Stadtbauräte und Architekten im Magdeburg waren Bruno Taut (1921–1924) und sein Nachfolger Johannes Göderitz (1924 bzw. 1927–1933). In dieser Zeit wurde u. a. am südlichen Rand von Buckau die Siedlung Fermersleben gebaut. – In der DDR-Zeit wurden die Gründerzeithäuser und -quartiere wie auch die Arbeiterwohnsiedlungen vernachlässigt und verfielen immer mehr. Stattdessen wurde auf der anderen Seite von SKET das Wohngebiet Reform als Komplexzentrum mit Kleingartenanlage gebaut (1972–1975). Schon damals war Buckau eine unterprivilegierte Wohngegend, weshalb es auch seit den 1950er Jahren immer mehr Einwohner verliert.

stadt Magdeburg 2010, S. 304). Im angrenzenden ehemaligen Industriestandort Fermersleben sind die Werte ähnlich (ebd., S. 314). Im Kontrast dazu lag in Stadtfeld Ost die Altenquote 24 %, der Arbeitslosenanteil 20 %, der der Hartz-IV-EmpfängerInnen 16 % unter dem Durchschnitt und die Jugendquote 7 %, der Anteil der sozialversicherungspflichtig Beschäftigten 6 % über dem Durchschnitt (ebd., S. 152).

Abbildung 2: Der Döner-Treff im sozialräumlichen Kontext

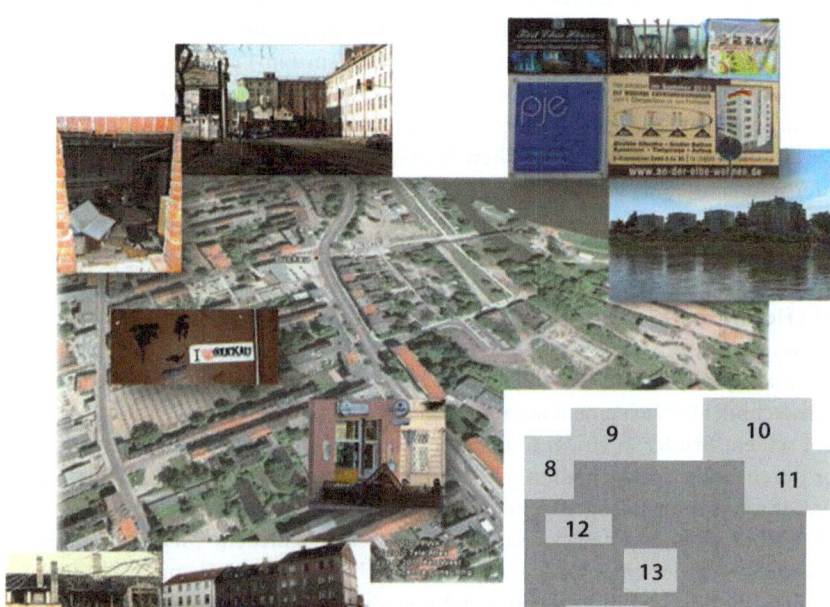

Hier wurden in das Luftbild* (man sieht ganz rechts die Elbe, in der Mitte die Hauptverkehrs- und Geschäftstraße, die Schönebecker Straße und am linken Rand die Schienentrasse) Fotos zu den entscheidenden Entwicklungstrends einmontiert: Die Allgegenwart des Zerfalls im Straßenbild (B9), die Wohnprojekte an der Elbe (B11) und die »Propaganda« für sie (B10), und auf der anderen Seite der »Schönebecker« eine »illegale« Schlafstätte von Wohnungslosen (B8), der Zerfall eines Wohnhauses (B14) und das unmittelbare Nebeneinander von saniertem, nicht saniertem und marodem Wohnhaus (B15). Und mitten drin nicht nur der Döner (B13), sondern auch ein jugendkulturelles Lebenszeichen (B12).

* Interessierte können sich bei Google Maps (Streetview) näher über die sozialräumlichen Gegebenheiten informieren.

8.2   Die »BewohnerInnen« des Döner-Treffs im Gespräch[4]

Eine ganze Reihe der Döner-Gäste wohnte in unmittelbarer Nähe (Schönebecker
Str. 48), einem Altbau mit 24 Mietparteien, von denen 20 Hartz IV bezogen und
18 in einer Maßnahme des Arbeitsamts oder einem Ein-Euro-Job waren. Der Titel dieser Fallstudie fasst schon ein wichtiges Ergebnis zusammen: Dass sich die
BesucherInnen (es sind allerdings zumeist Männer) wie eine Familie fühlten, dass
sie also diesen Sozialraum quasi bewohnten (sie tranken ihr »Sternburger« für 1 €
hier und kauften es nicht nebenan im Nettomarkt für 30 Cent). Welche sozialen
Bedingungen und Motive dahinter standen (und stehen), machen die Gespräche
mit ihnen deutlich[5].

a) »Herr Bisdorf«
Er wurde 1947 in Thüringen geboren, machte in Halle/S. sein Abitur mit Aus-
zeichnung, kam 1965 nach Magdeburg und schloss 1970 sein Studium der Verfah-
renstechnik ab. Nach einem kurzem Arbeitsaufenthalt in der BRD war er seit 1972
bei seinem Bruder in einem Maschinenbaubetrieb in Magdeburg Nord tätig, bis
er durch einen Schlaganfall in der Wendezeit Frührentner wurde. In Magdeburg
hält ihn nur seine nachgezogene Familie. Diese Aussage präzisierte er aber: »Der
Magdeburger und der Buckauer, das sind zwei verschiedene Menschen und ein
Magdeburger, der einer geregelten Arbeit nachgeht, der würde nie nach Buckau
ziehen. Buckau ist ein Proletenviertel und dass seit 100 Jahren. Und das bleibt
auch so. Deshalb wird auch kein Magdeburger hier in die neuen Wohnanlagen an
der Elbe ziehen. Ich mag die Magdeburger überhaupt nicht.« Das Hauptproblem
war für ihn und die meisten Gäste die Arbeitslosigkeit. »Hier waren mal 40 000
Arbeitsplätze. Wir gehörten zur Weltspitze im Maschinenbau. Davon ist nichts
übrig geblieben.« Er selber war so etwas wir ein ehrenamtlicher Sozialarbeiter in
Sachen »Wohnen«. Und während des Gesprächs saß die 60-jährige »Molly« neben ihm, die vorübergehend bei ihm wohnte, während ihre Wohnung renoviert
wurde. Er selber verstand sich als ein Vermittler zwischen den Mietparten und
hatte auch einen »heißen Draht« zum Sozialamt. Als Gegenleistung ließ ihn der
Vermieter in der 50-qm-Wohnung mietfrei wohnen. Gefragt, wie er die Befindlichkeit der Buckauer in einer Skala von 1 bis 10 verorten würde, antwortete er klar

---

4   Vgl. zu den biografischen Erfahrungen und dem Lebensgefühl von ehemaligen Arbeitern in
    der Magdeburger Schwermaschinenbau-Industrie den Anhang (Kap. 8.4) sowie die Zeitzeu-
    gen-Interviews mit dem SKET-Ingenieur Walter Bütow und dem SKL-Ingenieur Wolfgang
    Schultze in Braun/Elze (2015, Kap. 4 u. 8).

5   Alle Namen wurden verändert, die verschiedenen Interviewteile zusammengefasst und die
    Aussagen sprachlich überarbeitet.

Abbildung 3: Der Döner-Treff als Sozialraum und Lebenswelt im Kleinformat

In dieser Fotoserie überlagert sich die sozialräumliche Geometrie der Gebäudelinien mit der lebensweltlichen Geometrie der Körperformen und Blickrichtungen: In **B16** dominiert der Blick in die Tiefe des Dönerraumes (der Besitzer Ali fällt rechts fast aus dem Bild und wird daran nur durch die Anpassung an die Vertikale des Türrahmens gehindert), während sich in **B17** die Szene belebt durch die stehende und die sitzende Person (was auch das Gleichgewicht von räumlichen Horizontalen und Vertikalen unterstreicht). Dieses Gleichgewicht entsteht in **B19** durch die vertikalen Parallelen zwischen Körpern und Inneneinrichtung und die horizontalen zwischen diesen und den Blicken der beiden Männer: Sie werden sofort bemerkt und sind dennoch voll integriert – es ist eben eine »familiäre Gemeinschaft«. Während sich deren Blicke aber nicht kreuzen, sind Körperlinien und Blickrichtungen in **B18** so eng aufeinander bezogen, dass beide das Drumherum völlig vergessen (machen). Die doppelnde Fotomontage von **B20** unterstreicht mit der Dominanz der sozialräumlichen Vertikalen und den lebensweltlichen Horizontalen der Blickrichtungen diese Art der fragilen Aufgehobenheit: sie sind zusammen und doch irgendwie vereinzelt – oder auch einsam.

Abbildung 4: »Ostalgie« als Kneipe und Lebensgefühl

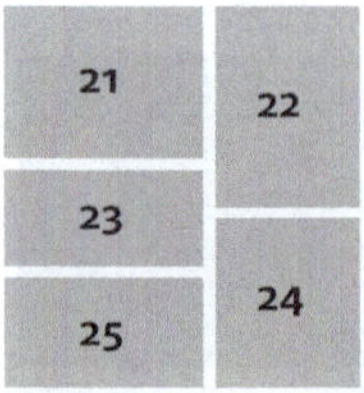

Das montierte »Komplexfoto« (Abb. 4) zeigt die 50 m vom Döner-Treff liegende Kneipe »Ostalgie« (B22). Sie war eine Art »Sekundärtreff«, wenn einige Gäste nach der Schließung des Döners noch weiter zusammen sein wollten. Der Bezug auf die DDR beschränkte sich nicht auf den Namen, sondern fast wie auf einem Altar sind in B24/25 wichtige Symbole der DDR-Gesellschaft im Original präsentiert (z. B. Orden und andere Auszeichnungen). Gerade diese beiden Fotos sind eine Art Huldigung an die DDR – und unterstreichen nochmals diese spezifische Form des Sozialprotestes in Ostdeutschland. Das wird auch formalästhetisch zum Ausdruck gebracht, indem das rote Pappschild mit dem Parolen-Zitat »Alles zum Wohle des Volkes« auf einer vergilbten Ausgabe des »Neuen Deutschlands« (B21) wie eine bildinterne Überschrift platziert ist, die den BetrachterInnen einen sofortigen Einstieg in das Thema, aber auch in die Stimmung ermöglicht. Die gemeinsamen Konturverläufe von B23/25 und die Verwendung der Bildgegenstände als aktives Gestaltungsmittel (die Säulen an der Theke und im unteren Bildrand) unterstreichen die politisch-soziale Symbolik. – Die »Ostalgie« wurde Ende 2010 geschlossen … ein weiteres Opfer des Buckauer Kneipensterbens.

und präzise: »Das geht nicht und das bringt auch nichts. Es gibt viel zu tun und wir müssen jetzt handeln und nicht später.«

b) »Ralf« und »Tim«

»Ralf« war damals 49 Jahre und zu DDR-Zeiten Arbeiter in einem der Maschinenbaubetriebe. »Damals gab es drei Schichten, viel Arbeit und gutes Geld, davon konnte ich meine ganze Familie ernähren. Ja ich fand die Zustände in der DDR besser, da gab es sichere Arbeit und gutes Wohnen. Ich, ich wäre nicht aus Freude über die Öffnung der DDR auf die Straße gegangen, sondern als Protest dagegen!« Das war aber keine einhellige Meinung. »Doch, doch, die Öffnung war schon richtig und wir wollten sie, aber sie hat uns auch ne Menge Nachteile gebracht, persönlich.« »Tim« (29 J.) aber sah es wie »Ralf« (er stand auf die DDR): »Von mir aus könnte die Mauer wieder stehen und am besten noch zwei Meter höher. Und von wegen reisen, früher durften wir das nicht, heute können wir es uns nicht leisten«. Auch er verband damit nicht das politische System der DDR, sondern die soziale Sicherheit, die Arbeit, das Wohnen.

c) »Bernd«

Er war zum Befragungszeitpunkt 33 Jahre und er stellte heraus, was auch die anderen empfand: »Wir sind eine große Familie und Buckau ist ein Dorf und das war es auch schon immer«. Und er sprach noch eine andere Seite des Zusammenseins an: »Ja, ich bin ein Alkoholiker und fast alle von uns, den Stammgästen, trinken zuviel. Aber das weiß hier jeder. Weißt du, vor einem Jahr ist einer von uns, der war 33, vor dem Döner gestorben. Und ein anderer, der war 47, und der war auch meistens betrunken, der ist kurz danach gestorben. Der Alkohol, der hilft, um seine Probleme zu vergessen, und manchmal löst der auch die Zunge, Also ich, ich brauche schon ein Bier, um aus dem Bett zu kommen und bestimmt werden einige von den Jüngeren noch vor mir sterben. Der Alkohol ist aber nicht nur bei uns ein Problem. Aber viel wichtiger ist mein gebrochenes Herz ... und dass der Staat, der sich um uns überhaupt nicht kümmert. Nein, wir, hier bei uns, das gibt es keine Gleichgültigkeit.«

d) »Harry«

Zum Einstieg wurden erst einmal mit dem Interviewer (M. Elze) 20 Liegestütze gemacht. Er war stolz auf seine körperliche Tüchtigkeit und dass er jünger aussah als ein Fünfzigjähriger. Das zeigte nicht nur die offene Atmosphäre, man war hier eben zu Hause (»Wir trinken viel Alkohol, wir, aber es ist bei uns immer friedlich.«), sondern auch die Bedeutung körperlicher Gesten. Und er erzählte auch nicht nur von seiner schlechten Kindheit mit viel Gewalt, vom Verlust der Arbeit, von seiner 13-jährigen Haftzeit und von Alkoholexzessen, sondern er unterstrich das auch durch häufiges Berühren und mehrfaches Schulterklopfen. Er lebte in einer Zweiraumwohnung. »Die ist sehr sauber und da habe ich auch einen Altar für meine verstorbene Mutter errichtet. Und vor dem Kreuz, und vor dem, was da über meinem Bett hängt, da spreche ich immer mit meiner Mutter und meiner verstorbenen Schwester und ich wünsche, dass es ihnen gut geht. Wir hier, wir sind eine Familie, so was hatte ich noch nie.«

e) »Maik«

Und dann war da noch »Maik« (33 J.), ein Trockenbauer mit mehreren abgeschlossenen Umschulungen zum Tiefbauer, zum Maurer usw., der auch einen Führerschein hatte. »Ich bin ein gut ausgebildeter Arbeiter und ich bin auch mobil und ich bekomme auch Angebote. Aber das ist Arbeit im Ausland, da muss ich auf Montage und dann würde ich meine drei Kinder und meine Frau selten sehen. Ja und das würde sich wohl ganz schlecht auf die Familie auswirken. Ich will meinen Kindern ja was bieten, aber das ist schwer, denn meine Frau hat auch keine Arbeit in Magdeburg bekommen. Und so, na ja, dann haben wir die Anschaffung eines Autos verschoben, weil die Kinder, die sollen mit zur Klassenfahrt fahren, und ich schäme mich schon, wenn die Kinder in der Schule erzählen, dass ihre Eltern keine Arbeit haben.« Auch er wünschte sich die »alten Verhältnisse« zurück: »Mit meinen drei Kindern hätte ich da besser gelebt und ich hätte auch in Magdeburg Arbeit gefunden. Aber heute, ja, da zwingt einen der Staat zur Schwarzarbeit.«

8.3   Die Döner-Gemeinschaft als fragile Lebenswelt

Wenn man nun die Einzelbefunde aus den Interviews und den Fotointerpretationen in einen größeren gesellschaftlichen Zusammenhang stellt (vgl. dazu Baumann 2009, Kap. 6 u. 8; Dröge 1987, S. 71 ff u. 138 ff), dann fällt – erstens – auf, wie sehr die rasante Dynamik des sozialen Wandels nicht nur zu einem Verlust sozialer und kultureller Sicherheiten geführt hat, sondern wie sehr er auch die Entwicklungsmöglichkeiten enger Gemeinschaften erschwert hat. Fragil werden die Vergemeinschaftungsformen nämlich dann, wenn es nur begrenzt, wenn überhaupt gelingt, die eigene Biografie mit einer bestimmten Gemeinschaften zu verbinden, wenn also die dazu notwendigen längerfristigen, regelmäßigen und intensiven Interaktionsmuster nur eingeschränkt ausgebildet werden können. Das hat viel zu tun mit der Normalisierung unsicherer Lohnarbeit, der Zunahme prekärer Arbeits- und Lebensbedingungen und der stigmatisierenden sozialen Segregation von Menschen oder ganzen Gruppen als »Überflüssige« (vgl. dazu Dörre 2010, S. 16 ff). Oder anders ausgedrückt: Gemeinschaften brauchen emotional getragene soziale Bindungen zwischen ihren Mitgliedern. Dazu bedarf es einer Entwicklungszeit, die häufig aber nicht mehr vorhanden ist (das gilt für alle Befragten). Dann kommt es dazu, dass Nähe nicht gleichbedeutend ist mit intensiver Interaktion – und selbst wenn das gelingt, ist sie dann zumeist nicht mehr auf Dauer angelegt. Das verstärkt die sozial vermittelten aktuellen und biografischen Unsicherheiten.

Alle diese Prozesse haben – zweitens – die Menschen in der ehemaligen DDR besonders schnell und besonders intensiv getroffen, der soziale Wandel vollzog sich hier besonders schnell und die neuen sozialen Ungleichheiten erreichten eine hier bis dahin unbekannte Schärfe. Daraus resultiert (z. B. bei »Rolf« und »Tim«) eine Art doppelte Rebellion gegen die aktuellen gesellschaftlichen Zustände in Ostdeutschland: Zum einen wird – diachron – der jetzige Zustand mit dem früheren in der DDR verglichen und als schlechter empfunden (und er ist es für die »BewohnerInnen« des Döners gewiss auch). Zugleich wird – synchron – verglichen, welche Chancen auf eine befriedigende Lebensführung sie haben und welche andere Menschen, andere soziale Gruppen und Milieus (z. B. »die Magdeburger«) haben – und wiederum ist das Ergebnis negativ. Dagegen lehnen sie sich auf, finden aber keinen angemessenen Adressaten für ihren Protest. Gerade der Staat garantiert nach ihren Erfahrungen und Einsichten nicht mehr ihre sozialen Bürgerrechte und die kollektive Absicherung gegen individuelles Unglück, sondern lässt sie mit der Bewältigung der gesellschaftlich erzeugten Existenzgefährdungen mehr oder weniger allein. Das empfinden Menschen wir »Bernd« als Verrat an sozialen Idealen und Ausdruck von menschenverachtender Gleichgültigkeit.

In dieser Situation ist – drittens – die Döner-Gemeinschaft ein Beispiel für einen ganz konkreten Ort und sozialen Raum, der lokal und physisch-materiell zuverlässig vorhanden ist, wo sich eine Gemeinschaft quasi körperlich und leibhaftig bilden kann (z. B. bei »Harry«), wo sich die einzelnen Personen in Sicherheit und aufgehoben fühlen können, wo sie sich gemeinsam gegen die Gefahren von außen schützen und in mancherlei Hinsicht auch abschotten können, wo sie in einer bedrohlichen Welt eine sichere Zufluchtsstätte finden. Sie ist eine Art soziale und emotionale Schutzmauer (die z. B. bei »Maik« den familiären Rückhalt ergänzt). Hier kann eine Form von Heimat- und Zugehörigkeitsgefühl entstehen, welches durch die Soziale Arbeit nicht durch Hinweise auf die Gefahren und Tendenzen zur kollektiven Selbstisolation und Selbststigmatisierung abgewertet werden darf. Vielmehr geht es darum – und dafür ist »Herr Bisdorf« ein Beispiel –, das Aneinander-Denken und Miteinander-Reden alltagspraktisch zu verbinden mit dem Füreinander-Handeln. Daraus können im günstigen Fall soziale Netzwerke und Basisöffentlichkeiten entstehen, die über die unmittelbare Döner-Gemeinschaft hinausweisen und – ganz im Sinne der Sozialraum- und Lebensweltorientierung – diesen Vergemeinschaftungsformen eine kommunale Perspektive eröffnen und verleihen, um auf diese Weise einen Beitrag zu leisten zu gerechter Umverteilung und zwischenmenschlicher Anerkennung.

8.4 Anhang: Das symbolische Ende von Magdeburg als Industriestadt: Die Sprengung des »Langen Heinrich«

Vorbemerkung: Am 28. 11. 2009 wurde der »Lange Heinrich« gesprengt. Der Industrieschornstein war 1922 für das damalige Kraftwerk der Krupp-Gruson-Werke gebaut worden, die 1951 den Namen »Ernst Thälmann« erhielten, 1953 VEB wurden und 1969 das »Schwermaschinenkombinat Ernst Thälmann« (SKET); 1989 arbeiteten im Magdeburger Stammwerk 12 400 Beschäftigte; in den 17 weiteren Betrieben weitere fast 18 000 (vgl. Kretschmann 2007). Er wurde 1992 im Rahmen der umfassenden Deindustrialisierung Magdeburgs bzw. Ostdeutschlands stillgelegt und stand bisher unter Denkmalschutz, wurde aber wegen seiner Baufälligkeit nunmehr zerstört – und damit fand die Industriegeschichte Magdeburgs ihr symbolisches Ende[6]. Das erklärt nicht nur das breite Interesse der lokalen und regionalen Medien an diesem Ereignis, sondern auch die Betroffenheit vieler ehemaliger IndustriearbeiterInnen, nicht nur des SKET, wie das nachfolgende Interview und die weiteren Inter-

---

6   Vgl. zur Geschichte von »Magdeburg als Industriestadt« Asmus (2008, S. 252–291 u. 568–597; 2009, S. 230–255 u. 344–393); und zur Deindustrialisierung und (sehr) begrenzten Neoindustrialisierung Asmus (2009, S. 492–500).

Abbildung 5: Die Sprengung des »Langen Heinrich«

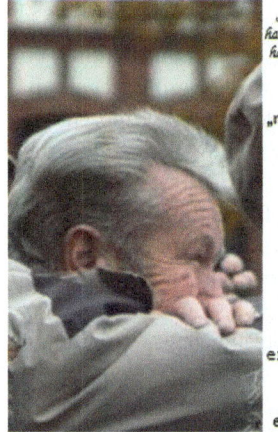

„ich bin hier drüben am Parkplatz groß geworden, ich haben den jeden Tag wenn ich zur Arbeit, zur Schule bin, haben wir den immer gesehen und jetzt auf einmal ist er nicht mehr da....“

„meine Vorfahren, mein Vater, mein Großvater, mein Urgroßvater die haben hier schon gearbeitet....“

„Wahrzeichen Magdeburgs“

Magdeburg war Schwermaschinebau“

„das ist ein Stück Heimat gewesen“

„ich habe meine Familie damit ernährt, mit dem langen Heinrich“

„wir haben viel Positives und Negatives erlebet...aber das Positive hat überwogen“

„Das ist genauso als wenn unser Dom nicht mehr da wäre....wir sind eben richtige Magdeburger.“

„Für mich nicht ein Bauwerk, ... für mich richtig deutsche Tradition...“

„mir tut das weh richtig ehrlich, richtig aus dem Herzen“

viewzitate deutlich machen (alle Fotos wurden von uns mit einer Canon EOS 450D und Sigma-Objektiven gemacht).

Ehemaliger SKET-Arbeiter (ESA): »Für mich bedeutet das, ich bin Rentner, bin 65 ….meine Vorfahren, mein Vater, mein Großvater, mein Urgroßvater die haben hier schon gearbeitet… also die vierte Generation, damals wo Krupp-Gruson richtig entstanden ist … so lange haben wir da, unsere Familie drinnen gearbeitet…Für mich ist das ein bisschen …… mir tut's weh … Erstmal waren dort hunderte von Arbeitsplätzen, gute Arbeitsplätze, die Dampfmaschine wurde hier gebaut, Lokomobile, Krane, Verseilmaschinen, alles hier, die Gießerei, Baggerbau … Für mich ist das, ich möchte schon bald sagen beschämend, ein bisschen.«

I: »Das ist wie mit den Dampfmaschinen, die wieder neu aufgebaut werden!«

ESA: »Ja, hier steht eine, an der Uni steht eine, unten am Mückenwirt, die berühmte Mücke. An der Elbe steht eine, wenn ich dran denke, die haben wir noch restauriert, da haben uns schon die Tränen in den Augen gestanden….Also ehrlich, für mich ist es, mir tut es weh. Gut, die deutsche Geschichte hat vieles auf sich geladen, Schuld sind wir alleine, Krieg und alles und so ja … Ich freue mich sogar, dass Deutschland wieder ein Vaterland geworden ist, dass die Grenzen weg sind, aber die können sich doch so manches abgucken, was auch in der DDR war. Die können sich vieles abgucken für euch Jugendliche! Vor der Mauer konnten wir noch als Bengels nach Berlin fahren, haben wir von der Oma mal fünfzig Cent bekommen, konnten wir das machen und jenes, das war schon gut. Ich freu' mich natürlich, dass Deutschland ein Vaterland ist, aber na ja, es ist eben Kapitalismus …«

I: »Sind die Gründe für die Sprengung eigentlich finanzieller Natur?«

ESA: »Jetzt sagen die, er wäre eben marode, die haben ja alle Hallen, die hier standen, abgerissen, abgerissen, abgerissen … Da hätten schon wieder neue Fabriken drin sein können, was anderes gebaut werden können und eigentlich …, aber na ja, aber das war eben der Machtkampf im Kapitalismus.
Gut, mehr sag ich nicht!«

»Weihnachten«: Eine zwiespältige soziale Symbolgeschichte[1]

Weihnachten gehört – zumindest in den europäischen Ländern – zum festen Bestandteil der Alltagskultur. Auch diejenigen, die ein eher distanziertes bis ablehnendes Verhältnis zu den christlichen Kirchen und ihren religiösen Traditionen und Praktiken haben, nehmen daran in dieser oder jener Weise teil. Es würde ein ziemliches Erstaunen hervorrufen, wenn man z.B. in einem Gemeinwesenzentrum oder Seniorenheim die Weihnachtszeit übergehen würde. Und es wäre Ausdruck eines schlechten Arbeitsklimas, wenn die Weihnachtsfeier in sozialen Verbänden und Institutionen einfach ausfallen würde. Zugleich verbinden viele von uns mit Weihnachten zwiespältige Gefühle: Man erinnert sich z.B. an die gedrückte Stimmung in der Familie, weil es mal wieder Zoff gab; oder an die verlogene Freundlichkeit einer Betriebsfeier; oder an die schwierige Finanzsituation, die alles überschattet. Diese Zwiespältigkeit ist aber nicht zufällig und sie hat sich in der sozialen Symbolik niedergeschlagen, mit der das Weihnachtsfest gleichsam »aufgeladen« worden ist. Bevor das an einigen markanten Symbolen erläutert wird, sind aber ein paar realhistorische Hinweise notwendig[2]:

Auch diese Festkultur speist sich aus recht unterschiedlichen Traditionen. Stichwortartig seien nur folgende genannt:

- Das Weihnachtsfest wurde in den Westkirchen erstmals im 4. Jahrhundert in Rom gefeiert. Voraussetzung dafür war die Übernahme des Sonnenjahres durch die Christen, wodurch das jüdische Mondjahr um einen Zyklus von festen Daten ergänzt wurde. Übernommen wurde dabei auch der von Kaiser Aurelian (214–275) eingeführte Feiertag am 25.12 (»Geburtstag der unbesieg-

---

1 Leicht überarbeitete Fassung des Beitrages von Braun (2010b).
2 Gegenstand der Sozialreportage ist nie nur die *soziale Realgeschichte,* sondern immer auch die *soziale Symbolgeschichte* und deren Wechselbeziehungen.

baren Sonne«). Dabei wurde der römische Sonnenkult zur Sonnensymbolik, die auf Christus übertragen wurde.

- Im Unterschied dazu wurde Weihnachten in den Ostkirchen bereits seit dem 3. Jh. gefeiert – und zwar als Epiphaniefest (»Fest der Erscheinung«, Anbetung des Kindes durch die Heiligen Drei Könige) am 6.1. und sie nahmen damit auf die »heidnischen« Traditionen des Geburtsfestes des Sonnengottes Aion und des Dionysosfestes (beide am 5./6.1.).
- Die eigenständigen christlichen Traditionen gehen zurück insbesondere auf die um 80 n.Chr. entstandenen Darstellungen der Evangelisten Matthäus (1, 18–25) und Lukas (2, 1–20).
- Im mitteleuropäischen und nordeuropäischen Kontext schloss Weihnachten an die germanische Tradition der Wintersonnenfeste an, die z. T. Jul genannt wurden (noch heute wird in Nordeuropa Weihnachten auch Jul genannt). So wurde wiederum die Jesus »geweihte« Nacht mit der Sonnensymbolik verbunden – Darauf hat sich der deutsche Faschismus berufen, wenn die SA am 22.12. sog. »Wintersonnenwendfeiern« veranstaltete.

9.1 »Der Adventskranz«: Alltagshektik und familiäre Geborgenheit

Feste hatten schon immer die wichtige Funktion, den Arbeitsstress und die Alltagshektik zu unterbrechen und den Menschen eine Verschnaufpause zu gönnen und Raum zu geben für fröhliches Beisammensein und das »Vergessen aller Sorgen«. Über lange Zeit war auch Weihnachten ein *öffentliches* Fest und spielte sich rund um die Kirche und dem Weg von und zur Kirche ab. So waren die im 17. Jh. entstehenden Weihnachtsmärkte (als frühe Form der Kommerzialisierung) im Umfeld der Kirchen angesiedelt und sollten besonders die ländliche Bevölkerung mit Gebrauchsgütern aller Art versorgen. Erst im späten 19. Jh. verdrängten Kunsthandwerk und Spielsachen zunehmend die Gebrauchsgüter. Und die heutigen Weihnachtsmärkte sind eine Mischung aus nostalgischer Folklore und inszenierter Gemütlichkeit (die im Weihnachtskitsch ihren »ästhetischen« Ausdruck findet). Diese Form der Geselligkeit schließt an die früheren »Trinkgelage« und »Völlereien« an, die auch mit dem Kirchgang verbunden waren (und es in ländlichen Regionen noch heute sind). Schon das Tridentiner Konzil (1545–1563) Verbot »Schmausereien, Trunkenheit, Schauspielereien mit Luxus und Lockerheit, vor allem in den Frühmessen«(zitiert nach Göbel/Verweyen 1987, S. 35).

Der Adventskranz setzte dazu einen bedeutsamen Gegenakzent, denn er ist symbolischer Ausdruck von Weihnachten als einem *intimen privaten* Fest (vgl. Weber-Kellermann 1974, S. 223 ff). »Erfunden« wurde er von dem Sozialpäd-

Abbildung 1: Emotionale Vertrautheit und verkitschte Gemütlichkeit

Auf dieser Montage kann man neben dem aktuellen Kitschangebot an Engeln aus dem
»Weltbild«-Katalog vom Oktober 2010 eine Nachbildung von Wicherns Adventskranz und
eine Zeichnung sehen, die Wichern seiner Erzählung »Die arme Frau Dortel am Weih-
nachtsabend« (von 1848) beigefügt hatte. Dort heißt es über die emotionale Vertrautheit
in der Mutter-Kind-Dyade u. a. »Die Kinder freuten sich, das Weihnachtsbild zu betrachten...
Das Christkind sah aus wie andere Kindlein, ebenso hilflos und schwach. Wie lag es da in
hellem Glanz! Und die schönen lieben Engel! Nein, wie muss es da so schön gewesen sein!
›Da hätte ich wohl dabei sein mögen‹, sagte Karl.« (Wichern 1975, S. 544)

agogen und Theologen Johann Heinrich Wichern (1808–1881) für sein Kinderheim in Hamburg (er wurde aus einem alten Wagenrad gebaut und hatte damals 24 Kerzen – wie später die Adventskalender) und er wurde seit ca. 1860 mit Tannengrün geschmückt. In weiten Teilen Deutschlands verbreitete er sich seit Anfang des 20. Jh. relativ rasch (in Süddeutschland und Österreich aber erst seit den 1930er Jahren). Seine Verwendung ist eng verbunden mit der Verbreitung und Verallgemeinerung der *biedermeierlichen Familienkultur* seit Mitte des 19. Jh. Gegen die stressige, belastende, von vielen Konflikten bestimmte berufliche und soziale Welt wird die Familie als Ort der Harmonie, des unbefragten Einverständnisses, also der zuverlässigen emotionalen Geborgenheit gesetzt. Advents- und Weihnachtszeit ist daher ein privilegierter Zeit-Raum für die Familie (vgl. **Abb. 1**). Insofern verschränken sich mit der Adventszeit *religiöse* und *soziale* Motive. Das hat der Rechtsstreit um das Berliner Ladenschlussgesetz seinerzeit deutlich gemacht. Denn das Bundesverfassungsgericht hatte in seinem Urteil vom Dezember 2009 das Berliner Ladenöffnungsgesetz für verfassungswidrig erklärt, weil es die Öffnung von Verkaufsstellen aller Art »an den Adventssonntagen« erlaubte (Az: 1 BvR2857/07 und 1 BvR 2858/07). Das Gericht berief sich dabei auf den Art. 139 der Weimarer Verfassung, wo es heißt: »Der Sonntag und die staatlich anerkannten Feiertage bleiben als Tage der Arbeitsruhe und der seelischen Erhebung gesetzlich geschützt.« (diese Bestimmung ist über Art. 140 ins Grundgesetz eingegangen). Die eher konservativ ausgerichtete Frankfurter Allgemeine hatte in ihrem Kommentar vom 2.12.2009 diese Entscheidung nachdrücklich begrüßt: »Das Berliner Ladenschlussgesetz war von vornherein auf Verfassungswidrigkeit angelegt. Denn es berührte christliche Regelungen, ohne deren religiösen Kern zu achten. (…) Wer aber an religiösen Tagen ein besonders ertragreiches Geschäft tätigen will, muss hinnehmen, dass die Vertreter der ausgenutzten Religion auf deren Ursprungsidee bestehen …« Darüber hinaus bringt »die Vielfältigkeit des Arbeitslebens … es mit sich, dass auch die Mitglieder einer einzigen Familie in unterschiedlichste und oft unvereinbare Arbeitszeitkorsette gezwungen werden. Stellt nicht der Staat mit seiner Regelungsmacht sicher, dass es in einem zuverlässigen Rhythmus einen freien Tag gibt – und das ist nun mal der Sonntag –, dann drohen die Familien in immer höherem Maße zeitlich auseinandergerissen zu werden.« Nun gehört aber die FAZ zu den Zeitungen, die gerade diese Verschärfung der psychosozialen Belastungen durch die neoliberale Wirtschafts- und Bankenpolitik immer wieder bejaht hat. Das ist einer der zentralen Widersprüche konservativer Gesellschaftspolitik – und der Adventskranz bringt diesen zum Ausdruck. Und er macht auch das gemeinsame Bündnis von Gewerkschaften und Kirchen (wie in diesem Fall) plausibel.

So wichtig der Wunsch nach emotionaler Geborgenheit ist, so wenig kann einerseits übersehen werden, dass die so verstandene familiäre »Gegenwelt« mit ihrer Entlastungsfunktion häufig überlastet wird und so diese Geborgenheit eher inszeniert, herbei- und eingeredet, denn wirklich erfahren wird. Und dass sich andererseits dahinter häufig eine (patriarchalische) Familienordnung verbirgt, in der die Harmonie autoritär erzwungen wird, in der sich die Menschen also nicht aufgehoben fühlen können. Das ist der Hintergrund des tiefen Unwohlseins an den weihnachtlichen Familienfesten und -besuchen, bei denen Vertrautheitsgefühle demonstriert werden, die man häufig gar nicht hat.

9.2 »Der Weihnachtsmann«/»Das Christkind«: Vertikales und horizontales Schenken

Im westlichen Christentum war es bis zur Reformation üblich, sich am 6.12., dem Namenstag von Nikolaus von Myra (er lebte im 4. Jh. in Kleinasien und soll ein großer Wohltäter gewesen sein), zu beschenken. Speziell Martin Luther (1483–1546) wandte sich gegen die Heiligenverehrung und übertrug dem Christkind die Rolle, die Kinder zu beschenken (»Vom Himmel hoch, da komm ich her …«) – und das am 24./25.12. (im Laufe des 19. Jh. wuchsen die Traditionen und Figuren des Nikolaus, des Christkinds und des Weihnachtsmannes zusammen). Betrachtet man nun die soziale Geste dieses Beschenkens näher, so fällt ein deutliches Ungleichgewicht auf (vgl. Starobinski 1994, S. 74 ff): So wie Gott den Menschen seinen Sohn schenkt (und dieser dann die Kinder beschenkte), so beschenken die Erwachsenen die Heranwachsenden (seit Mitte des 19. Jh. wird Weihnachten der favorisierte Beschertermin für Kinder). Es ist also ein *vertikaler* Prozess, der auch seine Gegenbewegung hat: Dass nämlich die Menschen sich durch Gläubigkeit und Barmherzigkeit der göttlichen Geschenke als würdig erweisen; und dass die Kinder sich durch Wohlanständigkeit die Geschenke auch verdienen. Diese Art der sozialen Kontrolle geht auf die Knabenbischofsfeiern in den mittelalterlichen Klöstern zurück (bei denen das biblische Wissen abgefragt wurde) und hat sich in den Nikolausspielen am Vorabend des 6.12. bis ins letzte Jahrhundert erhalten. Dabei wurde manchmal die belohnende und die bestrafende Funktion verschiedenen Personen übertragen (Nikolaus und seinem Knecht Ruprecht – so haben es viele in den 1950er Jahren noch erlebt) oder im Nikolaus zusammengefasst (symbolisiert mit dem Sack voller Geschenke und der Rute; vgl. **Abb. 2**). Dieses vertikale Schenken ist immer in sich gebrochen, weil ich mir zwar etwas wünschen kann, aber nicht darauf vertrauen kann, dass die Wünsche auch erfüllt werden. Insofern mischt sich hier immer Vorfreude mit Angst. Das ist beim *horizontalen* Schenken anders: Hier begegnen sich die Gebenden und Nehmenden gleichwertig und sie können und sollen auch ihre Rollen austauschen. Daraus resultiert eine prinzipielle Gegenseitigkeit: Ich kann das Vertrauen haben, dass meine Mit-

Abbildung 2: Erziehung zu sozialer und religiöser Konformität: Zuckerbrot und Rute

»Wir können, lieber Weihnachtsmann,
Schön beten und auch singen,
Ach, putz uns ein Bäumchen an,
Kannst auch ein Püppchen bringen.«

(aus Göbel/Verwegen 1987, S. 48)

menschen meine Wünsche (sofern irgend möglich) erfüllen werden, weil auch ich darum bemüht sein werde, die ihren zu erfüllen. Und ich habe Anteil an der Freude, die ich mit meinen Geschenken bereite, wie die anderen an der meinen. Dadurch entsteht eine ungebrochene Vorfreude und Erwartung. Eine so verstandene *Nächstenliebe* erfordert allerdings den grundsätzlichen Verzicht auf alle Formen der autoritativen bis autoritären pädagogischen Vereinnahmung und Erpressung. Und sie müsste auch das Schenken unter den Erwachsenen bestimmen.

9.3 »Der Weihnachtsbaum«: Nächstenliebe und soziale Spaltung

Der privilegierte soziale Raum des Schenkens ist seit dem späten 19. Jh. die Privatsphäre (das hat mit der erwähnten Familiarisierung des Weihnachtsfestes zu tun). Und der konkrete Ort ist der Gabentisch unter dem Weihnachtsbaum. Die Aufstellung von Lichterbäumen zu Weinachten geht dabei auf aristokratische Traditionen im 18. Jh. zurück und findet ihre Nachahmung im gehobenen Bürgertum im Laufe des 19. Jh. Zu einem »Massenphänomen« wurde sie aber erst, seit durch die Eisenbahnen besonders die Tannenbäume aus den Wäldern in die Großstädte gebracht werden konnten. Dann verdrängten sie auch die bis dahin verbreiteten Weihnachtspyramiden, die beschäftigungslose Arbeiter in den Wintermonaten hergestellt hatten (vgl. Benjamin 1991b, S. 625; Göbel/Verweyen 1987, S. 12); diese sind allerdings in der DDR wieder auferstanden und heute noch in den ostdeutschen Bundesländern weit verbreitet.

Betrachtet man nun diesen Prozess des Schenkens näher, so lassen sich nochmals zwei grundsätzliche Formen und Tendenzen unterscheiden: Da ist zum einen das relativ gleichberechtigte Beschenken der Erwachsenen untereinander und das Beschenken der Kinder ohne offene oder verdeckte Repression. Werden solche Gabentische über längere Zeit dokumentiert, dann geben sie einen intensiven Eindruck von den sozialen, technischen, kulturellen und politischen Entwicklungen (dafür stehen die Dokumente in **Abb. 3**).

**Abbildung 3: Die Weihnachten der Eheleute Wagner (1900–1942):
Eine deutsche Konsum- und Herrschaftsgeschichte**

Durch einen Zeitungsaufruf, private Weihnachtsfotos zur Verfügung zu stellen, gelangte das Heimatmuseum Berlin-Charlottenburg Anfang der 1990er Jahre in den Besitz einer ungewöhnlichen kulturgeschichtlichen Fotosammlung: Das kinderlose Ehepaar Anna und Richard Wagner hatte über vier Jahrzehnte ihre private Weihnachtsfeier festgehalten (alle Angaben und Fotos aus Jochens 1996). Der Mann war ambitionierter Fotoamateur, die Fotos wurden mit Selbstauslöser gemacht und als Grußkarten an Freunde und Bekannten gesandt. Das Ehepaar wohnte anfangs in Essen und dann die längste Zeit im gutbürgerlichen Bayrischen Viertel in Berlin-Schöneberg in einer 2½-Zimmer-Wohnung des Beamten-Wohnungs-Vereins. Richard Wagner war Mitarbeiter der Reichsbahn (am Schluss Reichsbahn-Inspektor).

Die Fotos zeigen den engen Zusammenhang von Weihnachtsbaum und Gabentisch. Baumschmuck und Geschenke dokumentieren die finanziellen Möglichkeiten, die technischen Errungenschaften, den Unterschied zwischen »Nützlichem« und »Luxuriösem«, die politische Grundeinstellung und nicht zuletzt den Geschmack, was also als »schön« und »behaglich« empfunden wurde (die Wohnkultur ist stark von der der Gründerzeit bestimmt). Das Arrangement ist stets ähnlich, dennoch wird ein gewisser sozialer Wandel spürbar. Stets gleich geblieben ist das Bemühen »gerecht« zu schenken, weshalb darüber genau Buch geführt wurde (was auf der Rückseite einiger Fotos nachzulesen ist).

Die nachfolgende Fotoauswahl versucht den kulturgeschichtlichen Wandel des Schenkens zu erfassen:

»1900«: Dies hält das erste gemeinsame Weihnachtsfest der Eheleute (noch in Essen) fest. Der Weihnachtsbaum ist »liebevoll« und nicht überladen geschmückt. Der Gabentisch ist noch nicht reichlich und besonders mit Lebensmitteln gedeckt. Luxuriös ist das Postkartenalbum. Es ist eines der seltenen Fotos, wo der Mann steht und die Frau (mit der Katze) sitzt.

Kriegsweihnachten 1914.

»1914«. *Bis zum ersten Kriegsjahr hatte sich die soziale Lage auch für das Ehepaar Wagner – jetzt in Berlin lebend – gebessert. Und die Geschenke verraten nun eine Überlagerung von Nützlichkeits- und Luxuselementen. Zugleich erkennt man an der Landkarte mit Markierungen der deutschen Truppenbewegungen ihre »patriotische« Haltung. Diese Karten waren die Attraktion auf dem Weihnachtsmarkt (und kosteten 2,90 Mark); ferner gab es dort »unterhaltende« und »lehrreiche zeitgemäße Kriegsspiele« zu kaufen wie »Das eiserne Kreuz« oder »Der Weltkrieg«. Das Bild von Kaiser Wilhelm ist noch auf dem Foto von 1921 zu sehen und verdeutlicht die konservative Grundeinstellung des Ehepaars.*

Weihnachten 1927

»1927«: *Nicht nur während der Kriegsjahre, sondern besonders während der Wirtschaftskrise 1923 fiel das Weihnachtsfest »sehr mager« aus. Das änderte sich langsam ab 1924 und so wurde auch der Gabentisch wieder reichhaltiger. Die nun wieder erschwinglichen üblichen Geschenke wurden diesmal durch das »Prunkstück«, den Progress-Staubsauger, in den Schatten gestellt. Er dokumentierte die neuste technische Innovation. Neu sind für Wagners auch die elektrischen Weihnachtskerzen (es gab sie schon seit 1890), die das neue Niveau der Elektrifizierung zum Ausdruck bringen: Der Anteil der stromversorgten Haushalte stieg in Berlin von 1925 bis 1928 von 27,4 % auf 54,8 % (wobei der Strom vorrangig für die Beleuchtung und teilweise für die Bügeleisen verwendet wurde).*

»1940«: *Dies ist das vorletzte gemeinsame Weihnachtsfoto und zeigt die Eheleute – wie schon 1917 – in ihren Mänteln. Sie wirken erstaunlich gelassen angesichts der Tatsache, dass es seit Monaten Nachtangriffe britischer Bomber als Antwort auf die Luftangriffe auf englische Städte seit dem 7.9.1940 gegeben hatte (am 21.12.1940 war der Berliner Dom schwer getroffen worden und Heiligabend musste von 16.49 h bis 9.11 h verdunkelt werden). Überraschend ist an diesem Foto nicht der nur spärlich gedeckte Gabentisch, sondern dass man – wie auf allen Fotos seit 1934 – keine Hinweise auf den Faschismus und seine Symbole entdeckt. Dabei gab es von Seiten der NSDAP zahlreiche Versuche, die Weihnachtssymbolik mit ihrer faschistischen Ideologie und Symbolik zu verbinden (z. B. Postkarten, wo der Junge [!] unter dem Weihnachtsbaum Waffen und Soldatenfiguren in faschistischer Uniform geschenkt bekommt; oder aber Lebensbaum, Sonnerad, Rune und Hakenkreuz als Weihnachtsschmuck verwendet wurden; vgl. Kugelmann u. a. 2005, S. 19 u. 40 f). Dabei konnte den Eheleuten Wagner die Barbarei des Faschismus gar nicht entgangen sein, denn im Bayrischen Viertel waren 7,4 % der BewohnerInnen jüdische MitbürgerInnen (heute gibt es dort zahlreiche »Stolpersteine«, die an ihre Ermordung erinnern). Insofern dokumentieren diese Fotos die Bruchlinie zwischen konservativer und faschistischer Einstellung und die innere Emigration von Teilen des Kleinbürgertums.*

Es gibt aber auch zwischen den Erwachsenen Formen des vertikalen Schenkens, die das Ergebnis struktureller gesellschaftlicher Ungleichheiten sind (wie es in **Abb. 4** zum Ausdruck kommt). So war schon im Mittelalter Weihnachten die Zeit, in der sich die »Herrschaften« mit Geschenken ihrem »Gesindel« und den Armen zuwandten. Allerdings nie allen: So wie zwischen guten und schlechten Kindern unterschieden wurde, so wurde nur den »guten Armen«, die für ihr Unglück nichts konnten und die sich sozial konform verhielten, *gnädige Barmherzigkeit* zu Teil. Ein Recht auf Unterstützung war genauso ausgeschlossen wie eine Überwindung der Ursachen von Deklassierung und Verelendung. Dabei klingt im Benjamin-Zitat (zu Abb. 4) noch eine andere Facette an: Dass nämlich die »Reichen« diesen »Armen« möglichst nicht persönlich begegnen wollten, dass sie weitgehend anonym ihre (jahreszeitlich meist befristete) asymmetrische Solidarität zeigen wollten (worauf die meisten Spendenprogramme auch heute noch beruhen).

Abbildung 4: Elend und Zauber des Weihnachtsbaumes

aus: Zille 1998, S. 222.

Heinrich Zille (1958–1929) hat die »dunkle« Seite des Weihnachtsbaums, der den Weihnachtsmarkt beherrscht, immer wieder dargestellt; so in dem Bild »Weihnachtsmarkt am Arkonaplatz« (um 1912). Und wie ein Kommentar dazu liest sich folgende Passage aus Walter Benjamins Geschichte vom »Weihnachtsengel«: »Mit den Tannenbäumen begann es. Eines Morgens, als wir zur Schule gingen, hafteten an den Straßenecken die grünen Siegel, die die Stadt wie ein großes Weihnachtspaket an hundert Ecken und Kanten zu sichern schienen. Dann barst sie eines schönen Tages dennoch, und Spielzeug, Nüsse, Stroh und Baumschmuck quollen aus ihrem Innern: der Weihnachtsmarkt. Mit ihnen aber quoll noch etwas anderes hervor: die Armut. Wie nämlich Äpfel und Nüsse mit ein wenig Schaumgold neben dem Marzipan sich auf dem Weihnachtsteller zeigen durften, so auch die armen Leute mit Lametta und bunten Kerzen in den besseren Vierteln. Die Reichen aber schickten ihre Kinder vor, um denen der Armen wollene Schäfchen abzukaufen oder Almosen auszuteilen, die sie selbst vor Scham nicht über ihre Hände brachten.« Doch diese soziale Empfindsamkeit zerstörte nicht den Zauber, der vom Weihnachtsbaum für ihn ausging: »Inzwischen stand bereits auf der Veranda der Baum, den meine Mutter insgeheim gekauft und über die Hintertreppe in die Wohnung hatte bringen lassen. Und wunderbarer als alles, was das Kerzenlicht ihm gab, war, wie das nahe Fest in seine Zweige mit jedem Tag dichter sich verspann. In den Höfen begannen die Leierkasten die letzte Frist mit Chorälen zu dehnen. Endlich war sie dennoch verstrichen und einer jener Tage wieder da, an deren frühesten ich mich hier erinnere. (Benjamin 1991a, S. 282)

9.4 Weihnachten: Eine unabgegoltene soziale Utopie

Selbstverständlich hat Ranke-Heinemann (2004, Kap. 2 u. 3) nicht ganz Unrecht, wenn sie die Weihnachtsgeschichte von Matthäus und Lukas als »Weihnachtsmärchen« bezeichnet. Aber das ist wohl doch nur die halbe Wahrheit, denn – wie versucht wurde zu zeigen – enthält die Weihnachtssymbolik auch ein sozialkritisches normatives Potenzial: nämlich die soziale Utopie einer gerechten Gesellschaft, in der die Menschen im äußeren und inneren Frieden miteinander leben können. Bild und Text in **Abb. 5** machen dabei deutlich, dass die soziale Verantwortung des Christentums dabei nicht nur in einen Konflikt gerät zur herrschenden Gesellschaftsordnung, sondern auch zur vermachteten Kirche. Anders als im Urchristentum ist die Kirche und sind viele ihrer Mitglieder unsensibel bis uninteressiert geworden gegenüber dem Leiden der anderen Menschen aufgrund von Missachtung, Demütigung und Entrechtung. Insofern hat der *christliche »Geist«* die *christlichen Kirchen* weitgehend verlassen, muss also auch gegen deren Politik und Selbstverständnis zur Geltung gebracht werden.

Abbildung 5: Wer würde heute Maria und Josef aufnehmen?

Das obige Bild fand sich auf S. 1 der Weihnachtsausgabe 2009 (24.–27. 12. 2009) der liberalen österreichischen Tageszeitung »Der Standard«. Wie sehr der normative Stachel der Weihnachtsbotschaft auch in das »Fleisch« der (römisch-katholischen) Kirche und ihre Machtausübung eindringt, das zeigt eine Passage aus dem Interview mit dem Grazer Diözesanbischof Egon Kapellari (ebd., S. 2). Auf die Frage »Entspricht die gegenwärtige Asylpolitik Ihrer Meinung nach den kirchlichen Grundsätzen der Barmherzigkeit?« antwortete er: »Gerade im kirchlichen Bereich leisten wir stets ein sehr hohes Maß an Integrationsarbeit. Etwa durch die Caritas und die Pfarren. Ungemein viel bleibt aber noch zu tun. Migration ist und bleibt ein Faktum. Um praktikable Rahmenbedingungen muss ohne egoistische Tabus gerungen werden.« Das ist eine schwammige und ausweichende Antwort auf eine klare Frage und insbesondere auf eine politische Konstellation, in der mit breiter politischer Mehrheit die Ausländergesetze nochmals drastisch verschärft worden waren (insbesondere weitere Einschränkung des Rechtschutzes und der Bewegungsfreiheit sowie Ausweitung der Schubhafttatbestände). Aber nicht nur in Österreich, sondern auch in vielen anderen europäischen Ländern wären Maria und Josef mit ihrem Kind nicht willkommen gewesen.

Die hier knapp rekonstruierte *Tiefenstruktur* in der Advents- und Weihnachts-symbolik als Teil der *säkularisierten Volksfrömmigkeit* hat Bloch (1985, S. 475–477) treffend so charakterisiert: »Bis zur Französischen Revolution hat die Bibel den Menschen die Sprache gegeben, in der sie rebelliert haben. (…) Der Sieg des menschlichen Lichts über den Druck, die Predigt an die Mühseligen und Belade-nen, der Erwartungsadvent, das Gefühl, vor dem anbrechenden Licht, vor Aurora oder der Morgenröte im Aufgang zu stehen – dieses Element, das so notwen-dig ist für die Mühseligen und Beladenen, wenn sie es nicht bleiben wollen, das wurde besonders in Erinnerung gebracht und in Erinnerung gehalten durch die Bibel. (…) Dieser Augenblick der Erwartung und des Einschlags, daß das Rechte kommt, daß das Licht durchgebrochen ist und daß eine Tür aufgesprungen ist, die Weihnachtstür, und nun Licht hineinfällt in diese finstere Welt von Druck und Not und Hunger und Elend – das ist ein Ton, der dann nicht mehr verschwunden ist aus der Revolution, aus dem Revolutionsgefühl, man kann sagen: aus dem Re-volutionsgemüt. (…) Hier haben wir also ein Erbe, ein metareligiöses Erbe, das auch bleibt, wenn die Religion als Glaube zersprungen ist; das umfunktioniert wird, das nicht verlorengehen kann. Aber auch dort einmal hinzugehen, wo es herkommt, kann keinem Menschen, der es gut mit den Menschen und gut mit sich meint, schaden.«

Prag diesseits der Ansichtskarten-Mythen 10

Sozialreportage als Bericht von einer Bildungsreise[1]

Abbildung 1: Das »Goldene Prag« als Mythos und sozialräumlich-ästhetische Wirklichkeit

Quelle: Radim Sulc bzw. DIMART

---

1   Erheblich überarbeitete und erweiterte Fassung des Beitrages von Bokalic u. a. (2014).

»Reisen bildet« – bei diesem Motto muss man ja nicht (nur) an Goethes »Italienische Reise« (von 1786/87 u. 1787/88) denken, sondern ganz naheliegend an die verschiedensten Konzepte und Methoden der interkulturellen und politischen Bildung sowie des Jugendtourismus (einschließlich der Klassenfahrten). Es ist dabei häufig schwierig, die *Bildungsansprüche* mit den (eher touristischen) *Freizeitbedürfnissen* in Einklang zu bringen. Wir wollen hier von seminaristischen Bildungsreisen mit Studierenden und Berufstätigen der Sozialen Arbeit berichten, die wir schon sechsmal nach Prag durchgeführt haben.

10.1 Knapper Abriss der Geschichte Prags

Prag gehört zu den bedeutendsten Kulturstädten Europas und seit 1992 zum UNESCO Weltkulturerbe und wird jährlich von über 4 Millionen, meist ausländischen Personen aufgesucht. Im Unterschied zu den großen Städten Oberitaliens (z. B. Florenz und Venedig), aber auch den Hansestädten war es nie eine Stadtrepublik, sondern immer das Zentrum einer Region bzw. Regionalmacht, nämlich Böhmens; mehr noch: es war über die allerlängste Zeit seiner Geschichte ein städtisches Zentrum der Fremdherrschaft. Das gilt bereits für die erste Glanzzeit der Stadt[2], die im Rahmen der europäischen Ostkolonisation (also der Missionierung und Eroberung sowie der damit verbundenen Urbanisierungen ab dem 10. Jh.) in der Regierungszeit von Ottokar II. (1253–1278) gegründet wurde, dann dem Herrschaftsbereich der Luxemburger einverleibt wurde und in der Regierungszeit von Karl IV. (1346–78), Wenzel (1378–1400) und Sigmund (1410–37) zu einem europäischen Macht- und Kulturzentrum aufstieg. In dieser wurde nicht nur die Prager Burg und der Hradschin (mit dem St. Veits-Dom) sowie die Kleinseite (Malá Strana) (aus-)gebaut, sondern es erfolgte bereits damals der Sprung über die Moldau und die Gründung der Altstadt (Staré Mesto) und dann auch schon die der Neustadt (Nové Mesto). Die Karlsbrücke verbindet beide Bereiche des heutigen 1. Bezirkes miteinander, wobei die *Gotik* der bestimmende Architekturstil war. – Die Überlagerungen von Fremdherrschaft und Phasen städtischer Blüte setzten sich auch unter den Habsburgern fort, die Böhmen 1437 in Besitz nahmen und es 1526 zu einem Teil der »Monarchie Austria« machten – und das bis 1918! Gegen diese Fremdherrschaft gab es allerdings zwei Widerstandsbewegungen von europäischem Rang: Das eine war die von Jan Hus (1370–1415) ins Leben gerufene kirchen- und sozialreformerische Bewegung; seine »standrechtliche Ermordung« auf dem Scheiterhaufen während des Konstanzer Konzils löste nach dem 1. Pra-

---

2   Eine zeitgenössische Darstellung bietet der 2. Band der »Chronik Böhmens« von Cosmas
     von Prag (1045–1125), der Dekan der Prager Kirche war (vgl. Cosmas 1987).

ger Fenstersturz die Hussitenkriege (1419–36) aus, die als eine frühe Form von nationaler Einigungsbewegung verstanden werden können. An ihren zeitweise sehr erfolgreichen Heerführer Jan Zika erinnert auf dem Vitko ein monumentales Nationaldenkmal. Die zweite Erhebung war der Dreißigjährige Krieg (1618–1648) zwischen der protestantischen Union und der katholischen Liga, der durch den 2. Prager Fenstersturz ausgelöst wurde, an dessen Ende die ersten Konturen des nationalstaatlichen Europas entstanden, woran allerdings die Tschechen und Slowaken bis 1918 nicht partizipieren konnten. Der in Prag allgegenwärtige *Barock* markiert den besonders vom Jesuitenorden durchgesetzten totalitären Herrschaftsanspruch der katholischen Gegenreformation (auf dem Altstädter Ring kann man das erst 1915 errichtete Hus-Denkmal und die barocke St. Niklas Kirche in einer Flucht betrachten – und damit diesen fundamentalen historisch-politischen Gegensatz noch heute visuell erfahren).

Das von den Touristen aufgesuchte Prag beschränkt sich auf diese mittelalterliche Stadt (wie überhaupt die meisten Menschen mit »Stadt« diesen durch eine Stadtmauer nicht nur militärisch, sondern auch symbolisch nach innen eingeschlossenen und nach außen klar abgegrenzten Sozialraum verbinden). Als im Juni 2013 wegen des Hochwassers die Karlsbrücke für mehrere Tage gesperrt werden musste, versiegte sofort der Touristenstrom, um nach der Öffnung sofort wieder auf Normalmaß anzusteigen. Auch die Ansichtskarten (**Abb. 1**)[3] beschränken sich auf diesen städtischen Realitätsausschnitt zwischen der Prager Burg, der Karlsbrücke, dem Altstädter Ring und dem Pulverturm bzw. Gemeindehaus. Man kann sie – etwas überspitzt – auch als die visuelle Dokumentation des »Touri-Trampelpfades« deuten, der dem ehemaligen königlichen Prozessionsweg entspricht. Dabei wird sogar der Wenzelsplatz meist ignoriert, auf dem bedeutsame politische Ereignisse ihren Höhepunkt fanden (zuletzt sie »Samtene Revolution« 1989; vgl. dazu die Bildgeschichte von Kropp 2008), der allerdings nunmehr das Opfer einer drittklassigen Kommerzialisierung geworden ist. Ausgeblendet wird besonders der Übergang von der *mittelalterlichen Stadt* zur *kapitalistischen Agglomeration* durch die *Industrialisierung*. Aufbauend auf den mittelalterlichen Manufakturen (mit den Schwerpunkten Eisen/Buntmetalle, Metallverarbeitung, Leder/Pelze, Rauchwaren/Nahrungs- und Genussmittel, Baumwollwaren) entstand in Prag und seinem (nördlichen) Umland eine bedeutsame Maschinenbau-, Kohle- und Textilindustrie; zugleich expandierte die Stadt ab Mitte des 19. Jh. von 100 000 auf 250 000 EinwohnerInnen. Diese neue Stufe der *Urbanisierung* fand seinen Ausdruck neben dem Wohnungselend und ersten Ansätzen zur Errich-

---

3 Was hier und im Weiteren über die Ansichtskarten gesagt wird, gilt im Wesentlichen auch für die Bildteile der allermeisten Stadtführer, selbst wenn sie – wie z. B. der von Bussmann/ Tröger (2009) – kritische Akzente enthalten.

tung von Mietskasernenkomplexen in der Errichtung von Verwaltungs-, Banken-
und Versicherungsbauten (zunächst in der Neustadt, dann auch in angrenzenden
Gebieten der sich ausweitenden kompakten Stadt). Das kann man immer noch
sehr gut nachvollziehen durch den damals bestimmenden Baustil des *Historismus*
(in Prag zumeist in Form der *Neorenaissance*) sowie dem reich und auf hohem
Niveau vertretenen *Jugendstil* als einer bedeutsamen Überhangsform zur modernen Architektur; zwischen 1918 und 1939 kamen noch wichtige Bauten des Bau-
haus- bzw. International Style hinzu (vgl. bezogen auf die CSSR insgesamt Starého
1962, S. 188 ff)[4].

10.2 Visuelle Mythenbildung

Betrachtet man die *Motive* der Ansichtskarten näher, so fällt auf, dass sie durch
ihre *Sujets* diese Prozesse der kapitalistischen und dann sozialistischen Industrialisierung und Urbanisierung ausklammern, indem sie sich auf die mittelalterliche
Herrschaftsarchitektur konzentrieren (wenn die Lebensbedingungen der »einfachen Leute«, wie z. B. der Handwerker im »Goldenen Gässchen«, in den Blick
kommen, dann ist das reine Folklore). Sie dokumentieren diese architektonischen
Sozialräume (meist überleben ja nur diese bzw. werden je nach politisch-histo-
rischer Interessenlage nur diese restauriert) auch *formalästhetisch* in einer bestimmten Weise: Es dominieren meist die Waage- und Senkrechten, die andere
gerade und runde Linien in ihre Flächenprojektion aufnehmen; die Farben sind
freundlich (auch die seltenen Schwarz-Weiß-Fotos verzichten auf scharfe Konturen und Kontraste); der Standort und damit der Blickwinkel weicht zumeist
vom alltäglichen »Passantenblick« (Hérve) bzw. der »Bauchnabelperspektive«
(Rodtschenko) ab und ermöglicht so eine Betrachtung, die dem Touristen zumeist
verborgen bleibt. Es dominiert die Totale des Weitwinkels (selten gibt es markante
Einzelheiten) und die traditionelle Statik und Ruhe des »Goldenen Schnitts«. Die
Gesamtatmosphäre ist somit friedlich, harmonisch, anheimelnd, einladend – und
sie kann auch schon mal etwas geheimnisvoll sein (z. B. das Moldautal im Dunst-
schleier), aber in keinem Fall irritierend, schockierend, aufrüttelnd oder gar ab-
stoßend. In diesem Sinne ist das traditionelle Bild von der (Bau-)Geschichte dieser
»Goldenen Stadt« eigentümlich geschichtslos, es kennt weder das epochaltypische
Alltagsleben und die daraus resultierenden sozialen und politischen Konflikte und
Bewegungen, noch die Brüche geschichtlicher Prozesse. Es hat einen affirmativen
Charakter, der zugleich zur unreflektierten Zustimmung einlädt (»Oh wie ist das

---

4   Vgl. zur generellen Bedeutung der Bauhaus-Traditionen in der Tschechoslowakei der Zwi-
     schenkriegszeit (also auch und gerade für die Fotografie) Anna (1997).

schön« – oder »Aber das ist doch einfach cool«), es verbleibt *jenseits* der Erlebnis- und Erfahrungswelten der damaligen und heutigen Menschen und der jeweiligen »harten« sozialen, ökonomischen und politischen Faktizitäten und befördert in *diesem* Sinne einen sozialräumlichen und lebensweltlichen *Mythos*[5]. Und dieser wird dann im Rahmen des Stadtmarketings zum *Image* verdichtet und damit die Distanz zur intersubjektiven, phänomenalen *Wirklichkeit* und zur objektiven *Realität* nochmals erhöht (vgl. Böhme 2001, Kap. XI.1). Deshalb kann man zu den »verarmten«, unvollständigen und unterkomplexen Bilderwelten der Ansichtskarten pointiert feststellen: Sie *zeigen viel* und *sagen wenig*.

Nun kann es nicht darum gehen, diesen Bild-Mythos einfach als visuelle Ideologie zu entlarven, sondern nur darum, ihn in seiner relativen Berechtigung zu erschließen und seine realistisch-positiven Seiten in ein umfassenderes, intersubjektiv wie objektiv tragfähigeres Bild der Stadt Prag zu integrieren[6]. Ansonsten bliebe z. B. völlig unverständlich, warum die tschechoslowakische Regierung nach der Drohung des deutschen Faschismus, die Stadt Prag zu bombardieren, kapitulierte und durch die Einrichtung des Protektorats Böhmen-Mähren am 15. 3. 1939 die erstmals am 28. 10. 1918 proklamierte und errungene nationalstaatliche Eigenständigkeit wieder endete. Überhaupt besteht der ungewöhnliche Reiz von Prag auch darin, dass diese Stadt durch Krieg oder vergleichbare Gewalt nie zerstört worden ist und deshalb es aus allen Etappen der europäischen Stadtgeschichte seit der Romanik (10. Jh.) wichtige Bauwerke gibt (vgl. die Übersicht bei Uffelen/Golser 2013).

10.3 Die TeilnehmerInnen des »Theorie-Praxis-Seminars« als BesucherInnen

Das Grundkonzept des hier vorgestellten »Städtebesichtigungskonzeptes« geht von der grundlegenden Differenz zwischen dem *Touristen* und dem *Besucher* aus, auf das Böhme (1998, S. 55) hingewiesen hat: Während der Tourist zu den Sozialräumen und Lebenswelten ein desinteressiertes Verhältnis hat, verbindet den Besucher mit den Einheimischen das Interesse an ihnen und damit auch an der charakteristischen *Atmosphäre* einer Stadt wie Prag, die die BewohnerInnen allerdings häufig als gegeben hinnehmen, während die BesucherInnen sie *am eigenen Leib spüren*, wenn sie z. B. aus dem Eurocity steigen, mit Straßenbahn oder Me-

---

5   Wir orientieren uns an dem dialektischen Verständnis von Mythos, wie es in seinem Frühwerk Barthes (jetzt 2010b, S. 251 ff, bes. S. 276 f u. 303 ff) entwickelt hatte.

6   Die einseitige Heraushebung der positiven Seiten des gebauten Stadtbildes und seiner Lebenswelten macht die Besonderheit des City-*Brandings* (im Unterschied zum Stadt-*Image*) aus (vgl. Löw 2012, S. 84 ff).

Abbildung 2: Die Seminargruppe

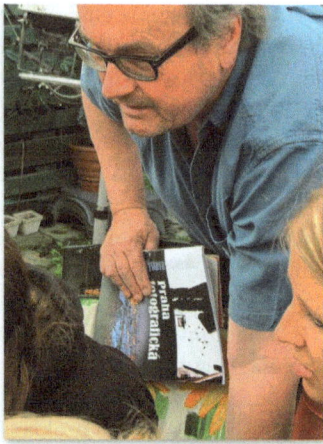

tro quer durch die Stadt (zu ihrem Hotel oder ihrer Pension) fahren, später langsam, zeitintensiv und aufmerksam durch die Haupt- und Nebenstraßen schlendern oder auch »pirschen«, die Menschen in und außerhalb der Cafés, aber auch der Supermärkte und anderer Märkte beobachten, wenn sie versuchen, trotz der Sprachbarrieren mit der Betreiberin eines Kiosk oder »Tante-Emma-Ladens« oder den BewohnerInnen einer großen Plattenbausiedlung oder eines Villenviertels ins Gespräch zu kommen usw. In diesem Sinne geht es in dieser Sozialreportage darum, besonders durch die Fotoauswahl beispielhaft zu zeigen, wie mit Hilfe dieses Lernkonzeptes auch der Besucher die *Pseudo-Präsenz* der herrschenden, kommerzialisierten Bilderwelten durchbrechen und überwinden kann und zu einem wirklichen und realistischen, gleichermaßen nachdenklich wie genussvollen, kritischen und einverständigen Verhältnis zu diesem städtischen Sozialraum bzw. den sehr unterschiedlichen Sozialräumen in dieser Stadt gelangen kann. Mit Bezug auf Prag gibt es dazu eine Vielzahl von anregenden Traditionen, die für die Vorbereitung hilfreich sind (und die bei unseren Pragbesuchen eine gewisse Rolle gespielt haben). Hier sei exemplarisch verweisen auf die *verbalen* Sozialreportagen vom Begründer dieses Genres, von Egon Erwin Kisch (1885–1948), speziell »Aus Prager Gassen und Nächten« (von 1912), »Prager Kinder« (1913), »Die Abenteuer in Prag« (1920) und »Prager Pitaval« (1953)[7]. Zur Entdeckung des Prags von Franz Kafka (1883–1924) laden ein Insua (2002), Salfellner (2011) und Wagenbach (1993). – Es gibt auch aber auch anspruchsvolle Traditionen der *visuellen* Sozialreportage; verwiesen sei hier nur auf die SozialfotografInnen Karl Aufricht (1910–1975), Irena Bühová (1904–1991), Eva Davidová (*1932), Tibor Honty (1907–1968), Josef Koudelka (*1938), Josef Kubin (1906–1974), Ilja J. Marco (1907–1980), Jindrich Marco (1921–2000), Sergei Protopopov (1895–1976), Jan Reich (*1942), Oldrich Straka (1906–1983) und Josef Sudek (1896–1976)[8].

Gewiss ist es eine Besonderheit unseres Projektes, dass es im Rahmen des 1987 an der FH Fulda gegründeten, dann an der FH Magdeburg bzw. HS Magdeburg-Stendal weitergeführten und nunmehr seit 11 Jahren in Kooperation mit der FH Kärnten durchgeführten »Theorie-Praxis-Seminars (TPS)« stattfand (und auch weiterhin stattfinden wird), an dem Studierende und BerufspraktikerInnen der Sozialen Arbeit teilnehmen (**Abb. 2**). Dass Prag dafür besonders geeignet liegt, ergibt sich – neben dem Dargestellten – auch und besonders daraus, dass es die

---

7   Die Bedeutung von Kischs Arbeiten auch für den aktuellen Sozialjournalismus wird nicht
    zuletzt daran deutlich, dass die Illustrierte »stern« von 1977 bis 2004 einen eigenständigen
    »Egon-Erwin-Kisch-Preis« verliehen hat (er ist seit 2005 eine Kategorie des bis heute vergebenen »Henri-Nannen-Preises«).
8   Eine gute Übersicht über diese Traditionen bietet Mrázkova/Remes (1983); zu allen wichtigen FotografInnen sind hochwertige und preisgünstige Werkmonografien erschienen im
    Prager Verlag FOTOTORST (www.forst.cz).

einzige Großstadt in Tschechien ist, an der die Vielfalt der Sozialräume und Lebenswelten studiert werden kann, die für eine rekapitalisierte europäische Großstadt charakteristisch ist (sie hat ihre Einwohnerzahl seit 1989 auf 2 Mio. verdoppelt – Tschechien [seit 1993 von der Slowakei getrennt] hat 10,5 Mio.). Weil sich das nicht auf Anhieb und beim ersten Augenschein erschließt, ist den eigentlichen, manchmal fast detektivischen Stadterkundungen eine textbezogene Diskussion der zentralen aktuellen Entwicklungstrends vorgelagert (im vorliegenden Fall von Polívka 2008 und Sýkora 2005). Das *selbsttätige* und *entdeckende* Lernen kann dabei natürlich nur gefördert werden, wenn dabei die ganze *Vielfalt* von Lernmethoden zur Geltung kommt (wie sie die Fotocollage zeigt). Es braucht aber auch einen angemessenen *pädagogischen Raum* dafür. Den haben wir eher durch Zufall und zum Glück in der Pension »B&B U Oty« in Radlice am nordöstlichen Rand des 5. Bezirkes gefunden, weil wir hier immer das ganze Haus zu unserer eigenen Verfügung haben und von Ota und Miroslaw wunderbar unterstützt werden, wofür wir ihnen an dieser Stelle »offiziell« herzlich danken![9]

10.4 Sozialräume und Lebenswelten einer postsozialistischen Großstadt

Unser »Haus des zusammen Lebens und Lernens« liegt auch *sozialgeografisch* sehr günstig[10], weil im ebenfalls zum 5. Bezirk gehörenden Stadtteil Smichov sich viele relevante Entwicklungsprobleme der postsozialistischen Stadtentwicklung zeigen bzw. entdecken lassen (**Abb. 3**[11]): Für fast 150 Jahre war es ein bedeutsamer Standort des Schwermaschinenbaus und der Lebensmittelindustrie als Teil der kompakten Stadterweiterung (vgl. die Bildbände von Bečková 2012, S. 35 ff und Jungman 2007). Die Tatra-Werke versorgten alle sozialistischen Länder (und nicht nur sie) mit ihren Straßenbahnen; sie wurden 1996 in den Stadtteil Zlicin (3. Bezirk) verlegt (die Vorbereitungen dafür begannen schon im Sozialismus), später an Siemens verkauft, das Hauptgebäude abgerissen (vgl. Bečková 2012, S. 84 ff, bes. 94 f) und an seiner Stelle 1996–2001 von der internationalen Developer-Gruppe ING der Andél-Komplex mit umfangreichen Büro- und Geschäftsräumen sowie dem Einkaufszentrum »Novy Smichov« aufgebaut. Es repräsentiert allein durch

---

9   Nähere Informationen bei mb@bbuoty.cz; auf der Homepage http://www.bbuoty.cz sowie unter http//:www.masof.de finden sich auch eine ausführliche fotografische Dokumentation der TPS-Aufenthalte.

10 Die interessierten LeserInnen können unter www.goggle-map.cz die nachfolgenden sozialräumlichen Beschreibungen im Detail verfolgen und erweitern.

11 Eine andere Bildgeschichte von Smíchov, nämlich zwischen Mythos und Dokumentation, bietet der schmale Fotoband von Czumalo u. a. (o. J.).

seine ästhetische Gestaltung die neue Stufe des Warenkonsums, bei dem der Einkaufsakt (unabhängig vom Gebrauchswert, aber auch dem Tauschwert der Dinge und Dienste) selber schon zum Erlebnis werden soll (vgl. dazu auch Böhme [2001, Kap. I.3; 2013, Teil VI]). Die altehrwürdige und größte tschechische Brauerei, Staropramen, gibt es zwar weiterhin, sie wurde aber 1993 weitgehend vom britischen Großkonzern Bass und 2012 vom nordamerikanischen Molson-Coors-Konzern übernommen. Smichov ist aber nicht nur von solchen Ungleichzeitigkeiten geprägt, sondern auch von krassen sozialen Ungleichheiten: Im Abstand von nur 200 Metern kann man hier dem Hochglanzkapitalismus, angesehenen Einzelhändlern, Handwerkern und Gaststätten, fragilen Existenzformen (z. B. auf dem Markt am Rande des Busbahnhofs) und bitterer Armut (besonders von Obdachlosen) begegnen (**Abb. 8b u. c**). Alle diese Sozialräume zwischen Boom, Erhalt und Verfall bilden in sich eingeschlossene Parallelwelten, eine charakteristische Stadtteilatmosphäre fehlt völlig.

Was wohlwollend als »Auslandsinvestition« dargestellt wird, ist realiter ein Ausverkauf an internationale Konzerne: Sie verfügen aktuell über ca. 50 % der tschechischen Industrieproduktion und 70 % der Exporte! Darin muss man die politisch gewollte, zumindest akzeptierte Form der zeitgemäßen, nämlich ökonomischen Fremdherrschaft sehen. Das zeigt sich auf einem noch höheren Niveau im Stadtteil Pankrác City (im 4. Bezirk; **Abb. 4**), wo die internationale Holding ECM Real Investment unmittelbar nach der Wende mit dem Bau eines radikal modernisierten, zweiten Prager Zentrums mit Büro- und Handelsflächen und Luxuswohnungen begann, und dabei an entsprechende sozialistische Planungen anschloss und schon bestehende Gebäude umbaute bzw. fertigstellte (so das Motokov-Hochhaus zum City Empiria und das des ehemaligen Tschechoslowakischen Rundfunks zum City Tower). Über der Station der U-Bahnlinie C wurde eine großräumige Einkaufspassage von 40 000 qm errichtet, die allen Ansprüchen einer *Ästhetisierung der ökonomischen Wirklichkeit* gerecht wird. Im Unterschied zum Andél-Komplex handelt es sich hier um einen sozialräumlichen Fremdkörper, der an der einen Seite im scharfen Kontrast zur bisherigen Bebauung steht und auf der anderen an Brachland grenzt (die ursprüngliche Absicht, hier bis zu zehn Hochhäuser zu errichten, ist wohl längst aufgegeben worden). Das ist der sinnfällige visuelle Ausdruck der Tatsache, dass durch solche Projekte die *vertikale* Vergesellschaftung von konkreten Orten durch die anonymen Strukturen des internationalen Finanzmarktkapitalismus erfolgt, was durch das Imagekonzept »City« allenfalls überdeckt wird.

Zum ökonomischen Einzugsbereich von Pankrác gehört der Süden von Prag mit seinen Großsiedlungen, in denen 200 000 Menschen leben. Es gehört zur typischen sozialräumlichen »*Aspektblindheit*« (Wittgenstein), dass diese nicht nur von Touristen nicht aufgesucht werden, sondern auch in den einschlägigen Architekturführern völlig fehlen[12]. Die größte »Plattenbau«-Siedlung wurde ab 1971 in Háje (11. Bezirk; **Abb. 5**) errichtet und ist Endstation der U-Bahnlinie C. Im Unterschied zu Pankrác, aber auch zum Andél-Komplex hatten wir bei unseren Besuchen den Eindruck, dass es ein lebendiger Stadtteil ist, der trotz der großräumigen sozialen Segregationsprozesse und unübersehbaren baulichen Mängel von den BewohnerInnen angenommen wird und wo scheinbar eine relativ entspannte soziale Atmosphäre herrscht.

Zum zentralen politischen Credo der unmittelbaren Nach-Wende-Zeit gehörte das Motto von einem »Kapitalismus ohne Adjektive«. Dieser radikale Neoliberalismus führte zu einer zunehmenden *sozialen Spaltung* der Gesellschaft, die dem sensiblen Besucher sofort auffällt und ihn während seines ganzen Aufenthalts begleitet (**Abb. 6**). Dazu gehören auch die unterschiedlichen Wellen der *sozialen Kälte*, die auch Ausdruck und Element der unterschiedlichen Phasen und Intensitäten sind, mit denen versucht wurde und wird, die sozialen Probleme durch offene und verdeckte Repression einzudämmen, woraus sich die allgewärtige Präsenz und Koexistenz von staatlichen Ordnungskräften und privaten Sicherheitsdiensten erklärt (**Abb. 7**), die bei uns häufig das Gefühl haben aufkommen lassen, in einem Polizeistaat anwesend zu sein. So haben wir es z. B. in Novy Smichov erlebt (**Abb. 7, untere Reihe**), wie ein wohl obdachloser Besucher zunächst vom hauseigenen Sicherheitsdienst überwältigt und dann mit Unterstützung der Polizei abgeschoben worden ist. Zugleich haben TeilnehmerInnen aber auch entdeckt, dass in der Nähe der Polizeistation von Smichov Obdachlose ein Haus faktisch besetzt haben, ohne dass gegen sie vorgegangen worden wäre; oder dass ein Pärchen das kleine Nebengebäude eines Bahnhofs bewohnte, ohne dass Besitzer, Anwohner oder Polizei eingeschritten wären (**Abb. 8.b u. c**).

Es war Absicht des Projektes, insbesondere die sozialen Entwicklungsprobleme der Stadt Prag kennenzulernen[13]. Die Ergebnisse der entsprechenden Recherchen wurden dann in Fotoserien präsentiert (**Abb. 8**). Der Besuch der kleinen Ausstellung in der Hofeinfahrt und die anschließende Grill-Fete im Garten bildete jedesmal den Abschluss unserer sozialkritischen Erkundungen der Goldenen Stadt Prag (**Abb. 9**).

---

12   Vgl. z. B. Fialová/Tichá (2008), Lukes u. a. (2001) und Ullfelen/Golser (2013); einen guten Überblick bietet hingegen Steinführer (2004, Kap. 2.1.3 und Teil IV), der sich allerdings auf Brünn [Brno] bezieht. Zu den wenigen fotografischen Dokumentationen gehören bezogen auf Prag die Luftbildaufnahmen von Berger (2006, S. 130 ff) und die von Viktor Kolár (* 1941), der die Entwicklungen der Sozialräume und Lebenswelten seiner Heimatstadt Ostrava rekonstruierte und dessen Bilder auch im Juni 2013 in Prag ausgestellt wurden (vgl. Kolár 2010).

13   Selbstverständlich kann man auch ganz andere unbekannte Seiten von Prag entdecken, wozu z. B. Smith (2010) viele Anregungen gibt.

Abbildung 3: Von der Industrie- zur Dienstleistungsgesellschaft: Sozialräumliche Ungleichzeitigkeiten und Spaltungen im Stadtteil Smichov

Abbildung 4: Kathedralen und Konsumtempel des internationalen Finanz-marktkapitalismus im Stadtteil Pankrác

Abbildung 5: Industrieller Wohnungsbau: Die lebbare Gegenwart der sozialistischen Vergangenheit im Stadtteil Háje

Abbildung 6: Die im Dunkeln leben sieht man doch

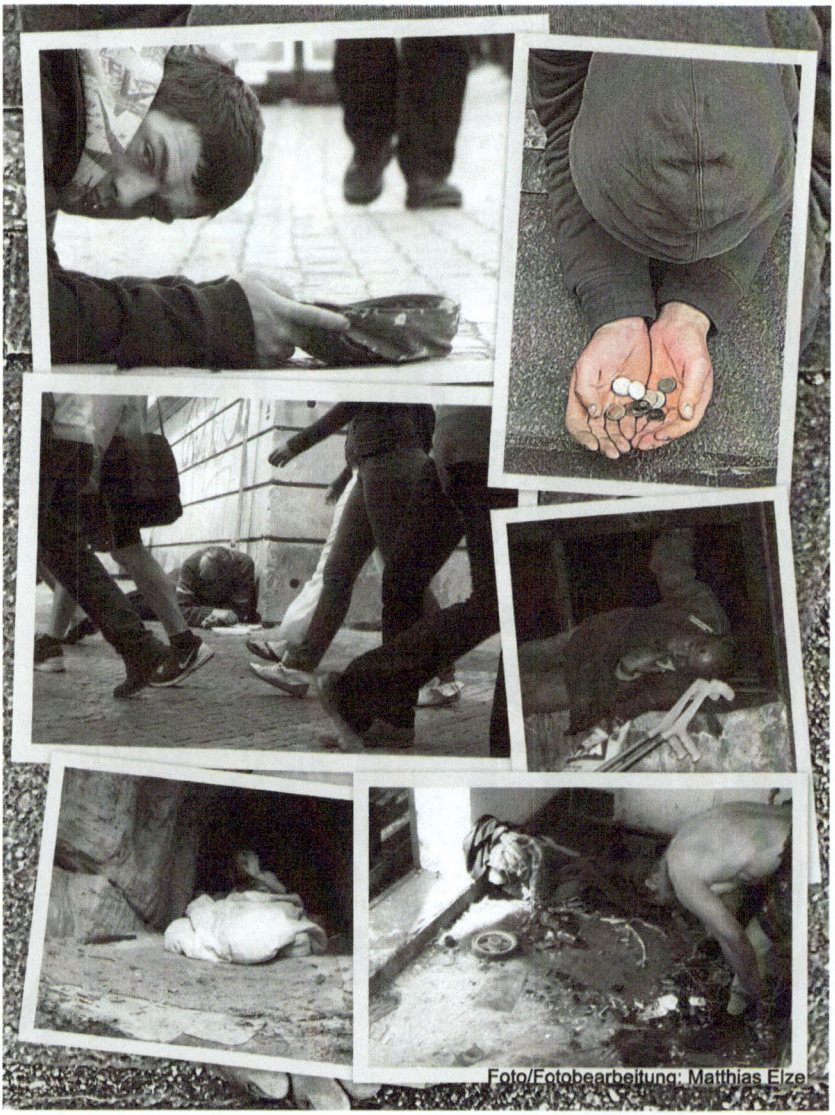

Abbildung 7: Die Versuche einer repressiven Entsorgung der sozialen Frage

Abbildung 8: Betitelte Foto-Serien als visuelle Ergebnispräsentationen

a) »Pseudoästhetik vor harter Realität«

b) »Obdachlosigkeit ist nicht gleich Obdachlosigkeit«

c) »Nimmerland«

Abbildung 9: Vom »Ausstellungsbesuch« zur »Abschlussfeier«

Literaturverzeichnis

Abel, Günter (2004): Zeichen der Wirklichkeit, Frankfurt/M.: Suhrkamp

Alberro, Alexander u. a. (2010): Barbara Kruger, New York: Rizolli

Alisch, Monika/May, Michael (2008): Kompetenzen im Sozialraum, Opladen & Farmington Hills: Barbara Budrich

Althusser, Louis (1973): Ideologie und ideologische Staatsapparate. In: ders.: Marxismus und Ideologie, Westberlin: VSA

Ann, Susanne (Hrsg.) (1997): Das Bauhaus im Osten. Slowakische und Tschechische Avantgarde 1928–1939, Ostfildern-Ruit: Hatje

Antontioni, Michelangelo (2005): BlowUp, München: Süddeutsche Zeitung (DVD)

Apel, Karl-Otto (1975): Die Denkwege von Charles S. Peirce, Frankfurt/M.: Suhrkamp

Arnheim, Rudolf (1996): Anschauliches Denken. Zur Einheit von Bild und Begriff, Köln: Dumont

Arnheim, Rudolf (2002): Film als Kunst, Frankfurt/M.: Suhrkamp

Aristoteles (1995): Nikomachische Ethik. In: Philosophische Schriften Bd. 3, Hamburg: Meiner

Aristoteles: Über die Seele. Philosophische Schriften Bd. 6, Hamburg (1995): Meiner

Aristoteles: Poetik, Stuttgart (1982): Reclam

Asmus, Helmut (1977): Geschichte der Stadt Magdeburg, Berlin: Akademie

Asmus, Helmut (1999): 1200 Jahre Magdeburg. Band 1: Die Jahre 805 bis 1631, Magdeburg: Eigenverlag

Asmus, Helmut (2002): 1200 Jahre Magdeburg. Band 2: Die Jahre 1631 bis 1848, Magdeburg: Eigenverlag

Asmus, Helmut (2005): 1200 Jahre Magdeburg. Band 3: Die Jahre 1848 bis 1945, Magdeburg: Eigenverlag

Asmus, Helmut (2009): 1200 Jahre Magdeburg. Band 4: Die Jahre 1945 bis 2005, Magdeburg: Eigenverlag

Assouline, Pierre (2012): Das Jahrhundert des Cartier-Bresson, o. O.: ARTE France Développement

Austin, John L. (1979): Zur Theorie der Sprachakte, Stuttgart: reclam jun.

Aynsley, Jeremy (2000): Grafik-Design in Deutschland 1890–1945, Mainz: Hermann Schmidt

Bachelard, Gaston (1999): Poetik des Raumes, Frankfurt/M.: Fischer Taschenbuch

Bachmann-Medick, Doris (2014): Cultural Turns, Reinbek: Rowohlt

Baier, Christoph/Reinisch, Ulrich (2006): Schußlinie, Sehstrahl und Augenlust. Zur Herrschaftskultur des Blickens in den Festungen und Gärten des 16. bis 18. Jahrhunderts. In: Bredekamp, Horst/Schneider, Pablo (Hrsg.) (2006): Visuelle Argumentationen, München: Fink

Ballerstedt, Mare/Buchholz, Konstanze (2003): Es regnet Feuer. Die Magdeburger Schreckensnacht am 16. Januar 1945, Gudensberg-Gleichen: Wartberg

Baltes, Martin/Höltsch, Rainer (Hrsg.) (2011): Marshall McLuhan, Freiburg: orangepress

Barck, Karlheinz u. a. (Hrsg.) (1990): Aisthetik. Wahrnehmung heute oder Perspektiven einer anderen Ästhetik, Leipzig: Reclam

Barthes, Roland (1989): Die helle Kammer. Bemerkungen zur Photographie, Frankfurt/M.: Suhrkamp

Barthes, Roland (1990): Der dritte Sinn. In: ders.: Der entgegenkommende und der stumpfe Sinn, Frankfurt/M.: Suhrkamp

Barthes, Ronald (2010a): Tagebuch der Trauer. München: Hanser

Barthes, Roland (2010b): Mythen des Alltags. Vollständige Ausgabe, Berlin: Suhrkamp

Baudrillard, Jean (2007): Das System der Dinge. Über unser Verhältnis zu alltäglichen Gegenständen, Frankfurt/New York: Campus

Baumann, Zygmunt (2009): Gemeinschaften, Frankfurt/M.: Suhrkamp

Baur, Manfred/Schuler, Hannes (o. J.): Die Neandertaler, Grünwald: Komplett-Media (DVD)

Beck, Ulrich (1986): Risikogesellschaft. Auf dem Weg in eine andere Moderne, Frankfurt/M.: Suhrkamp

Beckova, Katwrina (2012): Tovarny a tovarni haly. 2.dil, Pragensia: Paseka

Belting, Hans (2001): Bild-Anthropologie, München: Fink

Belting, Hans (Hrsg.) (2007): Bilderfragen. Die Bildwissenschaften im Aufbruch, München: Fink

Belting, Hans/Haustein, Lydia (Hrsg.) (1998): Das Erbe der Bilder. Kunst in Medien in den Kulturen der Welt, München: Beck

Belting, Hans/Kamper, Dietmar (Hrsg.) (2000): Der zweite Blick. Bildgeschichte und Bildreflexion, München: Fink

Benjamin, Walter (1991a): Berliner Kindheit um Neunzehnhundert. In: Gesammelte Schriften Bd.IV.1, Frankfurt/M.: Suhrkamp

Benjamin, Walter (1991b): Die Weihnachtspyramide. In: Gesammelte Schriften Bd. IV.2, Frankfurt/M.: Suhrkamp

Benoist, Jocelyn (2014): Elemente einer realistischen Philosophie, Berlin: Suhrkamp

Berg, Eberhard/Fuchs, Martin (Hrsg.) (1993): Kultur, soziale Praxis, Text. Die Krise der ethnographischen Repräsentation, Frankfurt/M.: Suhrkamp

Berg, Karen van den/Gumbrecht, Hans Ulrich (Hrsg.) (2010): Politik des Zeigens, München: Fink

Berger, Jiri (2006): Prag aus der Vogelperspektive, o. O.: Soukup & David

Bisping, Stefanie (2010): Sygma. Close-Up: Die Macht der Bilder, Düsseldorf: Feymadia

Blackwell, Lewis (2009): Photo-*wisdom*. Große Fotografen über ihr Werk, Düsseldorf: Feymedia

Bloch, Ernst (1985): Antike Philosophie. Leipziger Vorlesungen zur Geschichte der Philosophie. Bd. 1, Frankfurt/M.: Suhrkamp

Blum, Elisabeth (2003): Schöne neue Stadt. Wie der Sicherheitswahn die urbane Welt diszipliniert, Basel: Birkhäuser

Blum, Elisabeth (2010): Atmosphären. Hypothesen zum Prozess der räumlichen Wahrnehmung, Zürich: Lars Müller Publishers

Bokalic, Mario u. a. (2014): Prag diesseits der Ansichtskarten-Mythen. In: Sozial Extra (38. Jg.), H. 2, S. 6–11

Bock, Karin (2014): Sozialpädagogische Skizzen zwischen Gegenwart und Zukunft: Von Lebenswelten, Orten und Zwischen-Räumen. In. neue praxis (44. Jg.), H. 5, S. 427–438

Boehm, Gottfried (2007): Wie Bilder Sinn erzeugen. Die Macht des Zeigens, Berlin: Berlin University Press

Boehm, Gottfried (Hrsg.) (2006): Was ist ein Bild? München: Fink

Boehm, Gottfried (2007): Iconic Turn. Ein Brief. In: Beltung (2007), S. 27–36

Böhme, Gernot (1998): Anmutungen. Über das Atmosphärische, Ostfildern: edition tertium

Böhme, Genot (2001): Aisthetik. Vorlesungen über Ästhetik als allgemeine Wahrnehmungslehre, München: Fink

Böhme, Gernot (2004): Theorie des Bildes, München: Fink

Böhme, Gernot (2010): Anthropologie in pragmatischer Hinsicht, Bielefeld und Basel: Edition Sirius

Böhme, Gernot (2013a): Atmosphäre. Essays zur neuen Ästhetik. 7. erw. u. überab. Aufl., Berlin: Suhrkamp

Böhme, Gernot (2013b): Architektur und Atmosphäre, München: Fink

Böhme, Hartmut/Böhme, Gernot (1985): Das Andere der Vernunft, Frankfurt/M.: Suhrkamp

Bollnow, Otto Friedrich (1997): Mensch und Raum, Stuttgart u. a.: Kohlhammer

Boltanski, Luc/Chiapello, Éve (2006): Der neue Geist des Kapitalismus, Konstanz: UKV

Bonek, Jan (2014): Cubist Prague, Praha: Eminent

Boot, Chris (Ed.) (2004): Magnum stories, London/New York: Phaidon

Bourdieu, Pierre (1997): Der Tote packt den Lebenden, Hamburg: VSA

Brandom, Robert B. (2000): Expressive Vernunft. Begründung, Repräsentation und diskursive Festlegung, Frankfurt/M.: Suhrkamp

Brauchitsch, Boris von (2012): Kleine Geschichte der Fotografie, Stuttgart: Reclam jun.

Braun, Karl-Heinz (2006): Bildungshorizonte von Entwicklung und Lernen. In: Otto, Hans-Uwe/Oelkers, Jürgen (Hrsg.): Zeitgemäße Bildung, München Basel 2006, S. 52–71

Braun, Karl-Heinz (2010a): Tiefenhermeneutik. In: Bock, Karin/Miethe, Ingrid (Hrsg.): Handbuch Qualitative Methoden in der Sozialen Arbeit, Opladen & Farmington Hills, MI: Barbara Budrich, S. 214–222

Braun, Karl-Heinz (2010b): »Weihnachten«. Eine zwiespältige soziale Symbolgesichte. In: Sozial Extra (34. Jg.), H. 11/12, S. 6–11

Braun, Karl-Heinz (2012): Lebensweltorientierte Soziale Arbeit und Kritische Psychologie: Doppelseitige Herausforderungen in theoriegeschichtlicher Perspektive. In: Eichinger, Ulrike/Weber, Klaus (Hrsg.): Soziale Arbeit, Hamburg: Argument, S. 122–158

Braun, Karl-Heinz/Elze, Matthias (2010): Regionale Archive für Sozialfotografie. In: Sozial Extra (34. Jg.), H. 1/2, S. 14–19

Braun, Karl-Heinz/Elze, Mathias (2011): Ein Döner-Treff als familiäre Gemeinschaft, In: Sozial Extra (35. Jg.), H. 5/6, S. 11–16

Braun, Karl-Heinz/Elze, Matthias (2013a): Das Elbehochwasser 2013: »Naturraum überwältigt Sozialraum«. In: Sozial Extra (37. Jg.), H. 11/12, S. 6–10

Braun, Karl-Heinz (unter Mitarbeit von Elze, Matthias) (2013b): Sozialpathologische Umerziehung: Der Geschlossene Jugendwerkhof in Torgau. Ein Foto-Interview mit dem Zeitzeugen Alexander Müller, In: Bock, Karin u. a. (Hrsg.): Jugend.Hilfe.Forschung., Baltmannsweiler: Schneider

Braun, Karl-Heinz (unter Mitarbeit von Elze, Matthias) (2014): Der aneignungstheoretische Blick auf die systemisch vermittelten Sozialräume. In: Deinet/Reutlinger (2014), S. 33–65

Braun, Karl-Heinz (unter Mitarbeit von Elze, Matthias) (2015) Die »Unité d'habitation« von Le Corbusier in Marseille. Eine Sozialreportage über die Widersprüche moderner Architektur und kapitalistische Sozialraumpolitik. In: passagen, H. 1 (im Druck)

Braun, Karl-Heinz/Elze Matthias/Wetzel, Konstanze (2015): Sozialreportage als Methode der sozialraumbezogenen Tiefenhermeneutik – am Beispiel städtischer Graffitikulturen. In: Dörr, Margret/Füssenhäuser, Cornelia/Schulze, Heidrun (Hrsg.): Biografie und Lebenswelt, Wiesbaden: VS Springer, S. 209–226

Braun, Karl-Heinz/Wetzel, Konstanze (2009): Sozialreportage – Zur kommunikativen Aneignung von historischen Sozialräumen. In: Deinet, Ulrich (Hrsg.): Methodenbuch Sozialraum, Wiesbaden: VS-Verlag, S. 213–234

Braun, Karl-Heinz/Wetzel, Konstanze (2010): Sozialreportage. Einführung in eine Handlungs- und Forschungsmethode der Sozialen Arbeit, Wiesbaden: VS-Verlag

Braun, Karl-Heinz/Wetzel, Konstanze/Bokalic, Mario (2015): Sozialreportage als dokumentarisch-ästhetische Lernaufgabe – am Beispiel des Projektes »Die Kärntner Stadtgemeinde Feldkirchen«. In: Burkart, Günter/Meyer, Nikolaus (Hrsg.): Die Welt anhalten. Fotografie, Bilder & Sozialforschung, Weinheim und Basel: Beltz (im MS)

Bredekamp, Horst (2010): Theorie des Bildakts, Berlin: Suhrkamp

Breuer, Gerda (Hrsg.) (1997): Außenhaut + Innenraum. Mutmaßungen zu einem gestörten Verhältnis zwischen Photographie und Architektur, Frankfurt/M.: anabas

Bruhn, Matthias (Hrsg.) (2000): Darstellung und Deutung. Abbilder der Kunstgeschichte, Weimar: VDG

Brumlik, Micha (2007): Schrift und Bild. Frühe Weichenstellungen. In: Friebertshäuser, Barbara u. a. (Hrsg.): Bild und text, Opladen & Farmington Hills: Barbara Budrich, S. 295–302

Bühler, Karl (1933): Ausdruckstheorie. Das System an der Geschichte aufgezeigt, Jena: Fischer

Bühler, Karl (1978): Die Krise der Psychologie, Frankfurt/M. u. a.: Ullstein

Bühler, Karl (1999): Sprachtheorie. Die Darstellungsfunktion der Sprache, Stuttgart: Lucius & Lucius

Bühler, Karl (2012): Schriften zur Sprachtheorie. Herausgegeben von Achim Eschbach, Tübingen: Mohr Siebeck

Büttemeyer, Wilhelm/Sandkühler, Hans Jörg (Hrsg.) (2000): Übersetzung – Sprache und Interpretation, Frankfurt/M. u. a.: Peter Lang

Bussmann, Michael/Tröger, Gabriele (2009): Prag, Erlangen: Michael Müller

Calmbach, Marc u. a. (2012): Wie ticken Jugendliche? Lebenswelten von Jugendlichen im Alter von 14 bis 17 Jahren in Deutschland, o. O.: Haus Altenberg

Cartier-Bresson, Henri (2008): 11 Filme von und über Henri Cartier-Bresson, o. O.: absolut Medien (DVD)

Corboz, André (2001): Die Kunst, Stadt und Land zum Sprechen zu bringen, Basel u. a.: Birkhäuser

Cosmas von Prag (1997): Chronik Böhmens 2, Essen und Stuttgart: Phaidon

Courtinat, Jean-Louis (2001): »Le enfants du diable«, Arles: Nathan

Courtinant, Jean-Louis (2006): La raison du plus faible ..., o. O.: delpire

Craig, Michael (2000): Alexander Rodchenko an the Russian Avant-garde, Moskau: copernicusfilms

Crary, Jonathan (2002): Aufmerksamkeit. Wahrnehmung und moderne Kultur, Frankfurt/M.: Suhrkamp

Czumalona u. a. (o. J.): Fotos Praha

Daston, Lorraine/Galison, Peter (2007): Objektivität, Frankfurt/M.: Suhrkamp

Deghati, Reza (2009): REZA – WAR + PEACE, Hamburg: National Geografic Deutschland

Deines, Stefan/Liptow, Jasper/Seel, Martin (Hrsg.) (2013): Kunst und Erfahrung, Berlin: Suhrkamp

Deinet, Ulrich (Hrsg.) (2009): Methodenbuch Sozialraum, Wiesbaden: VS-Verlag

Deinet, Ulrich u. a. (Hrsg.) (2009): Betreten erlaubt! Opladen & Farmington Hills, MI: Barbara Budrich

Deinet, Ulrich/Reultlinger, Christian (Hrsg.) (2004): »Aneignung« als Bildungskonzept der Sozialpädagogik, Wiesbaden: VS-Verlag

Deinet, Ulrich/Reutlinger, Christian (Hrsg.) (2014): Tätigkeit – Aneignung – Bildung, Wiesbaden: VS Springer

Derrida, Jacques (1983): Grammatologie, Frankfurt/M.: Suhrkamp

Derrida, Jacques (1987): Die Tode von Roland Barthes, Berlin: Nishen

Dilthey, Wilhelm (1958): Der Aufbau der geschichtlichen Welt in den Geisteswissenschaften. Gesammelte Schriften, VII. Band, Stuttgart/Göttingen: B. G. Teubner/ Vandenhoek & Ruprecht

Dörre, Klaus (2010): Die neue Landnahme: Prekarisierung im Finanzkapitalismus. In: neue praxis (40. Jg.), H. 1, S. 5–24

Dröge, Franz (1987): Die Kneipe, Frankfurt/M.: Suhrkamp

Dubois, Philippe (1998): Der fotografische Akt, Amsterdam-Dresden: Verlag der Kunst

Durkheim, Emile (1983): Der Selbstmord, Frankfurt/M.: Suhrkamp

Durth, Werner (1977): Die Inszenierung der Alltagswelt. Zur Kritik der Stadtgestaltung, Braunschweig: vieweg

Dünne, Jörg/Günzel, Stephan (Hrsg.) (2006): Raumtheorie, Frankfurt/M.: Suhrkamp

Eisenstein, Sergej (2011): Montage. In. Gotto, Lisa (Hrsg.): Eisenstein-Reader, Leipzig: Henschel, S. 38–83

Eschbach, Achim (Hrsg.) (1984): Bühler-Studien. 2 Bde, Frankfurt/M.: Suhrkamp

Eveno, Bertrant u. a. (2001): Das Gesicht der Welt. Grosse Augenblicke des Fotojournalismus, München: Knesebeck

Fegter, Susann (2011): Die Macht der Bilder – Photografien und Diskursanalyse. In: Oelerich, Gertrud/Otto, Hans-Uwe (Hrsg.): Empirische Forschung und Soziale Arbeit, Wiesbaden: VS-Verlag, S. 207–219

Feiniger, Andreas (1979): Große Fotolehre, München/Zürich: Heyne

Fialová, Irená/Tichá, Jana (2008): PRG/20/21, Pague: zlatý rez

Finke, Marcel/Halawa, Mark A. (2012a): Materialität und Bildlichkeit. In: Dies. (2012), S. 9–18

Finke, Marcel/Halawa, Mark A. (Hrsg.) (2012): Materialität und Bildlichkeit. Visuelle Artefakte zwischen Aisthetik und Semiosis, Berlin: Kulturverlag Kadmos

Fischer-Lichte, Erika (2004): Ästhetik des Performativen, Frankfurt/M.: Suhrkamp

Fischer-Lichte, Erika (2013): Performativität, Bielefeld: transcript

Fleck, Ludwik (1980): Entstehung und Entwicklung einer wissenschaftlichen Tatsache, Frankfurt/M.: Suhrkamp

Fleck, Ludwik (1983): Erfahrung und Tatsache, Frankfurt/M.: Suhrkamp

Fleck, Ludwik (2011): Denkstile und Tatsachen, Berlin: Suhrkamp

Floum, Ronald u. a. (o. J.): Zeitreise. 1200 Jahre Leben in Magdeburg, Magdeburg: Elbe Report

Flusser, Vilém (2000): Toward a Philosophy of Photography, London: Reaktion Books

Flusser, Vilém (2009): Kommunikologie weiter denken, Frankfurt/M.: Fischer Taschenbuch

Forster, Edgar (2014): Kritik der Evidenz. Das Beispiel evidence-informed policy research der OECD. In: Zeitschrift für Pädagogik (60. Jg.), H. 6, S. 890–907

Fort, Gertrud von le (2015: Die Magdeburgische Hochzeit, Magdeburg: Ost-Nordost (Hörbuch)

Frei, Christian (2001): war photographer, o. O.: Warner Home Videos (DVD)

Freytag, Gustav (2014): Bilder aus der deutschen Vergangenheit. 4 Bde, Koblenz: Edition Kramer (Reprint der Ausgaben von 1859–1967)

Frizot, Michel (2006): Unvorhersehbare Blicke. In: Cartier-Bresson, Henri: Scrapbook, München: Schirmer/Mosel

Fröhlich, Gerhard/Mörth, Ingo (Hrsg.) (1998): Symbolische Anthropologie der Moderne, Frankfurt/New York: Campus

Fröhlich, Volker/Stenger, Ursula (Hrsg.) (2003): Das Unsichtbare sichtbar machen, Weinheim und München: Juventa

Fry, Juliane L. u. a. (2010): Die Enzyklopädie des Wetters und des Klimawandels, Hamburg: National Geographic

Füssenhäuser, Cornelia (2005): Werkgeschichte(n) der Soziapädagogik: Klaus Mollenhauer – Hans Thiersch – Hans-Uwe Otto, Baltmannsweiler: Schneider

Gabriel, Markus (Hrsg.) (2014): Der Neue Realismus, Berlin: Suhrkamp

Gadamer, Hans-Georg (1990): Wahrheit und Methode. Grundzüge einer philosophischen Hermeneutik, Tübingen: Mohr

Gaede, Peter-Matthias (Hrsg.) (2006): Die Fotografen. 60 außergewöhnliche Geschichten aus 30 Jahre GEO, Hamburg: Gruner + Jahr

Garz, Detlef (1994): Die Welt als Text, Frankfurt/M.: Suhrkamp

Geertz, Clifford (1987): Dichte Beschreibung, Frankfurt/M.: Suhrkamp

Geertz, Clifford (1997): Spurenlesen. Der Ethnologe und das Entgleiten der Fakten, München: Beck

Geertz, Clifford (2014): Welt in Stücken. Kultur und Politik am Ende des 20. Jahrhunderts, Wien: Passagen

Geimer, Peter (2002) (Hrsg.): Ordnungen der Sichtbarkeit. Fotografie in Wissenschaft, Kunst und Technologie, Frankfurt/M.: Suhrkamp

Geimer, Peter (2009): Theorien der Fotografie zur Einführung, Hamburg: Junius

Geimer, Peter (2010): Bilder aus Versehen. Eine Geschichte fotografischer Erscheinungen, Hamburg: Philo Fine Arts

Gfrereis, Heike/Lepper, Marcel (Hrsg.) (2007): Deixis. Vom Denken mit dem Zeigefinger, Göttingen: Wallstein

Goetz, Rainer/Graupner, Stefan (Hrsg.) (2007): Atmosphäre(n). Interdisziplinäre Annäherungen an einen unscharfen Begriff, München: KOPAED

Göbel, Karin/Verweyen, Annemarie (1987): Weihnachten im Bilderbuch. Berlin: Museum für deutsche Volkskunde

Göhlich, Michael/Wulf, Christoph/Zirfas, Jörg (Hrsg.) (2014): Pädagogische Theorien des Lernens, Weinheim und Basel: Beltz Juventa

Goodman, Nelson (1997): Sprachen der Kunst, Frankfurt/M.: Suhrkamp

Großklaus, Götz (2004): Medien-Bilder, Frankfurt/M.: Suhrkamp

Grunwald, Klaus/Thiersch, Hans (Hrsg.) (2004): Praxis Lebensweltorientierter Sozialer Arbeit, Weinheim und München: Juventa

Gründer, Ralf (2007): Berliner Mauerkunst, Köln: Böhlau

Gruschka, Andreas (2008): Präsentieren als neue Unterrichtsform, Opladen Farmington Hills: Barbara Budrich

Günzel, Stephan (Hrsg.) (2007): Topologie. Zur Raumbeschreibung in den Kultur- und Medienwissenschaften, Bielefeld: transcript

Gumbrecht, Hans Ulrich (2004): Diesseits der Hermeneutik, Frankfurt/M.: Suhrkamp

Gumbrecht, Hans Ulrich (2010): Unsere breite Gegenwart, Berlin: Suhrkamp

Gumbrecht, Hans Ulrich (2012): Präsenz, Berlin: Suhrkamp

Gumbrecht, Hans Ulrich/Pfeiffer, K. Ludwig (Hrsg.) (1986): Stil. Geschichten und Funktionen eines kulturwissenschaftlichen Diskurselements, Frankfurt/M.: Suhrkamp

Gursky, Andreas (2008): Architektur, Ostfildern: Hatje Canitz

Habermas, Jürgen (1968): Erkenntnis und Interesse, Frankfurt/M.: Suhrkamp

Habermas, Jürgen (1985): Zur Logik der Sozialwissenschaften. Erw. Ausgabe, Frankfurt/M.: Suhrkamp

Habermas, Jürgen (1987): Theorie des kommunikativen Handelns. 2 Bde, Frankfurt/M.: Suhrkamp

Habermas, Jürgen (2004): Hermeneutische und analytische Philosophie. In: ders.: Wahrheit und Rechtfertigung. Erw. Ausgabe, Frankfurt/M.: Suhrkamp, S. 65–101

Habermas, Tilmann (1999): Geliebte Objekte, Frankfurt/M.: Suhrkamp

Hall, Stuart (2000): Cultural Studies. Ein politisches Theorieprojekt. Ausgewählte Schriften 3, Hamburg: Argument

Hall, Stuart (2004): Kodieren/Dekodieren; Reflektionen über das Kodieren/Dekodieren-Modell. In: ders.: Ideologie Identität Repräsentation. Ausgewählte Schriften 4, Hamburg: Argument, S. 66–107

Hamm, Manfred/Sieferle, Rolf Peter (2003): Die antiken Stätten von morgen. Ruinen des Industriezeitalters, Berlin: Nicolai

Hattenhorst, Maik (2010): Magdeburg 1933, Halle (Saale): mdv

Häußermann, Hartmut/Siebel, Walter (1987): Neue Urbanität, Frankfurt/M.: Suhrkamp

Hauser, Arnold (1990): Sozialgeschichte der Kunst und Literatur, München: Beck

Heidegger, Martin (1979): Sein und Zeit, Tübingen: Niemeyer

Hepp, Andreas u. a. (Hrsg.) (2009): Schlüsselwerke der Cultural Studies, Wiesbaden: VS-Verlag

Heitmeyer, Wilhelm (Hrsg.) (1997): Was treibt die Gesellschaft auseinander? Frankfurt/M.: Suhrkamp

Heitmeyer, Wilhelm (Hrsg.) (2002–2012): Deutsche Zustände. 10 Bde, Berlin/Frankfurt/M: Suhrkamp

Heitmeyer, Wilhelm/Imbusch, Peter (Hrsg.) (2005): Integrationspotenziale einer modernen Gesellschaft, Wiesbaden: VS-Verlag

Heßler, Martina/Mensch, Dieter (Hrsg.) (2009): Logik des Bildlichen. Zur Kritik der ikonischen Vernunft, Bielefeld: transcript

Heßler, Martina/Mersch, Dieter (2009a): Bildlogik oder Was heißt visuelles Denken? In: dies. (2009), S. 8–62

Hepp, Andreas u. a. (Hrsg.) (2009): Schlüsselwerke der Cultural Studies, Wiesbaden: VS-Verlag

Hinterwaldner, Inge (2012): Trajektoren, Bänder, Balken. Spekulationen über eine Materialität bei computergestützten Architekturentwürfen. In: Funke/Halawa (2012), S. 161–177

Holl, Christian (Hrsg.) (2002): Soziale Stadt, Stuttgart München: DVA

Holzkamp, Klaus (1973): Sinnliche Erkenntnis, Frankfurt/M.: Fischer Athenäum

Holzkamp-Osterkamp, Ute (1976): Grundlagen der psychologischen Motivationsforschung 2, Frankfurt/New York: Campus

Honneth, Axel (1992): Kampf um Anerkennung, Frankfurt/M.: Suhrkamp

Honneth, Axel (2003): Unsichtbarkeit, Frankfurt/M.: Suhrkamp

Huber, Ludwig u. a. (Hrsg.) (2014): Forschendes Lernen im eigenen Fach, Bielefeld: Bertelsmann

Insua, Juan (Ed.) (2002): The City of K. Franz Kafka & Prague, Barcelona: Centre de Cultura Contemporània des Barcelona u. a.

Jakob, Kai (2014): Street Art in Berlin, Berlin: Jaron

Jencks, Charles (1990): Was ist Postmoderne? Zürich und München: Verlag für Architektur Artemis

Jochens, Birgit (1996): Deutsche Weihnacht, Berlin: Nicolai

Jungmann, Jan (2007): Smichov, Prahy: Muzeum hlavniho mesta

Jürgens-Kichhoff, Annegret (1993): Schreckensbilder. Krieg und Kunst im 20. Jahrhundert, Berlin: Reimer

Jung, Thomas/Müller-Dohm, Stefan (Hrsg.) (1993): »Wirklichkeit« im Deutungsprozeß, Frankfurt/M.: Suhrkamp

Kamper, Dietmar/Wulf, Christoph (Hrsg.) (1984): Das Schwinden der Sinne, Frankfurt/M.: Suhrkamp

Kant, Immanuel (1974a): Kritik der reinen Vernunft. 2 Bde. Werkausgabe Bd. III/IV, Frankfurt/M.: Suhrkamp

Kant, Immanuel (1974b): Kritik der Urteilskraft. Werkausgabe Bd. X, Frankfurt/M.: Suhrkamp

Kemp, Wolfgang (Hrsg.) (1985): Der Betrachter im Bild, Köln: Domint

Kemp, Wolfgang (2014): Geschichte der Fotografie, München: Beck

Kessel, Fabian u. a. (Hrsg.) (2005): Handbuch Sozialraum, Wiesbaden: VS-Verlag

Kessl, Fabian/Reutlinger, Chrisian (Hrsg.) (2013): Urbane Spielräume. Bildung und Stadtentwicklung, Wiesbaden: VS Springer

Kittsteiner, Heinz Dieter (Hrsg.) (2004): Was sind Kulturwissenschaften? 13 Antworten, München: Fink

Klafki, Wolfgang (1976): Erziehungswissenschaft als kritisch-konstruktive Theorie: Hermeneutik – Empire – Ideologiekritik. In: ders.: Aspekte kritisch-konstruktiver Erziehungswissenschaft, Weinheim und Basel: Beltz, S. 13–49

Klafki, Wolfgang (2007): Neue Studien zur Bildungstheorie und Didaktik. 6. Aufl., Weinheim und Basel: Beltz

Klafki, Wolfgang (2013): Kategoriale Bildung. Konzeption und Praxis reformpädagogischer Schularbeit zwischen 1948 und 1952. Herausgegeben und mit einer Einleitung versehen von Christian Ritzi und Heinz Stübig, Bad Heilbrunn: Klinkhardt

Klafki, Wolfgang/Braun, Karl-Heinz (2007): Wege pädagogischen Denkens, München Basel: Reinhardt

Klitzke, Katrin/Schmidt, Christian (Hrsg.) (2009): Street Art. Legenden zur Straße, Berlin: Archiv der Jugendkulturen

Kolár, Viktor (2010): OSTRAVA, Praha: Kant

Konersmann, Ralf (Hrsg.) (1999): Kritik des Sehens, Leipzig: Reclam

Kraimer, Klaus (Hrsg.) (2014): Aus Bildern Lernen. Optionen einer sozialwissenschaftlichen Bild-Hermeneutik, Ibbenbühren: münstermann

Krämer, Sybille (2001): Sprache, Sprechakt, Kommunikation. Sprachtheoretische Positionen des 20. Jahrhunderts, Frankfurt/M.: Suhrkamp

Krämer, Sybille (2008): Medium, Bote, Übertragung. Kleine Metaphysik der Medialität, Frankfurt/M.: Suhrkamp

Krämer, Sybille (2009): Operative Bildlichkeit. Von der ›Grammatologie‹ zu einer ›Diagrammtologie‹? Reflexionen über erkennendes ›Sehen‹. In: Heßler/Mersch (2009), S. 94–122

Krämer, Sybille/Bredekamp, Horst (2009): Kultur, Technik, Kulturtechnik: Wider die Diskusivierung der Kultur. In: Dies. (Hrsg.): Bild – Schrift – Zahl, München: Fink, S. 11–22

Kretschmann, Christoph (2007): Vom Grusonwerk zu SKET, Magdeburg: Delte-D

Kropp, Vilém (2008): Václavák, Beroun: Knihkupectvì U Radnice

Kugelmann, Cilly u.a. (2005): Weihnukka, Berlin: Nicolai

Kuhn, Thomas S. (1976): Die Struktur wissenschaftlicher Revolutionen, Frankfurt/M.: Suhrkamp

Lacan, Jacques (1975): Das Spiegelstadium als Bildner der Ichfunktion, wie sie uns in der psychoanalytischen Erfahrung erscheint. In: ders.: Schriften 1, Frankfurt/M.: Suhrkamp

Lacan, Jacques (1987): Die vier Grundbegriffe der Psychoanalyse. Weinheim/Berlin: Quadriga

Lampugnani, Vittorio Magnago (1982): Architektur unseres Jahrhunderts in Zeichnungen. Utopie und Realität, Stuttgart: Hatje

Landeshauptstadt Magdeburg (2010): Stadtteilkatalog. Magdeburger Statistische Blätter. H. 75, Magdeburg: Amt für Statistik

Langer, Freddy (Hrsg.) (2002): Fotografie! Das 19. Jahrhundert, München u.a.: Prestel

Langer, Susanne K. (1965): Philosophie auf neuem Wege. Das Symbol im Denken, im Ritus und in der Kunst, Frankfurt/M.: S. Fischer

Lardions, Brigitte (Hrsg.) (2008): Magnum, München: Schirmer/Mosel

Latour, Bruno (2002): Iconoclash oder Gibt es eine Welt jenseits des Bilderkrieges?, Berlin: Merve

Lehnert, Gertrud (Hrsg.) (2011): Raum und Gefühl, Bielefeld: transcript

Loenhoff, Jens Hrsg.) (2012): Implizites Wissen, Weilerswist: Velbrück Wissenschaft

Löw, Martina (2001): Raumsoziologie, Frankfurt/M.: Suhrkamp

Löw, Martina (2012): Soziologie der Städte, Frankfurt/M.: Suhrkamp

Lorenz, Annika (2009): »Verbieten ist Verboten!« In: Klitzke/Schmidt (2009), S. 34–51

Lukes, Zdenek (2001): architecture of the 20.th century, Prague: Castle Administration/Dada

Lukes, Zdenek/Havlova, Ester (2006): Czech Architectural Cubism, Praha: Lukes

Lynch, Kevin (1968): Das Bild der Stadt, Gütersloh u.a.: Bertelsmann

Lynden, G. W. J. van (2000): Soil Degradation in Central and Eastern Europe. In: Umwelt in Europa: Bodendegration. European Envirement-Agency

Maar, Christa/Burda, Hubert (Hrsg.) (2004): Iconic Turn. Die neue Macht der Bilder, Köln: DuMont

Maasen, Sabine u.a. (Hrsg.) (2015): Bilder als Diskurse – Bilddiskurse, Weilerswist: Velbrück

Maloof, John (Hrsg.): Vivian Maier – Street Photographer, München: Schirmer/Mosel

Maloof, John/Siskel, Charlie (2013): Finding Vivian Maier, Berlin: Ravine Pictures

May, Michael/Alisch, Monika (Hrsg.) (2008): Praxisforschung im Sozialraum, Opladen & Farmington Hills: Barbara Budrich

Mersch, Dieter (2002): Ereignis und Aura. Untersuchungen zu einer Ästhetik des Performativen, Frankfurt/M.: Suhrkamp

Mersch, Dieter (2006): Medientheorien zur Einführung, Hamburg: Junius

Mißelbeck, Reinhold (Hrsg.) (2005): Photographie des 20. Jahrhunderts, Köln: Taschen

Mitchel, W. J. T. (2007): Pictorial Turn. Eine Antwort. In: Belting (2007), S. 37–46

Mitchel, W. J. T. (2008a): Bildtheorie, Frankfurt/M.: Suhrkamp

Mitchel, W. J. T. (2008b): Das Leben der Bilder. Eine Theorie der visuellen Kultur, München: Beck

Molllenhauer, Klaus (1987): Die Dinge und die Bildung. In: Braun, Karl-Heinz/Wunder, Dieter (Hrsg.): Neue Bildung – Neue Schule, Weinheim und Basel: Beltz, S. 32–46

Mollenhauer, Klaus (1996): Grundfragen ästhetischer Bildung, Weinheim und München: Juventa

Mollenhauer, Klaus/Wulf, Christoph (Hrsg.) (1996): Aisthesis/Ästhetik, Weinheim: Deutscher Studienverlag

Morris, Charley William (1988): Grundlagen der Zeichentheorie/Ästhetik der Zeichentheorie, Frankfurt/M.: Fischer Taschenbuch

Moser, Walter/Schröder, Klaus Albrecht (Hrsg.) (2014): Blow-Up. Antonionis Filmklassiker und die Fotografie, Osterfilden: Cantz

Münkler, Herfried (2002): Über den Krieg, Weilerswist: Velbrück

Mrázková, Daniela/Remes, Vladimir (1983): Tschechoslowakische Fotografen 1900–1940, Leipzig: VEB Fotokina

Nohl, Arnd-Michael (2012): Be-Dingte Bildung? – Pragmatische und empirische Überlegungen zur Bildung mit materiellen Artefakten. In: Miethe, Ingrid/Müller, Hans-Rüdiger (Hrsg.): Qualitative Bildungsforschung und Bildungstheorie, Opladen u. a.: Barbara Budrich, S. 227–245

Overy, Richard (2014): Der Bombenkrieg. Europa 1939–1945, Berlin: Rowohlt

Panofski, Erwein (1978): Sinn und Deutung in der bildenden Kunst, Köln: DuMont

Pape, Helmut (1997): Die Unsichtbarkeit der Welt, Frankfurt/M.: Suhrkamp

Paul, Gerhard (2006): Von der historischen Bildkunde zur Visual History. In: Ders.: (Hrsg.): Visual History, Göttingen: Vandenhoeck & Ruprecht, S. 7–36

Paul, Gerhard (2008/2009): Das Jahrhundert der Bilder. 2 Bde, Göttingen: Vandenhoeck & Ruprecht

Peirce, Charles S. (1991): Schriften zum Pragmatismus und Pragmatizismus. Hrsg. von Karl-Otto Apel, Frankfurt/M.: Suhrkamp

Peirce, Charles S. (2000): Semiotische Schriften. 2 Bde. Hrsgg. von Christian J. W. Kloesel/Helmut Pape, Frankfurt/M.: Suhrkamp

Peschlow-Bindokat, Anneliese (2003): Frühe Menschenbilder, Mainz: Philipp von Zabern

Pias, Claus u. a. (Hrsg.) (1999): Kursbuch Medienkultur. Die maßgeblichen Theorien von Brecht bis Baudrillard, München: DVA

Polívka, Jan (2008): Boomstadt Prag. Stärkung der Stadtteilzentren? In: Bodenschatz, Harald/Laible, Ulrike (Hrsg.): Großstädte von morgen, o. O.: Braun, S. 194–211

Probst, Jörg/Klenner, Jost Philipp (Hrsg.) (2009): Ideengeschichte der Bildwissenschaft, Frankfurt/M.: Suhrkamp

Puhle, Mattias (Hrsg.) (1998): »… gantz verheeret!« Magdeburg und der Dreißigjährige Krieg, Halle (Saale): mdv

Puhle, Matthias (Hrsg.) (2011): »Magdeburg lebt!« Kriegsende und Neubeginn 1945–1949, Magdeburg: Magdeburger Museen

Putnam, Hilary (1991): Repräsentation und Realität, Frankfurt/M.: Suhrkamp

Quine, Willard van Orman (1980): Wort und Gegenstand, Stuttgart: Reclam jun.

Ranke-Heinemann, Uta (2004): Nein und Amen. Mein Abschied vom traditionellen Christentum, München: Heyne

Rauh, Andreas (2012): Die besondere Atmosphäre. Ästhetische Feldforschungen, Bielefeld: transcript

Reinke, Julia (2012): Street-Art. Eine Subkultur zwischen Kunst und Kommerz, Bielefeld: transcript

Reutlinger, Christian (2003): Jugend, Stadt und Raum, Opladen: Leske + Budrich

Reutlinger, Christian u. a. (Hrsg.) (2010): Raumwissenschaftliche Basics, Wiesbaden: VS-Verlag

Rimmele, Marius/Stiegler, Bernd (2012): Visuelle Kulturen/Visual Culture zur Einführung, Hamburg: Junius

Rittelmeyer, Christian/Parmentier, Michael (2006): Einführung in die pädagogische Hermeneutik, Darmstadt: WBG

Rodger, George (1994): Humanity and inhumanity, London: Phaidon

Roesler, Alexander/Stiegler, Bernd (Hrsg.) (2005): Grundbegriffe der Medientheorie, München: Fink

Rorty, Richard (2000): Philosophie und Zukunft, Frankfurt/M.: Fischer Taschenbuch

Rorty, Richard (2008): Philosophie als Kulturpolitik, Frankfurt/M.: Suhrkamp

Rorty Richard M. (Ed.) (1992): The linguistic turn. Essays in philosophical method. With two retrospective essays, Chicago and London: University of Chicago Press

Runge, Evelyn (2012): Glamour des Elends. Ethik, Ästhetik und Sozialkritik bei Sebatiao Salgado und Jeff Wall, Köln u. a.; Böhlau

Sach-Hombach, Klaus (2004): Wege zur Bildwissenschaft. Interviews, Köln: Herbert von Halem

Sachs-Hombach, Klaus (Hrsg.) (2005): Bildwissenschaft. Disziplinen, Themen, Methoden, Frankfurt/M.: Suhrkamp

Sach-Hombach, Klaus/Totzke, Rainer (Hrsg.) (2011): »Bilder-Sehen-Denken«, Köln: Herbert von Halem

Salm, Christiane zu (2012): Manifesto Collage. Über den Begriff der Collage im 21. Jahrhundert, Nürnberg: Verlag für moderne Kunst

Sandkühler, Hans Jörg (1991): Die Wirklichkeit des Wissens, Frankfurt/M.: Suhrkamp

Sandkühler, Hans Jörg (2009): Kritik der Repräsentation, Frankfurt/M.: Suhrkamp

Sartre, Jean-Paul (1991): Das Sein und das Nichts. Gesammelte Werke. Philosophische Schriften I, Reinbek: Rowohlt

Schade, Sigrid/Wenk, Silke (2011): Studien zur visuellen Kultur, Bielefeld: transcript

Schalhorn, Andreas (Hrsg.) (2011): Neue Realität. FotoGrafik von Warhol bis Havekost, Köln: Wienand

Schedel, Hartmann (1493): Weltchronik, Nürnberg (Nachdruck im Originalformat: Lahnstein 2010: Edition Offzin)

Schilling, Michael (1999): Petrus Lotichius Secundus im Schulunterricht am Beginn des Dreißigjährigen Krieges. In: Schandera, Gunter/Schilling, Michael (Hrsg.): Prolegomena zur Kultur- und Literaturgeschichte des Magdeburger Raumes, Magdeburg: Scriptum, S. 151–164

Schlögel Karl (2009a): Petersburg. Das Laboratorium der Moderne 1909–1921, Frankfurt/M.: Fischer Taschenbuch

Schlögel, Karl (2009b): Marjampole oder Europas Wiederkehr aus dem Geist der Städte, Frankfurt/M.: Fischer Taschebuch

Schlögel, Karl (2011): Im Raume lesen wir die Zeit, Franfurt/M.: Fischer Taschenbuch

Schmidt, Christian (2009): Street Art – Zeichen der Zeit. In: Klitzke/Schmidt (2009), S. 194–2005

Schmidt, Udo (2004): Das neue Handbuch digitaler Fotografie, Poing: Franzis

Schmitz, Hermann (2009): Der Leib, der Raum und die Gefühle, Bielefeld und Basel: Edition Sirius

Schmitz, Hermann (2012): Kurze Einführung in die Neue Phänomenologie, Freiburg/München: Karl Alber

Schroeder, Manuel/Schönig, Werner (2008): Objekt Egelstein. Sozialfotografische Betrachtung eines Kölner Stadtteils, Opladen & Farmington Hills: Barbara Budrich

Schürmann, Eva (2008): Sehen als Praxis, Frankfurt/M.: Suhrkamp

Schulz, Martin (2009): Ordnungen der Bilder, München: Fink

Searl, John R. (1982): Ausdruck und Bedeutung, Frankfurt/M.: Suhrkamp

Searl, John, R. (1983): Sprechakte, Frankfurt/M.: Suhrkamp

Searl, John R. (2011): Die Konstruktion der gesellschaftlichen Wirklichkeit. Zur Ontologie sozialer Tatsachen, Berlin: Suhrkamp

Sebock, Thomas A. (1979): Theorie und Geschichte der Semiotik, Reinbek: Rowohlt

Sèclier, Philippe (2010): Un voyage américan. Sur les traces de Robert Frank, o. O.: George foundation u. a.

Seel, Marin (1996a): Eine Ästhetik der Natur, Frankfurt/M.: Suhrkamp

Seel, Martin (1996b): Ethisch-ästhetische Studien, Frankfurt/M.: Suhrkamp

Seel, Martin (1997): Die Kunst der Entzweiung. Zum Begriff der ästhetischen Rationalität, Frankfurt/M.: Suhrkamp

Seel, Martin (2003): Ästhetik des Erscheinens, Frankfurt/M.: Suhrkamp

Seel, Martin (2007): Die Macht des Erscheinens, Frankfurt/M.: Suhrkamp

Seel, Martin (2014): Aktive Passivität, Frankfurt/M.: Fischer

Siebel, Walter (Hrsg.) (2004): Die europäische Stadt, Frankfurt/M.: Suhrkamp

Simon, Titus (2001): Wem gehört der öffentliche Raum? Opladen: Leske + Budrich

Smith, Duncan J. D. (2010): Nur in Prag, Wien: Brandstätter

Smith, W. Eugene (2011): Realer als die Realität, Heidelberg/Berlin: Kehrer

Soeffner, Hans-Georg (2004): Auslegung des Alltags – Der Alltag der Auslegung, Konstanz: UVK

Sofsky, Wolfgang (2011): Todesarten. Über Bilder der Gewalt, Berlin: Matthes & Seitz

Stahel, Urs (Hrsg.) (2009): Darkside II: Fotografische Macht und fotografierte Gewalt, Krankheit und Tod, Göttingen: Steidl

Stahl, Johannes (2009): Street Art, Königswinter: Tandem

Stareho, Oldricha (1962): Ceskoslovenska Architektura, Praha: Umelcu

Starl, Timm (1995): Knipser. Die Bildgeschichte der privaten Fotografie in Deutschland und Österreich von 1880 bis 1980, München/Berlin: Koehler & Amelang

Starobinski, Jean (1994): Gute Gaben, schlimme Gaben, Frankfurt/M.: Fischer

Stegmaier, Werner (Hrsg.) (2000): Kultur der Zeichen, Frankfurt/M.: Suhrkamp

Steinführer, Annett (2004): Wohnstandortentscheidungen und städtische Transformation, Wiesbaden: VS-Verlag

Stepan, Peter (Hrsg.) (1999): Fotografie! Das 20. Jahrhundert, München u.a.: Prestel

Stiegler, Bernd (2006a): Theoriegeschichte der Photographie, München: Fink

Stiegler, Bernd (2006b): Bilder der Photographie. Ein Album photographischer Metaphern, Frankfurt/M.: Suhrkamp

Stiegler, Bern/Thürlemann, Felix (2011): Meisterwerke der Fotografie, Stuttgart. Reclam jun.

Stumberger, Rudolf (2007/2010): Klassen-Bilder. 2 Bde, Konstanz: UVK

Sýkora, Ludek (2005): Stadtentwicklung und Raumplanung in der Tschechischen Republik und in Prag. In: Altrock, Uwe u.a. (Hrsg.): Zwischen Anpassung und Neuerfindung, o.O.: Altrock, S. 49–69

Thiersch, Hans/Böhnisch, Lothar (2014): Spiegelungen. Lebensweltorientierung und Lebensbewältigung, Weinheim und Basel: Beltz Juventa

Tiradritti, Francesco (2007): Ägyptische Wandmalereien, München: Hirmer

Tomasello, Michael (2009): Die Ursprünge der menschlichen Kommunikation, Frankfurt/M.: Suhrkamp

Uffelen, Chris van/Golser, Markus (2013): Prague. The Architecture Guide, o.O.: Braun

Venturi, Robert u.a. (1997): Lernen von Las Vegas. Zur Ikonographie und Architektursymbolik der Geschäftsstadt, Gütersloh u.a.: Bauverlag/Birkhäuser

Vester, Michael u.a. (2001): Soziale Milieus im gesellschaftlichen Strukturwandel, Frankfurt/M.: Suhrkamp

Virilio, Paul (1986): Ästhetik des Verschwindens, Berlin: Merve

Wagenbach, Klaus (1993): Kafkas Prag. Ein Reiselesebuch, Berlin: Wagenbach

Walde, Claudia (2012): Street Fonts. Graffiti-Schriften von Berlin bis New York, München u.a.: Prestel

Walter, Hans (2007): 15 Jahre Sanierung Magdeburg-Buckau, Magdeburg: Stadtplanungsamt

Weber-Kellermann, Ingeborg (1974): Die deutsche Familie, Frankfurt/M.: Suhrkamp

Weigel, Sigrid (2015): Grammatologie der Bilder, Berlin: Suhrkamp

Welsch, Wolfgang (1990): Ästhetisches Denken, Stuttgart: Reclam

Wenders, Wim/Salgado, Juliano Ribeiro (2015): Das Salz der Erde. Eine Reise mit Sebastiao Salgado, Berlin: NFP

Wichern, Johann Hinrich (1975): Die arme Frau Dortel am Weihnachtsabend. In: Sämtliche Werke. Bd. 7, Hamburg: Lutherisches Verlagshaus

Wiesing, Lambert (2000): Phänomene im Bild, München: Fink

Wiesing, Lambert (2005): Artifizielle Präsenz, Frankfurt/M.: Suhrkamp

Wiesing, Lambert (2008): Die Sichtbarkeit des Bildes, Frankfurt/New York: Campus

Wiesing, Lambert (2013): Sehen lassen. Die Praxis des Zeigens, Berlin: Suhrkamp

Wiesing, Lambert (Hrsg.) (2002): Philosophie der Wahrnehmung, Frankfurt/M.: Suhrkamp

Wildung, Dietrich u.a. (2005) Hieroglyphen. Der Mythos der Bilderschrift von Nofretete bis Andy Warhol, Berlin und Köln: DuMont

Wille, Manfred (2005): Der Krieg ist aus! Magdeburg 1945, Gudensberg-Gleichen: Wartberg

Wirth, Uwe (Hrsg.) (2002): Performanz. Zwischen Sprachphilosophie und Kulturwissenschaften, Frankfurt/M.: Suhrkamp

Wölfflin, Heinrich (2004): Kunstgeschichtliche Grundbegriffe, Basel: Schwabe

Wulf, Christoph (2014): Bilder des Menschen, Bielefeld: transcript

Wulf, Christoph/Zirfas, Jörg (Hrsg.) (2007): Pädagogik des Performativen, Weinheim und Basel: Beltz

Yapp, Nick/Hopkinson, Amanda (2012): Photo Journalismus. 150 Jahre Weltgeschichte in Bildern, Potsdam: *h.f.*ullmann

Zielinski, Siegfried (2002): Archäologie der Medien. Zur Tiefenzeit des technischen Hörens und Sehens, Reinbek: Rowohlt

Zille, Heinrich (1998): Zeichner der Großstadt, Dresden: Verlag der Kunst

The manufacturer's authorised representative in the EU is Springer
Nature Customer Service Centre GmbH, Europaplatz 3, 69115 Heidelberg,
Germany. If you have any concerns regarding our products, please
contact ProductSafety@springernature.com

Printed and bound by CPI Group (UK) Ltd, Croydon, CR0 4YY

23/04/2026

02095588-0007